21世纪
经济管理精品教材
工商管理系列

Organizational Behavior

组织行为学

付永刚◎主编

郭文臣 乔 坤◎副主编

清华大学出版社

北京

图书在版编目(CIP)数据

组织行为学 / 付永刚主编. — 北京：清华大学出版社，2017（2022.10重印）
（21世纪经济管理精品教材. 工商管理系列）
ISBN 978-7-302-47184-4

Ⅰ. ①组… Ⅱ. ①付… Ⅲ. ①组织行为学－高等学校－教材 Ⅳ. ①C936

中国版本图书馆 CIP 数据核字(2017)第 096294 号

责任编辑：吴 雷
封面设计：李召霞
版式设计：方加青
责任校对：宋玉莲
责任印制：朱雨萌

出版发行：清华大学出版社
   网   址：http://www.tup.com.cn，http://www.wqbook.com
   地   址：北京清华大学学研大厦 A 座   邮   编：100084
   社 总 机：010-83470000   邮   购：010-62786544
   投稿与读者服务：010-62776969，c-service@tup.tsinghua.edu.cn
   质 量 反 馈：010-62772015，zhiliang@tup.tsinghua.edu.cn
   课 件 下 载：http://www.tup.com.cn，010-62770175-4506
印 装 者：三河市少明印务有限公司
经   销：全国新华书店
开   本：185mm×260mm   印   张：22.5   字   数：526 千字
版   次：2017 年 5 月第 1 版   印   次：2022 年 10 月第 6 次印刷
定   价：59.00 元

产品编号：070899-02

主编寄语

关于组织行为学

有人的地方就会有组织，有组织的地方就会有人际交往，因而也会有行为差异、团队协作、冲突、变革。因此，作为一个必然生活在各类组织中的人类个体，如果想让自己生活得清楚一些、成长中的无谓碰壁少一些、未来的职场顺利一些，那么我会负责任地推荐你用心学习组织行为学这门课程。

我大学本科是读理工科的，后来读研才选择了管理专业。20多年前，当我作为研究生第一次接触组织行为学的时候，还不太明白这样的课程与当时令人向往的企业管理、市场竞争有何关系。当时习惯了理工科思维的我有些难以适应组织行为学所倡导的"权变"和"没有唯一解"。但是，当我聆听余凯成教授精彩的案例教学，逐渐深入了解这门课程之后，我深深喜欢上了组织行为学。那些生活中或工作中遇到的形形色色的人的行为，那些看上去热闹喧嚣的社会热点事件，在这里都可以找到有理有据、科学系统的阐释和论证，而且催人深思、令人回味……

组织行为学研究的对象是各类组织中的人的行为规律。它不仅关注人在组织中做什么，而且更关注人的行为是如何影响组织绩效的。因此，组织行为学是通过"人的行为"的视角来思考和面对复杂的管理问题和多变的管理环境，并以此来帮助学习者用更加科学、更加权变的思维模式来认识和解决管理中与人有关的各类问题，从而实现和谐相处、对人力资源进行有效管理，从而提升组织的竞争力。不夸张地讲，任何一个学习者，不管你是在校学生还是职场的管理者，不管你在什么行业，不管你处于哪个层级，都可以从"组织行为学"中获得个人成长、职业发展、组织可持续发展所需要的养分。

本书共十二章，除了第一章是课程概述，其余内容大体可以分为如下五个层面。

（1）个体行为：包括第二、三章。个体行为是组织行为学的基础，这部分介绍了感知、态度、价值观和个性等个体行为的核心概念。其中，个性及个性差异是重点，对个性化的包容与鼓励是社会发展的趋势，关注个体行为特征、个性差异有助于全面深入地探讨个体行为对组织绩效的影响与作用。

（2）激励行为：包括第四、五章。这是组织行为学的核心内容，虽然在激励理论领域多年来已经没有新理论的诞生，但是激励对于组织管理的价值一直非常重要。如何建立激励机制，通过有效的激励提升员工工作积极性、实现组织绩效，已经成为管理实践的核心话题。同时，激励理论所包含的行为规律也是我们每个个体与人交往的基础逻辑所在。

（3）群体行为：包括第六～八章。与人交往，在群体里通过良好的人际关系获得成长的机会，这是每个人都必须面对的挑战。因此，在这部分我们集中讨论了群体特征、群体决策、团队建设、人际沟通等与学习者息息相关的内容。

（4）领导行为：包括第九章。虽然只有一章，但是领导行为要面对的问题涵盖了个体、群体、组织多个层面，关于领导行为的理论创新与实践检验也一直在继续。

（5）组织行为：包括第十～十二章。由于全球化、信息化等时代特征，对组织结构、组织文化、组织变革的关注呈现明显的上升趋势，而且该领域的理论内容也更多地面临着管理实践的挑战。

关于"案例教学"

随着课程学习的深入，你会渐渐发现，组织行为学的广度与深度远远超出了预想，而且课程章节之间不再是独立存在的，而是相互融合的。换句话来说，如果这门课程仅仅停留在对课程各章节相关概念、理论等知识点的介绍上，那么将难以把握这门课程的精髓，也将大大削弱这门课程应有的价值。于是，采用适合的教学方法就成为重中之重，案例教学就是理解掌握组织行为学精髓的理想方法和路径。因此，案例也是本教材的特色所在。

管理案例就是为了明确教学目的，围绕着一定的管理问题而对某一真实的管理情景所作的客观描述。案例教学是指在教师的精心策划和指导下，为了达到特定的教学目标，采用典型案例作为教学手段，将学习者置于一个特定事件的真实情境中，通过师生、学生彼此之间的双向和多向互动，积极参与，平等对话和研讨，提高学生发现问题、分析问题和解决问题的能力，同时培养学生的沟通能力、创新能力和团队协作精神的一种开放式教学方法。因此，案例教学作为一种更加注重发挥学生学习主动性、参与性的教学方法，很好地体现了人本主义教育观和建构主义学习理念。同时，也符合管理教育所倡导的"实践—学习—再实践"的认知规律，有助于在观念、思维、知识、能力等方面实现管理教育的目标。

我本人读硕士期间有幸师从"中国管理案例之父"余凯成教授，从一开始就接受并喜欢上了案例教学这种模式和方法。同时，也得益于余凯成教授多年来的案例编写和积累，使我的组织行为学课程有了比较充分的高质量案例资源。在本书的编写过程中，我们编写团队在多年案例教学的基础上，对经典案例进行了完善和筛选，同时新增了一些高质量的案例。

因此，本书的最大特色就是贯穿各章的案例，包括章首的引导案例、章中的情景微案例、章后的教学案例。

引导案例位于每章的开篇。每个引导案例都通过较短的篇幅提出或蕴含一个或若干值得思考和讨论的管理问题，从而为该章的教学打开一个有广度、有深度的空间。

情景微案例位于每章的正文中。情景微案例来源于大学生的日常学习生活、历史事件、当下社会热点事件、媒体报道的新闻事件等，便于学习者理解知识点，也有利于引导学习者学以致用，以专业的视角与方法处理学习生活中遇到的各类事务。

教学案例位于每章之后。教学案例是对本章内容进行深入理解和思考的载体，有助于学习者通过案例讨论激活存量知识，掌握更加全面、更有针对性的知识体系，更新管理思维、提升管理能力。需要说明的是，这些教学案例中大多数都经过了十年以上的案例教学检验，其思考与讨论空间需要教学者和学习者不断挖掘。

总之，本书的案例特色为组织行为学课程的全案例教学提供了可能。

另外，本书在每章之后也提供了相应的练习。除了常规的测试类练习，还包括模拟决策和角色扮演练习。模拟决策用于"群体决策"章节，旨在通过接近真实的决策情境，锻炼学习者的个体决策能力与群体决策能力。角色扮演用于"管理沟通"和"跨文化管理"章节。

致谢与感怀

本书是集体智慧的结晶。全书 12 章中，作为主编，我负责撰写第一～五章、第十一～十二章，同时负责对全书进行统稿和修改定稿，也协助其他参编者选编、完善相应引导案例、教学案例和练习。郭文臣副教授负责撰写第八～九章，乔坤副教授负责撰写第六～七章，案例中心的胡芬老师负责撰写修订了 4 个教学案例。本书在撰写过程中，还得到了王艳燕等研究生的协助，在此表示感谢。

还要特别感谢为本书提供案例素材的同行，由于时间原因，不能一一致谢，待书稿出版之后，再以邮寄样书表达谢意。还要感谢清华大学出版社的编辑，没有其认真细致的校核与把关，本书将难以面世。

组织行为学是一门关于"人的行为"的课程，这个世界因为有了人的多样性而丰富多彩，这个世界也因为人的能动性而变幻难测。同样，管理活动也因为必须要关注人的因素而具有了人性的思考，也因为要面对人的差异而必须主动求变。因此，最有效的管理者永远是用"权变"的眼光和"系统"的思维来面对管理中的人。

我从事组织行为学的授课已经二十年了，我很庆幸自己有机会在讲台上与各类学习者们讨论有关组织行为学的话题，我也在教学相长的过程中愈发认识到这门课程的博大与深厚。即使到今天，每次授课依然可以在某些层面有新的发现、新的回味、新的升华。我也衷心希望所有参与组织行为学教学的教学者和学习者可以从中获得对人、对管理、对人生的思考与领悟。

付永刚

2017 年 2 月于大连理工大学

目　录

第一章　组织行为学概述 ⋯⋯⋯⋯⋯⋯⋯⋯⋯⋯⋯⋯⋯⋯⋯⋯⋯⋯⋯⋯⋯ 1

引导案例　人力资源经理王明的困惑 ⋯⋯⋯⋯⋯⋯⋯⋯⋯⋯⋯⋯⋯ 1

第一节　什么是组织行为学 ⋯⋯⋯⋯⋯⋯⋯⋯⋯⋯⋯⋯⋯⋯⋯⋯⋯ 2

　　一、组织行为学的定义与特点 ⋯⋯⋯⋯⋯⋯⋯⋯⋯⋯⋯⋯⋯ 2

　　二、组织行为学的研究对象与内容层次 ⋯⋯⋯⋯⋯⋯⋯⋯ 4

　　三、组织行为学的系统观 ⋯⋯⋯⋯⋯⋯⋯⋯⋯⋯⋯⋯⋯⋯ 6

第二节　组织行为学的演进与发展 ⋯⋯⋯⋯⋯⋯⋯⋯⋯⋯⋯⋯⋯ 9

　　一、组织行为学的演进历史 ⋯⋯⋯⋯⋯⋯⋯⋯⋯⋯⋯⋯⋯ 9

　　二、组织行为学的挑战与发展 ⋯⋯⋯⋯⋯⋯⋯⋯⋯⋯⋯⋯ 13

第三节　组织行为学与管理工作 ⋯⋯⋯⋯⋯⋯⋯⋯⋯⋯⋯⋯⋯⋯ 15

　　一、管理工作对管理者的要求 ⋯⋯⋯⋯⋯⋯⋯⋯⋯⋯⋯⋯ 16

　　二、管理者的角色 ⋯⋯⋯⋯⋯⋯⋯⋯⋯⋯⋯⋯⋯⋯⋯⋯⋯ 17

　　三、管理人性观及假设 ⋯⋯⋯⋯⋯⋯⋯⋯⋯⋯⋯⋯⋯⋯⋯ 19

教学案例　新上任的分公司经理 ⋯⋯⋯⋯⋯⋯⋯⋯⋯⋯⋯⋯⋯⋯ 22

第二章　个体行为基础 ⋯⋯⋯⋯⋯⋯⋯⋯⋯⋯⋯⋯⋯⋯⋯⋯⋯⋯⋯⋯⋯⋯ 27

引导案例　杨利平糯米美食厂 ⋯⋯⋯⋯⋯⋯⋯⋯⋯⋯⋯⋯⋯⋯⋯ 27

第一节　感知与行为 ⋯⋯⋯⋯⋯⋯⋯⋯⋯⋯⋯⋯⋯⋯⋯⋯⋯⋯⋯ 28

　　一、感知的内涵与特征 ⋯⋯⋯⋯⋯⋯⋯⋯⋯⋯⋯⋯⋯⋯⋯ 28

　　二、感知过程与影响因素 ⋯⋯⋯⋯⋯⋯⋯⋯⋯⋯⋯⋯⋯⋯ 32

　　三、感知误区与管理行为 ⋯⋯⋯⋯⋯⋯⋯⋯⋯⋯⋯⋯⋯⋯ 33

第二节　态度与行为 ⋯⋯⋯⋯⋯⋯⋯⋯⋯⋯⋯⋯⋯⋯⋯⋯⋯⋯⋯ 36

　　一、态度的内涵 ⋯⋯⋯⋯⋯⋯⋯⋯⋯⋯⋯⋯⋯⋯⋯⋯⋯⋯ 36

　　二、态度相关的理论 ⋯⋯⋯⋯⋯⋯⋯⋯⋯⋯⋯⋯⋯⋯⋯⋯ 38

　　三、态度的测量 ⋯⋯⋯⋯⋯⋯⋯⋯⋯⋯⋯⋯⋯⋯⋯⋯⋯⋯ 39

第三节　价值观与行为 ··· 40
　　一、什么是价值观 ·· 40
　　二、与工作有关的价值观 ·· 42
　　三、价值观的相关研究 ·· 43
　　四、价值观对管理的影响 ·· 45
本章练习　职业价值观测试 ··· 47
教学案例　一个工人技术专家的世界 ·· 50

第三章　个性与行为 ·· 54

引导案例　五个聪明能干的技术工程师 ·· 54
第一节　个性概述 ··· 55
　　一、个性的内涵与特点 ·· 55
　　二、个性的形成与发展 ·· 56
　　三、个性的测量 ·· 58
第二节　个性理论 ··· 60
　　一、静态描述理论 ·· 60
　　二、个性特征分析理论 ·· 61
第三节　个性差异与管理 ·· 64
　　一、解决问题风格类型 ·· 65
　　二、管理个性与风格 ··· 66
　　三、影响行为的重要个性特征 ·· 68
　　四、个性的管理 ·· 70
本章练习 3-1　兰德心理测试 ··· 72
本章练习 3-2　个性测试 ·· 74
教学案例　请假引起的风波 ·· 76

第四章　激励理论及行为 ·· 80

引导案例　小白为什么要跳槽？ ·· 80
第一节　激励概述 ··· 81
　　一、激励的概念及价值 ·· 81
　　二、需要、动机与激励 ·· 84
第二节　内容型激励理论 ·· 86
　　一、马斯洛需要层次理论 ·· 86
　　二、赫茨伯格的双因素论 ·· 90
　　三、麦克利兰的成就需要论 ·· 93

第三节 过程型激励理论 ·· 96
　　一、期望理论 ··· 96
　　二、公平理论 ··· 99
　　三、目标设置理论 ·· 106
本章练习 需要调查测试 ·· 109
教学案例 4-1 高收入为什么换不来高满意度？ ················ 111
教学案例 4-2 青田乳胶制品厂 ·· 115

第五章 综合激励理论及应用 ··· 118

引导案例 奖金分配风波 ·· 118
第一节 综合激励模型 ··· 119
　　一、波特—劳勒综合激励模型 ··· 119
　　二、迪尔综合激励模型 ··· 121
第二节 激励理论的应用 ·· 123
　　一、目标管理与激励 ·· 123
　　二、工作设计与激励 ·· 125
　　三、员工参与与激励 ·· 130
本章练习 工作丰富化设计 ··· 135
教学案例 ANC 电子有限公司的人力资源流失 ················· 135

第六章 群体行为 ··· 143

引导案例 新员工小王的烦恼 ·· 143
第一节 群体及其动力特征 ··· 144
　　一、群体的内涵与功能 ··· 144
　　二、群体的分类 ·· 146
　　三、群体的外部环境和内部结构 ····································· 149
　　四、群体的动力特征 ·· 151
　　五、群体的发展阶段 ·· 156
第二节 群体凝聚力与士气 ··· 159
　　一、群体凝聚力 ·· 159
　　二、士气及其影响因素 ··· 161
　　三、群体凝聚力、士气与生产效率的关系 ······················ 162
　　四、增强群体凝聚力的途径 ··· 164
第三节 群体决策 ·· 164
　　一、群体决策的含义 ·· 164

二、群体决策的利与弊 ·· 165

三、群体决策的效果、效率以及影响因素 ································ 166

四、群体决策的两种心理现象 ·· 168

五、群体决策的方法 ·· 169

本章练习 冬季野外生存 ·· 171

教学案例 三个夜班维修员 ·· 172

第七章 团队管理 ·· 174

引导案例 波音 777 飞机的改进 ·· 174

第一节 团队的特征 ·· 175

一、团队的概念 ·· 175

二、团队的特征 ·· 177

第二节 团队的类型及作用 ·· 179

一、问题解决型团队 ·· 179

二、自我管理型团队 ·· 180

三、多功能型团队 ·· 181

四、虚拟型团队 ·· 181

第三节 团队的形成与发展 ·· 182

一、团队的形成和发展阶段 ·· 182

二、团队形成的途径 ·· 184

三、团队的评估 ·· 184

第四节 团队建设 ·· 186

一、如何建设高效的团队 ·· 186

二、建设团队的策略 ·· 190

三、团队建设的有效方法 ·· 190

四、团队建设中可能存在的问题 ···································· 192

第五节 团队管理 ·· 193

一、高效团队的管理方法 ·· 194

二、虚拟团队的管理 ·· 197

本章练习 团队角色测试 ·· 200

教学案例 SJ 酒店管理团队 ·· 203

第八章 沟通与行为 ·· 205

引导案例 李斯特的困惑 ·· 205

第一节 沟通的本质、过程与类型 ·· 207

一、沟通的含义及要素 ………………………………………………… 207

二、沟通的本质 ………………………………………………………… 209

三、沟通的过程模型 …………………………………………………… 210

四、沟通的类型 ………………………………………………………… 210

第二节　有效沟通的核心、原则与策略 ………………………………… 213

一、有效沟通的核心 …………………………………………………… 213

二、有效沟通的原则 …………………………………………………… 214

三、有效沟通的策略 …………………………………………………… 216

第三节　人际沟通 ………………………………………………………… 217

一、人际沟通的本质、动机及其法则 ………………………………… 217

二、人际沟通的障碍 …………………………………………………… 218

三、人际吸引 …………………………………………………………… 220

第四节　组织内部沟通与外部沟通 ……………………………………… 221

一、组织内部沟通的内容 ……………………………………………… 221

二、组织外部沟通的内容 ……………………………………………… 223

第五节　团队沟通、跨文化沟通与网络沟通 …………………………… 226

一、团队沟通 …………………………………………………………… 226

二、跨文化沟通 ………………………………………………………… 228

三、网络沟通 …………………………………………………………… 229

本章练习　角色扮演 ……………………………………………………… 231

教学案例　EMC"秘书门事件" ………………………………………… 234

第九章　领导行为及理论 ………………………………………………… 236

引导案例：谁更适合做 CEO？ ………………………………………… 236

第一节　领导与领导行为 ………………………………………………… 237

一、领导的实质 ………………………………………………………… 237

二、领导行为 …………………………………………………………… 241

三、领导效能 …………………………………………………………… 242

第二节　领导理论 ………………………………………………………… 244

一、领导特质理论 ……………………………………………………… 245

二、领导行为风格理论 ………………………………………………… 248

三、领导权变理论 ……………………………………………………… 252

四、现代领导理论 ……………………………………………………… 258

教学案例　高管告状记 …………………………………………………… 262

第十章 组织理论与组织结构 264

引导案例 海达公司的组织结构优化 264
第一节 组织概述 265
 一、组织的内涵与要素 265
 二、组织特征分析 267
第二节 组织理论 267
 一、古典组织理论 267
 二、行为科学组织理论 269
 三、系统学派组织理论和权变理论 271
 四、组织理论的新发展 273
第三节 组织结构 274
 一、组织结构的类型 274
 二、组织结构的六要素 281
第四节 组织设计 283
 一、组织设计的影响因素 283
 二、组织设计的程序 284
教学案例 MF公司产品开发部的组织管理困境 288

第十一章 组织文化 292

引导案例 珠三角的两家企业 292
第一节 什么是组织文化 293
 一、组织文化的概念 293
 二、组织文化的类型 294
 三、组织文化的功能 297
第二节 组织文化理论 298
 一、霍夫斯坦的文化差异理论 298
 二、麦肯锡的7S模型 300
 三、革新性文化理论 301
第三节 组织文化的建设 303
 一、组织文化的形成模式 303
 二、组织文化的维系与传承 304
第四节 跨文化管理 307
 一、跨文化管理理论 307
 二、跨文化与学习型组织 308
 三、提高跨文化管理能力 309

本章练习 角色扮演 ·· 311

教学案例 万达集团大学生创业计划 ·· 312

第十二章 组织变革与发展 ·· 316

引导案例 美国施乐复印机公司的困境 ·· 316

第一节 组织变革概述 ·· 317

一、组织生命周期 ·· 317

二、组织变革的内涵与原因 ·· 319

三、组织变革系统模型 ·· 320

第二节 组织变革的过程 ·· 323

一、组织变革的过程模型 ·· 323

二、组织变革的模式 ·· 326

第三节 组织变革的阻力 ·· 329

一、变革阻力的来源 ·· 329

二、阻碍变革的惯性 ·· 330

三、克服变革阻力的方法 ·· 332

第四节 组织发展 ·· 332

一、组织发展的内涵 ·· 333

二、组织发展的技术 ·· 334

本章练习 变革容忍程度测试 ·· 336

教学案例 施乐公司组织变革纪实 ·· 337

参考文献 ·· 341

引导案例　　　　　**人力资源经理王明的困惑**①

　　王明低着头走出了李总经理的办公室，心里满是委屈。他实在想不明白，平时很温和的李总今天为什么会发这样大的火？这不是有些小题大做吗？

　　A公司是一家以住宅开发为主营业务的房地产公司。公司最近正在投标一个市中心的地产项目，竞争很激烈，高层经理已经连续加班好几天了。王明是A公司人力资源部的经理，毕业于北方一所重点大学，有着MBA学位，是三个月前李总通过猎头公司挖来的，算是"空降兵"了。王明来到公司之后，花了不少时间来规范公司的各项管理制度，逐步出台了一些管理流程和监控制度。对此，李总非常支持，多次在中层以上经理的办公例会上强调要加强管理，要规范化。但是，王明总能感觉到公司其他高层和中层对此似乎并不是很当回事。

　　一个月前，王明在岗位分析和市场调查的基础上提出了一套新的工资方案。其核心思路是：根据岗位职责的重要度和任职者的水平来确定工资等级，目的在于加强工资的激励作用。在李总的支持下，新工资方案的思路在经理办公例会上原则性通过，开始进行具体的工资等级测评和核算，并落实到每一名员工。王明为了这个新工资方案投入了大量精力，三天前总算完成了初步的工资核定，并提交给公司高层经理审核。没想到，今天去找李总征询意见时，李总却对工资方案中的一个细节提出了批评，并由此对王明工作中的疏漏发了脾气。

　　王明回到办公室，依然很困惑，想不明白李总到底为什么批评自己。这时，手下的资深

---

① 案例来源：本案例由大连理工大学付永刚副教授编写。

员工老刘走进办公室，关心地问王明："经理，刚才李总的声音可够大的，发生什么事了？"王明知道老刘是公司的老人，公司初创阶段他就来了，在人事部门也待了很多年，对公司的情况有很深的了解。于是，他也不避讳，直接告诉老刘刚才发生的事情。

老刘听完，有些神秘地说："经理，看来你是得罪人了。""什么？我没有啊！"王明十分不解，自己来这三个月，和大家的关系都比较融洽，没有和谁发生过不快。老刘提醒说："经理，你这次的工资调整方案可是让一些人很不高兴啊。"

王明似乎有些明白，但是依然不解："新方案可是经过了总经理办公会，李总也是大力支持的。而且这次工资调整后减少的员工也都是一些不太重要的非核心岗位，不至于引起李总的不满意吧。"老刘凑近王明，说道："经理，这你就不知道了，咱们公司有几位可是很有背景的，别看平时没什么事情做，很清闲，那是因为'养兵千日、用兵一时'。公司的项目可是要靠这些关系人物才可以搞定的。"

王明这才想起三天前把工资调整方案拿给高层经理时，公司负责项目规划的李副总意味深长地对自己说："王经理，你可得把那些先进的管理思想与咱们公司的实际情况好好结合，千万不要起反作用，搞得大家不能安心工作，影响公司的项目啊。"

现在该怎么办呢？是按照科学的岗位测评来做，还是顺应公司这种现实，因人调资？MBA 毕业的王明经理有些困惑……

在这个案例中，新上任不久的人力资源部经理王明所遇到的困惑引人深思，为什么基于科学理论依据的新工资方案却引起了一些人的不满？为什么口口声声要加强管理的李总却突然表现出不支持？甚至责难自己亲自挖来的"空降人才"？

这一切都提醒我们，解决企业实际中的管理问题，不仅需要我们会设计科学的工资制度，还需要我们更加关注工资制度在实施中需要面对的人。而人的行为不仅对组织的绩效有很大影响，而且人的行为有其科学规律。

组织行为学就是要通过对"人的行为"的研究来思考和解决实践中的管理问题，从而培养学习者科学看待组织中的人的行为，有效管理人力资源的能力。

第一节 | 什么是组织行为学

一、组织行为学的定义与特点

（一）组织行为学的定义

组织行为学是采用系统分析的方法，研究工作组织中人的心理和行为的规律，从而提高管理者预测、引导和调整人的行为的能力，以实现组织既定目标的科学。对于这门学科，曾有许多学者从不同侧面对其下过定义，至今还没有统一的定义。

美国学者安德鲁·丁·杜布林曾经定义："组织行为学是系统研究组织环境中所有成员的行为，以成员个人、群体、整个组织以及外部环境的相互作用所形成的行为作研究的对象。"

蒙特利尔大学管理学教授和组织心理学家乔·凯利所提出的定义："组织行为的定义是对组织的性质进行系统的研究：组织是怎样产生、成长和发展的，它们怎样对各个成员、对组成这些组织的群体、对其他组织以及对更大些的机构发生作用。"

约翰·W.纽斯特罗姆和基斯·戴维斯的定义是："组织行为学是一门研究人在组织中的行为知识并加以应用的学科。它致力于寻找个体和群体的更有效的行为方式。"

斯蒂芬·罗宾斯的定义是："组织行为学是一个研究领域，它探讨个体、群体以及结构对组织内部行为的影响，以便应用这些知识来改善组织行为的有效性。"

中国学者孙彤的定义是："组织行为学是研究一定组织中人的心理和行为规律性的科学，它采用系统分析的方法，综合运用心理学、社会学、人类学、生理学、生物学、经济学和政治学等知识，研究一定组织中人的心理和行为的规律性，从而提高各级领导者和管理者对人的行为的预测和引导能力，以便更有效地实现组织预定的目标。"

在这里，我们更愿意采用组织行为学界的前辈卢盛忠、余凯成等人的定义："**组织行为学是综合运用各种与人的行为有关的知识，研究各类工作组织中人的工作行为规律的学科。**"

对这个定义的理解有以下三个要点。

（1）与人的行为有关的知识非常广泛，有心理学、社会学、人类学等。而且各类知识对人的行为的关注视角各有千秋。因此，组织行为学的知识来源很广泛，是一门综合性、系统性很强的学科。

（2）组织行为学不是泛泛地研究人的行为，而是以各类工作组织为研究环境，以人的工作行为规律为研究对象。所谓工作组织主要是指工商企业，也包括政府机关、学校、医院等组织。所谓工作行为包括激励员工、改进领导、协调人际关系、提高组织绩效等很多方面。

（3）组织行为学的研究目的在于发现人们在组织中有效工作的行为规律，并帮助管理者提高预测和引导人的行为的能力，以实现组织既定的目标。总之，组织行为学关心人们在组织中做什么，这种行为如何影响组织的绩效。

（二）组织行为学的学科特点

组织行为学作为一门研究工作组织中人的工作行为规律的学科。就其性质来说，有以下学科特点。

1. 跨学科性

组织行为学是以行为科学（主要指心理学、人类学、社会学）、管理学（主要指人事管理学、组织管理学）的概念、理论、模式和方法为主要知识基础；同时吸取政治学、经济学、历史学、生物学、生理学等社会科学、自然科学中有关论述人类行为、心理的内容。这充分表现了该学科的跨学科性。

2. 层次性

从系统观来分析，组织行为学的研究对象可从四个层次进行分析：①组织中的个体行为，包括知觉、学习、个性、价值观、态度、动机、挫折等；②组织中的群体行为，包括群体的形成、类型、动力、特征、规模、群体建设、群体决策等；③从整个组织角度研究成员的行为，包括领导、权力、沟通、冲突、组织结构设计、组织发展与变革；④研究外部环境与组织的相互关系，包括环境的变化、环境对组织的影响、组织对环境的反作用等。

3. 权变性

由于所研究的对象是人及人组成的组织，而人是千变万化的，组织的类型也是千差万别的，因此，组织行为学不主张采取通用的最佳模式，而主张根据不同情景采用不同的理论及管理方式。

领导方式的权变性

扫描此码

案例学习

4. 科学性

组织行为学研究依靠科学方法和系统研究的标准来推动相关研究的进展，科学方法包括提出并研究问题、系统的收集数据、用数据检验假设，主要依靠量化的数据和统计方法来检验假设。这些科学的方法背后的思想是尽量减少个人的误差以及对组织活动的歪曲。当然科学的方法不仅仅限于定量，也包括一些系统的定性研究方法，如开放式访谈、行为观察、案例分析等。

二、组织行为学的研究对象与内容层次

（一）组织行为学的研究对象

从上述的定义中，我们已经知道组织行为学的研究对象是各类工作组织中的人的工作行为的规律性。对于组织行为学的研究对象，还应把握以下两点。

1. 组织行为学主要研究人的心理和行为活动的交互作用

从顾名思义的角度理解组织行为学，会以为它是专门研究人的行为问题的。然而，人的行为从来不是凭空发生的，而是在一定的环境因素刺激下，受到人的心理因素的支配而发生和进行的。因此，研究人的行为不能脱离人的心理，即人的行为总是在一定的心理过程、心理状况和个性心理的作用下发生的。①从个体行为的发生来看，每个个体的行为总是受到他自身心理的影响，同时会受到其他个体的心理的影响；②从群体行为来看，群体成员的行为不仅受到该群体心理的制约，而且会受到其他群体或组织心理的影响。

2.人的行为及其结果也会影响和形成新的心理

这种影响关系不仅可以是个体自身的、个体相互之间的，也可以是群体行为及其后效对个体心理的影响，以及群体相互之间心理与行为的交叉影响。

组织行为学一方面要研究工作组织对其成员工作行为的影响。我们所在的组织会影响我们观察事物的方法、对待工作的态度和执行任务时的行为方式。另一方面组织行为学要研究工作组织成员的行为方式及其绩效对整个组织工作效率和绩效的影响。一个组织能否顺利完成其目标，很大程度上取决于其成员的素质、能力，以及工作中的配合、协作等方面。

从20世纪80年代开始，在美国学者的研究中，组织行为学往往被划分为微观组织行为学和宏观组织行为学。微观组织行为学以心理学的理论和原理为基础，着重研究个体的态度和行为以及个体行为与组织系统的相互作用和影响。宏观组织行为学有时也被称为组织理论，它主要以社会学和经济学的理论为基础，着重研究组织结构、组织设计和在一定社会经济背景下的组织行为。

微观研究和宏观研究的另外一个区别在于，微观组织行为学侧重应用研究，而宏观组织行为学侧重于描述性的理论研究。但是，随着社会经济的不断发展，情况有所改变，双方的研究开始彼此渗透，比如，围绕着组织变革，微观和宏观的结合可以取得更加有深度、更加系统的研究结果和应用价值。

（二）组织行为学的内容层次

组织行为学的研究内容非常广泛，涵盖了个体、群体、组织、环境的诸多内容。通常意义上，可以从三个层次上来分析组织行为的研究内容。在第一个分析层次上，我们可以把组织看成追求组织目标而工作的个人的集合；在第二个分析层次上，可以把重点放在组织成员在小组、团队、部门工作中的相互影响中；在第三个层次上，可以把组织视为一个整体来分析组织行为。

1.个体层次

组织定义强调组织由人组成这个事实。从这个事实出发，可以从单个组织成员的角度，把重点放在心理学的发展理论和解释的规律上。这些发展理论和解释是关于个体行为以及他们对不同的组织政策、实践和过程的反应。在这种研究方法中，以心理学为基础的有关学习动机、满意、领导等方面的理论是用来说明单个组织成员的行为和绩效。对诸如态度、信仰、观念和个性这些因素也予以考虑，并对他们在工作的个体行为与绩效影响进行研究。

2.群体层次

人们在组织中极少完全单独工作。如果要完成目标，组织成员就必须在工作中协调他们的活动。人们在一起工作的常规方式是小组、部门、委员会这些组织形式。因此，在组织行为学中，一个可选择的富有成效的方法是分析工作群体的功能。在群体中人们如何影响群体成员以及他们的能力，以使他们在一起紧密合作以及以较高的生产率来工作呢？这些仅是在组织中关于群体功能可能涉及的几个问题。

3. 组织层次

某些组织行为学研究者把整个组织作为他们研究目标，而不是把重点仅放在较窄的组织中的个体和群体上。组织行为学的这种宏观方法是把重点放在社会学的理论和概念上。研究者寻求理解组织与其环境之间的相互影响，并把重点放在理解组织结构和组织设计是如何影响组织效率的。其他因素，诸如组织所应用的技术、组织的规模、组织的年限等也应该加以考察，其对组织功能效率的影响也应加以观察。

除了上述比较常见的三大层次外，随着组织行为学的发展，该学科在研究内容上逐渐细化出了更多的内容层次，如激励、领导、外部环境等。

4. 激励层次

对激励问题的关注最初是放在个体层次来研究的，但是，在企业管理实际中，激励所涉及的因素和内容越来越复杂，激励不再是传统意义上的针对个体行为的激励，而是与高绩效团队管理、企业文化等因素产生了关联。特别是激励机制的研究已经涵盖到了群体、团队，乃至整个组织层面。

5. 领导层次

领导行为有效性的研究是组织行为学的重要内容，随着相关领导理论的不断产生，领导问题的研究也逐渐从个体、群体中独立出来成为一个比较完整的研究层次。特别是随着企业界和学界对企业家精神、企业文化、企业社会责任、社会资本等问题的关注，针对领导行为的研究内容也成为近 20 年的研究热点。

6. 外部环境

外部环境对组织的影响原本可以放在组织层面进行研究，但是，进入 21 世纪之后，创新与组织变革越来越多的需要考虑外部环境与组织间的影响关系。同时，全球化的影响、更多样的跨文化管理挑战都使得人们不得不更加关注环境因素对个体行为、群体行为、领导行为和组织行为的影响力。

总之，组织行为学研究内容的多层次性决定了研究角度的多样性。不同层次、不同角度的研究并不是相互矛盾的。而且，这些层次之间是相互补充的，有利于我们从发展的角度，更全面地认识和理解组织行为学的研究内容。

三、组织行为学的系统观

现代的管理以系统理论为指导原则。系统理论是从整体出发而不是从局部出发去研究事物的一种理论。"系统"的概念是一个含义极广的概念，大至整个宇宙，小至细胞，都可以视为一个系统。

用系统的观点考察组织，就是把组织看成是一个开放的"社会—技术系统"。所谓"社会—技术系统"是指一个组织是由各子系统构成的完整系统，其中包括目标价值系统、组织结构系统、心理社会系统、技术系统和管理系统等。在一个组织中，各子系统之间是相互联系、相互影响的，从而构成一个整合的系统。例如，一个企业目标的改变（即目标价值系统的改变）会引起组织机构、工程技术的相应改变，同时在人的心理上和人与人之间的关系方面引起一系列变化。

组织不仅是一个"社会—技术系统，"而且是一个开放的系统。不仅组织内部各子系统会发生相互作用、相互影响，而且组织本身并不是一个封闭的系统，而是要不断地与其他组织发生联系，组织本身也会受到社会的影响，与社会发生相互作用。这就是说，组织本身作为一个系统要与环境系统发生相互作用和产生相互影响。

上面所说的心理社会子系统，就是组织行为系统，因此，可以进一步从系统的观点来分析组织行为系统。美国心理学家麦格拉思（McGrath）提出了组织行为系统的模型。图 1-1 表明了组织中人的行为与各系统之间的关系。

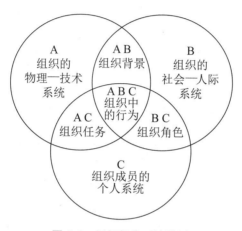

图 1-1   组织行为系统模型

麦格拉思认为组织中人的行为的发生和发展是三个系统相互影响的结果。这三个系统是：

系统 A：行为发生的"物理—技术系统"；

系统 B：行为发生的"社会—人际系统"；

系统 C：组织成员的个人系统。

图 1-1 表明，这三个系统有时两个相互交叠，有时三个相互交叠。"物理—技术系统"与"社会—人际系统"交叠（AB）构成人的行为的组织背景。只有在这个背景中，个人所表现出的行为才具有组织中的工作行为的意义。

AC，即"物理—技术系统"与个人系统的相互交叠构成个人在组织中所要执行的任务。这种交叠也同样表明，一项工作任务是否顺利完成，不仅取决于组织对该项任务规定的技术要求，而且取决于执行这项任务的个人的能力、技能、态度等。

BC，即"社会—人际系统"与个人系统的相互交叠构成组织角色。所谓组织角色是组织中的其他人对个人期望的行为模式。这种行为模式同样既决定于组织的其他人，也取决于个人自己。例如，公司中对有经验的老员工和刚毕业进入公司的新员工会有不同的期望、不同的要求。

ABC 是三个系统的交叠部分，这一部分表明组织中的行为。虽然 AB 构成了个人行为的组织背景，但如果个人不在这个组织背景中进行活动，这个组织背景对个人行为也不会起什么作用。ABC 的交叠正是表明，一方面，个人行为会受到行为的技术和人际关系背景的影响；

另一方面，个人行为也会对行为背景的改变产生影响。例如，在一个追求技术进步和人际关系协调的背景下，个人也会积极投入技术革新和与同事维持友好关系，反过来，每个人的积极努力也会使这种背景进一步得到发展。

　　总之，从上述三个系统的各种交叠可以分析个人在组织中的行为。但是，这样的分析虽然明了，但过于简单，因此还要对每一系统的构成因素作更细致的分析。图 1-2 就是对这些构成因素的说明。

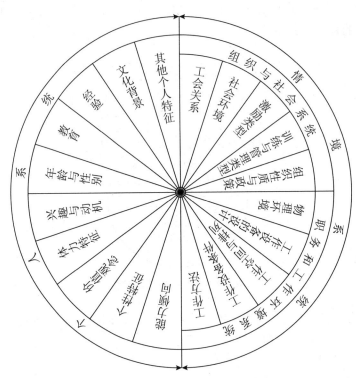

图 1-2　个人系统和情境系统的具体构成因素

　　图 1-2 表明，在组织行为这个系统中，有许多具体的因素影响着个人系统和情境系统之间的相互作用。我们每个人都会受到能力倾向、个性特征、价值观、兴趣与动机、教育、经验、文化背景，以及体力、年龄、性别等因素的影响，这些个人系统因素影响着我们去认识、理解、面对我们所处的情境系统，从而决定着我们对待工作中的人（同事、客户等）和事（任务、公司政策等）的行为方式。同样，职务和工作环境系统中的工作任务性质、工作设备、工作方法、物理环境等也会影响我们的能力展示、经验发挥等行为。从组织层面来看，我们所在的组织的性质和政策、管理模式、激励类型、组织文化氛围、人际关系等因素都会对我们的工作行为产生巨大的影响。

　　综上所述，我们可以看到组织中人的行为是上述三个系统相互作用的结果，也就是说，组织中人的行为是个人、社会和任务条件的函数。为了从"人的行为的视角"关注并提升组织管理的效率，实现组织目标，就必须建立组织行为学的系统观。而组织行为学的具体内容也是围绕着这三大系统之间的相互影响、相互作用来展开的。

第二节 | 组织行为学的演进与发展

一、组织行为学的演进历史

组织行为学的产生和发展，是组织演变、管理理论发展的必然结果。组织行为学是在管理科学理论最初发展基础上，研究关注点从偏技术、偏定量的因素转移到偏心理、偏人际等因素后自然演进发展起来的。

（一）科学管理理论的兴起

从 19 世纪末开始，来自于管理实践界的一些人员开始从不同角度关注和研究现实的管理问题，泰勒和法约尔就是其中的代表人物。泰勒所在的美国正处于经济快速发展的时期，美国企业资本雄厚，但高素质劳动力缺乏，工人劳动时间长、强度大，生产效率却很低下，劳资关系紧张。这些情况引起了像泰勒这样的管理人员和技术人员的关注，他们试图运用当时的科学技术去解决这些问题。

泰勒采用"时间—动作分析"的方法开展了一系列试验和研究，从人机关系协调、劳动定额等方面为提升劳动效率、员工技能培养提出了极富价值的理论依据和科学方法。同时，他还提出了管理者与作业人员要分工协作的思想，开创性地将管理工作明确划分出来作为一项完整的职责。这些思想对于今后的管理科学发展提供了坚实的基础。

泰勒：（1856—1915）西方古典经济管理理论的主要代表，科学管理理论的创始人。他在 1856 年出生于美国宾夕法尼亚杰曼顿的一个律师家庭，曾在法国和德国就读中学。他的父亲希望他继承父业，将泰勒送入美国埃克塞特市菲利普斯•埃克塞特专科学校学习，以便为日后投考哈佛大学法学院作准备。1874 年，泰勒通过了哈佛大学入学考试，但因视力受损，无法继续学习。1875 年泰勒进入费城一个水压工厂当模型工和机工学徒。1878 年在米德维尔钢铁公司工作，曾当过技工、工长和总技师。1883 年通过业余学习，获得史蒂文技术学院的机械工程学位。1884 年提升为米德维尔钢铁公司的总工程师，1886 年加入美国机械工程师协会，1890 年在美国伯利恒钢铁公司做咨询工作。1901 年离开伯利恒钢铁公司，以后专门从事咨询工作，并撰写管理著作。1915 年泰勒因患肺炎逝世。由于他生前在科学管理方面所做的特殊贡献，人们在他的墓碑上镌刻"科学管理之父 F.S. 泰勒"，以示纪念。

泰勒的主要著作有：《计件工资制》（1895 年），《工厂管理》（1903 年），《论金属切削技术》（1906 年），《科学管理原理》（1911 年），以及《在美国国会听证会上的证词》（1912 年）。

法约尔是法国工业史上一位伟大的企业家。他不但在企业经营中非常成功，而且为管理科学理论的发展提供了宝贵的思想和理论。法约尔在自己几十年管理实践经验的基础上，提出了构成管理的基本要素，即计划、组织、指挥、协调、控制等管理职能，并提出了管理的14条原则。

法约尔：（1841—1925）古典管理理论的主要代表人之一，亦为管理过程学派的创始人。他出生于法国一个小资产阶级家庭。15岁时就读于里昂一所公立中等学校，两年后经考试及格转入圣艾蒂安国立矿业学院，是同一学年中最年轻的学生。19岁毕业时他取得了矿业工程师资格。1860年他被任命为高芒特里—福尔尚布德公司的高芒特里矿井组工程师，直到1918年在公司总经理岗位上退休。之后他继续在公司里担任董事，直到1925年12月以84岁高龄去世为止。

法约尔一生中可分为四个时期。

第一时期从1860—1872年，此时他还是个工程师，主要致力于采矿的工程问题。

第二时期从1872—1888年，这时他已是一组矿井的总管，其思路主要倾注在煤田地质和矿井寿命等问题上。

第三时期从1888—1918年，此时期开始该公司财政状况极为困难，几乎濒于破产。法约尔被任命为总经理后，改组了公司，成立了新的被称为"高芒布德"的煤铁联营公司。法约尔获得巨大的成功。当他77岁退休时，公司财力和人员素质都已达到不可动摇的地位。

第四时期从他退休直到逝世，即从1918年直到1925年，他致力于普及自己的管理理论工作，对他30年事业上的惊人成就加以总结。法约尔的主要著作是《工业管理与一般管理》（1916年）。

泰勒和法约尔虽然是从不同的角度来关注和研究科学管理规律，但是他们以及韦伯（德国）等人的贡献构成了管理科学理论的雏形，并促使更多的实践者、学者来研究管理问题，从而奠定了管理科学理论的形成与发展。

（二）行为科学的出现与发展

20世纪初，一些学者和管理实践者开始从社会学、社会心理学的角度思考和研究组织管理问题，认识到组织中人的因素和社会关系的重要性。具有代表性的理论，一是工业心理学，以芒斯特伯格为代表；二是人际关系理论，以乔治·埃尔顿·梅奥为代表；三是合作的社会系统理论，以切斯特·巴纳德为代表。

1. 工业心理学

工业心理学出现在20世纪初。"工业心理学之父"雨果·芒斯特伯格（Hugo Munsterberg，1863—1916）1913年出版了《心理学和工业效率》一书，他主张对人的行为进行科学研究，以确定行为的一般模式和个体差异。他建议用心理测验来改进对员工的选择工作，倡导对人的行为、心理进行研究来寻找激励人的有效方法，看到学习理论对于培训员工的价值。

就提高生产效率来讲，工业心理学与泰勒的科学管理运动有共同的目的。但是，就方法而言，工业心理学重视的是人的心理效应，而科学管理运动重视的是工作者的体力和动作的合理使用。

2. 人际关系理论

人际关系理论又称为"新古典组织理论"出现在 20 世纪 30 年代。人际关系理论应用行为科学阐明了人的心理和行为对组织的影响，而且研究了组织内外的非正式群体对组织行为的影响。人际关系理论承认古典组织理论的基本原理，同时以自己的理论对古典组织理论进行了补充。

人际关系理论的代表人物乔治·埃尔顿·梅奥（George Elton Mayo，1880—1949）是美国的哲学和心理学教授。1928 年其开始进行著名的"霍桑实验"（Hawthorne studies），使得人际关系理论得到了管理学界和企业实践界的重视。

梅奥在霍桑实验的基础上，于 1933 年发表了《工业文明的人的问题》一书；他的同事若斯利斯伯格（Fritz Roethlisberger）和迪克逊（W. J. Dickson）于 1939 年出版《管理和工人》一书。在书中，他们阐述了人际关系理论的主要观点：

a. 经济组织不仅是"技术—经济系统"，而且是社会系统；

b. 人是组织中的最重要的因素；

c. 个人不仅受经济酬赏激励，也受各种社会的、心理因素的激励；

d. 非正式群体对工人的态度和表现有重大影响；

e. 领导方式必须考虑心理因素，要强调"民主的"领导方式；

f. 在等级制的组织结构中发展有效的沟通渠道是重要的；

g. 管理不仅要求技术，也要求有效的社会沟通技巧。

总之，早期的行为科学学派的研究将心理学和社会学引入组织研究，突破了古典组织理论的局限，从而在组织理论领域开辟出一个应用行为科学研究组织管理问题的新领域。

3. 社会合作系统理论

切斯特·巴纳德（Chester Barnard，1886—1961）是企业实践家。1927 年巴纳德成为"新泽西贝尔电话公司"总裁。他在贝尔公司整整干了 21 年。巴纳德的代表作《管理者的职能》出版于 1938 年，其第二部著作《组织和管理》出版于 1948 年。

巴纳德将组织看作是需要人际合作的社会系统，强调组织中成员的合作和协调。管理者的职能是：①确定组织目标，关注内外部环境的变化，形成与组织目标相应的组织价值和组织文化；②建立组织沟通的网络；③建立人事激励制度。

他认为，组织是一个包含正式和非正式过程的社会系统。在激励方面，他的理论不仅重视传统的金钱刺激，也强调非金钱的刺激。

巴纳德还指出个人对权威的接受还受到非正式群体的群体态度、意识的影响，个人拒绝权威就要承担犯错误的风险，而一般人都不愿意承担这种风险。

巴纳德的研究涉及许多方面的问题。要对他的理论进行学派归属，实际上会遇到困难。他的理论强调人的合作关系以及对非正式群体的讨论，有的学者将他的理论归属"人际关系"学派，这也是有道理的。

20 世纪 40 年代以后，心理学家、社会学家、政治学家、管理学家和文化人类学家对组织行为的方方面面进行了深入研究，并提出了各种理论和观点，包括需要层次理论、激励的双因素理论、人性的 X 和 Y 理论、波特—劳勒模式等。1949 年，美国一些从事人际关系研究的管理学者正式采用"行为科学"一词，并成立了"行为科学高级研究中心"，进一步开展对人的行为规律、社会环境和人际关系与提高工作效率关系的研究。"人际关系研究"这一术语逐渐为含义更广的"组织行为"所取代。组织行为学逐渐成熟，并在 20 世纪 60 年代确立了学科地位。随着社会和经济的不断发展，经济学领域的一些研究成果，对组织文化和组织变革的研究成果，以及知识经济时代的一些组织管理理论也都被吸收入组织行为学学科内容中，丰富了这门学科。

（三）组织行为学在中国的发展

对组织行为学的研究，不仅在西方国家受到重视并得以迅速发展，在我国也从引进、介绍开始转向普及和应用。与发达国家相比，我国对组织行为学的研究和应用起步较晚，尚处于引进、初步发展、开始普及阶段。20 世纪 90 年代中期开始，组织行为学在我国受到较普遍的重视。但和西方发达国家相比，仍存在很大的差距。

从 20 世纪 50 年代开始，我国已逐步开展工程心理学和劳动心理学的研究，但对管理心理学的研究起步较晚。由于受"文化大革命"等的影响，我国学术界对西方当时正在迅速发展的工业和组织心理学理论知之不多。直到 20 世纪 70 年代末期，我国开始转向以经济建设为中心的轨道，在改革、开放的形势下，管理心理学才逐步得到发展。

1979 年，当时的第一机械工业部提出要研究管理心理学，中国心理学会筹建了"工业心理专业委员会"。1980 年 4 月，中国心理学会成立了工业心理专业委员会，会上将工业心理学分为工程心理学和管理心理学两个方面。1981 年 3 月，中国行为科学研究会筹委会成立。1982 年，我国第一个"管理心理学研究所"在上海交通大学成立。

1985 年，组织行为学在我国得到肯定。著名科学家钱学森指出：行为科学是从个人与社会相互作用的角度来研究客观世界的，它已作为与自然科学、社会科学、数学科学、系统科学、思维科学、人体科学、军事科学、文艺理论八大门类相并列的第九大门类的独立的现代科学技术学科。

1985 年 1 月，经中国社会科学院正式批准，中国行为科学学会（实际上是组织行为学会）在北京成立，著名经济学家马洪在会上做了《发展马克思主义行为科学》的报告。许多省、市、自治区已成立了近 20 个学会组织，近千个大中型企业作为团体会员参与了全国和省市级的学会组织。1986 年 3 月，我国的《行为科学》杂志创刊。1988 年 8 月，中国科学院行为科学研究所成立。

与此同时，组织行为学的研究队伍也在发展壮大，从一开始就主要由三部分组成：心理学、社会学学者，企业中的实际工作者和管理学专业研究人员，后来发展到一大批从事心理和行为研究的专家、学者和管理人员，并出版了一批我国学者编写的有关心理和行为研究方面的专著，研究领域涉及人员测评、激励、领导、决策和跨文化等。我国企业在自己的经营管理中，在研究和应用组织行为学方面，也取得了可喜的成绩。许多高校的管理学院都有专门的教师从事组织行为学的教学与研究工作。

二、组织行为学的挑战与发展

（一）组织行为学面临的挑战

作为一门关注"人的行为规律"的学科，组织行为学注定会随着人类社会的发展面对越来越多的新问题。特别是进入 21 世纪以来，世界经济、科技进步、环境保护、价值观念等关键因素的不断变化，使组织行为学比以往面临更多样的挑战。

1. 全球化所带来的文化差异

世界经济的"全球化"促使企业组织在更为广阔的全球性地域范围内经营，其员工也来自于不同的文化背景。文化差异成为每一家在全球市场上竞争的企业所面临的关键问题之一。

组织行为学强调对人们的行为一致性的关注和预测，只有良好的预测人们的行为，才能更好地管理工作组织中的人的工作行为。但是，人的行为的一致性、一贯性或特殊性，不仅与其主体特质相关，而且与主体所处环境相关。只有在相对稳定的文化情境中，对行为一致性的预测才有意义。因此，全球化所带来的组织内部的文化差异给管理者预测和管理人的行为带来了极大的挑战。如何实现跨文化管理，正是组织行为学所面临的一大挑战。

事实上，在经济全球化的今天，在组织中如何实现跨文化管理，正是组织行为学所面临的一大挑战。要求组织行为学结合相应文化情境来实现对个体行为的预测和管理。

2. 员工个体的多元化与复杂性

知识经济时代，人力资源已成为第一资源。对人的关注同样带来了对员工个体多元化和复杂性的思考。随着全球化的进展，组织成员的构成在种族、国籍等方面正变得越来越多样化。随着个人价值观念的多元化，员工在工作时不可能把自己的文化价值观和生活方式偏好放在一边。随着年龄更迭的自然变化，员工出生年代的多元化日益显现，不同年代的人的价值观与行为方式差别显著。这些组织成员个体的多元化使管理工作变得越来越复杂。过去行之有效的管理方法也面临着效果不同、甚至不再适用的挑战。例如，最近的研究表明，员工希望在工作中得到灵活的时间安排，以使他们更好地处理工作与生活的冲突。大多数在校大学生说，在工作与个人生活之间保持平衡是他们的首要职业目标。除了工作之外，他们还需要"生活"。无法帮助员工实现工作与生活平衡的组织会发现，它们越来越难以吸引并留住绝大多数有能力和有积极性的员工。

尽管个体需求的多元化和复杂性带来了管理工作的压力。但是同时，我们也要看到，这种员工背景的多元化和复杂性既是社会发展的结果，反过来又会促使组织关注创造和革新，通过鼓励不同的观点来改善决策质量，促进了社会的包容与进步。

"90后"职场肖像

扫描此码 案例学习

3.技术进步带来的挑战

组织行为学致力于通过提升组织成员的绩效来实现组织目标。其中，提升管理者的绩效是重中之重。在一个技术迅速变化的环境中，管理者必须对员工的工作压力给予更多的关注，并帮助其应付这种压力。管理者必须具备更好的学习能力，快速学习和更新知识体系、掌握更多的新技术信息，用于激励、指导员工。同时，技术进步也对员工的适应性提出了新的要求。为了让员工快速适应技术的变化，而不是抵制变革，需要采取相应的措施来帮助员工适应技术变革，如参与变革的全过程、培训、在组织内部成立支持团队等。员工需要不断更新自己的知识和技能以满足新的工作要求。例如，像卡特彼勒、福特和美国铝业等公司的生产工人，需要知道如何操作数控生产设备。而在 20 年前，它们的工作说明书里并没有包括这样的内容。另外，大量信息技术在组织中的应用也带来了组织行为学相关研究的新进展。比如，ERP 的应用对企业不仅是技术变革的体现，更是管理模式和企业文化变革的压力和动力。

4.系统开放与外包

从虚拟组织到学习型组织，组织系统的开放性要求组织行为学重新审视组织面临的经济文化环境和背景。在全球一体化的今天，组织行为学研究的客体发生了变化。在传统经济中，组织行为学研究人在封闭组织中的行为，而随着知识经济的到来，组织在信息化、网络化革新进程中越来越趋向于开放，组织内的物理、技术、社会和个人等因素持续与外部环境中的各种因素发生联系，尤其是外部的经济、文化环境。这些变化都要求组织行为学的研究必须转向对开放型组织的考察。组织自身也在适应这种系统开放性的要求，它们不断地调整经营模式，注重分权，不仅把不重要的服务或操作外包给其他组织，而且把更加专业的工作采用咨询的方式外包给专业组织。比如，进入 21 世纪以来，IBM 公司已经从原来的 IT 制造业巨头转型为 IT 服务业领导者。

（二）组织行为学的发展趋势

面对上述挑战，组织行为学的进一步发展也离不开组织管理实践的需求。进入 20 世纪 90 年代以来，组织行为学有一些新的发展动向。根据国内外相关学者的观点，组织行为学的发展趋势会沿着深度和广度两个方向进展。

1.深度方向的发展

随着理论知识与现实管理实践更加密切地结合，对组织行为学中有关概念的研究会更加深入和细化。在个体行为层面上的研究，基于原有个性、能力、价值观、态度等概念，学者们提出了胜任力的概念，它是指人们与其任务情境相联系的综合才能。人们开始研究有效的管理者胜任力的结构和组成，以及不同情境下所需不同类型的胜任力。关于个性，我们常说某个人"自信"，现在人们则提"自我效能感"的概念，它是指某人在某种环境下对完成某种具体任务的信心程度。关于"态度"的概念，人们也将其更具体化了，提出了对个人工作和工作所在组织的态度，即工作承诺和组织承诺等概念。同时，在群体行为层面，学者们更加关注对高绩效团队的研究，关注团队中可能存在的"搭便车"行为，以及团队成员多元化对团队绩效的影响。在领导行为层面上，对交易型领导和变革性领导的深入研究也挖掘了原有领导理论的深度。而在组织行为层面的研究中，学者们提出了组织学习、组织创新、知识管理等概念，同时，开始探索组织变革的分析框架、理想的组织模式、干预理论以及变革代理人的角色等研究主题。

2. 广度方向的发展

近年来，组织行为学的研究有向更广的范围发展的趋势。除了研究组织结构与行为、组织中的利益团体、权力系统和政治行为、组织文化、组织发展和变革管理等，组织行为学在广度上更加关注组织与环境之间的行为和相互关系。这里的"环境"是广义的，包括企业所有的利益相关者（企业的竞争对手、供应商、客户、所在社区、政府机构等）。西方学者提出的组织生态学和商业生态系统理论则是把组织放在一个生态系统内来研究整个系统内各组织之间的行为和相互关系，从而不仅可以预测某个组织的绩效和命运，还可以预测整个生态系统的绩效和命运。

同时，组织行为学研究除秉承强调生产率的传统之外，更加关注工作生活质量。组织行为学认为强调生产率与强调工作生活质量并非是相互排斥的。如果工作生活质量不令人满意，是很难实现高生产率的。相反，高的生产率是拥有改善工作生活质量所必需的资源的先决条件。组织行为学越来越重视有关工作满意度、雇员安全与健康、组织文化、组织承诺、心理契约、压力管理等方面内容的研究。

另外，组织行为学与其他学科的交叉融合将会进一步加强。以前，组织行为学的发展一直得到心理学、社会学、文化人类学、政治学等学科的理论支持。目前，组织行为学与复杂性科学之间的交叉融合将会成为未来一个新的热点。复杂性科学是人类在探索日益复杂的自然和社会现象的过程中被提出来的，它包含了系统论、信息论、控制论、耗散结构论、突变论、协同论、混沌论、超循环论等新科学理论。复杂性科学的研究对象是各种复杂的大系统。组织行为学中研究的很多问题实际上都是针对一个系统的，如群体行为、群体决策、群体知识的创造、群体创新、组织学习、组织结构的设计、组织中集权和分权的平衡、组织的演化、组织的变革等。因此，我们完全可以吸收复杂性科学的理论与方法，将它们应用于组织行为学中这些问题的研究中。

除了在深度和广度上的发展趋势，组织行为学也更加强调应用性的要求，特别是与人力资源管理这样的应用性学科的相互交叉和融合。

第三节 组织行为学与管理工作

组织行为学研究的是工作组织中人的工作行为规律。工作组织的目标实现需要管理者来承担管理职责，也需要管理者来预测、引导和管理组织中的人的行为。因此，理解组织行为学就必须深入理解管理工作、理解管理者的角色、理解管理人性观。

一、管理工作对管理者的要求

（一）管理工作的特征

管理是人类各种活动中最重要的活动之一。美国管理学家哈罗德·孔茨和他的同行海因茨·韦里克认为：管理是设计和保持一种良好环境，使人们在组织中高效率地完成既定目标。管理的核心在于人，管理工作的基本特征包括以下几个方面。

1. 管理是一种社会现象

只要有人类社会存在，就会有管理存在。因此，管理是一种社会现象。从科学的定义上讲，管理的存在必须具备以下两个必要条件：①必须是两个人以上的集体活动，包括生产的活动、行政的活动等；②有一致认可的、自觉的目标。

2. 管理的"载体"就是组织

管理活动在人类现实的社会生活中广泛存在，而且管理总是存在于一定的组织之中。正因为我们这个现实世界中普遍存在着组织，管理也才存在且有必要存在。两个或两个以上的人组成的，为一定目标而进行协作活动的集体就形成了组织；有效的协作需要有组织，需要在组织中实施管理。

3. 管理有其特有的任务和职能

管理的任务就是设计和维持一种体系，使在这一体系中共同工作的人们能够用尽可能少的支出（包括人力、物力、财力等），去实现他们既定的目标。管理活动是通过人来进行的，人是进行管理活动的主体。因此，把执行管理任务的人统称为"管理人员"或"管理者"。管理的任务当然也就是管理者的任务。

管理作为一个过程，管理者在其中要发挥的作用，就是管理者的职能，也就是通常说的管理职能。对于管理的职能，国外有多种划分方法，早期的管理理论一般认为，管理有计划、执行、控制三大基本职能。法国的法约尔认为，管理有计划、组织、指挥、协调和控制五大职能。美国的古利克指出：管理有计划、组织、人事、指挥、协调、报告和预算七项职能。

4. 管理的核心是处理各种人际关系

管理不是个人的活动，它是在一定的组织中实施的。对主管人员来讲，管理是要在其职责范围内协调下属人员的行为，是要让别人同自己一道去完成组织目标的活动。组织中的任何事都是由人来传达和处理的。所以，管理者既管人又管事，而管事实际上也是管人。管理活动自始至终，在每一个环节上都是与人打交道的，所以，管理的核心是处理组织中的各种人际关系。

综上所述，管理工作的根本特征在于要求管理者通过别人（上司、下属、同级等）实现组织目标。这其中的关键就是如何管理人，如何掌握有效管理人的规律。

（二）管理者的技能要求

随着科学技术的迅猛发展，生产社会化程度的不断提高，人的因素的作用越来越突出。对人的管理已成为管理的核心问题。美国管理学家卡茨在《管理者的技能》（1955年）一文中提出：一个有效的管理者应具备三方面的技能。

1. 技术技能

即使用由经验、教育及训练所得到的知识、方法、技能去完成特定任务的能力。这主要是指把专业知识、技术应用到管理中去的能力。

2. 人际技能

即与人共事的能力。这主要是指经营管理者善于通过各种激励措施，对下属施行有效领导的能力。也就是把行为科学方面的知识应用到管理中去的能力。

3. 概念技能

即了解整个组织及自己在组织中地位和作用的能力。这种认识使一个管理者随时都能按照整个组织的目标行事，而不是只从本身所在部门的目标出发。这就要求经营管理者（特别是高层经营管理者）对整个组织有战略眼光和全局观念，有较高的决策能力。

卡茨认为，对不同层级的领导者来说，这三种技能所占的比重是不一样的，也就是说，不同层级的管理者应有不同的技能组合，如图1-3所示。

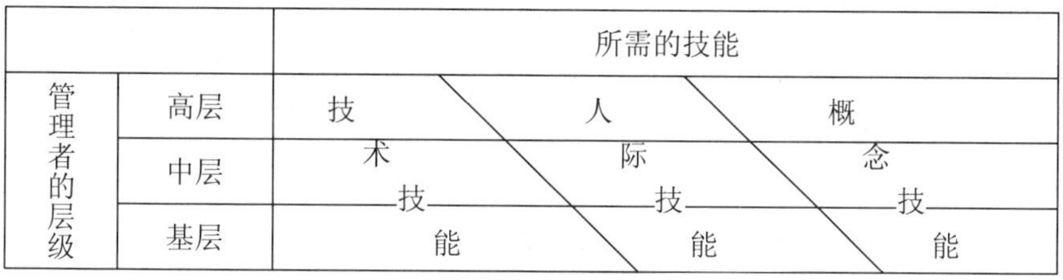

管理者的层级	所需的技能		
高层	技	人	概
中层	术 技 能	际 技 能	念 技 能
基层			

图 1-3 不同层级管理者的技能组合

图1-3表明企业组织的不同管理阶层所需的管理技能有不同的结构。对基层管理者来说，需要有更多的技术技能；而对高层管理者来说，则需要有更强的概念技能。这三种技能的不同组合是随着管理者从低层跃升到高层而变化的。不同阶层的领导者，由于处于不同的领导地位，工作任务不同，管理范围不同，因而应该有不同的能力要求。

当一个管理者从较低管理阶层上升到较高管理阶层时，他所需要的技术技能相对地减少，而所需的概念技能则相对地增加。但是，人际技能则对每一管理阶层来说都具有同样的重要性。而人际关系问题正是行为科学的一个重要内容，因而学习组织行为学对于提高管理者的能力和水平，是很有好处的。

二、管理者的角色

管理者像电影中或戏剧中的演员一样，在组织中也要在各种情境中扮演一定的角色。其实这就是指他们需要发挥一定性质的作用。管理者在实际管理工作中常常扮演不止一种的管理角色。管理学大师明兹伯格在对管理者实际工作活动研究的基础上，归纳出管理者在管理工作中所扮演的十种管理角色。明兹伯格按照这些角色性质与功能的相近性，又进一步分为三大类，即人际性角色、信息性角色、决策性角色。

（一）人际性角色

这包括三类角色，其性质都是涉及人际及社会交往的，即在扮演这类角色时，管理者的主要作用是以某些方式与别人交往。三类人际性角色如下。

（1）象征性领导者。在为本组织扮演这种角色时，管理者是以组织的领导者身份出现，但其作用仅是礼仪性的，并不真正发挥领导作用。

（2）领导者。这一角色才可真正发挥领导作用。领导者并不限于运用职权去指挥下级，而是通过与下级的沟通，以多种影响力去吸引、说服、激励下级追随领导者指引的方向，去完成所规定的任务。

（3）联络人。管理者的联络作用虽然也包括组织内部相互之间的沟通与协调的功能，但主要是涉及对外联络交往，例如，代表公司与供应商、客户等进行价格谈判，讨价、还价等。

（二）信息性角色

其也包含三类角色，都涉及信息的处理。三类信息性角色如下。

（1）信息监控者。这个角色是指，管理者既要积极地寻觅外界环境中对本组织或其中某些人有价值的信息，又要警觉地监控本组织对外输出的信息渠道，严防不宜对外的信息外泄。

（2）信息传播者。管理者在向别人，无论内、外传递信息时，就是在扮演这一角色。例如，指示某一政策应传达给哪级或哪些管理者或员工等。

（3）发言人。这指的是代表本组织对外界发言，例如，在本公司举行的新闻发布会上宣布本公司某一战略性重大决策等。

（三）决策性角色

这包括四类角色，都涉及某种决策过程。这四类角色如下。

（1）创业者。创业并非指从事某种具体的创造发明，而是指开拓某项新事业，开辟某一新方向。例如，开发一种新产品系列，开辟一片新市场，制定一种新的公司战略等。

（2）麻烦处理者。这固然包括企业中出了重大事故之类的应急处理，但主要是指组织中部门之间及经理之间产生了较严重的争执与矛盾时，身为上级的管理者便需做调解、仲裁、劝说等工作，以平息这些冲突。

（3）资源分配者。这里说的资源是广义的，不仅指财务性资源，还包括设备、厂房等其他物质性资源和人员、时间等非物质性资源。管理者在扮演这种角色时，要就各类资源在组织中各部门及个人之间的分配作出决策，决定谁可以得到哪些和多少资源。

（4）谈判者。扮演这一角色时，管理者要代表组织与其他组织谈判并决定达成什么样的协议；此时他们已被授权可就协议内容拍板。

这三大类十种管理角色尽管内涵各有差别，但是其共性都是强调管理者要在组织内外处理好各类与人有关的问题，包括人际之间的关系处理、向各类人发布相关信息、处理好相关利益者之间的利益关系等。

情景微案例

学生会干部的管理角色

扫描此码 案例学习

三、管理人性观及假设

对人性的认识是对人的管理中的一个实质性问题。在管理活动中管理者制定什么样的管理制度，采用什么样的管理方法，建立什么样的组织结构，都与他们关于人性的假设有关。

西方组织行为学中曾提出过各种不同的假设，后来这些不同的人性假设便构成了西方组织行为学的基石。1965 年，美国心理学家薛恩（E.H.Schein）把流行于西方的几种人性假设概括为"经济人""社会人""自我实现人"和"复杂人"。

（一）"经济人"假设

"经济人"这一假设，以英国经济学家亚当·斯密（Adam Smith）为先驱。他认为，人的本性是懒惰的，必须加以鞭策；人的行为动机源于经济诱因，必须以计划、组织、激励、控制等建立管理制度，并以金钱和权利维持员工的效力和服从。

美国工业心理学家麦格雷戈（D.M.McGregor）在他的《企业人性方面》（1960 年）一书中，提出了两种对立的管理理论：X 理论和 Y 理论。麦氏主张 Y 理论，反对 X 理论。而 X 理论其实是对"经济人"假设的运用，其基本观点如下：

（1）多数人天生是懒惰的，他们都尽可能逃避工作；

（2）多数人都没有雄心大志，不愿负任何责任，而心甘情愿受别人指导；

（3）多数人的个人目标都是与组织目标相矛盾的，必须用强制、惩罚的办法，才能迫使他们为达到组织目标而工作；

（4）多数人干工作都是为了满足基本的生理需要和安全需要，因此只有金钱和地位才能鼓励他们努力工作；

（5）人大致可以分为两类，多数人都是符合于上述设想的人，另一类是能够自己鼓励自己，能够克制感情冲动的人，这些人应负起管理的责任。

基于"经济人"的假设，相应的管理方式和要点如下：

■ 管理工作的重点是提高生产率和完成生产任务，而在对人的情感和道义上，则可以不负责任，简单地说，就是只重视任务而不考虑感情，管理就是计划、组织、指导和监督，这种管理后来称为任务型管理；

■ 管理工作只是少数人的事，工人的主要任务是听从管理者的指挥；

■ 在奖励制度方面，主要是用金钱刺激员工的积极性，同时对消极怠工者采用严厉的惩罚措施。用通俗的话说，就是采取"胡萝卜加大棒"的政策。

（二）"社会人"假设

"社会人"（social man）又称为"社交人"。依据"社会人"的假设，传统理论把人看成是"经济人"的观点是错误的，人的主导动机是社会需求。只有满足员工的社会需求时，工作的积极性才能得到充分的发挥。社会需求不仅仅是物质的满足，更重要的还包括同事之间的接纳和喜爱，即良好的人际关系，这种社会需求往往比经济报酬更能激励工人。"社会人"的假设首先是由霍桑实验的主持人梅奥提出的。

梅奥认为，人是有思想、有感情、有人格的活生生的"社会人"，人不是机器和动物。作为一个复杂的社会成员，金钱和物质虽然对其积极性的产生具有重要影响，但是决定因素不仅仅是物质报酬，而是员工在工作中发展起来的人际关系。

基于"社会人"的假设，相应的管理方式和要求包括：

- 管理人员不应只注意完成生产任务，而应把注意的重点放在关心人、满足人的需要上；
- 管理人员不能只注意指挥、监督、计划、控制和组织等，而更应重视员工之间的关系，培养和形成员工的归属感和整体感；
- 在实行奖励时，提倡集体的奖励制度，而不主张个人奖励制度；
- 管理人员的职能也应有所改变，他们不应只限于制定计划、组织工序、检验产品，而应在员工与上级之间起联络人的作用。一方面要倾听员工的意见和了解员工的思想感情，另一方面要向上级反映和呼吁。

后来，一些组织行为学家，根据"社会人"的观点，提出了"参与管理"的新型管理方式。所谓参与管理，就是在不同程度上让员工和下级参与决策。

（三）"自我实现人"的假设

"自我实现人"（self-actualizing man）的概念是由马斯洛提出来的。马斯洛认为，人的最高层次需要就是自我实现。

所谓"自我实现"，就是说人需要发挥自己的潜力，表现自己的才能，只有人的潜力和才能充分发挥出来，人才会感到满足。用马斯洛的话说就是："每个人都必须成为自己所希望成为的那种人"，"能力要求被运用，只有发挥出来，才会停止吵闹"。在他的心目中，最理想的人，就是自我实现的人。

麦格雷戈总结了马斯洛及其他心理学家的观点，从管理的角度，提出了与 X 理论相对应的 Y 理论。Y 理论可以看成"自我实现人"假设的运用，其基本内容如下：

（1）一般人都是勤奋的，如果环境有利，工作如同游戏或休息一样自然；

（2）控制和惩罚不是实现组织目标的唯一办法，人们在执行任务中能够自我指导和自我控制；

（3）在正常情况下，一般人不仅会接受责任，而且会主动寻求责任；

（4）在人群中广泛存在着高度的想象力以及谋求解决组织中问题的创造性；

（5）在现代工业条件下，一般人的潜力只利用了一部分。

基于"自我实现人"的假设，相应的管理方式和要点如下：

- 管理的重点应该从人的身上转移到工作环境中，要创造一种适宜的工作环境、工作条件，使人们能在这种条件下充分挖掘自己的潜力，充分发挥自己的才能，也就是说充分自我实现；
- 管理者的主要职能在于能为人们充分发挥自己的聪明才智创造适宜的条件，减少或消除员工在自我实现中可能遇到的障碍；
- 只有内在奖励，才能满足人的自尊和自我实现的需要，从而极大地调动员工的积极性，管理者的任务就在于创造适宜的工作环境，使员工获得"内在奖励"；
- 管理制度应该保证员工能够充分地表露自己的才能，达到自己所希望的成就。

（四）"复杂人"的假设

"复杂人"假设是对前述各类人性假设的综合，其管理要点就是：管理没有唯一解，要根据不同的情况作出不同的反应，具体问题具体分析。

"复杂人"的假设是 20 世纪 60 年代末 70 年代初提出的。长期的实践证明，无论是"经济人""社会人"，还是"自我实现人"假设，虽然各有其合理的一面，但并不适合于一切人，因为人是很复杂的，不仅因人而异，而且一个人本身在不同的年龄、不同的时间和不同的地点会有不同的表现。人的需要和潜力，随着年龄的增长、知识的增长、地位的变化，以及人与人之间关系的变化而各有不同。根据"复杂人"的假设，提出了一种新的管理理论，称为权变理论（contingent theory）。"权变"是指应根据具体情况而定，采取适当的管理措施，由于它既不同于 X 理论，也不同于 Y 理论，有人把它称为超 Y 理论。

这种理论的内容可以概括为以下几点：

（1）人的需要是多种多样的，而且这种需要随着人类社会的发展而变化；

（2）人在同一时间内各种需要和动机会发生相互作用并结合为统一的整体，形成错综复杂的动机模式；

（3）人在组织中的生活条件是不断变化的，因此会不断得产生新的需要和动机，就是说，在人生活的某一特定时期，动机模式的形成是内部需要和外部环境相互作用的结果；

（4）一个人在不同的单位或同一单位的不同部门工作，会产生不同的需要；

（5）由于人的需要不同，能力各异，对于不同的管理方式会有不同的反应。因此，没有一套适合于任何时代、任何组织和任何个人的普遍行之有效的管理方法。

综上所述，不同的人性假设决定着管理者不同的管理理念和管理方式。这种管理人性观的差异是组织行为学研究工作组织中的人的工作行为的一个重要的关注点和出发点。因此，西方学者从"经济人"假设，提出了 X 理论；从"社会人"假设，提出"人际关系"理论；从"自我实现"的假设，提出 Y 理论；而从"复杂人"的假设，提出了权变理论。

组织行为学基于管理人性观的角度，提醒管理者要采取权变理论的思维模式，具体情况具体分析，方能实现管理的有效性。

组织行为学的里程碑事件——霍桑实验

扫描此码 深度学习

在霍桑实验之前，很多学者和企业主也在关注通过调动员工的积极性提高劳动效率，而且也意识到了人际关系的作用。但是，只有霍桑实验第一次采取科学研究、科学实验的思路和方法，证明了人际关系和士气可以大大提高生产效率。

因此，在组织行为学理论形成的过程中，霍桑实验作为一项里程碑事件起着至关重要的作用。对于人们关注和理解人的因素在企业管理实践中的影响力有着开创性的意义。

本章小结

本章从组织行为学的概念入手，在介绍其定义和特点的基础上，重点剖析了组织行为学的系统性，并且从组织行为学产生和发展的历程中引导管理者关注组织行为学与现实社会经济环境的密切关系。同时，通过分析管理工作的特征、管理者技能要求、管理者角色和管理人性观，强调了组织行为学在管理工作中的重要价值。

本章思考题

1. 什么是组织行为学？组织行为学的研究对象包括哪些层面？
2. 你如何理解组织行为学的系统性？
3. 通过组织行为学产生与发展的历程，你认为其研究的核心是什么？
4. 为什么管理者必须学习组织行为学？应该如何学习？

教学案例   **新上任的分公司经理**[①]

1. 晋升机会

2008年5月的一个工作日，天气晴朗，阳光灿烂。上班不久，我就接到了顶头上司张经理（S销售分公司的经理）的电话，让我去他办公室一趟。我刚走进张经理的办公室，他就开门见山地对我说："高强，集团公司人力资源部发来了通知，省内的D分公司经理职位空缺了，让省内其他分公司推荐候选人。你想去吗？"

我今年31岁，毕业于北方一所理工科大学，虽然大学时读的是工科专业，但是一直对

---

① 案例来源：本案例由大连理工大学付永刚副教授根据哈佛案例改编而成。

市场销售之类很感兴趣，毕业后就在 AB 公司下属的 S 销售分公司做了销售代表。AB 公司是一家机电仪表类产品的制造和销售商。公司一直很重视市场推广与产品销售，在全国大多数中心城市都设有销售分公司。经过多年的努力，公司开发的系列产品在市场上拥有了较强的知名度。八年来，我在 S 分公司的销售业绩持续攀升，近几年来基本上都在前三名之列，而且也是 S 分公司最资深的销售代表。这两年我开始留意公司的升迁机会，很想在经理的位子上试一试。今天听到张经理的询问，我兴奋地回答："太好了，张经理，我很想去。"

接下来的一系列选拔考核环节我都表现得不错，最终如愿以偿，被公司聘为 D 销售分公司的经理。在我看来，分公司经理就是首席销售代表，只不过权力和责任更大些，而要完成销售指标，也只是小菜一碟。而且，我还可以尝试我自己的管理理念：像对待自己一样对待手下的销售代表。

2. 新官上任

2008 年 6 月 18 日，我签订了新的聘任合同。三天之后，我和另外 11 名新上任的经理去 AB 公司总部接受了为期 5 天的经理入职培训。我们像是又回到了大学。厚厚 300 页的管理理论教材就放在我们面前：战略分析、产品定位、绩效评估、人员问题诊断、设定期望、分派任务、指导、反馈。培训结束前的会议上，公司的营销总监告诉我们，公司最近正在进行新产品（X 系列产品）的推广，以应对主要竞争对手的挑战。因此，AB 公司期待着我们各销售分公司能够在新产品的市场开发方面多做一些工作。公司的人力资源经理老刘在发言中提醒我们要把团队建设作为一项重要工作。散会时，他遇到了我，拍了一下我的肩膀，告诉我有事可以随时找他。在公司组织的选拔面试时我就见过他；当时他也是这么对我说的。

2008 年 6 月 30 日，我正式在 D 销售分公司走马上任。除了行政部门和财务部门的 3 位员工外，我的手下还有 16 位销售代表。整个上午我都显得很紧张，什么也没做，只是整理整理文件，然后通知销售代表下午一个一个来见我。

下午 1 点左右，D 分公司最年轻的销售代表小丽进来了。我告诉她，我已经看过她的最新报告，觉得她应该改变一下对 CL 这个客户的策略。小丽点点头，没说什么。在接下来的时间里，我挨个向销售代表询问了他们的目标、抱负、对产品的看法及建议。这些也正是我以前做销售代表时一直希望张经理问我的。有四个销售代表很卖力地向我显示他们以往的业绩，还有几个销售代表比较沉默，就想知道我对他们有何期望，居然有两个销售代表与我聊得比较熟悉了，很想知道我是怎么获得晋升的。面谈进行得很顺利，只是随着时间慢慢流逝，我突然意识到我似乎想让他们具备和我一样的动机，和我一样的销售才能。我这样想对不对呢？我有些疑惑。

4:30 左右，李明来了，他首先对自己销售业绩的下滑表示了歉意，因为他家里出了点事。我对他说，要兼顾好工作与家庭是一件非常不容易的事。看到他嘴唇开始有点颤抖，我便做起了"老大哥"来，"小李，以后有什么事情可以随时来找我"。他再三向我表示感谢，并同我握了握手。

几天后，我收到张经理发来的一条短信，上面写着："祝你好运，高强。我的信条是：50% 的人员培养，30% 的销售和产品领导，30% 的规章制度遵守。对，要做到 110%。"当时，我一头雾水，不知道他要说什么。

3. 艰难的经理工作

最初的两周转眼就过去了，就好像在一个暴风雨的深夜开车，你突然意识到自己想不起刚才的10公里路是怎么开过来的。这段时间，我一直在仔细研究"X系列"产品的一些细节。（对于销售代表来说，这个"X系列"产品需要他们改变以往的一些销售习惯。）在入职培训时，人力资源经理老刘曾建议，我们应该在熟悉了分公司之后，再举行第一次销售会议。但现在，我已经忍耐不住了，觉得是时候展示一下经理的风采了，于是我把第一次会议定在了2008年7月16日。我永远不会忘记那一天。

会议一开始，我先阐述了一下D分公司的新规章：利润、服务、规则。然后，我把重点放在了对"X系列"产品的介绍上，要求大家把销售的重心转到"X系列"产品的销售方面。这时，老王插话了。

来D分公司之前，我就知道老王是这里的头号销售代表，15年来销售成绩一直良好。上次和他谈话时，他只是在听我说，不记得他说过什么。老王说道："经理，这是新产品，如果我们集中力量做'X系列'的销售，大家的业绩都得下来，提成自然少了。我可没兴趣。"

老王的话显然很对大家的胃口，一些销售代表开始附和。还有隐隐的窃窃私语，似乎在说有关我的话。我有种感觉，他们好像查过我的底细，知道我在S分公司的销售成绩从来没有得过第一。

我清了清嗓子，说道："并不是每个人都看重金钱和个人利益，我们做销售代表要敢于面对挑战。"老王又插话说："说实话，钱并不是万能的，但是没有钱却是万万不能的。"大家哄地笑了。我有些发窘，提高声音继续说："不管你喜不喜欢，AB公司要开始把重点放在'X系列'产品的销售上了。"也许看到我有些气恼，大家都不再说话，会议就这样结束了。

我知道我得做点什么来消除此次会议给自己造成的不利影响。于是，我给所有销售代表发了一份调查问卷。在"经理应该与我有更多的交流"这一项上，所有人都打了钩。在意见栏上，他们写道，我不应该偷偷盯着他们，看他们有没有遵守规章制度。30%的销售代表对我的领导方式表示满意，35%表示不置可否，剩下35%则希望我能为他们做更多。看着这些调查结果，我有些困惑，我该怎么办呢？

接下来的两个星期，16位销售代表争相占用了我的大部分时间，而在余下的时间里，我不是忙于处理销售代表之间的争端，就是疲于应付与客户的直接冲突。我觉得自己快被各种可能相关的信息压得喘不过气来。吃饭的时候，我还在修订营销计划，凌晨1:00还在审阅预算报告。

某个星期五下午5:30的时候，员工都下班了。办公区很安静，我真的很想给人打电话，帮我理一理头绪。而总公司人力资源经理老刘看起来就是我要找的人，于是我拿起了电话。可话又说回来，我和他并不熟悉，而且在公司人力资源经理面前诉说自己的难处，似乎有些不合适。如果老刘认为我无能，那可就适得其反了。我叹了口气，放下电话，离开了办公室。

进入8月，公司就开始进行"X系列"产品的市场推广。这与我以前负责的"T系列"产品差别很大，我先前的产品知识和销售专长一点也用不上，而且平时的工作太忙，我对"X系列"产品也不太熟悉。如果你问我的话，我真的不知道D分公司应该如何来销售这些新产品。每周三我们都举行销售代表会议，但每次会议我都觉得我们对"X系列"产品的关注是越来越少。老王常常以拜访客户为由不来参加会议，即使来了，他也总是对"X系列"产品提出一些吹毛求疵的问题。因此，我也乐意老王不来参加会议，免得搞乱会议秩序。

9月中旬，我们有个业绩最差的销售代表撒手不干了。我的运气不错，我恰好认识我们主要竞争对手PA公司的头牌销售员。于是，我把他挖了过来，许诺给他一间自己的办公室，这个办公室是我从财务部和行政部挤出来的。我感觉得到其他销售代表心里有些不快，尤其是老王，但他也没说什么。

10月初，我向总公司提交了三季度的工作报告。收到我季度报告后的第二天早上，总公司的营销总监打电话给我。"高经理，你没有完成指标。"他毫不客气地说道。我告诉他现在是销售淡季，新产品的销售才刚开始不久，销售代表们都不太熟悉。但是，对方打断了我："高经理，你不要找借口。"我有些难为情，继续解释说销售代表不喜欢公司把"X系列"产品硬塞给他们。营销总监说："你的销售代表是你的事，而你的指标却是我的事。"我什么也没说，他肯定觉察到了我心里的恐慌。停顿了一会儿后，我听到他说："高经理，你需要静下心来想想如何调动你的属下。"我答应着，心里却更加不知该如何把这一切导入正轨。

10分钟后，我刚要开始填写一个月前就应提交总部的费用表，这时李明走进了我的办公室，并开始喋喋不休起来。他现在的工作积极性惊人，每次销售会议他都坐在前排，手拿一本蓝色的笔记本。他能一字不差地把"X系列"产品的宣传材料背出来。他经常与客户打电话交流，客户们都喜欢他，但问题是他从不鼓动人家购买公司产品，他也没有卖出过产品。销售业绩依然在低位徘徊。我真的很同情他，他有两个孩子，有房屋贷款，父亲生病，自己背债，还有一个不称职的老婆。我真想告诉他，他不是干销售的料，但又怕伤了他的自尊心。20分钟以后，李明总算走了。他离开后我感到松了一口气。

10月底，我回总公司述职。我原想可以趁这个机会同人力资源经理老刘谈谈老王和李明的事，同时也向营销总监解释一下我上任来首个季度的销售数据。可没想到，我却被询问了一通：为了让你的属下全力以赴，你都做了些什么？市场规模有多大？你希望获得多大的市场份额？你能保持何种费用水平，同时仍具有竞争力？面对一连串的问题，我有些发蒙，有些问题我似乎都没有想过。述职结束了，我一身汗。好在总公司对我依然有信心，鼓励我干好下个季度。

4. 冲突与危机

回到D分公司后，我加大了对"X系列"产品的奖励力度。自己也开始学习"X系列"产品的材料，并且亲自去跑客户。再加上挖来的那位销售能手的作用渐渐发挥出来。一个多月下来，销售业绩有了明显提升，我也很高兴。但是，常常会听到销售代表们在谈论加班太多和年终不发奖金的事。这让我有些郁闷。

12月中旬的一天，中午刚过，小丽来找我，问我该怎么处理MID这个客户。我一遍一遍地向她解释应该让他们采购"X系列"产品来代替原定的"T系列"产品，可她就是领会不了。她还是不停地说他们想采购"T系列"产品。而我也一再指出，这个客户对我们的品牌很信任，完全可以让他们选择"X系列"产品。说了好几分钟，我觉得头晕目眩，脸发烫。最后，我干脆拿起电话，直接打电话给MID的采购经理。不出10分钟，我就成功地说服了他，MID公司同意购买"X系列"产品代替原定的"T系列"。

当我正为自己的成功心满意足时，身边的小丽却满脸通红地看着我说："我可能不是这里最好的销售代表，但也并非不称职。"我告诉她我没有这个意思，我只是想帮忙而已，只是想让她知道与客户打交道的一种方法。她真的很生气，咬牙切齿地说："如果你想当这个客户的销售代表，给你好了。"她把资料往我桌上一扔，气冲冲地走出了办公室。

我也很生气，起身追了出去，把她拉回到我的办公室。我失去了理智。我猛地把她摁坐在椅子上，开始大声吼道："我在帮你的忙，你应该感谢我才对。"她的下巴开始颤抖，然后便哭了起来……

那一瞬间，我简直有些崩溃！

年底到了，我刚好完成了第二季度的指标。但同时我也接到了小丽的辞职信，她在信中写道："高经理，你是一个销售能手，但是我更希望在一个优秀的销售经理手下干活。"听说，小丽去了 PA 公司（我们的主要竞争对手）。

春节前，我回总公司参加年终总结会。会后，销售总监和人力资源部经理特意一起找我谈话。他们开门见山地说："高经理，你这半年的工作表现起伏不定。你有做得好的地方，你完成了第二季度的指标，从 PA 公司挖来了一个出色的销售代表。但是，你的销售代表们对你并不满意，小丽因为你辞职了，你还可能会失去老王，你应该考虑让李明走人。我们没有必要护短，你这半年来的总体情况是喜忧参半，让我们担心。希望你能找到改善的思路和办法……"

坐在返回 D 分公司的飞机上，我陷入了沉思。难道我不是做经理的料吗？我到底该怎么办呢？

思考题：

（1）你如何看待高强新官上任之后的一系列工作行为？

（2）你认为高强目前的困境是如何造成的？他适合做经理吗？

（3）如果你是高强，面对目前的局面你将如何处理？

第二章

个体行为基础

本章学习目标

通过本章的学习，你应该能够：

● 理解感知、态度、价值观、学习这四个概念的内涵；

● 认识到管理中的感知误区并加以避免；

● 理解态度对行为的影响，并用于管理工作中的态度改变；

● 掌握与工作有关的价值观内涵和类别，理解价值观对管理实践的影响。

引导案例

杨利平糯米美食厂[①]

杨利平是莹县杨家村的一位普通农民，不过人们早就知道他有一种祖传绝招——烹制一种美味绝伦的糯米甜品——杨家八宝饭。他自称是这项绝技的第五代传人，早在清乾道光年间，他祖宗所创这种美食就远近闻名，而且代代在本村开有一家专卖此种八宝饭的小饭馆。他的父亲直到解放初期还开着这家祖传小饭馆。

20世纪80年代改革之风吹来，杨利平丢了锄头，又办起了"杨家店"，而他做的八宝饭决不亚于他的祖上。由于生意兴隆，他很快发了。开头是到邻村去开分店，后来竟把分店开到县城乃至省城去了。1987年，他就在本村办起了杨利平糯米美食厂，开始生产"老饕"牌袋装和罐装系列糯米食品。由于其独特风味与优秀质量，牌子很快打响，不说本县，连省里许多市县都很畅销，出现了供不应求之势。杨利平厂长如今正经营着这家450多名员工的美食厂。

奇怪的是，杨厂长似乎并未利用这大好形势去扩大市场。外省市买不到这种美食，连本省也不是处处都有供应。原因是杨利平固执地保持产品的独特风味与优秀质量。杨利平强调质量是生命，决不允许采取任何措施危及产品质量。他说顾客们期待着高质量，而且他们知道他们所得到的杨家美食准是高质量。

杨利平糯米美食厂里的主要部门是质量检验科、生产科、销售科和设备维修科。当然还有一个财会科以及一个小小的开发科。其实该厂的产品很少有什么改变，品种也不多。

---

① 案例来源：本案例由大连理工大学余凯成教授编写。

杨家美食厂里质检科要检测进厂的所有原料，保证其必须是最优质的。每批产品也一定抽检，要化验构成成分、甜度、酸碱度。当然最重要的是检控产品的味道。厂里高薪聘有几位品尝师，他们唯一职责是品尝本厂生产的美食。由于品尝师经验丰富，可以尝出与要求的标准的微小偏差。所以，杨家美食始终保持着良好的口碑。

不久前，杨利平的表哥汤正龙回村探亲。他原在县里念中学，20世纪80年代初便只身去深圳闯天下。大家知道他聪明能干，有文化，敢冒险。他一去十来年，只听说他靠两头奶牛起家，如今已拥有千万元资产了。汤正龙来拜访表弟杨利平，对美食厂的发展称赞一番，还表示想投资入伙。但他指出杨利平观点太迂腐保守，不敢开拓，认为牌子已创出，不必僵守原有标准，应当大力扩充品种与产量，向省外甚至海外扩展。他还指出工厂目前的这种职能结构太僵化，只适合于常规化生产，为定型的稳定的顾客服务，适应不了变化与发展，各职能部门眼光只限在本领域内，看不到整体和长远，彼此沟通和协调不易。他建议杨利平彻底改组本厂结构，按不同产品系列来划分部门，才好适应大发展的新形势，千万别坐失良机。但杨利平对汤正龙发表的建议听不进去，反生反感。他说他在基本原则上决不动摇。两人话不投机，最后汤正龙说杨利平是"土包子""死脑筋""眼看着大财不会赚"。杨利平反唇相讥说："有大财你去赚得了，我并不想发大财，要损害质量和名声的事坚决不做。你走你的阳关道，我过我的独木桥！"汤听罢拂袖而去，不欢而散。

厂里干部和员工对此反应不一，有人赞扬杨厂长有原则性；有人则认为他认死理，顽固不化。

你更赞同谁的观点？为什么？

杨利平和汤正龙都是为了美食厂的发展，但是两人却话不投机、不欢而散。为什么同样的目标却产生了完全不同的观点、态度呢？我们每个人都生活在同一个世界中，为什么却常常对同样的事情产生不同的看法呢？

这些问题的解决需要我们从感知、态度、价值观等理论背景中找到科学而合理的解释，需要我们把对管理工作的认识和理解回归到最日常的生活中去。

第一节 感知与行为

一、感知的内涵与特征

（一）感知的定义

感知可以定义为个体通过感官对自己所处环境进行认识和评价的过程。这个世界是人们感知到的世界，人们的行为是以他们对现实的感知为基础的，而不是以现实本身为基础的。

因此，探讨感知的概念有益于管理者了解企业员工的行为。

上述感知的定义包含以下两层含义。

（1）感知是由每个人借助自己的感官来实现的，是个体自身的行为过程。在这个过程中，我们的感官（眼、耳、鼻、手等）成为我们认识这个世界的主要工具。

（2）感知是我们对外部环境的认识。虽然每个人也具有自我感知的能力，但是这里所说的感知主要是指对外部环境、外部对象的感知和评价。

感知是人对客观现实的反映，这种反映除了受客观环境的制约外，还受到个体的感知经验的影响。由于每个人所处的主客观条件不同，所以即使对同一事物，人与人的感知亦会存在差异，而这种感知上的差异又直接导致人们行为上的差异。

（二）感知的特征

感知具有对象性、整体性、理解性和恒常性等基本特征。

1. 感知的对象性

感觉系统为我们提供的是关于光、色、声等个别刺激特征或属性，但我们感知到的是一个对应着某种形状、质地、大小和位置的完整而具体的图形，是那些个别属性的统一体。感知的这种特性称为感知的对象性或选择性。在大多数情况下，人们总能够通过感知区分出特定的图形和相应的背景。而且，图形和背景的地位可以相互转化。在图 2-1 所示的两幅可逆图形（也称为双关图）中，不同区域可以被感知为不同的对象：图 A 既可以感知为一位少妇，又可以感知为一位老太婆；而在看图 B 时，如果你以图片上部的白色为背景，你将看到一群飞行中的大雁（黑色），如果你以图片下部的黑色为背景，将看到一群鱼（白色）。

A   B

图 2-1 可逆图形（双关图）

2. 感知的整体性

感知的对象有不同的属性，由不同的部分组成，但我们并不把它感知为个别孤立的部分，而总是把它感知为一个有组织的整体。甚至当某些部分被遮盖或抹去时，我们也能够将零散的部分组织成完整的对象。感知的这种特性称为感知的整体性或感知的组织性。一些心理学家和后来的研究者提出了如下的感知组织原则。

（1）邻近原则（law of proximity）。在空间上彼此接近的刺激物更容易被感知为一个整体（见图 2-2-A）。因此，同样的六个●排成不同的空间模式，●● ●● ●●更倾向于被组织为三组，而●●● ●●●倾向于被感知为两组。

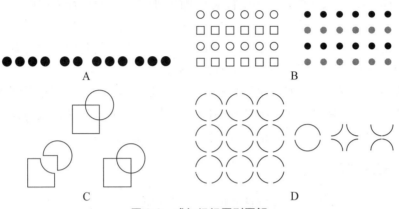

图 2-2　感知组织原则图解

（2）相似性原则（law of similarity）。在大小、形状、颜色或形式上相似的刺激物更容易被感知为一个整体。同色的或同样形状的区域看起来更像一个整体（见图 2-2-B）。在这些不同属性中，颜色的作用又更加重要。

（3）连续性原则（law of continuity）。感知的另一个原则是简单和连续性。我们一般会把图 2-2-C 中的图形看成是一个圆圈和一个矩形重叠在一起，而不是看成更复杂的两个图形的拼接。感知倾向于将刺激组织成我们最熟悉的某种模式。

（4）闭合原则（law of closure）。乍一看上去，我们会将图 2-2-D 左边的图形看成是一组圆圈，尽管每个圆圈上都有缺口。这是因为感知有将缺口加以"弥补"而成为一个连续的完整形状的倾向。

3. 感知的理解性

感知过程的主要目标之一是对于感知的对象以自己的过去经验予以解释，并用词汇或概念对其进行命名或归类，即赋予对象一定的意义。感知的这一特性称为感知的理解性。如图 2-3 所示，在图 A 的"人脸—花瓶"双关图中，大脑或将其解释为黑色背景上的白色花瓶，或解释为白色背景上的两个侧面人像。这种理解随时存在，但又不能同时获得。仔细注视图 2-3-B 的耐克立方体（Necker cube），你是否发现，每隔一段时间，感知系统对其的解释就会发生变化，立方体的正向面会发生转换，很难一直维持一种解释？

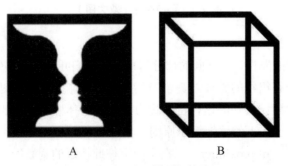

图 2-3　感知的理解性图示

4.感知的恒常性

当感知对象的刺激输入在一定范围内发生了变化的时候，感知形象并不因此发生相应的变化，而是维持恒定。感知的这种特性称为感知恒常性。感知恒常性现象在视感知中表现得很明显、很普遍。例如，在图 2-4 中，两个灰色圆圈的明度相同，但大多数人会觉得左边的圆圈看起来比右边的更暗。这是我们视觉的亮度恒常性在起作用，视觉系统基于两个圆圈所在的背景比较其明度，因而左边的相对其背景而显得更暗。同样，视觉也会受到大小恒常性、形状恒常性、颜色恒常性的作用，从而影响我们对感知结果的认识和评价。

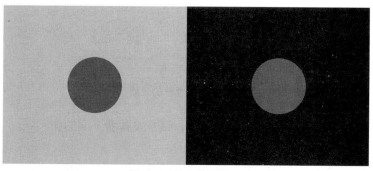

图 2-4   亮度恒常性图示

（三）感知的类别

从感知对象不同，可以把感知划分为对人的感知和对物的感知，前者称社会感知，后者称自然感知。在组织行为学中主要讲社会感知。社会感知一般分为四种感知。

（1）对他人的感知。这是单向感知，主要通过对对象外表特征的感知，进而取得对该对象的动机、感情、意图等的认识。俗话说"听其言、观其行，而知其人"，这就是说，了解一个人要根据他的言论和行为，这个行为，不仅指的是举止风度，同时也包括眼神、姿势、表情等。对他人感知依赖两个方面：一方面是感知对象的外表特征；另一方面依赖感知者，因为每个感知者总是用自己的观点、态度来观察人，不同的观点、态度必然影响对人的感知。

（2）人际感知。这是双向感知，是人与人之间互相关系的感知。这种感知有明显的感情因素，人们彼此之间接近程度，交往频率，相似多少等都对人际感知产生很大影响。

（3）自我感知。自己对自己的看法。人本身是认识客观世界的主体，同时也是被自己、被别人所认识的客体。自我感知，要主客体相结合。俗话说："人贵有自知之明"，对管理者而言，有客观、明确的自我感知是难能可贵的。

（4）角色感知。对社会上所扮演的角色的认识及判断。人们在社会上从事各种各样的工作，各有特点，也各有难处。角色感知就是要使人能够"设身处地为别人想想"，善于理解非自己扮演角色的特点和困难。

良好的社会感知能力是人们之间和谐相处的基础，作为管理者，这一点尤为重要。

二、感知过程与影响因素

（一）感知过程的三要素

为什么不同的个体看到相同的事物却会产生不同的感知结论呢？这与感知的过程有着密切的关系。一个完整的感知过程是由主体（感知者）、客体（感知对象）和感知情境构成的，如图 2-5 所示。

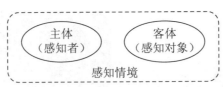

图 2-5 感知过程的三要素

在感知过程中，这三要素都会影响到感知，而且发挥着不同的作用。

1. 主体（感知者）

在社会感知中，人是感知的主体，感知者的个人特点会影响感知。由于，人认识世界的主观性，在某种程度上，感知主体决定着感知最终的结果。

2. 客体（感知对象）

感知对象包括我们周围的人、事、物，感知对象的大小、动静、背景、重复、临近等其他因素都能影响我们的感知。在社会感知中，当感知对象是人或事的时候，其本身的多样性和复杂性会左右感知者的判断，进而影响感知结果。

3. 感知情境

我们在什么情境下认识和了解人、事、物也很重要，周围的环境因素影响着我们的感知。特别是在感知情境具有某种社会认同趋势的时候，会比较大的影响感知者对感知对象的正常感知。比如，在一场足球比赛中，主场球迷的呼喊声不仅会影响场上运动员的情绪和发挥，而且会影响场上裁判的感知，进而作出有利于主队的判断和裁决。

（二）影响感知的相关因素

感知是人脑对客观事物的整体反映。在感知的过程中，有许多因素会影响感知的结论。根据上述的感知过程，我们可以把影响感知的具体因素归纳为感知者、感知对象和感知情境三个方面。

1. 感知者的因素

感知者的个人特点会影响感知，在影响感知方面最相关的个人因素是兴趣、需要、动机、经验、个性等。

（1）兴趣。人们的兴趣各不相同，兴趣的差异往往对感知的选择有极大影响。人们很注意听感兴趣的消息，做感兴趣的工作，而把不感兴趣的事情排除在感知对象之外。

（2）需要和动机。一个人是否具有同别人交往、认识别人的动机，以及这种动机的强弱，对于他认识别人具有重要影响。凡是能满足人的需要、符合人的动机的事情，往往会成为感知的对象、关注的中心。反之，与人的需要和动机无关的事情，往往不被人注意。

（3）经验。人们从学习、工作等方面所获得的经验，会在很大程度上影响人们对感知对象的选择、解释。过去的经验往往使感知更清晰、更迅速。人是根据自己的经验从一个陌生人的衣着打扮推断其民族、性别、年龄、职业与性格特征的。

（4）个性特征。人们的个性不同，心理活动过程以及行为表达方式也不相同。那么，对同样的事物或信息会产生不同的选择、理解。这也会导致感知结论的差异。事实表明，不仅一个人对他人个性特征的认识影响他对此人的好恶感，而且反过来，一个人对他人的好恶感，也影响他对此人的个性特征的认识。

2. 感知对象的因素

感知对象的外观、特征等因素都会影响感知者的判断，进而影响感知结果。比如，在人际感知中，主要影响因素是作为感知对象的人是否愿意让别人了解自己，以及其"自我暴露"的程度如何。一个人对于自己思想、感情的表现，除去实际行动之外，只有言语和表情。言语不足以表达自身情感的全部内容；而表情包括面部表情、声调表情和体态表情等，虽然表现方式细致微妙，但却包含着很多难以言表的含义。

3. 感知情境的因素

情境因素包括时间、工作环境、社会环境等。人们对感知情境的理解能够转移到感知对象的身上，影响着对感知对象的感知。人们的行为是由情境所要求、所规定的。因此，人们会根据情境判断人的行为；或者认识一个人、判断一个人的时候，依赖于他所处的环境。例如，人们看到西装笔挺、手拿高级公文包进出银行大楼的人，就倾向于认为他不是银行高级职员，就是公司经理；不是来存款，就是来取款，人们一般不会想到他是来偷钱或是抢钱的。

总之，一个人的感知受到多种因素的共同影响，是主客观因素和内外部因素相互作用、相互影响的结果。由于客观环境错综复杂、千变万化，人的主观因素又各不相同，因此，人们的感知往往各异。即使对于同一事物，不同的人也会产生不同的感知结果。

三、感知误区与管理行为

管理工作中需要常常面对人与人之间的交往、协作、判断、决策等。因此，感知成为每一个管理者、被管理者都必须面对的基本机理。而且感知会影响人们的认识和判断，进而影响具体的管理行为。

（一）常见的感知误区

感知误区是一个人受到自己（感知者）、感知对象、情境的影响，无意识地出现的各种各样的失真、偏差。这种感知误区会对个体行为产生影响，使人们在对事物的判断和对他人行为的解释上，出现"错觉"和"偏见"，从而影响组织中人与人之间的沟通和管理的有效性。

感知误区本来是一种正常的心理现象，但问题是大多数人意识不到，还固执地以为自己的感知是真实准确的。实际上，感知误区频繁地发生在生活和工作中，如人际交往、招聘面试、绩效考评等。常见的感知误区主要有以下几种。

1. 感知选择

感知选择是指人们选择性地去感知符合自己兴趣、需求、动机等的信息，而把那些与己无关或不感兴趣的信息过滤掉的倾向。人们习惯只听到、看到自己"想"听到、看到的人和事，只有那些能引起我们兴趣或注意的事才能被感知。

2. 感知防卫

感知防卫是人们为了保护自己而避免去感知具有威胁性的客观事物或环境的倾向。人们对周围使自己困扰的事物在心理上装聋作哑，比如在流水线工作的员工注意不到机器的轰鸣。

3. 类比效应

类比效应是指仅仅根据感知对象属于哪一类来推断其类型的倾向。比如一般都认为MBA这类人都是高级管理人才（实际上这本身就是一种感知误区），被判断的人是MBA，就立即推断这个人一定具有不凡的管理才能，而忽视了他的个性差异。

4. 首因效应

首因效应也叫第一印象效应，是指感知者在对感知对象产生第一次印象后，这种印象会在以后的交往中形成先入为主的倾向。比如一位应聘者给一位考官留下的第一印象不错，这个考官在下一轮面试或以后的工作中，就一直认为他不错，而忽视了他其他的表现。

5. 晕轮效应

晕轮效应是指当感知对象的某一突出特征（或好或坏）引起了感知者的注意时，感知者便以点代面地判断他的所有特征都具有这样突出的倾向。最通俗的例子就是"一俊遮百丑"。当感知对象的特质行为界定上十分模糊时，当这些特质隐含着道德意义时，当感知者根据自己有限的经历来判断特质时，最容易发生晕轮效应。

6. 对比效应

对比效应是指对感知对象不是单独评价，而是把他与其他对象放在一起比较评价时产生感知偏差的倾向。招聘面试中，一个素质一般的应聘者，如果排在一个素质优秀的应聘者之后被评价，可能会被评为较差；相反，如果排在一个素质较差的应聘者之后，则可能会被评为较好。

7. 投射效应

投射效应是指感知者以己度人，按自己的主观意识来判断感知对象的倾向。将自己的特性"投射"给别人，想象别人的特性也和自己一样。如招聘中，性格开朗的考官会把本来是中性性格的应聘者评价为"内向"，而另一个性格内向的考官会把这位应聘者评价为"外向"。

8.煮蛙效应

煮蛙效应源自一个实验：一只青蛙被扔进很烫的开水锅中，往往会靠本能立即跳出求生；但是如果将青蛙放进水温适宜的锅中，再从锅下慢慢加热，青蛙却常常因反应迟钝而被煮死在锅中。煮蛙效应表明：人们可以对突然到来的灾难有所应对，但却难以感知到潜在的、逐步降临的危险。

（二）应对管理中的感知误区

感知误区不仅存在于生活之中，而且在管理实践中会极大地影响管理者的判断力和评价的公正性，特别是在招聘面试、绩效考评等方面。比如，在招聘面试中，主考官往往会陷入感知选择、类比效应、首因效应等误区，从而降低面试的准确性。而在绩效考评中，特别是面对那些无法量化的考评指标时，评价人也会不由自主地受到晕轮效应、感知选择等误区的影响，使考评的公正性、客观性难以让被考评者满意。

因此，管理者要科学认识感知，尽可能地避免感知误区，提高管理的有效性。

1.做好管理决策前的相应准备工作

如前所述，管理者作决策的时候会不同程度地受到感知的影响。如果不做好相应的准备，只是根据个人的判断来作决策，难免会踏入感知误区。因此，管理者要在决策前反复思考决策条件和预期的目标，依据现实中的情况对决策可能遇到的情况做好预案，并尽量收集一些具有定量数据的资料作为决策的参考。

2.增加信息来源，多角度感知

产生感知误区的一个重要原因是信息来源单一，导致以偏概全。因此，管理者在实际管理工作中要从多个角度来收集信息，并且要主动征询与该项工作相关的多个层面的人的看法，尽量做到集思广益、兼听则明。

3.强化反馈和沟通环节

在我们的管理工作中，常常会遇到一些重要信息的传递，如果沟通不当或者没有及时反馈，就有可能让信息相关者产生误解，进而导致感知误区。因此，在管理工作中主动沟通、积极反馈，提升沟通技能，就可以有效避免感知误区。

延伸阅读

心理学实验——反馈效应实验

扫描此码 案例学习

第二节 | 态度与行为

一、态度的内涵

（一）态度的概念与构成

态度是个体对特定事物的心理倾向——相对积极或消极，喜欢或不喜欢。与情绪相比，态度偏向于判断和逻辑，而情绪则是对带来愿望状态的对象的心理和生理经历，偏向于感觉经历。态度是个体经常有的情感、思想和行为的倾向，是引导和指引个体行为的一个比较重要的因素，是个体在其生理基础上，在一定的历史条件下，通过社会环境的不断影响逐步形成的。

态度由三种基本成分构成：感知成分、感情成分和意向成分。态度的形成中每个成分都起着重要的作用。

1.感知成分

感知是具有评价意义的叙述，内容包括个体对某个对象的认识与理解、赞成与反对，这是形成态度的基础。比如，你相信你喜欢某一课程，这有可能是因为教材非常好，课程的时间安排很理想，教授很优秀或作业负担轻。感知基于对真实和现实的感知，而感知与现实的切合程度则大不相同。

2.感情成分

感情是指个体对于对象的体验，对其喜恶情感的反应深度。它通常表现出对对象是喜欢还是反感，是爱戴还是憎恶，是愉悦还是悲伤。情感伴随感知过程产生，并保持态度的稳定性。例如，绝大多数个体对"爱""恨""性"和"战争"等词汇的反应与这些词汇所传递的含义的反应是一样的。

3.意向成分

意向是个体对对象的反应倾向，是一种引导行为的要素，即行为的准备状态，准备对态度对象做出反应。如果你喜欢你的教师，你可能会在下学期选修他的另一门课程。不过，意向并不一定总会变成实际的行动。如果这位教师的课程安排在早晨 8:00，你也许马上会觉得上另一位教师的课也不错。

总之，态度是很重要的，因为它们会导致行动。如果态度是积极的，组织就会收益；如果是消极的，组织就不会受益。因此许多组织越来越关注对成员们态度的衡量和监控。

（二）态度的种类

既然态度是针对人、客体和事物的，而这些对象又是无限多样的，那么态度自然也就有无限多种。不过，我们在这里只关心那些与组织和工作有关的态度。许多组织管理的研究焦点都放在了三种态度上：工作满足，工作投入，组织认同。

1. 工作满足

工作满足（job satisfaction）是指员工对自己的工作所抱有的一般性的满足与否的态度。对工作高度满足的员工，对工作持积极态度；相反，对工作不满的员工，对工作持消极态度。因此，工作满意感与工作态度通常是对同一内容的不同称谓，常被替换使用。

2. 工作投入

工作投入（job involvement）是近来研究中心常提到的术语，目前还没有一致公认的定义，但一种较为普遍的看法是：心理上对工作认同，并将工作绩效视为个人价值观的反映。研究表明，工作投入高的员工，出勤率高，离职率低。

3. 组织认同

组织认同（organizational commitment）是指员工接受组织目标，并希望保持自己作为该组织成员的身份。研究表明，对组织的认同与旷工和离职都呈负相关，用组织认同作为指标来预测员工的离职行为，比用工作满意感作为指标更为准确。原因可能在于，不满意工作不等于不满意组织；而且，对工作的不满可能是相对暂时的，也比较容易改变，而组织认同这种态度相对较稳定，且不太容易改变。

（三）态度与行为的关系

我们常常认为态度与行为具有一致性，但这似乎并不符合实际情况。研究结果往往显示态度与行为之间的关系是很复杂的，并不是一种简单直接的关系，例如一个人对其上司的态度可能是消极的，但却未必对其采取相应的消极的行为。在现实的生活和工作中，如下因素影响着态度与行为之间的关系。

1. 一般态度和特定态度

一般来说，越是特定态度，它与行为的关联就越紧密。某银行员工可能支持人类健康事业（一般态度），也可能支持一个因主张股东利益最大化而给烟草公司贷款的信贷执行官（特定态度）。不过，该员工可能不会去参加反对烟草事业的集会或游行，而可能在言行上支持信贷执行官。

2. 态度与自身的相关性

如果个体认为某问题很重要，那么与此相关的态度与该人行为的一致性较高。如关于师范类大学生免费读书的政策，会引起师范类院校学生的强烈关注，在这个问题上的态度对他们会不会赞成相关政策有着较强的预测性。

3. 人格因素

人的性格对态度与行为之间的关系影响很大。例如，自控能力低的人，在态度和行为之间表现出更多的一致性；而自控能力高的人，其行为更依赖于外部环境，因而难以预测。

4. 环境约束因素

社会环境和文化氛围包含了关于广泛认可的态度和行为方面的信息。比如，受中国传统文化的影响，工作中太锋芒毕露的人往往会受到大家的非议，而中庸的人却会比较容易得到多数人的认同。

充分了解和理解上述因素，将有利于管理者在工作实践中比较准确地以态度预测行为，从而提高管理工作的针对性和有效性。

二、态度相关的理论

（一）态度的一致性

研究表明，人会自动的在各种态度之间以及态度和行为之间寻求一致性。这意味着，人们会自行调和其分歧的各种态度，设法使态度和行为同步，以证明自己是理性的、言行一致的人。一旦行为与态度不一致，人们就会试图改变其中一方，或是态度，或是行为，使它们之间变为一致；或者，找出一种合理的解释来说明态度与行为之间的不一致，为其自相矛盾自圆其说。

需要注意的是，态度和行为的一致性并不意味着它们之间必然有某种因果关系。态度影响行为，但未必决定行为。曾经一度有人认为，态度决定了行为，态度是行为的原因，这就好比说"人们因为喜欢看电视才看电视"。可又有谁能说"人因为看电视才喜欢看电视"这说法不对呢？ 20 世纪 60 年代后期人们认为两者之间没有因果关系。

最近研究发现，有一些中介变量是说明态度与行为相关一致性的重要原因。一个原因是，态度、行为越是具体的，越是针对特定的事物，期间的相关程度就越高。比如，"男女平等"是笼统的、一般性的态度，而是否同意在企业某部门同等任用"女性职员"，则是具体的态度。显然，主张前一种态度的人，并不一定同意后一种态度。而持后一种态度的人，必然会诉诸行动，导致态度与行为的高度一致性。

另一个中介变量是社会压力。社会压力既可以使态度与行为保持一致，也可能使态度与行为相分离。比如，假设一个人对某一事物持激进态度，而决策时群体中的大多数人却持保守态度，趋于从众压力，这个人在行为上不得不同群体意见保持一致。

此外，经验也是协调态度与行为的重要变量，因为长期的经验本身就是使态度和行为都变得更具适应性，与情境更容易协调。

（二）态度改变理论

态度形成之后比较持久，但并不是一成不变的，也会随外界条件的变化而变化，从而形成新的态度，这就是态度的改变。

态度的改变有两种方式，一是一致性的改变，即只改变原有态度的强度，比如由极端反对转变为稍微反对；二是不一致性的改变，即改变了态度者的方向，例如由反对转变为赞成。

态度的转变受到许多因素的影响，这些因素首先来自态度本身的特性。个体年幼时形成的态度、习惯性一贯性较强的态度、较为极端的态度以及与个人的基本价值观密切关联的态度，都较难改变。

西方的组织行为学关于态度改变的理论主要有以下几种。

1. 凯尔曼的三程序理论

该理论以满足人们的需要和期待有利于态度的改变为基础，提出态度改变过程的三个阶段——服从、同化、内化。服从是态度改变的第一阶段，是受外来的影响（包括团体规范和他人态度的影响）而产生的，是为了赢得好感而改变原有的态度。同化是态度改变的第二阶段，与服从相比前进了一步，不是受外界压力而被动产生的，而是从模仿中不知不觉地把别人的行为特性并入自身的个性特征中，逐渐改变原来的态度。但这种改变还不是信念上和价值观上的，因而是不巩固的。内化是态度改变的第三阶段，是在同化的基础上真正从内心深处相信并接受一种新思想、新观念，自觉地把它纳入自己的价值观之中，从而彻底转变自己原有的态度。

2. 费斯汀格的感知失调理论

该理论把人的感知分成若干个基本元素，包括思维、想象、需要、态度、兴趣、理想和信念等。其中任何两种元素的关系又分为协调、失调、不相关三种。失调主要来自于两个方面：一是个人在多个有相似价值的方案中作选择的行为；二是与自己的态度相矛盾的行为。这种失调能够产生某种力量，使人们逐渐改变自己的态度。当个体发觉自己所持有的两种或两种以上的感知元素相矛盾时，便会出现感知失调，内心就会有不愉快和紧张的感觉，产生一种驱使个体解除这种不协调状态的动机。解除和减少失调状态的办法，一是改变某种感知元素，使其与其他元素间的不协调关系趋于协调；二是增加新的感知元素，以加强感知系统的协调；三是强调某一感知因素的重要性。

3. 勒温的参与改变理论

美国心理学家勒温在研究中发现，个体态度的改变同群体的规范和价值观密切相关。个体在群体中的活动可以分为主动型和被动型两大类。主动型的人主动地介入群体的活动，参与政策的制定，参与权力的实施，自觉遵守群体的规范等。被动型的人被动的介入群体活动，服从权威，服从别人制定的政策，遵守群体的规范等。对这两种类型的人进行的参与实验表明，主动参与群体活动的人的态度转变非常显著，速度也比较快；而被动参与群体活动的人的态度往往难以转变。因此，个体态度的改变依赖于其参与群体活动的方式和程度。

欧盟控烟

扫描此码　案例学习

三、态度的测量

要想对态度作更进一步的分析，就要对其进行客观的测量。由于态度与人、物、环境、机构以及行为和意见等多种因素有关，是一个很复杂的事物，在测量的过程中要考虑倾向性、深度和强度、外显性等三个方面：

（1）倾向性，即肯定还是否定，赞成还是反对；

（2）深度和强度，即肯定或否定的程度，赞成或反对的程度；

（3）外显性，我们只能通过外在行为表现去判断和推测被测者的态度。

对态度的测量就是要找出典型的、相关程度高的行为表现，记录下被测者的反应并给这些定性资料配以适当的数值以便进行统计分析。

对态度进行测量的方式有两大类：一是量表法；二是自由反应法。

（一）量表法

量表法是一种较为精确的测量工具，其给被测者提供一组相关联的陈述句或与态度有关的主体材料，通过被测者对这些材料的反应来推测他们的态度。量表法包括以下三种。

（1）沙氏通量表。它常被应用于涉及内容广泛的一些重大问题的测量，其方法是首先收集大量与问题有关的肯定或否定的陈述句，让专家进行评价，筛选出足够数量的能够反映被测者对该问题态度的陈述句，要求被测者从中选择他们所同意的陈述，从而测量被测者对该问题的态度。

（2）赖克梯量表。它让被测者对一系列陈述作出"很同意""同意""无所谓""不同意""很不同意"之中的一个选择，从而测量其态度倾向和程度。

（3）语言差别量表。它通过一系列的两极形容词以及在两极之间若干个量级层次来测量被测者对某个给定对象的态度。

（二）自由反应法

自由反应法能够定性的测量被测者的态度。它主要包括两种方法。

（1）投射法。该方法通过一个刺激情境，使被测者有机会表达内心的需求，以及他对这一情境的特殊感知和多种多样的解释，从而了解他内心深处的想象、愿望与要求。常用的有罗夏墨迹测验、主题统觉测验，画树测验等。

（2）开放式态度测量法。施测者提出开放性的问题，让被测者自由的回答，充分表述自己的态度。

通过态度测量所获得的信息必须经过分析，以形成对决策等管理有意义的结论，对态度测量往往运用统计分析方法进行解释，包括简单的描述性统计分析以及相关分析、判别分析、聚类分析、因子分析等高级统计分析。

第三节 价值观与行为

一、什么是价值观

（一）价值观的概念

1. 价值观的定义与属性

价值观（values）是指个人对客观事物（包括人、物、事）及对自己的行为结果的意义、作用、效果和重要性的总体评价，是推动并指引一个人采取决定和行动的原则、标准，是个性心理结构的核心因素之一。

价值观包括内容和强度两种属性。内容属性告诉人们某种方式的行为或存在状态是重要的；强度属性表明其重要程度。当我们根据强度来排列一个人的价值观时，就可以获得一个人的价值系统（value system）。每个人的价值观都是一个层次，这个层次形成了每个人的价值系统。这个系统通过我们赋予自由、快乐、自尊、诚实、服从、公平等观念的相对重要性程度而形成层次。

2. 价值观的重要性

价值观对于研究组织行为是很重要的，因为它是了解员工的态度和动机的基础。同时它也影响我们的感知和判断。每个人在加入一个组织之前，早已形成了"什么是应该的、什么是不应该的"思维模式。而且，这些观点隐含着一种观念，某种行为或结果比其他行为或结果更可取；同时，也包含着对正确与否的解释。因此，价值观使得我们通常意义上的客观性和合理性变得含混不清。

价值观会影响一个人的态度和行为。假设你加入一个公司时认为以工作绩效作为薪酬分配的基础是正确合理的，而这家公司却以资历作为付薪的基础，而不是以绩效为依据。这时，你会做出什么反应呢？你很可能感到失望——这会导致你对工作不满意并且决定不付出更多的努力，因为它不可能给你带来更多的收入。相反，如果你的价值观与这家公司的薪酬政策一致，你的态度与行为是否会不同呢？

（二）价值观的来源

我们的价值观来自何处？很明显，一部分是遗传的，其余部分受下列因素的影响：民族文化、父母行为、教师、朋友以及其他环境因素。

当我们还是孩子的时候，父母会告诉我们"你吃饭时不应该剩饭"。勤奋被认为是优良行为，而懒惰被认为是不良行为。为什么会这样呢？答案在于，在每一种文化中，经过很长时间形成了特定的价值观，这些观念不断地得到强化。勤劳、踏实、忠诚、孝顺这些社会价值观，在东方（特别是中国）一直是人们所提倡的。但是，这些价值观并不是一成不变的，也会随着社会经济生活的改变而相应的变化。只是，传统价值观的改变非常缓慢。

我们所持的价值观中很大一部分是在早年形成的——从父母、教师、朋友们和其他人那里获得的。一个人早期关于对错的认识是受父母所表达出来的观点的影响而形成的。回顾一下你小时候关于教育、性别、政治的观点，在大部分情况下，它们可能与你父母的观点是相同的。当你长大并且接触了其他的价值观以后，你可能已经改变了你的许多价值观。中国社会正处在快速发展的阶段，因此，价值观的变化也更加剧烈一些。目前，不同年龄阶段的人在价值观上的差异越来越明显，俗称"三岁一代沟"。这都提醒管理者要重视员工的价值观，并且在组织内通过企业文化建设来强化组织所倡导的价值观系统。

概括起来，价值观的来源和形成有如下特点。

（1）价值观是因人而异的。由于每个人的先天条件和后天环境不同，人生经历也不尽相同，每个人的价值观的形成会受到不同的影响，因此，每个人都有自己的价值观和价值观体系。在同样的客观条件下，具有不同价值观和价值观体系的人，其动机模式不同，产生的行为也不同。

（2）价值观是相对稳定的。价值观是人们思想认识的深层基础，它形成了人们的世界观和人生观。它是随着人们认知能力的发展，在环境、教育的影响下，逐步培养而成的。人们的价值观一旦形成，便是相对稳定的，具有持久性。

（3）价值观在特定的环境下又是可以改变的。由于环境的改变、经验的积累、知识的增长，人们的价值观有可能发生变化。只是，价值观的改变非常缓慢。

二、与工作有关的价值观

（一）西方的 PE 价值观

古典组织学派的奠基者韦伯（M.Weber）认为，是加尔文教派极力倡导的那套价值观推动了西欧工业化的进程。这种被称为"新教徒道德"（简写为 PE）的价值观首次强调劳动本身的内在美德，劳动被视作上帝的号召，而劳动致富则是得到上帝保佑的证明。PE 还要求人们在生活中自我克制和推迟追求享受与满足，把所赚的钱做再投资。它认为人们有义务去劳动，而诚实的劳动本身，不论多么卑贱，都是一种报偿。

西方学者对 PE 与人们行为间的关系做过大量研究，PE 是理解个人间差异的有益概念；信奉 PE 的人要比不信的人能吃苦耐劳些、勤奋些。这些人对工作的自尊心较高，所以哪怕接受了对自己工作的消极反馈（不利评价），也不会气馁，甚至反而更努力工作以求恢复自尊。他们还发现西方老一代人对 PE 的接受远多于青年一代。但这究竟是成人发展阶段的普遍规律，还是放纵享乐价值观泛滥和生活水平提高的双重作用，尚无肯定结论。

（二）集体与个人主义价值观

在做跨文化价值观比较时，人们发现了一种新的重要因素，即集体与个人导向性。这个概念又是一个连续统一体，其两端分别是集体导向与个人导向。这两种导向性的差别在于对待集体与个人态度，是更关心和尊重集体及其利益还是个人及其利益。个人主义者相信个人的目标与需求最重要，每个人都被视为独一无二的，人们对自己的评价主要依据自己的成就、地位以及其他特征。而集体主义者则相信成为群体成员是一项主要的考虑，群体的需要至关重要，主要依据人们所属的群体加以评价，家庭、社会阶层、组织和团队等社会群体皆优先于个人。荷兰社会学家吉尔特·霍夫斯泰德提出的一种由几类文化维度组成的框架，可以用来比较民族文化价值观，其中一个维度的内容是集体主义与个人主义。一般说来，东方的国家和地区，如中国、日本、韩国，都有较强的集体主义价值观，而西方，如美国、加拿大，则有较强的个人主义价值观。

（三）职业价值观

人们对各种事物，如学习、劳动、享受、贡献、成就等，在心目中存在主次之分，对这些事物的轻重排序和好坏排序构成一个人的价值取向体系。职业价值观就是人们在职业选择和职业生活中，在众多的价值取向里，优先考虑的价值观念。

人们在选择职业的时候往往会受到职业价值观的影响。在许多场合，我们往往要在的一些得失中做出选择，而左右我们选择的，往往就是我们的职业价值观。例如，是要工作舒适轻松，还是要高标准的工资待遇；要成就一番事业，还是要安稳太平。当两者有矛盾冲突时，最终影响我们决策的是存在于内心的职业价值观。

由于个人的身心条件、年龄阅历、教育状况、家庭影响、兴趣爱好等方面的不同，人们对各种职业有着不同的主观评价。从社会来讲，由于社会分工的发展和生产力水平的相对落后，各种职业在劳动性质的内容上，在劳动难度和强度上，在劳动条件和待遇上，在所有制形式和稳定性等诸多问题上，都存在着差别。再加上传统的思想观念等影响，各类职业在人们心目中的声望地位便也有好坏高低之见，这些评价都形成了人的职业价值观，并影响着人们对就业方向和具体职业岗位的选择。

情景微案例

"睡"在拉萨的GE管培生

扫描此码   案例学习

三、价值观的相关研究

在提供有关个人价值观的信息和理解中，最受人欢迎的是奥波特的价值观研究（the allport study of values）和罗克奇的价值观研究。

（一）奥波特的价值观研究

苏联心理学家奥波特将事物的价值分成 6 种，即理论的价值、经济的价值、艺术的价值、社交的价值、政治的价值和宗教的价值，相应地，人们的价值观可分为 6 种，如表 2-1 所示。

表 2-1 奥波特的 6 种价值观

类　型	价值观特点
理论型	重视以批判和理性的方法寻求真理
经济型	强调有效和实用
艺术型	重视外形与和谐匀称的价值
社交型	强调对人的热爱
政治型	重视拥有权力和影响力
宗教型	关心对宇宙整体的理解和体验的融合

在奥波特的价值观研究中，主要是测量一个人对上述每种价值观的偏好，由测量结果可以得出一个人的价值观偏好。事实上，为了找出不同群体的价值观偏好，这个测验已经做过许多次了。表2-2表明学院里的普通男性和女性、成功的男性经理和女性经理之间在价值观偏好上存在一定程度的差异。通过数据可以看出：成功的经理不论其性别如何，其基本的价值观偏好都是相似的；而同为女性，成功的女性经理与学院普通女性的偏好显然不同。

表2-2　不同群体的价值观偏好

价值观类型	学院里普通男性	学院里普通女性	成功的男性经理	成功的女性经理
理论型	43	36	44	39
经济型	42	37	45	47
艺术型	37	44	35	42
社交型	37	42	33	31
政治型	43	38	44	46
宗教型	38	43	39	35

上述价值观测验对于理解人的行为是非常有用的，因为它们能指出对一个人来说什么是重要的。如果我们知道一个人最关心的是什么，我们就可以有效的激励和管理一个人。然而，对于今天的管理者来说，最大的问题在于价值观的不断变化。上一两代人的价值观与当今一代人的价值观是不同的。在富裕的生活条件和网络时代下成长起来的年轻人，对于什么东西重要有着不同的看法。他们参加工作时带来了新的价值观。因此，当代员工的价值观是组织行为学研究的一个重要焦点。

（二）罗克奇价值观调查（RVS）

米尔顿·罗克奇（Milton Rokeach）设计了罗克奇价值观调查问卷（Rokeach value survey，RVS），它包括两种价值观类型，每一种类型有18项具体内容。第一种情况，称为终极价值观（terminal values），指的是一种期望存在的终极状态，它是一个人希望通过一生而实现的目标。另一种类型称为工具价值观（instrumental values），这种价值观指的是偏爱的行为方式或实现终极价值观的手段。表2-3列出了每一种价值观的范例。

表2-3　罗克奇价值观调查中的两种类型：终极价值观和工具价值观

终极价值观	工具价值观
舒适的生活（富足的生活）	雄心勃勃（辛勤工作、奋发向上）
振奋的生活（刺激的、积极的生活）	心胸开阔（开放）
成就感（持续的贡献）	能干（有能力、有效率）
和平的世界（没有冲突和战争）	欢乐（轻松愉快）
美丽的世界（艺术与自然的美）	清洁（卫生、整洁）
平等（兄弟情谊、机会均等）	勇敢（坚持自己的信仰）

（续表）

终极价值观	工具价值观
家庭安全（照顾自己所爱的人）	宽容（谅解他人）
自由（自主选择）	助人为乐（为他人的福利工作）
幸福（满足）	正直（真挚、诚实）
内在和谐（没有内心冲突）	富于想象（大胆、有创造性）
成熟的爱（性和精神上的亲密）	独立（自力更生、自给自足）
国家的安全（免遭攻击）	智慧（有知识的、善思考的）
快乐（快乐的、闲暇的生活）	符合逻辑（理性的）
救世（救世的、永恒的生活）	博爱（温情的、温柔的）
自尊（自重）	顺从（有责任感、尊重的）
社会承认（尊重、赞赏）	礼貌（有礼的、性情好）
真挚的友谊（亲密关系）	负责（可靠地）
睿智（对生活有成熟的理解）	自我控制（自律的、约束的）

四、价值观对管理的影响

（一）对管理决策的影响

每一名管理者都受到自身价值观的影响，这种影响又会通过管理者的管理行为（主要是管理决策）对其他人产生作用。这些影响和作用具体表现在如下几个方面：

（1）对其他个人及群体的看法，从而影响到人与人之间的关系；

（2）个人对决策和问题解决方法的选择；

（3）对个人所面临的形势和问题的看法；

（4）关于道德行为的标准的确定；

（5）个人接受或抵制组织目标和组织压力的程度；

（6）对个人及组织的成功和成就的看法；

（7）对个人目标和组织目标的选择；

（8）用于管理和控制组织中人力资源的手段的选择。

（二）对管理模式的影响

在人力资源管理中，根据组织的总体目标、基本的价值观、对员工的看法等方面的不同划分，存在着以下三种管理模式。

1. 最大利润管理模式

该模式在 19 世纪和 20 世纪初被广泛地应用于美国企业中。经营的总体目标就是取得最大利润，以在市场竞争中求得生存和发展。一切管理决策和组织行动都服从这个唯一目的。与这种管理模式相适应的价值观是利己主义、适者生存、个人奋斗、竞争等。企业的员工仅仅是企业获取利润的手段而不是目的。领导方式是粗鲁的、个人专断的，组织考虑员工福利是为了组织取得最大利润。

2. 委托管理模式

在生产资料的所有权和经营权分离之后，作为企业的经营者，其不仅要考虑企业投资者的利益，还要考虑员工、顾客、社会等各方面的利益。这时，企业员工既被看作是手段，也被看作是目的，而不再单纯是劳动力市场中任人雇用和解雇的资源。它承认员工的权力必须得到承认，可以组织工会等员工团体来关注他们的利益。但是，它仍然有强烈的利润指标需求。因此，它是一种在谋取利润与社会道德之间进行调和的管理模式。

3. 生活质量管理模式

该模式承认企业需要利润，但强调追求利润要合理，要考虑社会利益而不仅仅考虑公司所有者的利益，企业利益与社会利益是共存的，对社会有利的士气对企业也有利。利润更多的被看成是一种手段而不是目的，人本身在组织中及组织外部的全面自由发展被看成是比金钱、物质、技术更为重要的事情，人所拥有的生活质量成为组织所追求的目标。与此管理方法相适应的价值观是使利己主义、竞争和原始的自身利益转变成大家分享、合作和开明的自身利益。生活不再被看成是"你胜就是我负"的你死我活的局面，而是"我成功你也成功"的双赢局面。在管理中强调了人本主义的倾向，每个员工的尊严和价值观都得到承认，注重充分发挥员工的技术和能力，使其参与管理，领导作风也倾向于民主和分权，管理者和员工互相沟通，彼此信任。

（三）价值观与组织文化

一个组织是由人构成的，组织成员的个人价值观往往由于自身年龄、背景、经验、成长环境的不同存在着较大的差别。如果面对这种差别，组织令其自然发展，将会给组织成员之间的协作、配合、人际交往等带来潜在的冲突，甚至影响组织的工作效率和工作目标的实现。因此，组织文化的建设就成为一个组织越来越重视的内容。

组织文化是指"在一定的社会经济条件下，通过社会实践所形成的并为全体成员遵循的共同意识、价值观念、职业道德、行为规范和准则的总和"，"是一个企业或一个组织在自身发展过程中形成的以价值为核心的独特的文化管理模式"。组织文化的本质就是组织中大多数员工共同认同的价值观和价值系统。组织价值观是组织文化的核心要素。组织价值观是组织内全体成员共同遵守和承认的，对事物和现象在思想、感情、信念、观念上的取向准则，是辨别是非的标准。组织成员为了实现组织目标，会自觉遵守组织价值观，以此来指挥人们行事，正是这种组织价值观，决定了该组织的特色。良好的组织文化将有利于组织成员之间的理解和协作，对于组织成员产生强大的凝聚效应。

组织文化的形成是一个长期的过程，在这个过程中，有众多的因素会影响组织文化的形成，比如，外部的环境文化、所在国家或地区的民族文化、组织原有的传统、领导者（创始人）的思想观念以及组织的人员状况、产品特征、技术特点等都会对组织文化的形成产生或大或小的影响作用。但是组织文化形成的核心在于组织核心价值观的形成。

泰诺危机

扫描此码  案例学习

情景微案例

本章小结

本章介绍了感知、态度、价值观等个体行为层面的三个核心概念。在对感知特征、感知过程进行讨论的基础上,剖析了管理中的感知误区。从态度的内涵入手,介绍了态度的一致性和态度改变理论。通过介绍价值观的概念、来源,讨论了与工作有关的价值观、价值观对管理行为的影响等内容。

本章思考题

1. 感知有哪些特征?感知对管理行为有哪些影响?
2. 态度的内涵是什么?态度与行为之间有什么样的关系?
3. 我们的价值观是如何形成的?价值观对管理的影响表现在哪些方面?

本章练习　　　　　　　　　**职业价值观测试**

职业价值观自测量表

说明:下面有52道题目,每个题目都有5个备选答案,请根据自己的实际情况或想法,在题目后面圈出相应字母,每题只能选择一个答案。通过测验,你可以大致了解自己的职业价值观念倾向。

A——非常重要　　B——比较重要　　C——一般　　D——较不重要　　E——很不重要

1. 你的工作必须经常解决新的问题。
2. 你的工作能为社会福利带来看得见的效果。
3. 你的工作奖金很高。
4. 你的工作内容经常变换。
5. 你能在你的工作范围内自由发挥。

6. 工作能使你的同学、朋友非常羡慕你。

7. 工作带有艺术性。

8. 你的工作能使人感觉到你是团体中的一分子。

9. 不论你怎么干，你总能和大多数人一样晋级和涨工资。

10. 你的工作使你有可能经常变换工作地点、场所或方式。

11. 在工作中你能接触到各种不同的人。

12. 你的工作上下班时间比较随便、自由。

13. 你的工作使你不断获得成功的感觉。

14. 你的工作赋予你高于别人的权力。

15. 在工作中，你能实行一些自己的新想法。

16. 在工作中你不会因为身体或能力等因素，被人瞧不起。

17. 你能从工作的成果中，知道自己做得不错。

18. 你的工作经常要外出、参加各种集会和活动。

19. 只要你干上这份工作，就不再被调到其他意想不到的单位和工种上去。

20. 你的工作能使世界更美丽。

21. 在你的工作中，不会有人常来打扰你。

22. 只要努力，你的工资会高于其他同年龄的人，升级或涨工资的可能性比干其他工作大得多。

23. 你的工作是一项对智力的挑战。

24. 你的工作要求你把一些事管理得井井有条。

25. 你的工作单位有舒适的休息室、更衣室、浴室及其他设备。

26. 你的工作有可能结识各行各业的知名人物。

27. 在你的工作中，能和同事建立良好的关系。

28. 在别人眼中，你的工作是很重要的。

29. 在工作中你经常接触到新鲜的事物。

30. 你的工作使你能常常帮助别人。

31. 你在工作单位中，有可能经常变换工作。

32. 你的作风使你被别人尊重。

33. 同事和领导人品较好，相处比较随便。

34. 你的工作会使许多人认识你。

35. 你的工作场所很好，比如有适度的灯光，安静、清洁的工作环境，甚至恒温、恒湿等优越的条件。

36. 在工作中，你为他人服务，使他人感到很满意，你自己也很高兴。

37. 你的工作需要计划和组织别人的工作。

38. 你的工作需要敏锐的思考。

39. 你的工作可以使你获得较多的额外收入，比如，常发实物、常购买打折扣的商品、常发商品的提货券、有机会购买进口货等。

40. 在工作中你是不受别人差遣的。

41. 你的工作结果应该是一种艺术而不是一般的产品。

42. 在工作中不必担心会因为所做的事情领导不满意，而受到训斥或经济惩罚。

43. 在你的工作中能和领导有融洽的关系。

44. 你可以看见你的努力工作的成果。

45. 在工作中常常要你提出许多新的想法。

46. 由于你的工作，经常有许多人来感谢你。

47. 你的工作成果常常能得到上级、同事或社会的肯定。

48. 在工作中，你可能做一个负责人，虽然可能只领导很少几个人，你信奉"宁做兵头，不做将尾"的俗语。

49. 你从事的那种工作，经常在报刊、电视中被提到，因而在人们的心目中很有地位。

50. 你的工作有数量可观的夜班费、加班费、保健费或营养费等。

51. 你的工作比较轻松，精神上也不紧张。

52. 你的工作需要和影视、戏剧、音乐、美术、文学等艺术打交道。

评分与评价：

上面的 52 道题分别代表十三项工作价值观。

每圈一个 A 得 5 分、B 得 4 分、C 得 3 分、D 得 2 分、E 得 1 分。

请你根据下面评价表中每一项前面的题号，计算一下每一项的得分总数。

然后在下面依次列出得分最高和最低的三项。

题号：2，30，36，46 得分：_____　　　类型：利他主义；

题号：7，20，41，52 得分：_____　　　类型：审美主义；

题号：1，23，38，45 得分：_____　　　类型：智力刺激；

题号：13，17，44，47　　　　　　　得分：_____　　　类型：成就动机；

题号：5，15，21，40 得分：_____　　　类型：自主独立；

题号：6，28，32，49 得分：_____　　　类型：社会地位；

题号：14，24，37，48　　　　　　　得分：_____　　　类型：权力控制；

题号：3，22，39，50 得分：_____　　　类型：经济报酬；

题号：11，18，26，34　　　　　　　得分：_____　　　类型：社会交往；

题号：9，16，19，42 得分：_____　　　类型：安全稳定；

题号：12，25，35，51　　　　　　　得分：_____　　　类型：轻松舒适；

题号：8，27，33，43 得分：_____　　　类型：人际关系；

题号：4，10，29，31 得分：_____　　　类型：追求新意。

得分最高的三项是：1._____；　　　2._____；　　　3._____。

得分最低的三项是：1. _____； 2. _____； 3. _____。

教学案例 **一个工人技术专家的世界**①

每当看到一辆带病车，我都想尽快排除故障；每当钻研透一种新的维修技术，我都像打了胜仗一样高兴。

——矫立敏

0. 引言

2007年深冬，寒流袭击青岛。青岛公交集团二公司363路车队司机矫立敏经过50多分钟的单程行驶，驾车回到363路北端终点站上王埠。每次行驶完横跨市区南北、路况复杂的全程，司机们都会松一口气。可是，该下班了的矫立敏却没有放松下来，他紧盯着车的底部，自言自语道："声音和感觉都不对劲，莫非是刹车出了问题？"做事一贯果断的矫立敏一边想，一边立即动手检修。时间过去了一个又一个小时，寒风中的矫立敏不仅没有感到冷，反而忙出一身汗。他检查、判断、思索，越干越兴奋，恰似小时候赶海时一只大螃蟹上了钩。天渐渐暗了下来，矫立敏抬头望着夜空自信地说："再复杂、再隐蔽的问题，我也一定能逮住你。"那么问题究竟出在哪里呢？

1. 人物介绍

1987年，高中毕业差几分没考上大学的矫立敏顶替父亲矫京本做了一名公交乘务员。尽管有高考不理想的遗憾和不甘，矫立敏对进入公交系统仍充满期待，"我要当一名优秀的司机"。受父亲影响，矫立敏从小就喜欢车，老是追着父亲问这问那，对汽车特感兴趣。他当乘务员不只卖票，仔细观察师傅开车时的一举一动，偷偷地跟着师傅学开车，做着当司机的准备。经过三年的学习锻炼，矫立敏如愿以偿握上了方向盘。"第一次正式出车别提多激动。"矫立敏说，从那以后，他一直以自己是一名公交驾驶员而自豪。

矫立敏认识到，当初自己如此渴望上大学，是想当专家，没有上成大学，并不意味不能成为专家，哪怕再平凡的工作，只要专心、投入，就能做精，灵感就会不断涌现，就能创新，逐步成为专家。心专了，脑就灵了。小小驾驶室成了他的实验室，他全身心投入技术钻研当中。他感觉到，技术从熟练到精湛、再到创新，靠的是多开车、多修车，不断琢磨，灵感来自专心，来自工作现场。通过在工作中的学习和摸索，他的技术水平不断提高，不仅做出优异工作业绩，使乘客满意，自己也满心欢喜。

开了几年车，经验有了积累，矫立敏越来越清楚地认识到理论知识的重要性，他和书交上了朋友。平时下班没事就待在书店，买了很多书，自学汽车驾驶和维修知识。矫立敏文化基础知识比较扎实的优势显现出来了，他领会书上的知识非常快。这也是矫立敏作为公司中年技术骨干的优势，理论知识能够更好地指导自己解决实践中的疑难问题，也为他和基础文化知识越来越高的年轻员工的交流提供了共同语言，同时能够帮助他总结从老一辈师傅那里继承的经验和诀窍，不让它失传。意识到自己在公司处于承上启下的地位，一种"脊梁"意

---

① 案例来源：本案例由青岛大学国际商学院贺广明副教授撰写，并授权中国管理案例共享中心使用。

识在矫立敏心目中越来越清晰。"脊梁"既是把工作顶起来，又是把老一辈和新一代连接起来。他对自己的要求有了进一步的提高，不仅要学习，还要用研究理念来工作。新的技术和知识在不断出现，他加快了理论学习的步伐。"家里有关汽车方面的书整整一书柜，不仅有公交大客车的，也有各种新式轿车、面包车的，都成小图书室了。"矫立敏说。为什么要看客车以外各种车的书呢？一是他从内心对车感兴趣；二是一直有一种成为汽车专家的渴望。

对大多数公交驾驶员来说，汽油改柴油有很大的压力，经过学习，他研究整理出了中冷柴油机的操作方法。过去车辆冷起动后，发动机需以 700 转/分钟的怠速热机 10 分钟左右，矫立敏结合线路柴油机型的特点，大胆将发动机转速提高到 1100 转/分钟，这样待机时间缩短为 5 分钟，既防止了喷油嘴堵塞，又节约了燃料。他还通过提前 1 分钟润滑、延迟 2 分钟熄火的操作方法，保证了发动机增压器保持良好的润滑条件和正确的冷却时间，从而极大地延长了增压器使用寿命，降低了故障率。一个发动机增压器大约 2700 多元，而矫立敏所驾驶的车辆增压器创造了使用 10 余万公里无故障的纪录。青岛公交集团总裁徐金龙赞誉说："如果公交 6000 名驾驶员都能像矫立敏那样，从细微处节约能耗，企业挖潜增效的前景将十分巨大。"

2007 年 3 月，矫立敏被评为"全国公交十大'节油王'"，矫立敏说："我需要学习研究的东西还很多，那些荣誉都过去了，今后仍需要从零开始在技术细节上继续钻研。"

2. 立敏工作法

"363 路车沿途有 6 座立交桥，22 个信号灯，11 个转弯路口，信号灯的周期较长，香港路的周期长达 120 秒，而且经常发生塞车现象，作为驾驶员，要合理地分配运行时间，要既安全又准点。"矫立敏说起 363 路的路况，了如指掌。也正是因为他对路况观察仔细，行车中省油的窍门也就找到了。矫立敏举例说："香港中路绿灯时间为 19 秒，如果 363 路车当时排在第 8 辆或第 9 辆车之后，肯定不能通过，这种情况下不能抢，应顺势而过即可。"矫立敏在驾驶中还发现，车辆每制动一次，要多耗油 50 毫升，因此开车过程中要有预见性，通过提前控制车速，尽量避免紧急制动。燃油就是这样一点一点省下来的。

2004 年，363 路更新了 40 部新型柴油车，但这些车几乎车车费油，矫立敏看到这种情况，决心攻克柴油车节油技术难关。根据长时间的行车观察和实际操作比较，他想摸索出一套法子。任少春书记看在眼里，觉得矫立敏肚子里有东西，只要支持就准能升华成一个有价值的成果。任少春也是从驾驶员做起的，对一线工作很熟悉，他主动跟矫立敏谈心，"你的观察仔细，思考严密，再往前走一步就是对整个路队有价值的节油和优化行车的好成果"。矫立敏受到鼓舞，干劲倍增，一心扑在研究中，总结提炼出了一套规范操作节油工作法。这套工作法对每一个公交站点、每一座立交桥、每一个交通路口的客流、路面、信号灯情况进行了科学分析，精心测算了发动机转速与行车车速之间的契合关系，找出了最佳经济时速。2006 年，这项技术创新成果在线路全面推广实施，经济效益明显，平均每车每年节油 1500 多公升，同时还保证了行车安全，降低了交通事故的概率。这就是被评为山东省建设系统员工优秀技术创新成果的"立敏工作法"。

"立敏工作法"是如何做到节能降耗的呢？矫立敏总结了五点需要注意的地方：一要认真做好爱车例保工作，做到"一日三检"，不开带病车，使车辆的技术状况始终处于最佳状态；

二要严格执行操作规程，正确使用挡位，准确掌握换挡时机；三要保持车辆底盘技术状况良好，重点是滑行、轮胎气压和滤清器；四要努力提高自身的驾驶技术和维修技术；五要针对路面特点，摸索调整行车方法。

3. 工人技术专家

日常的学习研究，使矫立敏的驾驶技术趋于一流，整个公交集团总共才有三四十个驾驶员技师，矫立敏便是其中一位。不断积累的车辆维修技术，有不懂的地方马上问老师傅，矫立敏慢慢地成了驾驶技术和维修技术的双技术专家。

平时开车，他一直保持平稳加速，匀速行驶。矫立敏说："驾驶员驾驶有两个安全距离，一是与前车的安全距离，要保持车距，防止追尾；二是考虑到乘客舒适的安全距离，要让乘客舒服乘车，不要忽快忽慢，不要急刹车，好多需要注意的地方，这就要考验驾驶员的驾驶技术。当驾驶员不能只是管开车，更要学会修车。每次出车前要进行例行检查，不开带病车。开车归队后要进行自我检查，有小毛病自己要学会维修。"

2008年1月，公交集团更换了一批新型车，5月，矫立敏便把《新型公交车操作规范》总结了出来，并在全路队推广。平时有什么新的想法或者心得，矫立敏也随时记录下来，在路队每周五举办的技术开放日上进行交流探讨。

随着新员工大量进入公司，矫立敏看到同事们技术素质参差不齐、燃油消耗居高不下，就自制卡尺，对省油气压棒和进油孔做适量调整或技术改造。从前几年开始，矫立敏自己开设了技术课堂，给队友们讲解柴油机空气滤清器的清洁方法及油电路的配合，对燃料高耗车逐个查找原因，毫无保留地把技术和经验传授给队友，从整体上迅速提高整个路队的操作技能，节约了能耗。看到这种情况，路队领导因势利导积极支持，成立了技术攻关小组，矫立敏成为生产一线技术攻关的带头人。

技术专家的技术诀窍如果能与他人分享，对组织十分有利。矫立敏每年都讲课培训新人。他根据春夏秋冬具体天气有针对性进行培训，讲授维修保养的技术，强调各种情况应考虑周全。矫立敏授课方式多样化，既有现场指导又有课堂讲授。路队领导对技术的重视，掀起了学习矫立敏的热潮，新创意不断涌现，激发了组织的创造力。任少春书记欣喜之余，也得到诸多启示。他说："一个像矫立敏这样专家型的员工，在刚刚开始冒尖时，有一个新的想法，或干出一件有意义的新事，领导者一定要在萌芽期就提供热情的支持，不能冷眼旁观，更不能附和周围的风言风语的议论。这在新事物的出现中虽然只起到导火线作用，但很关键。当他已经成为技术专家时，领导更要关心和爱护，比如矫立敏参加各种类型的社会活动多了，肯定会影响自己的任务指标，经济收入就会受到影响，路队给予一定的经济补偿，使他工作时心理平衡，他的这些活动也是为了路队和公司的利益。"

4. 工作成就是内心幸福感的源泉

公交司机的日常工作难免有枯燥单调的感觉，但矫立敏工作热情和干劲却丝毫不减，一言一行都透露着指导他工作的理念，这是他的热情和干劲的源泉。矫立敏说："一个人活着，要多为他人和社会做有价值的事情，公交司机这个工作，只要用心干，也可以做出对社会有帮助、让自己感动的事情来，哪怕是不大的事情。这是人生中真正的快乐和意义所在。"看到队友们有时工作积极性不高，矫立敏把理念落实为行动，感染和带动大家。作为一线党员的矫立敏，是路队联络员，在路队领导与员工间相互沟通，同事有困难他主动帮助，成为队友们的"知心大哥"。

公交集团施行"一对一"的师徒制，路队领导让有潜力的年轻人跟矫立敏学徒，任洪波是其中之一。不仅跟师傅学到了技术，也深受师傅价值观的影响，用精准的技术创造高业绩，并把工作成就作为内心幸福的重要原因。矫立敏常说："知识改变命运，学东西要对自己有用。"已成为路队顶梁柱的任洪波对师傅的教诲铭记在心，他说，"矫师傅平时话少，不善言谈，心细，没架子，喜欢帮人修车，同时教更多的人维修车。我跟师傅学的不仅是技术，更根本的是对工作的态度和做人的准则。"

矫立敏主动接触新人，关心照顾新人，善于培养徒弟的自信，任洪波说："矫师傅总是毫无保留地把他的知识传授给我们，用他乐观、进取的人生态度感染我们。"矫立敏还利用业余时间巡回到公司34条线路上开办技术课堂，不遗余力地给驾驶员技术指导。

"活好干了，就像涨潮，好坏不容易区分；活不好干了，就像落潮，哪个坑水多一目了然。我们和矫师傅的差距就在这里，这是实实在在的差距。差距的原因在于，师傅心目中工作和技术的分量比我们更重，是他人生价值的体现和快乐的源泉。在做人和技术两方面，矫师傅都给我们做了一个很好的榜样。"提到师傅矫立敏，任洪波深有感触地说。

5. 尾声

镜头回放到引言讲述的2007年深冬的那次检修，从下午一直忙到天黑，螃蟹上钩的预感让矫立敏兴奋不已，因为随着检查的深入，越来越多的迹象验证了自己的预判——刹车系统有严重问题。经过反复现场检测，矫立敏提出一个大胆而有把握的观点：厂家生产时刹车线路接反了！经过论证，他的意见得到路队的支持，并通告制造厂。他向厂家派来的技师进行现场操作演示，最终制造厂接受了矫立敏的建议，对同类型的刹车线路全部进行改装，消除了一批车的重大事故隐患。问题终于解决了，冬日阳光下矫立敏紧皱的眉头终于舒展开了。

思考题：

（1）你如何看待矫立敏的工作行为？

（2）你认为矫立敏对工作有着什么样的态度？

（3）矫立敏的工作价值观是如何形成的？

第三章
个性与行为

本章学习目标

通过本章的学习，你应该能够：

● 理解和掌握个性的概念与特点；

● 借助行为函数理解个性与行为的关系，以及个性测量的有效性；

● 掌握个性静态理论与动态理论的关键区别，并且了解经典的个性理论；

● 理解个性对管理行为的影响，在管理工作中有效管理个性。

引导案例　　　五个聪明能干的技术工程师①

　　王冰是一家计算机公司的产品开发部经理。某年年初，为了集中力量开发一种新型号的计算机，他从其他项目组选出了五名聪明能干的技术工程师组成了一个新的开发小组，王冰亲自担任小组负责人。五名成员都是大学本科毕业，在各自的工作中都取得了良好的成绩。王冰相信他的新小组一定会成功地完成开发任务。

　　但是，已经过去一个多月了，新小组的工作进展远远落后于开发计划，而且每周一次的全体成员会使每一个与会者都备受折磨，已快变成两个相对阵营之间的紧张对抗了。

　　王冰信奉参与性管理，他要求他的组员在做出决定时意见要达成一致。问题是刘工和郭工很快就能拿定主意，于是便要求进行下一个议题。而吴工则认为不能贸然进行下一步，他要求进一步讨论，要求更多的资料、更多的时间去进行思考。张工和朱工讲话没有老吴那样多，但他们支持老吴。

　　王冰尽力在双方之间进行平衡。刘工和郭工办事有时似乎是有点鲁莽，未能仔细考虑所作决定的全部细枝末节。另外，老吴确实也有点慢慢吞吞的，且有使全组陷入没完没了的分析的倾向。王冰很难决定支持哪一边好，因为两边都做出过许多高质量的决策，都取得过良好的开发成绩。

　　为什么五个聪明能干的技术工程师凑到一起却带来这么多困难？王冰陷入了沉思……

---

① 案例来源：本案例由大连理工大学付永刚副教授编写。

我们在作出决策时所需的时间量和资料量上的差异，暗示了我们大家个性之间的千差万别，而这种差异对管理有重要影响。管理者要增强预见和影响他人的能力，应该了解一些有关个性的知识。在本章中，我们就带领大家系统深入地探索个性差异及应对之策。

第一节 | 个性概述

一、个性的内涵与特点

（一）个性的内涵

个性是一个复杂而广泛的概念，对于个性的确切定义还没有普遍的一致性认识。麦迪（S. R. Maddi）认为，个性是决定每个人心理和行为的普遍性和差异性的那些特征和倾向的较稳定的有机组合。凯立希（R. A. Kalish）认为，个性是导致行为以及使一个人区别于其他人的各种特征和属性的动态组合。

综合以上观点，我们认为个性就是人的一组相对稳定的特征，这些特征决定着特定的个人在各种不同情况下的行为表现。

（二）个性的特点

人们经常使用个性这个概念或术语，但对个性特点的认识未必太清楚。个性具有如下四个特点，这些特点构成了对个性更全面的认识和理解。

1. 稳定性

个性具有稳定的性质。个性长期受内外因素的相互影响而潜移默化地形成，一旦形成便不易改变，而且是持续而长期稳定的。只有经常出现的心理特征才算个性特征。但是这种稳定性又是相对的，它会随着社会环境的变化、个人发展的变化以及不同的情境因素而相应地有所变化。例如，诸葛亮一生谨慎，但也曾冒险设下空城计。

2. 独特性

个性具有独特性。世界上没有两个个性完全相同的人。每个人的个性都是独特的，具有区别于他人的个性特征。如水浒传中108位将领都有其各自不同的鲜明的个性。但是个性的独特性并不排除个性的共同性。人们在心理上的共同性，是指人们共有的心理特征。例如，无论什么样个性的人，当其需要获得满足时，感到心情舒畅，精神振奋；当遇到挫折时，都会心情沉闷，精神低落。不过，他们的行为表现方式可能不尽相同。

3. 整体性

人的个性是统一的整体。一个人的各种心理现象和心理过程，是有机地联系在一起表现出来的。个性的各个侧面只有同个性的整体性联系起来，才有其确定的意义。在一个具体的人身上并不存在彼此孤立、互不联系的个性特征。

4. 倾向性

个性的倾向性，是指人们对现实事物所持有的一定的看法和态度。人在与客观世界的相互作用中，形成了对事物的态度与倾向。一个人的个性既体现为个人的需要、兴趣、信念、理想和世界观，又体现为人与人之间的能力、气质、性格等方面存在的差异。个性的倾向性不仅对改造世界有重要作用，而且对人的心理活动也有很大影响，表现为对事物的不同态度、体验的行为模式等。

二、个性的形成与发展

（一）个性的成因

影响个性形成的因素主要有两类：一是先天遗传因素，这是个性形成的基础，包括遗传、先天素质和成熟度等；二是后天环境因素，个性的形成与发展会受家庭、学校、团体、组织等社会环境因素的影响和制约。具体因素如下。

1. 先天遗传

人的个性受遗传因素影响，每个人都有其独特的遗传基因。在遗传基因基础上生长出的中枢神经系统、内分泌系统和感官等，对人的行为有约束控制的作用。遗传因素为个性的形成和发展提供了物质基础。人的身材、相貌、性别、性格等都在很大程度上受遗传的影响。还有研究者发现，50% 的个性差异、30% 的职业和业余爱好方面的差异是由于遗传因素造成的。

2. 家庭环境

家庭是个人首先面临的环境，家庭环境对个性发展有重要作用。每个人的个性或多或少带有一点家庭的烙印。家庭中父母对孩子的影响包括父母的个性，以及教育方式等很多方面。一个人所处的家庭环境对其个性的形成有潜移默化的作用。

3. 教育环境

这里主要指的是学校教育。一个孩子进入学校，标志着他开始进入一个团体环境，这个团体环境与之前的家庭环境很不一样。孩子的个性形成开始受到很多非家庭因素的影响，孩子在学校里不再是家庭所赋予的中心地位，开始有了团体成员的意识和角色，开始建立真正平等的同伴关系。特别是一个孩子健全人格的培养往往需要学校教育承担更多的责任。

4. 社会实践

当人们离开学校参与工作之后，社会环境中的种种要素会通过很现实的方式来检验和影响我们之前通过家庭和学校所建立起来的个性特征。我们所在工作单位的组织情境（管理政策、文化氛围、人际关系等）会更加明显地影响着我们的个性，并和个性相互作用决定着我们的情感和行为等。

5. 偶发事件

在人的一生中，也许会遇到一些重大的偶发事件。如亲人的亡故、突然的失业等都会对一个人的个性形成和发展产生较大的冲击。

由此可见，人的个性是由先天遗传因素和后天的社会影响、社会实践活动相互作用和融合的产物。但是，在个性的形成过程中，人并不是消极、被动地接受先天遗传和后天环境的影响。人在实践活动中，在与外界环境相互作用的过程中形成和发展自己的个性。因此，在大体相同环境中生活和成长的人，由于他们实践活动的不同，以及主观努力的倾向不同，会形成不同的个性。

（二）个性的发展

个性是在人的生活经历中发展的，但究竟哪一阶段对个性的影响最重要，学者们的看法并不一致。弗洛伊德（Freud）认为个性的大部分取决于少年以前的生活经历。埃里克森则认为，一个人的个性在他的整个生活经历过程中是不断发展变化的。他将一般人的个性发展年龄分为八个阶段，每一个阶段发展成功与失败的特点如表 3-1 所示。

表 3-1　埃里克森关于个性发展的分期

阶　段	年　龄	特　点	
		成　功	失　败
1.早婴儿期	出生～1岁	基本的信任心	不信任
2.幼婴儿期	约1～3岁	自主	羞耻或困惑
3.早儿童期	约4～5岁	创造心	犯罪感
4.中儿童期	约6～11岁	勤奋	自卑
5.青春期	约12～20岁	自我认识	对自己的地位认识模糊
6.早成年期	约20～30岁	合群	孤僻
7.中成年期	约31～60岁	继续成长	失望
8.晚成年期	约61岁以上	完善	停滞

埃里克森认为，一个人在每一个阶段的发展都需要获得成功，才能形成良好的个性，如果受到阻碍将会导致个性上的某种缺陷。如婴儿时期（0～1岁），需要得到母亲的精心照料，这是对社会信任的基础。如果被遗弃失去母爱，将会形成对人不信任的心理。

早期的个性研究者大都相信，人的个性形成并定型于幼年或少年时代，而以后的岁月中就基本不会再有重大发展了。但现代的学者越来越相信个性发展是一个终身过程。

情景微案例

药家鑫案及心理成因分析

扫描此码　案例学习

三、个性的测量

在通常情况下，我们凭着个人的感觉来描述和评价一个人的个性。但是从管理的角度出发，仅凭感性来了解个性不足以提高管理的效果，更多的时候需要对个性进行测量。

（一）个性测量的方法

较常见而实用的个性测量方法主要包括如下三大类。

1. 问卷测量法

个性测量问卷是心理学专家根据所要测定的个性要素的特点，精心设计而成的。他们一般由一系列问题组成，其编制方法通常采取是非式、选择式或等级排列式。被测评者按照从自我观察中建立的自我概念与认识，通过对问卷的填答来报告或描述自己的个性。

个性包含着众多要素，也就是有许多方面或维度。有些问卷是只为测定个性的某一特定维度而设计的，即单维问卷，如"感情倾向性问卷"是只测一个人外向或内向程度的。还有综合性的多维问卷，可同时测量个性中的多个方面，并常常把所测结果记录在一张特制的图表上，绘成"个性概貌图"或"个性轮廓图"；一个人在各个性要素（或维度）上的不同组成，就形成他不同于别人的独特个性。人们便可据此对被测评者进行综合分析与比较分析，从而作出全面评价。

管理中进行个性测量时，多维问卷用得较多。其中最有影响、普及面最广的是"卡氏十六因素"问卷和 MBTI 个性测试问卷。

2. 投射测量法

这种方法的原理是，认为人的许多行为倾向隐藏在人的深层意识中，不易探测；因此需求助于投射测试，即用一个含义不明确、可作多种解释的称为"投射物"的物件（可以是一种图形、一件实物等），短期地暴露在被测者眼前，然后要其迅速观察后，立即解释其对这投射物的理解，不允许深思熟虑。因为是猝不及防，被测者内心深处的隐秘倾向（态度、兴趣、动机等个性要素）便被投射到对这投射物的解释之中，被训练有素的专家"破译"或推断出来。

在实践中应用的较广泛的投射测量工具主要有墨渍图、句子续完测试、主题统觉测试三种。

（1）墨渍图。据国外心理测量及人事管理咨询专家的实践，在个性测量中最可靠、最准确的投射测试工具，是一套精心设计的"墨渍图"，即一组图形，似乎是由落在纸上的墨自然流淌扩散而风干后所形成的不规则图案。它们的轮廓似乎毫无特定意义，似此似彼，但却是洞察内心的利器。但这些工具，尤其是分析的诀窍与要领属于知识产权，有专利保护，索价甚昂，我国至今尚未引进（测量心理健康的则已有了）。

（2）句子续完测试。这类投射测试工具以几十个词或词组作为"句根"，如"我的老师""下棋"等。被测试者需在指定的时间内把这些"句根"接续成完整的句子，如"我的老师是位忠厚渊博的学者""下棋可以开发智力"等。专家们便可据此分析出被测者的内心动机等个性要素。这类工具中比较有名的是美国的"迈纳句子完成量表"（MSCS），其中有专门用来测量管理者"管理动机"的内容。

（3）主题统觉测试（TAT）。这种工具主要用来测试以动机为基础的个性特征。美国学者麦克利兰（McClelland）开发出了一套 TAT 工具用于测评管理者的成就动机、情谊动机和权力动机。

3. 人才评价中心

"人才评价中心"是美国开发出的一种综合性个人特征测评方法，该方法目前已被大量实际应用于企业界管理人才的发掘与评价。典型的评价活动包括如下几种。

（1）"无领导小组讨论"练习。被评者组成一个 4～6 人的小组，模拟一个领导班子，讨论一个给定的假想的管理问题。

（2）"公文处理模拟"练习。每位被评者在指定时间内，在一模拟的特定岗位上，以批阅公文的形式，对一系列管理问题作出反应。

（3）"决策模拟"练习。通常带有竞赛性质，即由被评者组成的一个小组模拟一领导班子，就一假定情境中的市场与投资状况连续作出一系列决策。现在该种练习已多半实行计算机化，开发了多种软件。

上述三类活动，都是由旁观的考评员根据被评者在这些模拟的工作情境下的行为表现，按某些与管理效能有关的个性特征（如果断性、主动性、敏感性、自主性、工作激励等）进行评测。实践证明此法所测上述个性特征对预测管理人才的绩效与成功方面相当准确。评价中心活动除上述三种外，往往还辅以业务计划讲演、写作练习、自陈式个性问卷调查等。

随着中国改革开放的不断深入和市场经济的发展，各种管理思想和管理方法被中国的各级管理者接纳、吸收，个性测量作为一种有效的管理手段也在中国企业的管理实践中得到应用。近两年来，各种类型的人才测评机构纷纷在国内出现，增加了中国人对个性测量的了解和关注。但是，由于中国的人才测评机构不重视基础性的工具开发和数据积累，没有针对中国人特有的心理素质和能力建立适合中国人的"常模"和测评体系，而只是将国外的测评软件经过简单的汉化处理就推向市场，以致影响了建立在个性测量基础上的人才测评的进一步发展。

（二）个性测量的有效性

个性测量的意义在于，希望可以用每个人具有的稳定持久的个性来说明并预测他的行为。但是，要使个性特征有意义和有效，必须满足如下要求。

第一，要求人们在这些特征上（如活泼外向、忠厚老实等）存在不同程度的差异；如果人人一样，这特征就不大有用了。第二，人的这种特征应当在各种场合都表现一致才行。第三，应当具有某种测量这种特征的手段，所测结果可以预计此人在各种场合的表现。

以第二种要求为例。"小王活泼外向"，他在朋友、家人的社交场合中是如此，在严肃的政治讨论中就未必如此。再看第三条要求，据研究证明，用最好的问卷所测得的个性特征与实验室条件下被试的真正行为间，相关系数不足 0.30，预测力颇弱。这都似乎支持环境决定行为而不是个性决定行为的论点。

然而研究又表明，虽然以个性与态度预测一个人在某一特定时刻和特定环境中的行为不一定准确，但在预测一个人在各种环境下的一般表现方面却相当准确。这说明测量人的个性还是有用的，因为管理者很少要预测下级在某一时刻的行为；他们想预测的恰恰是下级在长期工作中总的表现，即他们的平均行为。"小李受了批评后，是会一蹶不振还是会重新振作起来？""老张干事是比较冒险还是慎重？"这都指的是一般倾向。

基于以上研究，著名学者勒温（K.Lewin）提出了一个行为函数：

$$B=f（P，E）$$

式中，B——行为（behavior）；

P——个性（personality）；

E——环境（environment）。

勒温认为行为是个性和环境的函数，即一个人的行为是由其个性及其所处环境共同作用的结果。

研究还表明，环境的约束性越强，个性特征对行为的预测越不准；反之，环境给予行为变化和选择的可能性越大，预测就越准。有人设计了一项实验：先用问卷测得一批被试个性中外倾性的强弱，然后把他们分别置于"强制外倾"（让人不断地找被试谈话和交往）、"强制内倾"（不使有谈话机会并限制他们交往）及"中性状况"（常态）三类环境中。结果表明，只有在第三种情境中，所测的外倾性才与实际行为有较大关联（相关系数达 0.56）。

即，当 $E=C$（常态）时，行为函数成为：$B=f（P）$。

这一发现对管理具有实际意义。因为有的组织中设有大量规章制度，严格限制其成员随意行动，不允许有非规范行为。在此情况下，个性测量的结果对行为的理解与预测就没多大用处。有的组织较灵活，给其员工以较大自主，则个性行为的影响力就较大了。

第二节 | 个性理论

有关个性的早期研究可以追溯到公元前，但是 20 世纪早期和中期的研究更全面、更系统一些，对管理实践的贡献也要更大一些。个性理论的数量很大，这里我们根据个性研究的不同着眼点将个性理论简单分为两大类：静态描述理论、个性特征分析理论，下面进行分别介绍。

一、静态描述理论

静态描述理论是通过观察，将具有不同（个性）特征的人们进行分类，并予以静态描述。其研究的类型数量较少，但每一类涵盖的范围广泛。

（一）基于生物形态学的个性理论

克瑞茨默（Kretschmer）在 20 世纪初创立了以生物形态学，尤其以躯干和四肢形态为基础的静态理论。其认为形态表达了人们的特殊个性，并将其分为三种主要类型：一是矮胖型（短小的四肢，粗壮的躯干，肥胖的脸），这种人情绪波动很大，现在通常认为是抑郁型的；

二是瘦长型，他们四肢修长，瘦削的躯干，窄长的脸，通常是内向和羞怯的；三是健美型，他们体格匀称，精力充沛，行为富有攻击性。该理论的问题在于它们是纯理论的，与实际生活的人相差太远，因此，用这种方式对人进行分类过于简化。

谢尔顿（Sheldon）在克瑞茨默理论的基础上，也依据生物形态学建立了另一套理论。谢尔顿将人们基本上分为三种类型，即肥胖型（温和、圆滑、友善），健壮型（刚强、刻板、外向）以及瘦削型（高、瘦，消极）。区别在于，谢尔顿认为可以出现上述各种类型的混合现象。尽管以上三种基本类型还是很极端，谢尔顿至少承认还有表示其他不同个性的形体类型，但是还存在一些问题始终未能得到解释。

（二）气质特征理论

古希腊医生希波克拉底认为，人体内有四种体液：血液、黏液、黄胆汁和黑胆汁。根据这四种体液在人体内所占比例的不同，可将人的气质分为多血质、黏液质、胆汁质和抑郁质。现在我们认为希波克拉底的划分依据存在一定问题，但我们仍沿用希波克拉底提出的名称，将人的个性按照气质分为如下类型。

1. 胆汁质

胆汁质的特点是情绪具有爆发性，但难以持久；精力旺盛争强好胜，做事勇敢果断，为人热情直率、朴实真诚。但是，比较粗枝大叶、不求甚解，遇事欠思量，鲁莽冒失，感情用事。

2. 多血质

多血质的特点是富有朝气，聪明伶俐，情感丰富而且外露；语言表达力强而且富有感染力；活泼好动、热情、头脑灵活、思维敏捷、适应能力很强，但也容易表现为缺乏耐心和毅力，稳定性差。

3. 黏液质

其特点是安静沉稳，沉默寡言，喜欢沉思，情绪内敛。自制力强，有韧性，外柔内刚，考虑问题细致周到，作风踏实。但也可能表现为缺乏生气，思维的灵活性低，行动的主动性较差。

4. 抑郁质

其特点是情绪体验深刻、细腻而持久，主导心境消极抑郁，多愁善感。这种人聪明而富于想象力，自制力强，稳重踏实，但不善交际，孤僻离群，软弱胆小，行为举止慢而单调，也可能优柔寡断。

在现实中，我们大多数人的个性是两种或两种以上气质类型的混合，具有典型单一气质类型的人比较少。

二、个性特征分析理论

这类理论基于对行为的某种客观测量，即通过问卷、访谈等方式对个性的多个维度进行测量，得到量化的结论来分析和描述个体的个性。代表学者是艾森克（H. J. Eysenck）、卡特尔（R. B. Cattele）、荣格（Carl G. Jung）等。

（一）艾森克的个性理论

艾森克认为人的感情稳定性和感情倾向性两类因素能包容大部分重要的个性特征。

1. 感情稳定性

感情稳定的人有如下特点：自主性强，冷静、自由，自尊心强，比较乐观，拒绝非理性的恐惧。感情不稳定的人有如下特点：容易激动，不稳定和焦虑不安，倾向于低看自己，比较悲观。他们有成见，喜欢挑剔，讲究高度的纪律性。

2. 感情倾向性

该类因素的一端为内倾，另一端为外倾。瑞士心理学家荣格认为，外倾是指人高度关注他周围发生的一切并使他把精力倾注于他自己以外的人和事上。内倾则是相反倾向，关注自己的感情、记忆与内心生活。

艾森克认为内外倾之别在于对外界感官刺激需要不同。外倾者较需要社交活动、冒险、环境的变化等，内倾者则希望减少这类外界刺激。当然典型内外倾是两种极端，多数人居中，对两种需要都有，只是比例不同或随时间变化而已。

内倾外倾无所谓好坏，重要的是各得其所。例如，外倾者受不了平淡常规的工作环境，但在有威胁或强刺激的环境下却如鱼得水。内倾者则受不了这种刺激，不过在平稳少变的环境中却比外倾者干得出色些。

（二）卡特尔的 16 个性要素理论

卡特尔认为艾森克把人的个性特征归纳为两个维度，未免过分简化，容易结果失真。他经过长期的研究和大量的量化分析，找出了 16 种独立而稳定的个性要素来表现和度量人的个性特征，每个要素又可分为低分特征和高分特征两个极端。详见表 3-2 所示。卡特尔认为，在每个人的身上都有这 16 个性要素，只是表现程度不同。

表 3-2　卡特尔 16 种个性要素

特质名称	低分特征	高分特征
乐群性	缄默、孤独	乐群、外向
聪慧性	迟钝、学识浅薄	智慧、富有才识
稳定性	情绪激动	情绪稳定
特强性	谦虚、顺从	好强、固执
兴奋性	严肃、谨慎	轻松、兴奋
有恒性	权宜、敷衍	有恒、负责
敢为性	畏缩、退却	冒险、敢为
敏感性	理智、注重实际	敏感、感情用事
怀疑性	信赖、随和	怀疑、刚愎
幻想性	现实、合乎成规	幻想、狂放不羁

（续表）

特质名称	低分特征	高分特征
世故性	坦白直率、天真	精明能干、世故
忧虑性	安详沉着、有自信心	忧郁抑郁、烦恼多端
保守性	保守、服从传统	自由、批评激进
独立性	依赖、随群附众	自主、当机立断
控制性	矛盾冲突、不明大体	知彼知己、自律严谨
紧张性	心平气和	紧张困扰

卡特尔在这 16 种个性要素的基础上设计出了一种自陈式问卷。问卷共有 A、B、C 三种格式，A、B 格式由 187 个问题构成，C 格式较精练，只含 107 问。这套问卷使用简便，编成软件后存入计算机，被测者对屏幕显现的问题相继逐一回答（每问有三种备选答案），约半小时即可答完；软件会自动进行综合分析，并打印出被测者的个性概貌图。它的设计科学而客观，在各国推行使用多年，其效度（所问的是否是想要测定的要素）与信度（结果的一致性）都受过考验，而且在长期大量测试中积累有大批数据，并据此建立了各类典型对象组的"常模"（即对一个典型的标准化样本所测出来的平均分数，供作比较标准）。

（三）迈尔斯—布利格斯的个性类型理论（MBTI）

MBTI（Myers-Briggs Type Indicator）源自瑞士著名心理学家卡尔·荣格的心理类型理论，后经美国心理学家母女凯瑟琳·布利格斯与伊莎贝尔·布利格斯·迈尔斯两人加以演化，最后又形成了四个维度，八个偏好，16 种类型的个性类型量表，简称 MBTI。

MBTI 理论把人的个性划分为如下四个维度，每个维度又包括两种偏好。

（1）外向型（Extroversion）或内向型（Introversion）；

（2）感受型（Sensing）或直觉型（Intuition）；

（3）思考型（Thinking）或情感型（Feeling）；

（4）知觉型（Perceiving）或判断型（Judging）。

这四种维度，可构成 16 种个性类型。例如，INTJ 个性者好梦想，常有创新想法、独立自主、有决心，但是好猜疑、好批评、较固执。ESJI 个性者组织能力强，重实务，喜好组织活动和管理事务，是典型的企业人士。ENTP 个性者是思维型的，其思维敏捷，精通许多事务，适合应付有挑战性的问题，但忽视常规例行事务。

在广泛使用之前，MBTI 经过了 50 多年的研发和检验的历史。到现在，它已经历了数十年的应用实证。它能深入地解释为什么不同的人对不同的事物感兴趣、擅长不同的工作、以及人们有时不能互相理解。

目前，MBTI 已经发展成应用心理学领域知名的专业鉴别工具，广泛地应用于职业发展、职业咨询、团队建议、婚姻教育等方面，是目前国际上应用最广泛的职业规划和个性测评理论。在北美、西欧、亚洲的大中华地区以及新加坡、马来西亚、印度、日本、韩国等国家，每年有数以百万计的使用者体验它的魅力所在。

根据 MBTI 理论，每种个性类型均有相应的优点和缺点、适合的工作环境、适合自己的岗位特质。使用 MBTI 进行个性测量，可以使员工更充分地了解自己，也帮助管理者了解员工心理与行为。这种了解可能促进彼此之间的沟通甚至可能提高生产力。

（四）"大五"个性特征理论

长期以来，对个性结构的研究试图利用一些持久、明确、稳定的特点来描述个体行为。"大五"个性是比较有代表性的个性理论，它认为人的个性都可分为五个维度：外倾性、情绪稳定性、乐群性、责任心、广纳性。"大五"个性特征理论不仅提供了总体的个性特征框架，还发现这些维度与工作绩效之间有重要的关系。

1. 外倾性

这种个性者常常活泼乐观，对自己的感觉良好。他们较社会化、亲切、健谈，在工作上持乐观积极的态度，对工作感到满意，乐于和同事交往。与之对应的内倾性的个体腼腆，沉默寡言，往往比较悲观。外倾性的个体适合需要高社会交往的工作，例如，销售和客户联络等。

2. 情绪稳定性

情绪稳定性是描述个体平和热情或紧张不安的个性维度。正面表现为情绪理性化，冷静，脾气温和，与人相处愉快。负面表现为情绪波动大，容易生气，没有安全感。

3. 乐群性

乐群性可以用来区分个体是否善于与他人相处。乐群性的个体与他人相处融洽。乐群性高的人通常受人喜欢，善于照顾他人，对他人亲善，易于相处，是好的团队合作者。乐群性高的个体适合做需要与他人发展良好关系的工作。乐群性低的人通常充满敌对情绪，不受人喜欢，不友好，难以相处。

4. 责任心

责任心指个体表现为认真、审慎和坚忍的倾向。在许多组织中责任心都是十分重要的。高责任心的个体有高组织性和自律性。低责任心的个体行为不规范、粗心、不可靠。

5. 广纳性

个体是否有独创性，广泛接受各种刺激，有广泛兴趣，具有愿意冒险的倾向。广纳性高的个体适合变化性大，需要创新性或较为冒险的工作。它的对立面是思维狭隘，小心谨慎。广纳性低的个体往往自我封闭，喜欢固定的生活和工作方式，缺乏创造性。

第三节 | 个性差异与管理

管理的对象是人，人的个性也是管理的内容。个性特征对管理效果有直接影响，管理者如果能够根据对员工个性的了解来预测和引导员工的工作行为，将在很大程度上提高管理的针对性和有效性。

一、解决问题风格类型

与管理工作直接相关的就是面对问题的时候以什么样的风格（方式）来分析和处理。赫雷格尔（D. Hellriegel）和斯洛克姆（J. W. Slocum）根据人们在收集信息与处理信息风格的不同，把个性划分为如下类型。

（一）收集信息的风格：感觉与直觉两种类型

（1）感觉型。这种收集信息的风格很务实，重视的是信息的具体细节，耐心细致、自信心强，急于获得结果，所以往往是先干后想，缺乏远见。

（2）直觉型。这种风格在收集信息时不是重视具体数据与细节，而是着眼于概貌与全局，着眼于建立总的认识；喜欢动脑，有创见并重视理性的追求；但偏于研究方案的可行性而忽视具体的贯彻执行；幻想多，务实精神不足。

（二）处理信息的风格：感情与思维两种类型

（1）感情型。这种风格很注重不伤害别人的感情，关心人，强调对人的忠诚与热情，富有同情心，因此处理问题时有可能感情用事。

（2）思维型。这种风格冷静客观，就事论事，讲原则，不怕得罪人；但是想得太多，做得较少，并且易于僵化。

（三）四种解决问题的风格

上述两种信息收集风格与两种信息处理风格搭配组合起来，形成了四种类型的解决问题的风格。

1. 感觉思维型

这种类型的人重视设置有效的规章制度；喜欢结构分明、目标明确的组织，在制度涉及大量事实与数据的决策时，很果断而且很出色。感觉思维型的管理人员对与组织中物质方面的和非个人方面细节打交道的职业比较感兴趣。他们可能有志于从事诸如会计、生产调度、市场调研、计算机程序设计、文秘、统计、图书管理、应用科学等职业。

2. 感觉感情型

该类型的人具有务实精神，能有条不紊地处理具体问题；看重眼前的现实情况；关心有关人的事实；喜欢结构分明但重视人的组织。感觉感情型的管理人员通常对需要与组织内其他人员或客户进行人际交往的工作感兴趣。他们在诸如销售、直接监督、辩护、教育、采访以及许多服务性行业中优于其他人。

3. 直觉思维型

直觉思维型的人往往主意和想法多，思考问题开门见山，一针见血，有创见；重视抽象的、不带感情色彩的理性思维，但却不善做具体琐细的事；喜欢在不涉及人际关系的计划部门内工作，对系统设计与分析、建筑设计、纯科学研究以及宏观经济、哲学等领域感兴趣。

4. 直觉感情型

这种类型的人作决策时喜欢从别人的个人感情角度去考虑；喜欢在松散自由、决策权下放的组织环境中进行工作。直觉感情型的管理人员也对处理组织人事问题的职业感兴趣，他们在公共关系、广告、人事、艺术以及教育行业中干得比较出色。

这四种风格类型本身无所谓好坏，各有长短。在管理实践中，要根据各种类型的特点安排得当，各得其所，各尽所长。

二、管理个性与风格

管理者的职业风格又叫管理个性。

（一）麦柯比的职业风格类型

行为科学家麦克比（M.Maccoby）深入调查了 250 位高层和中层、基层的男性管理者，发现管理者职业风格大致可以划分为如下四大类型。

（1）"工匠"型。他们是技术专家，热爱自己专业，渴望发明创造，搞出新成果，有坚韧刻苦和努力钻研精神；但对行政性事务和职务并无兴趣，不善于人际交往与处理矛盾；他们凡事总想求得最优，不够现实；知识面与思维都专而窄，广博不足。

（2）"斗士"型。又分为狮型斗士和狐型斗士两种。狮型斗士领袖欲很强，渴望权力；他们干劲足，敢冒风险，有魄力，但不能容忍别人分享他的权力。狐型斗士虽也颇具野心，却无狮型的胆魄与能力，只好利用搞阴谋或权术之类手段去达到目的。

（3）"企业人"型。这类人忠实可靠，循规蹈矩，工作兢兢业业；但墨守成规，保守怕变，革新性与进取心不高。

（4）"赛手"型。他们视人生为竞赛，渴望成为其中的优胜者；但他们并不醉心于只做个人的主宰，而希望成为一个胜利集体中的明星；他们善于团结和鼓舞别人，乐于提携部下；同时他们又具有强烈的进取心和成就动机。

这是理论上的四种极端类型，在现实环境中，大多数人是兼具数种类型的特点，只是各种类型以不同强度组合形成最终的职业风格而已。

（二）斯泰勃（L.Stybel）的"人才动态使用"

从人才使用的角度看，应认清这四种不同类型管理者间的关系。近年来，从人尽其才角度出发，美国学者斯泰勃提出了"动态人才使用"的观点。主张要想充分利用各类人才之长，就不应把管理者固定地安置在特定岗位上。尤其是在产品更新换代越来越快，市场竞争十分激烈的现代社会，各类人才应对应于产品生命周期的不同阶段，合理地调配使用。

例如，在产品还处于"引进期"时，新产品仍在开发的最后阶段，尚待定型，在市场上也属试销期。此时技术开发能力仍很重要，项目组的领导应配备兼具"工匠"与"斗士"特征的经理人，或取一"斗士"挂帅，派一"工匠"辅佐。待到产品已进入"成长期"，产品业已定型，销路也已打开，此时的首要任务是扩大生产能力，以源源不断地投放市场的产品去满足日益增长的需要，以免在供不应求情况下，被仿制此产品的对手坐收渔利。此时"工匠"留在组内作用已不大，应调去充实正在开发其他新产品的项目组，而让"斗士"留下来独撑门面，去冲锋陷阵，纵深开拓，扩大"地盘"。待到产品进入"成熟期"，大局已定，市场渐趋饱和，无须再投资扩产，只需利用已占市场，收获利润了。这时宜让善于守业的"企业人"去接过摊子，把原来的"斗士"腾出来去从事其他项目的开创工作。待产品已转入"衰退期"，潜力已近衰竭，需予以关、停、并、转，或转让他人。此时又宜请"斗士"来在转让谈判中讨价还价或收拾残局，如此灵活机动地使用人才，才能充分做到人尽其才。至于"赛手"型人物，因属稀缺宝贵资源，只用于特别重要项目的领导，并着眼于把他们培养成未来统帅，是不宜轻率动用的。

（三）霍兰德的职业个性理论

心理学家霍兰德对个性与职业的关系进行了研究，提出了个性与职业匹配的模型。他认为，个性与职业环境的匹配是形成职业满意度、成就感的基础。霍兰德认为，可以把职业个性划分为如下六种类型。

（1）现实型：这种人不重视社交，而重视物质和实际利益。他们遵守规则，喜欢安定，感情不丰富，缺乏洞察力。他们适合从事要求明确、需要一定技能、能按一定程序进行操作的工作，如机械电工技术等。

（2）研究型：这种人有强烈的好奇心，重分析，好内省，比较慎重。他们适合从事有观察、有科学分析的创造性活动和需要钻研精神的职业。

（3）社会型：这种人乐于助人，善社交，易合作，重视友谊，责任感强。他们适合从事那些直接为他人服务或与人建立和发展各种关系的职业，如教育、医疗等。

（4）传统型：这种人易顺从，能自我抑制，想象力较差，喜欢稳定、有秩序的环境。他们适合从事那些需要按照既定的要求工作，比较简单而又比较刻板的职业。

（5）企业型：这种人喜欢支配别人，有冒险精神，自信且精力旺盛，好发表自己的见解。他们愿意从事那些为直接获得经济效益而活动的职业。

（6）艺术型：这种人想象力丰富，有理想，易冲动，好独创。他们适合从事非系统的、自由的、要求有一定艺术素养的职业。

霍兰德所划分的六大类型，并非是并列的，而是有着明晰的边界。他编制了一个职业倾向测量表，其中包括160个职业项目，让测试者回答是否喜欢这些职业，然后以此数据为基础，以六边形标示出六大职业类型的关系图，如图3-1所示。

图3-1 职业类型关系图

以图 3-1 中可以看出，每一种类型与其他类型之间存在不同程度的关系，大体可描述为三类。

（1）相邻关系。如 RI、IR、IA、AI、AS、SA、SE、ES、EC、CE、RC 及 CR。属于这种关系的两种类型的个体之间共同点较多，现实型 R、研究型 I 的人就都不太偏好人际交往，这两种职业环境中也都较少机会与人接触。

（2）相隔关系。如 RA、RE、IC、IS、AR、AE、SI、SC、EA、ER、CI 及 CS，属于这种关系的两种类型个体之间共同点较相邻关系少。

（3）相对关系。在六边形上处于对角位置的类型之间即为相对关系，如 RS、IE、AC、SR、EI、及 CA 即是，相对关系的人格类型共同点少，因此，一个人同时对处于相对关系的两种职业环境都兴趣很浓的情况较为少见。

霍兰德的理论告诉我们，当个性与职业相匹配时，会产生较高的满意度和较低的离职率。但职业选择中，个体并非一定要选择与自己兴趣完全对应的职业环境。一则因为个体本身常是多种兴趣类型的综合体，单一类型显著突出的情况不多；二则因为影响职业选择的因素是多方面的，不完全依据兴趣类型，还要参照社会的职业需求及获得职业的现实可能性。因此，职业选择时会不断妥协，寻求与相邻职业环境、甚至相隔职业环境，在这种环境中，个体需要逐渐适应工作环境。

三、影响行为的重要个性特征

研究表明，某些个性特征对于预测和解释组织中人的行为有很大的影响。这里介绍一些主要的有代表性的特征，具体说明如何用它们对员工行为进行解释和预测。

（一）控制取向

控制取向指个体所认为的直接影响自己行为的原因。那些认为自己是自身命运主宰的人，是内控型的。那些认为自己受命运摆布，由运气、机遇或外部条件决定的人，是外控型的。比较研究的结果表明：外控型的人更容易对自己的工作不满、出勤率低、对工作的投入相对较低。在同样情况下，内控型的人则倾向于把组织的成绩归因于自己的作为，故而易产生较高的投入；然而，如果组织的业绩不佳，内控者会责备自己。

比较而言，内控者在决策前往往积极收集信息为最佳决策奠定基础；他们较容易被成就所激励，尤其是他们控制环境的欲望较强。而外控者则较顺从，循规蹈矩。因此，内控者较适合担任复杂性较高的工作，如管理和专业工作。此外，内控者更适合从事开创性的和行为不受约束的工作，而外控者则较适合从事按部就班的工作。

（二）成就取向

成就取向是指个体对成就的需要强度，或者人对自身成就所确立的目标。普遍认为：成就需要强的人会不懈地努力克服困难，追求更佳的工作业绩。但同时他会把成功归因于自己的努力。因此，他们乐于寻找这样的机遇；既接受挑战，但又不过于艰难而无法成功，他们需要从成功中看到自身的价值。这就意味着，他们喜欢难度适中的工作。由此可知，对于成就感强的人，任务难度适中、能迅速看到绩效的工作，比较适宜，比如推销、管理工作等。而生产流水线的机械性工作等对这些人不适宜。

（三）权威主义与权术主义

所谓权威主义是指一种存在于个体头脑中的认为在组织中是否应该存在等级与权力的差别观念。极端权威主义者思想僵化，爱评判别人的是非；以权力为行事准则，有奉承上级、欺压下级的倾向。每个人都可能有不同程度的权威意识。低权威主义者，适合那些需要关心他人感受、反应机敏、具有较高变通性的工作；高权威主义者较适合从事高度结构化的工作。

权术主义是马基雅维里主义的本意，源于16世纪马基雅维里的著作。具有较高权术主义倾向的人行事独断，在感情上与他人保持一定距离，为达到目的不择手段。权术主义意识不同，对工作绩效有不同的影响。权术主义意识较强的人，喜好控制事物，乐于支配、控制人，总试图说服别人遵从自己的意志。权术主义意识较弱的人，感情容易影响他们的正确判断，降低灵活性和准确度。

一般地，权术主义与工作的匹配取决于具体工作的性质，特别是对工作绩效的评估是否有道德方面的标准。对于需要谈判技巧的工作，只要求效果而不论手段的工作，运用权术会取得很好的收效。但如果必须考虑方式方法，考虑工作中伦理问题，或者必须严格遵从绝对的工作标准而无变通可言时，权术主义则很难行得通。

（四）冒险倾向

敢于承担风险的程度也是个性特征的组成部分。冒险心理，人皆有之，只是程度不等。不同的冒险程度将决定管理者花多少时间去进行一项决策，以及在决策前需要收集多少信息。一般爱冒风险的人在决策上所用时间较少，且用以进行判断抉择资料较少。冒险个性是否有利于工作，要看工作的性质。根据工作的具体要求考虑个体的冒险倾向是十分必要的。例如，证券、期货工作，高风险个性的人比较适合；而审计、会计工作，保守性的人比较稳妥。

（五）自控倾向

自控性是指人们试图控制自己在他人面前的行为方式的倾向。高自控性个体希望他们的行为会为社会所接受，力求根据所处的环境表现出恰当的行为。例如，在观看足球赛时，他会欢呼，但听交响音乐会时，他会很安静。低自控性个体倾向于在各种环境条件下都表现自己的真实性情和态度。高自控性个体更善于营造他人对自己的印象，他更倾向于为迎合所处的环境调整自己的行为。因此，高自控性个体适合于那些需要与各种人打交道的职位，如销售或咨询等。

（六）自信水平

自信心是指人们对自己和自己的能力感到自豪的倾向。高自信心个体认为自己通常较能干，是能应付大多数情境的有价值的人。低自信的个体则怀疑自己的价值和能力，经常担心自己不能胜任工作。自信心会影响人们对活动和工作的选择。高自信心的个体比低自信心的个体更倾向于选择有挑战性的工作和职业。低自信心的个体喜欢从事相对稳定的工作。高自信心的个体工作时会设置更高的目标，并且更喜欢去处理那些较困难的工作。高自信心对工作动机和工作满意度有正面的影响。

四、个性的管理

研究个性的目的在于对组织的个人有更深刻、更全面的认识，并能够相应采取不同的方法进行有效管理。为此，必须了解个性对管理的影响，树立对个性的正确认识，掌握行之有效的管理措施。

（一）对个性的正确认识

1. 个性类型不是绝对的

无论哪种个性分类方法，所反映的都仅仅是典型的个性，事实上，个性也像其他与人有关的事实（如身高、体重）一样，其频率分布呈正态分布，即绝对属于某种典型个性或其对立面的人总是少数，而多数人总是程度不同地介于两极之间。个性类型的划分也像任何其他的科学分类一样，作用在于为我们提供认识问题的一般性标识工具，而不能囊括所有具体特殊情况。

2. 个性并无好坏之分

个性作为人的独特心理特征的总和，并无好坏之分。我们在评价人的个性时，不可认为这类个性好，那类个性不好。因为任何一类个性都有其积极的一面，也有其消极的一面。例如，胆汁质的人热情直率、精力充沛、生气勃勃是其优点，但急躁任性、情绪易于冲动又是其缺点；而黏液质的人既有冷静、踏实、待人真挚等优点，又有沉默寡言、反应迟缓等缺点。因此，我们应当正确认识自己和他人的个性类型，培养和利用其积极的一面，克服和改造其消极的一面。

3. 个性并不决定成就大小

个性不能决定人的活动的社会价值和事业上成就的大小，只影响人们进行活动的方式。大量的研究表明，在同一领域或同种工作岗位上，都出现过不同个性类型的杰出人物。同一类型个性的人，在不同的工作岗位上也做出了重大贡献。例如，同为俄罗斯历史上的文豪，普希金有胆汁质特征，赫尔岑是多血质，克雷洛夫为黏液质，果戈理系抑郁质。不同的个性并未影响他们各自在文学上取得杰出的成就。

（二）个性与管理措施

研究表明，人在事业上的成功与失败，不仅与他的智力高低有关，更与他的个性（比如情商）有关。在管理实践中，要以个性理论为指导完善管理措施，提高管理效果。

1. 根据个性类型合理配置人员

管理者要全面了解和掌握下级的个性，明确员工在个性上的优势和劣势。因人而异分派工作，做到适才适所，能职匹配，人尽其才，这样就不会有无用之才。不同的工作对个性有不同的要求。同时还应注意使员工的兴趣爱好与从事的职业相适应，从而使他们感到满意、愉悦，受到内在激励，提高工作效率。如外倾型个性者，心胸开阔，易与人相处，好动不爱静，让其从事推销、采购、公关等工作；而内倾型个性者根据其不善谈吐、做事细心、好静不爱动的特点，让其从事财务会计、文书档案等工作。

2. 根据员工个性特点采取不同管理方法

人与人之间的个性差异是客观存在的，不应当也不可能强求一律。每个人的思维习惯、行为方式和接受能力存在着差异。个性差异要求管理上应针对不同个性的人采取不同的方法。对于自卑、自暴自弃的人，应使其看到自己的优点和前途，增强信心和勇气，切不可过多地苛求；对于自尊心强的要注意照顾面子，采取个别谈心、个别批评的方式；对于好强自负的，要一面肯定其成绩，一面指出其问题。

3. 根据个性特点优化领导班子的群体结构

一个组织应该是由不同个性特点组成的和谐互补的结构，注意避免"同性相斥"的现象的发生。组建领导班子，不仅要考虑成员间的年龄结构、知识结构、专业结构，而且要重视个性结构的合理性。如果班子成员都是个性外向的人，决策时发言直率，讨论热烈，大胆果断、干脆利索，但可能缺乏周密细致，难免漏掉重要细节，造成决策有误；如果班子成员都是个性内向的人，决策时大家沉着冷静，反复议论，但优柔寡断，可能贻误时机。因此，领导班子成员以各种类型个性的人组成为宜。

情景微案例

个性与管理

扫描此码 案例学习

本章小结

人的个性作为行为的内在基础对管理行为具有很大的影响。本章在介绍个性内涵与特点、个性形成与发展、个性测量有效性的基础上，分析了相关的个性理论，对直接影响管理行为的个性特征进行了重点探讨，并提出了对个性的正确认识和相应的有效的管理措施。

本章思考题

1. 什么是个性？个性具有哪些特点？
2. 如何理解个性与行为的关系？

3. 个性特征分析理论都包括哪些理论？各自有什么特点？

4. 个性对管理行为有什么影响？如何管理个性？

本章练习3-1　　　　　　**兰德心理测试**

兰德心理测试问卷

本测试是由中国现代心理研究所以著名的美国兰德公司（战略研究所）拟制的一套经典心理测试题为蓝本，根据中国人心理特点加以适当改造后形成的心理测试题。

注意：每题只能选择一个答案，应为你第一印象的答案，把相应答案的分值加在一起即为你的得分。

1. 你更喜欢吃那种水果？

A. 草莓 2 分　　　　　B. 苹果 3 分　　　　　C. 西瓜 5 分

D. 菠萝 10 分　　　　　E. 橘子 15 分

2. 你平时休闲经常去的地方

A. 郊外 2 分　　　　　B. 电影院 3 分　　　　　C. 公园 5 分

D. 商场 10 分　　　　　E. 酒吧 15 分　　　　　F. 练歌房 20 分

3. 你认为容易吸引你的人是？

A. 有才气的人 2 分　　B. 依赖你的人 3 分　　C. 优雅的人 5 分

D. 善良的人 10 分　　　　　　　　　　　　　E. 性情豪放的人 15 分

4. 如果你可以成为一种动物，你希望自己是哪种？

A. 猫 2 分　　　　　B. 马 3 分　　　　　C. 大象 5 分

D. 猴子 10 分　　　　　E. 狗 15 分　　　　　F. 狮子 20 分

5. 天气很热，你更愿意选择什么方式解暑？

A. 游泳 5 分　　　　　B. 喝冷饮 10 分　　　　　C. 开空调 15 分

6. 如果必须与一个你讨厌的动物或昆虫在一起生活，你能容忍哪一个？

A. 蛇 2 分　　　　　B. 猪 5 分　　　　　C. 老鼠 10 分　　　　　D. 苍蝇 15 分

7. 你喜欢看哪类电影、电视剧？

A. 悬疑推理类 2 分　　B. 童话神话类 3 分　　C. 自然科学类 5 分

D. 伦理道德类 10 分　　E. 战争枪战类 15 分

8. 以下哪个是你身边必带的物品？

A. 打火机 2 分   B. 口红 2 分   C. 记事本 3 分

D. 纸巾 5 分   E. 手机 10 分

9. 你出行时喜欢坐什么交通工具？

A. 火车 2 分   B. 自行车 3 分   C. 汽车 5 分

D. 飞机 10 分   E. 步行 15 分

10. 以下颜色你更喜欢哪种？

A. 紫 2 分   B. 黑 3 分   C. 蓝 5 分

D. 白 8 分   E. 黄 12 分   F. 红 15 分

11. 下列运动中挑选一个你最喜欢的（不一定擅长）？

A. 瑜伽 2 分   B. 自行车 3 分   C. 乒乓球 5 分

D. 拳击 8 分   E. 足球 10 分   F. 蹦极 15 分

12. 如果你拥有一座别墅，你认为它应当建立在哪里？

A. 湖边 2 分   B. 草原 3 分   C. 海边 5 分

D. 森林 10 分   E. 城中区 15 分

13. 你更喜欢以下哪种天气现象？

A. 雪 2 分   B. 风 3 分   C. 雨 5 分

D. 雾 10 分   E. 雷电 15 分

14. 你希望自己的窗口在一座 30 层大楼的第几层？

A. 七层 2 分   B. 一层 3 分   C. 二十三层 5 分

D. 十八层 10 分   E. 三十层 15 分

15. 你认为自己更喜欢在以下哪一个城市中生活？

A. 丽江 1 分   B. 拉萨 3 分   C. 昆明 5 分

D. 西安 8 分   E. 杭州 10 分   F. 北京 15 分

计分标准与测试结果分析：

180 分以上：意志力强，头脑冷静，有较强的领导欲，事业心强，不达目的不罢休。外表和善，内心自傲，对有利于自己的人际关系比较看重，有时显得性格急躁，咄咄逼人，得理不饶人；不利于自己时顽强抗争，不轻易认输。思维理性，对爱情和婚姻的看法很现实，对金钱的欲望一般。

140～179分：聪明，性格活泼，人缘好，善于交朋友，心机较深。事业心强，渴望成功。思维较理性，崇尚爱情，但当爱情与婚姻发生冲突时会选择有利于自己的婚姻。金钱欲望强烈。

100～139分：爱幻想，思维较感性，以是否与自己投缘为标准来选择朋友。性格显得较孤傲，有时较急躁，有时优柔寡断。事业心较强，喜欢有创造性的工作，不喜欢按常规办事。性格倔强，言语犀利，不善于妥协。崇尚浪漫的爱情，但想法往往不切合实际。金钱欲望一般。

70～99分：好奇心强，喜欢冒险，人缘较好。事业心一般，对待工作，随遇而安，善于妥协。善于发现有趣的事情，但耐心较差。敢于冒险，但有时较胆小。渴望浪漫的爱情，但对婚姻的要求比较现实。不善理财。

40～69分：性情温良，重友谊，性格踏实稳重，但有时也比较狡黠。事业心一般，对本职工作能认真对待，但对自己专业以外事物没有太大兴趣，喜欢有规律的工作和生活，不喜欢冒险，家庭观念强，比较善于理财。

40分以下：散漫，爱玩，富于幻想。聪明机灵，待人热情，爱交朋友，但对朋友没有严格的选择标准。事业心较差，更善于享受生活，意志力和耐心都较差，我行我素。有较好的异性缘，但对爱情不够坚持认真，容易妥协。没有财产观念。

本章练习3-2

个 性 测 试

个性测试调查问卷

一、请在下面各条所列的两种备选答案中，圈出与你平常的想法或做法最接近的一种。

1. 下面两者，你更关心的是：

A. 人的感情 　　　　　　　　　　B. 人的权利

2. 在不得不跟陌生人打交道时，你觉得：

A. 很别扭，很为难 　　　　　　　B. 挺愉快，至少较轻松容易

3. 能跟你相处得来的人，大多是：

A. 爱幻想的人 　　　　　　　　　B. 讲求现实的人

4. 你天生就：

A. 比较安静，沉默寡言 　　　　　B. 特爱交际，见面就熟

5. 下面两种说法，哪种让你听了高兴点：

A. 你可真是个感情真挚的人

B. 你这人真算是一贯很理智的

6. 据你自己判断，你这人比一般人要：

A. 更热情奔放些 　　　　　　　　B. 更冷静点，不容易冲动

7. 与别人共事，你更愿意：

A. 随大溜，照大伙乐意的方式办

B. 自己独出心裁，另搞一套新方法

8. 下面两种情况,那种更令你恼火:

A. 听人发表一通想入非非的理论

B. 碰上一个讨厌理论的人

9. 下面两种对你的评价,你更喜欢:

A. 你是个有见地的人　　　　　　　B. 你是个有常识的人

10. 你经常:

A. 让你的心情来驾驭你的头脑

B. 让你的头脑来支配你的心情

11. 你能够:

A. 跟任何人轻松交谈,要多久都行

B. 只跟某些人或只在某些情况下,才有很多话可说

12. 你认为下面两种情况,哪种更不应该:

A. 热情过度,简直有些好管闲事

B. 冷若冰霜,任何事都不闻不问

13. 若你是个教师,你更愿意教:

A. 理论性较强的课程　　　　　　　B. 实践性较强的课程

14. 你的朋友肯跟你谈有趣的事,总是在:

A. 刚跟你认识不久　　　　　　　　B. 他们真正了解你之后

15. 在一个集体中,你更常做的是:

A. 介绍别人　　　　　　　　　　　B. 让别人介绍你

二、请在下面各条所列的两个备选词组中,圈出你较喜欢的那一个。

16. A. 怜悯;　　　　　　　　　　　B. 远见。

17. A. 公正;　　　　　　　　　　　B. 仁慈。

18. A. 生产;　　　　　　　　　　　B. 设计。

19. A. 温和;　　　　　　　　　　　B. 坚定。

20. A. 不加批判;　　　　　　　　　B. 带批判性。

21. A. 娴静;　　　　　　　　　　　B. 活泼。

22. A. 朴实无华;　　　　　　　　　B. 修饰爱美。

23. A. 富于想象;　　　　　　　　　B. 讲求实际。

计分表

请把你所做的每条反应都算作一分,记入下表六栏项目中相应空白内。(例:若你在第16条中选择了 A,则在下表中的"16A"之后填上一个"1"。)全部填完后,逐栏纵向相加,算出各栏累计分数。根据这些小计值,按表后说明,判断你的个性类型。

感情倾向		收集信息特征		评价信息特征	
外倾	内倾	感觉	直觉	思维	感情
2B___	2A___	3B___	3A___	1B___	1A___
4B___	4A___	7A___	7B___	5B___	5A___
6A___	6B___	8A___	8B___	10B___	10A___
11A___	11B___	9B___	9A___	12A___	12B___
14A___	14B___	13B___	13A___	16B___	16A___
15A___	15B___	18A___	18B___	17A___	17B___
21B___	21A___	22A___	22B___	19B___	19A___
		23B___	23A___	20B___	20A___
小计					

计分归类规则：

一、感情倾向性：

1. 若"内倾"小计值大于"外倾"值，属"内倾型"；

2. 若"外倾"小计值等于或大于"内倾"值，属"外倾型"。

诊断结果：_____型

二、收集信息的特征：

1. 若"直觉"小计值等于或大于"感觉"值，属"直觉型"；

2. 若"感觉"小计值大于"直觉"值，属"感觉型"。

诊断结果：_____型

三、评价信息的特征：

1. 若"感情"小计值大于"思维"值，属"感情型"；

2. 若"思维"小计值大于"感情"值，属"思维型"；

3. 若"思维"小计值等于"感情"小计值，则男性属"感情型"，女性属"思维型"。

诊断结果：_____型

教学案例　　　　　　　**请假引起的风波**①

陈君是深圳掌悦网络科技有限公司的 CEO，2012 年从国内某互联网巨头企业辞职后，开始了其在网络游戏领域的自主创业历程。近年来，公司发展迅速，各项经营活动走上正轨，员工规模也达到了 100 多名。

"五一"小长假刚过，陈君遇到了一件烦心事，市场部经理王霞和其直接下属（媒体主管）李静吵得不可开交，已经到了"有你没我，一山不容二虎"的地步，严重影响了公司市场部的运作，甚至还波及了负责市场业务的公司副总经理刘涛。而至少在 1 月前，王霞和李静两

---

①　案例来源：中国管理案例共享中心案例库，原作者：深圳大学管理学院的蒋建武老师、MBA 学员陈钇君。

人在生活上虽无太多交集，工作上却还是能彼此尊重相互支持。而这一切，仅缘于4月底的那一次未被批准的请假。

1. 风波初现

事件追溯到2016年4月29日上午，"五一"小长假即将到来，员工们认真工作之余都在默默盘算难得的三天假期该怎么度过。半年前刚升级为妈妈的媒介主管李静提前完成手头工作，考虑到家中仅有6个月大的幼女，便想向顶头上司市场部经理王霞请假，提前半天回家。李静办事稳重，工作能力较强，平时和王霞处得也非常好。但是由于李静性格内向，不好意思直接请假，便发微信给王霞说明了缘由，提出了自己想提前休假的请求。

微信发出去好一会儿，还是没有得到王霞的答复。眼看着临近中午，李静无奈之下找到了王霞的直接上级，公司副总刘涛。

"刘总，实在不好意思，家中有些急事需要提前离开，还恳请副总批准半天假期。"王霞低声说道。

考虑到李静已完成手头工作，且在公司一贯表现优秀，刘涛没有多想就直接同意了。于是，李静向下属交代完后续的工作安排放心地下班回家了。

不用上班的日子总是那么惬意。转眼到了5月3日，经理王霞结束了悠闲的假期，回到公司准备开始工作。谁知前脚刚踏进办公室，后脚就有员工赶过来报告。员工一脸焦急："经理，出问题了！我们原计划趁着"五一"假期的机会做游戏推广，可是临放假前的下午出现了突发状况，导致最终的营销工作并没有取得预期效果，现在可怎么办呀？"

王霞听到这个消息颇为奇怪，这类工作一向是她的得力下属李静去负责，从来没有出现过差错，怎么会在这样的重要时刻出问题呢？

王霞问道："怎么会出现这种事呢？李静是怎么处理的，让她过来找我。"

员工似乎发现了王霞并不知道李静请假提前离开的事情，吞吞吐吐道："那个，经理，主管当时有事提前离开了。"

王霞有些不满，轻拍桌子，"快去让李静过来给我解释清楚究竟怎么回事"，员工应声出去了。

很快，李静进来了。"经理，请问你找我什么事？"

王霞颇为严肃地看着她，"你还好意思问我怎么回事，游戏推广出问题了你难道不知道，还有没有经过我的允许怎么可以私自离开！"

李静一向性格内向，并不擅长与人争论，更何况还是自己的顶头上司，于是为难地解释："经理不好意思，当时确实是家里有急事，我有发微信跟您请假，只是一直等不到您的回复，就去请副总批了我的假。"

听到李静这样说，王霞大为恼火："因为你的个人原因导致工作出现疏漏你还有理了吗，跳过我越级请假你还好意思跟我说，把我的脸往哪里摆，给我出去反省，我现在不想看到你！"

听闻此话，李静低声道歉并退出去了。

2. 愈演愈烈

事情并没有因为李静的道歉就此结束。接下来的几天王霞对李静百般刁难，再不复之前两人和睦相处的情景。王霞丝毫没有考虑到李静家中还有苦苦等待妈妈回家的小宝宝，每天都让李静加班到很晚，对李静的工作成果也是百般挑剔。几天下来，一向内向的李静还是和王霞发生了正面冲突！

周围的员工很快也发现了两人之间的矛盾，私底下也忍不住议论纷纷。但是大家都不约而同地替李静抱不平，同事们认为，公司游戏推广任务第一责任人是王霞，现在出了差错却把责任全部推到李静身上。另外，王霞是公司一位董事直接招聘进来的，面试时的"女强人"形象和雷厉风行的第一印象，入职初期颇受青睐。然而，王霞在公司工作两年下来，才发现其工作能力一般，相反为人却比较刻薄挑剔。很多原本是自己的任务都分派给李静完成，李静性格比较柔和也不爱计较，这也是之前两人愉快相处的原因。现在李静出现了失误，王霞就翻脸不认人，丝毫不顾及往日的情分。公司上下都对王霞颇有微词，但碍于她是公司某位董事一手招聘入职，大家也就怒而不言。

王霞和李静的矛盾愈演愈烈，王霞的直属上级副总经理刘涛也知道了。刘涛叫王霞过去谈话："我听说了你和李静之间的矛盾，两个人之前一直都好好的。这次不就是没和你请假，至于闹成这样吗？再说游戏推广不利的后果后来也弥补了，我看这件事就过去吧。"

可是王霞并没有顺势而下，反而得理不饶人："刘总，这件事虽小，可是李静没有经过我批准就私自离开了，而且还影响了工作。要是轻易原谅她岂不是助长了这种风气？"说罢就气冲冲地离开了，留下刘涛一脸无奈。

到了5月9日，王霞仍然没有息事宁人的意思，还是不断刁难李静，两人冲突也是积重难返，使市场部的正常工作都受到影响。无奈之下，刘涛请求公司CEO陈君出面调解："您看现在王霞和李静闹成这样，我私底下试着协调过可是没有成功，只能请您出马了。"陈君想了想答应了，随即刘涛将陈君领到会议室，进门时陈君发现王霞和李静都已坐在会议室里。于是，四方协调会开始了。

会上王霞急不可耐地将事件又复述了一遍，话里话外都在暗示是李静的责任。陈君对王霞的性格也有一定的了解，便转向李静问："你还有什么要补充的吗？"

李静看了一眼王霞，回答道："这件事确实是我有错在先，但是我已经向经理道歉很多次了，之后的工作也全都尽全力完成，经理一直这样针对我未免有些过了。"

李静工作能力很强，也是公司的骨干员工。为了安抚李静的情绪，陈君说道："这件事你们两个人都有问题，不过本身也不是什么特别大的事情，不如化干戈为玉帛。"

谁知王霞听到了这句话像夹着翅膀的公鸡，涨红着脖子道："我不愿意和这样一个下属共事！"

陈君皱着眉头看着王霞："李静确实是很有能力的员工，如果要让她走，你们部门剩下的工作怎么办？"

王霞仰着脖子说："我可以再重新培养一个下属，哪怕我自己加班承担她的工作也可以。"

陈君转而问李静的意见，李静说："我以后会做好自己分内的工作。"言下之意却是不会主动和王霞调解关系。

陈君看着眼前势不两立的员工，沉思一会儿。"好了，情况我了解了，之后会做出相应的安排，散会。"说罢，便离开了会议室，可是对于如何解决这个困局，却仍然没有主意。

3. 一波未平一波又起

与此同时，公司的运营部门也并不太平。运营部前两个月空降了一个部门经理，该经理带领了三位他的员工一起加盟。新的经理确实很有本事，才到公司不长时间，运营部的绩效就有了明显的改善。这本来是件好事，可是运营部原本的老员工开始不平衡了，觉得新来的经理厚此薄彼，对他带来的团队成员多加照顾，论功行赏时也优先考虑他带来的团队成员。因此这些老员工时不时就派代表向陈君表达不满，甚至公然和新来的经理起冲突。

这件事也让陈君颇为困扰，从她的角度看，运营部的新经理并没有很明显的偏心行为，相反，新经理行事比较公正，也有很强的工作能力，确实给公司带来不小收益。可是这上下级之间的关系要是处理不好，再演变成王霞和李静之间水火不容的局面，就真的很让人头疼了。

4. 陈君的决策

这两天陈君一直在烦恼如何解决王霞和李静之间的问题，两人矛盾至此，必须做出人事决策了，甚至王霞私底下还在不停地请求陈君和刘涛开除李静。是同时开除两人，还是走谁留谁？或者跨部门调岗？陈君拿不定主意。客观地讲，李静的工作能力强，性格沉稳，也许可以先暂时调到别的部门工作，避免和王霞的直接冲突。如何安排王霞呢？对于王霞这样能力不突出、人品欠缺的人，陈君是坚决要求开除的。公司这几天已经在暗地里招聘新的市场部经理来代替王霞的位置，但整个行业相应的优秀从业者甚少，一时没有合适的人选。在这两天面试的求职者中，其要求的待遇也超出了王霞现有待遇一大截。另外，陈君的另一个顾虑是，如果只是简单地开除王霞，又担心会助长下级挑衅上级的风气，使目前还没有太大问题的运营部门再起冲突。如何有效处理两人矛盾并最大限度地减少相关的负面影响，陈君还在考虑中！

思考题：

（1）在这次请假风波中，你如何认识李静、王霞的个性特征？

（2）如果你是公司 CEO 陈君，你将如何处理现在这个局面？为什么？

第四章

激励理论及行为

本章学习目标

通过本章的学习，你应该能够：

● 理解激励的内涵，重视激励在管理工作中的价值；

● 通过了解需要、动机与行为的关系，深刻理解需要是激励的内在驱动力；

● 掌握马斯洛需要层次理论、双因素理论的要点，会在管理实践中加以应用；

● 理解公平感对管理工作的影响，掌握亚当斯理论对于实际管理工作的价值。

引导案例   小白为什么要跳槽？①

　　白秦铭在大学时代成绩不算突出，老师和同学都不认为他是很有自信和抱负的学生。他的专业是日语，不知怎的毕业后被一家以化妆品制造和销售为主业的中日合资公司招为销售员了。小白对这岗位挺满意，不仅工资高，而且尤其令他喜欢的是这家公司给销售业务员发的是固定工资，而不是根据销售业绩提成的佣金制。他担心自己没受过这方面的训练，比不过别人，若拿佣金，比别人少了多丢脸。

　　这家公司在销售系统内实行的工资政策是根据销售定额所确定的固定工资。也就是说，每个销售员进入公司之初都会根据其销售经验、以往业绩等个人情况确定一个年度销售定额，每个月不管销售员是否完成平均到月的销售定额，都会按照最初设定的固定工资来支付其月度工资。然后到年底会评估销售员的销售业绩，如果达成或者超过了年度销售定额，将适当提升其下一个年度的定额指标，同时也会相应地提高其固定工资。如果没有达到定额，则继续按照原销售定额来下达任务，同时享受原来的固定工资标准。

　　刚上岗位的头两年，小白虽然兢兢业业，但销售成绩只属一般。随着对业务的逐渐熟练，又跟那些零售客户们搞熟了，他的销售额渐渐上升了，工资也随着销售定额的提升而有所增长。到第三年年底，他觉得自己可算是全公司几十名销售员中前几名之列了。下一年，根据跟同事们的接触，他估计自己当属销售员中的冠军了。不过这公司的政策是不公布每人的销售额，也不鼓励互相比较，所以他还不能很有把握说自己一定是坐上了第一把交椅。

---

　　① 案例来源：本案例由大连理工大学余凯成教授编写，授权中国管理案例共享中心使用。

去年，小白干得特别出色。尽管定额比前年提高了 15%，但是到了 9 月初他就完成了销售定额。虽然他对同事们不露声色，不过他冷眼旁观，没发现什么迹象说明他们中有谁已接近完成自己的定额。此外，10 月中旬时，日方销售经理召他去汇报工作。听完他用日语做的汇报后，那日本上司对他格外客气，祝贺他已取得的成绩。在他要走时，那经理对他说："咱公司要再有几个像你一样棒的推销明星就好了。"小白微微一笑，没说什么，不过他心中思忖，这不意味着承认他在销售员队伍中出类拔萃，独占鳌头嘛。

今年，公司又把他的定额再提高了 15%。尽管一开始不如去年顺手，他仍是一马当先，比预计干得要好。他根据经验估计，10 月中旬前他准能完成自己的定额。不过他觉得自己心情不舒畅。最令他烦恼的事，也许莫过于公司不告诉大家各自干得好坏，没个反应。他听说本市另两家也是中外合资的化妆品公司都搞销售竞赛和嘉奖活动，其中一家是总经理亲自请最佳销售员到大酒店吃一顿饭；而且人家还有内部发行的公司通信之类小报，让人人知道每人销售情况，还表扬每季和年度最佳销售员什么的。想到自己公司这套做法，他就特别恼火。其实，在开头他干得不怎么样时，他并不太关心和在乎排名第几的问题，如今可觉得这对他越来越重要了。不仅如此，他开始觉得公司对销售员实行固定工资制是不公平的，一家合资企业怎么也搞大锅饭了？应该按劳付酬嘛。

上星期，他主动去找了那位日方销售经理，谈了他的想法，建议改行佣金制，至少实行按成绩给奖金制。不料那日本上司说这是既定政策，而拒绝了他的建议；并说母公司一贯就是如此，这正是本公司的文化特色。昨天，令公司经理吃惊的是，小白辞职而去，听说他给挖到另一家竞争对手那儿去了。

在前后六年的时间里，小白对同一家公司的同样政策却产生了截然不同的看法，并最终离开了帮助他成长起来的公司。是什么原因造成这样的结果呢？固定工资和佣金制到底哪一种工资制度能更好地激励员工？作为管理者，我们应该如何看待激励？

这些问题的思考和回答需要我们从激励的概念和相关工作激励理论入手，才能获得有价值的结论。

第一节 激励概述

一、激励的概念及价值

（一）激励的内涵

按中文词义来说，激励就是激发鼓励的意思，激发人的工作动机，鼓励人的工作干劲。我们可以通俗地说，激励就是通过精神或物质的某些刺激，促使人有一股内在的工作动机和工作干劲，朝着所期望的目标前进的心理活动，也就是调动人的积极性。

但是，更多的行为学者对激励的概念进行了更严谨、更学术性的描述，给出了如下定义：

阿特金森（J. W. Atkinson）1964 年指出：激励就是"此时此刻对行动的方向、强度与持续性的（直接）影响"。

琼斯（M. R. Jones）1955 年写道：激励涉及"行为是怎样发端，怎样被赋予活力而激发，怎样延续，怎样导向，怎样终止；以及在所有一切进行过程中，行为主体呈现何种主观反应"。

坎波尔和普利特查德在 1976 年这样来解释激励这一复杂概念："激励必须研究一组自变量与因变量间的关系，这种关系在（人的）智力、技能和对任务的理解以及环境中的各种制约条件都恒等的条件下，能说明一个人行为的方向、幅度与持续性。"

弗鲁姆（V. Vroom）则在 1964 年给激励的实质作了这样的说明：激励是个过程，这个过程主宰着人们……在多种自愿活动的备选形式中所作出的抉择。

这些定义似乎各执一词，深奥、费解，其实至少前三条定义都包含有三个相同的要素，这三个要素就是：

（1）人的行为是由什么激发并赋予活力的；

（2）是什么因素把人们已被激活的行为引导到一定方向上去的；

（3）这些行为如何能保持与延续。

激发、导向与保持这三个要素是激励的主要组成部分。但上述四条激励定义中的第一与第三条还有一个共同的成分，即行为的强度（也就是幅度）：行为将以何种强度进行下去。

弗鲁姆的定义虽有所不同（他认为激励涉及一个抉择过程），但其实与另三条定义也有一定相通之处。因为这定义所说的抉择有三层含义：首先，抉择是在若干不同备选目标之间作出选择，这其实就是定方向；其次，决定了方向之后的下一层抉择，就是该花多大努力去实现所选定的目标，这就是强度；最后，则是在选定方向上选定的强度应坚持多久，这就是确定持续时间。

这样，据此定义，激励代表了行为的方向、强度与持续期这三种因素的关系；这种关系可以用下列的函数来表达：

$$M=f（Ef \cdot Ap \cdot Ps）$$

式中三个自变量分别代表行为方向、强度与持续期。

（二）激励的重要价值

对于工作有无激励措施，其效果是完全不一样的。心理学家奥格登（Orgdon）于 1963 年曾以"警觉性试验"来说明这个问题。该试验是在选定人数相等的四个组中间进行，方法是调节某一选定光源的发光强度，记录试验者辨别光照强度变化的感觉，从而测定其警觉性。四个组给予如下条件：

A 组为控制组，不施加任何激励，只是一般性地告诉他们试验的要求和方法；

B 组为奖惩组，对警觉正确和错误给予奖励和惩罚，每看对一次，奖励壹角，看错一次罚壹角；

C 组为个人竞赛组，指出他们这个组的每个成员都是经过精心挑选出来的，被认为具有较强觉察能力，现在要试验哪一位的觉察力最强；

D 组为集体竞赛组，告诉他们这个组要与另外三个组比赛，看哪个组成绩最好。

最后，各组试验结果（平均误差次数）如表 4-1 所示。

表 4-1　警觉性试验的结果

组别	施加的条件	误差次数	名次
A	不施加任何措施	24	4
B	奖惩	11	2
C	个人竞赛	8	1
D	集体竞赛	14	3

试验表明，个人竞赛组和奖惩组成绩最好，没有激励措施的控制组成绩最差。这说明有无激励，用哪种方式进行激励对人们的行为表现影响非常明显。

哈佛大学的威廉·詹姆斯教授在一次员工激励的调查研究中也发现，按时计酬的员工只要发挥 20%～30% 的能力，就可保牢饭碗。如果给予充分激励，詹姆斯认为他们的能力可发挥至 80%～90%。问题是如何有效运用激励理论和手段，真正挖掘出人们的内在潜力，这是管理中最关键也是最困难的课题，值得我们深入研究和探讨。

因此，激励是激发动机、鼓励干劲，从而调动人们内在的潜力去实现组织目标。概括起来，激励有如下重要作用：

（1）通过激励可以把有能力又是组织需要的人才吸引进来，长期为组织工作，使组织人才济济，事业兴旺；

（2）通过激励可以使员工最充分地发挥其技术和才能，充分挖掘员工内在潜力，提高企业的竞争力；

（3）通过激励可以使积极的员工更加积极，使中间的员工或消极的员工转变为积极，使每个员工都愿为组织多做贡献，从而提高员工凝聚力，保持工作的有效性和高效率。

（三）激励与绩效的关系

管理的目的在于充分利用所拥有的资源，使组织高效能地运转，提高组织绩效，实现组织的既定目标，而组织的绩效是必须以其成员的个人绩效为基础的。

个人的绩效取决于多种因素，在组织行为学中用"绩效函数"来表示：

$$P = f(M \cdot Ab \cdot E)$$

式中函数中各个变量的含义是：

P（performance）——个人工作绩效；

M（motivation）——工作积极性（激励水平）；

Ab（ability）——工作能力；

E（environment）——工作条件（环境）。

"绩效函数"抓住了决定个人绩效的三个关键因素：①没有工作积极性，自然干不好活；②仅有热情而无能力，也做不出绩效；③"巧妇难为无米之炊"，必要的工作条件是取得绩效的基础。"绩效函数"中的积极性、能力与条件三类自变量都很重要，提高和保证它们同是管理者的责任；但其中积极性的提高与保持，更重要，也更复杂。因为工作能力可以通过锻炼和培训而提高；工作条件可以通过安排和支持来保证；而工作积极性却受制于个人的动机、需要以及组织的政策、制度等诸多因素。所以，调动人的工作积极性需要管理者付出更多的努力，学习更多的激励知识，掌握更多的激励方法。

在现代企业管理中，激励是一项重要的管理职能；激励能力成为对管理者进行考核的极重要的维度。有关激励理论和实践的研究也成为企业界和管理学术界关注的一个焦点。

情景微案例

牛肉面的故事
扫描此码　　案例学习

二、需要、动机与激励

（一）需要的概念

从组织行为学的角度来看，需要的本质是一种心理状态，是个体在某种有用而重要或必不可少的事物匮缺、丧失或被剥夺时内心的一种主观感受。像一切思想上、意识上的因素一样，需要总是客观要求的反映，是有其物质性和生理性基础的。

每种需要又都包含有两种成分：一种是定性的、方向性的成分，反映了需要对特定目标的指向性，这目标又可称为诱激物，是指能使该需要获得满足的外在事物或条件；另一种则是定量的、活力性的成分，代表了指向该目标的意愿的强烈程度。除了极少数需要是先天性、本能性的无意识的固有倾向外，大多数需要（尤其是在工作组织背景下的需要）都是后天性的，是外界环境诱发的，是从实践中学习、领悟来的。因此，需要虽然是客观上存在的某种要求的反映，但并非完全消极被动，而是人与客观环境间积极相互作用和交往过程的产物。

（二）需要与动机的关系

需要与动机两者间虽密不可分，却并非一体，仍存在着微妙界限。需要是内心体验到的某种重要事物的匮缺或不足；动机则是一种信念和期望，一种行动的意图和驱动力，它推动人们为满足一定的需要而采取某种行动，表现出某种行为。

需要是动机的源泉、基础和始发点，动机才是驱动人们去行动的直接动力和原因。对食物的需要会转化为觅食动机，对情谊的需要则会变为交友的动机。所以，需要只有跟某种具体目标相结合，才能转化为动机，并在适当的外部条件下显现为外在的可见行为。从这个意义上说，人是一种需要的动物，永远在不断出现的、未获满足的需要的推动下，去从事新的追求、活动、探索和创造。需要一经满足，便失去作为动机源泉的功能，动机活力既失，行为也就终止了。新行为的产生便需待新的需要的出现。因此我们认为，需要的不满足才是激励的根源。

正是由于需要与动机对于激励如此重要，所以对它们的研究一直是管理学者和管理实践者共同关心的热点。然而，需要与动机的研究却是十分艰巨而复杂的。这是因为：

（1）人的需要与动机是隐藏在人内心中的状态，看不见、摸不着，难以直接测量。

（2）人不是纯理性的，不像物那样只服从于较单纯的理性规律。人是感情性的、能动性的、有其心理活动的，他们的动机是复杂的，行为是多因的。因此同一动机对不同的人或同一人在不同的环境下，可能有不同的行为表现；反之，同一种行为方式也可能源于不同的动机。

（3）动机的行为表现，不仅受本人的个性、气质、经历、兴趣等个性品质的影响，从而带有独特的个人特色；而且还受家庭、单位、社会、国家等众多环境性、文化性因素的影响。

因此，不能指望用简单化、一般化的答案来分析人的行为与动机。但它们虽如此复杂，却不是不可认识的；而且正因如此，对它们的研究才更有挑战性和吸引力。只是我们必须用应变的、分析的观点去做深入的、具体的分析而已。

（三）需要、动机与行为的关系

一般来说，当人产生某种需要而未得到满足时，会产生一种不安和紧张的心理状态。在遇到能够满足需要的目标时，这种紧张的心理状态就转化为动机，推动人们去从事某种活动，向目标前进。当人达到目标时，紧张的心理状态就会消除，需要得到满足。这时，人又会产生新的需要。这是一个不断循环往复的过程，使人不断地向新的目标前进。而且，这个过程也正是激励得以实现的基础。我们可以把这一过程用如图 4-1 的模型表示出来。

图 4-1 需要、动机、行为关系模型

情景微案例

不再辉煌的大学生活

扫描此码 案例学习

第二节 | 内容型激励理论

一、马斯洛需要层次理论

马斯洛（A.H.Maslow）是美国著名的心理学家与行为科学家，是人本主义心理学的创始人。他认为，人都有发挥潜能达到自我实现的需要。1943 年，他在《人类动机论》一文中首次提出了需要层次理论，并于 1954 年在其名著《动机与个性》中作了进一步阐述，得到了许多行为学家和管理实践人士的重视和认可，广泛流传世界各国，在管理实践中产生了重大影响。

（一）基本内容

马斯洛把人类的多种需要划分为五个层次（后又分为七个层次），如图 4-2 所示。各层次需要的基本含义如下。

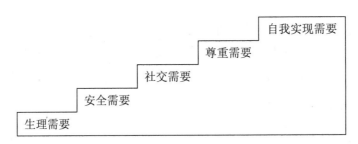

图 4-2　马斯洛需要层次模型

1. 生理需要

这是人类维持自身生存的最基本要求，包括饥、渴、衣、住、性等方面的要求。如果这些需要得不到满足，人类的生存就成了问题。从这个意义上说，生理需要是推动人们行动的最强大的动力。马斯洛认为，只有这些最基本的需要满足到维持生存所必须的程度后，其他的需要才能成为新的激励因素。同时，生理需要不是无止境的，当达到一定程度的满足之后，其对行为的诱发、导向作用就会大大衰减，人们的注意力就会集中到高一层的需要上去。

2. 安全需要

这是人类要求保障自身安全、摆脱失业和丧失财产威胁、避免职业病的侵袭、解除严酷的监督等方面的需要。马斯洛认为，整个有机体是一个追求安全的机制，人的感受器官、效应器官、智能和其他能量主要是寻求安全的工具，甚至可以把科学和人生观都看成满足安全需要的一部分。当然，当这种需要一旦相对满足后，也就不再成为激励因素。

3. 社交需要

这一层次的需要包括两个方面的内容。一是友爱的需要，即人人都需要伙伴之间、同事之间的关系融洽或保持友谊和忠诚；人人都希望得到爱情，希望爱别人，也渴望接受别人的爱。二是归属的需要，即人都有一种归属于一个群体的感情，希望成为群体中的一员，并相互关心和照顾。感情上的需要比生理上的需要来得细致，它和一个人的生理特性、经历、教育、宗教信仰都有关系。

4. 尊重需要

人人都有希望自己有稳定的社会地位，要求个人的能力和成就得到社会的承认。尊重的需要又分为内部尊重和外部尊重。内部尊重是指一个人希望在各种不同情境中有实力、能胜任、充满信心、能独立自主。总之，内部尊重就是人的自尊。外部尊重是指一个人希望有地位、有威信，受到别人的尊重、信赖和高度评价。马斯洛认为，尊重需要得到满足，能使人对自己充满信心，对社会满腔热情，体验到自己活着的意义和价值。

5. 自我实现需要

这是最高层次的需要，它是指实现个人的理想、抱负，最大限度地发挥个人的能力，完成与自己能力相称的一切事情的需要。自我实现需要的本质特征就是最大限度地发挥自己的潜能，使自己越来越成为自己所期望的人物。马斯洛认为，人人都有自我实现的需要，这种最高层次的需要会持久地支配着人的行为及活动。自我实现需要的产生有赖于前四类需要的适度满足。唯有基本需要获得满足的人才会产生人生的最高追求，才可以期望具有最充分、最旺盛的创造力，从而有可能最大限度地实现自己的志向与抱负，使人的价值最终得以完美地实现。

马斯洛后来又在尊重需要与自我实现需要之间加了求知、审美两个需要层次，但是这个观点并未流行。

（二）基本观点

马斯洛通过需要层次理论表达了他对需要的一些个人看法，其中的许多观点都有助于我们很好地理解需要在激励员工中所起的作用。需要层次理论的主要观点可以简要地归纳如下。

（1）五种需要像阶梯一样从低到高，按层次逐级递升。最基本的生理需要和安全需要得到满足后，高层次的需要才能依次出现和满足。但这种次序不是完全固定的，也有种种例外情况。

（2）五种需要可以分为高低两级，其中生理上的需要、安全上的需要和感情上的需要都属于低级的需要，这些需要通过外部条件就可以满足；而尊重的需要和自我实现的需要是高级需要，它们是通过内部因素才满足的，而且一个人对尊重和自我实现的需要是无止境的。

（3）需要的发展遵循"满足/激活律"。一般来说，某一层次的需要相对满足了，就会向高层次发展，追求更高一层次的需要就成为驱使行为的动力。相应地，获得基本满足的需要就不再是一股激励力量。

（4）需要的强弱受"剥夺/主宰律"的影响，即某一需要被剥夺得越多，就越缺乏、越不足，这个需要就越突出、越强烈。也就是说，"物以稀为贵"，越缺少的东西就越想要，越匮乏就越重要。

（5）同一时期，一个人可能同时存在几种需要，但每一时期总有一种需要占支配地位，对行为起主导决定作用。这种占支配地位的需要叫作优势需要或主导需要。人在不同的年龄阶段和不同的条件下，总有某种优势需要占主导地位，如图4-3所示。马斯洛认为，若优势需要长期得不到满足，则会引起人的一系列无理行为或个性缺陷。只有满足人的优势需要，才能形成最大的激励。

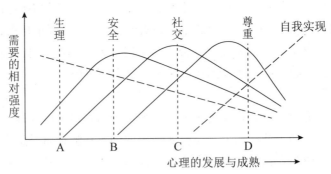

图4-3　不同时期的优势需要

（6）任何一种需要都不会因为更高层次需要的发展而消失。各层次的需要相互依赖和重叠，高层次的需要发展后，低层次的需要仍然存在，只是对行为的影响程度大大减小。

马斯洛和其他的行为科学家都认为，一个国家多数人的需要层次结构同这个国家的经济发展水平、科学技术水平、文化和民众受教育的程度直接相关。在不发达国家，生理需要和安全需要占主导的人数比例较大，而高级需要占主导的人数比例较小；在发达国家，则刚好相反。在同一国家的不同时期，人们的需要层次会随着生产力水平的变化而变化。

关于食品的需要层次

扫描此码　案例学习

（三）贡献与局限

作为一种重要的需要理论，马斯洛的需要层次理论受到了学术界和实践管理者的关注和评价。既承认其在理论和实践指导方面的重大贡献，又指出了其局限性。

1. 重大贡献

贡献之一：马斯洛的需要层次理论第一次从理论上系统地把人的多种需要归纳为五个层次，模式直观、逻辑性强，易于理解。不仅反映了人类的需要产生、发展的规律，而且揭示了需要、激励与行为之间的关系。因而对激励理论和相关管理理论的发展产生了有益的影响。

贡献之二：马斯洛从人的需要出发探索人的激励和研究人的行为，抓住了激励问题的关键。需要层次论强调了人的内在需要是激励的主要诱因，阐明了人在不同层次的需要对动机的激发和影响，对管理者的激励实践有积极的意义。

贡献之三：马斯洛提出了优势需要的概念，指出人在不同的时期和不同的条件下总有某种优势需要占主导和支配地位。这极大地启发了管理者主动把握员工优势需要，有针对性地激励员工，有利于提高管理者激励员工的有效性。

2. 局限性

马斯洛的需要层次理论是离开社会条件、离开人的历史发展以及人的社会实践来考察人的需要及其结构的。其理论基础是存在主义的人本主义学说，即人的本质是超越社会历史的、抽象的"自然人"，由此得出的一些观点就难以适应现实中的具体情况。特别是逐层递升的需要层次模型忽视了人的主观能动作用，忽视了人的需要是个相互交错、相互渗透的有机体。

（四）在管理中的应用

马斯洛的需要层次论对于管理实践具有重要的启发意义，在管理中的应用主要有以下几个方面。

1. 掌握员工的需要层次，满足员工不同层次的需要

管理者在实践中应该根据不同层次的需要，采取相应的组织措施，以引导和控制人的行为，使之与组织的或社会的需要相一致。表 4-2 给出了员工的需要层次及相应的激励因素和组织管理措施之间的对应关系，供管理者参考。

表 4-2 需要层次与组织措施的对应关系

一般激励因素	需要层次	组织管理措施
1. 成长 2. 成就 3. 提升	自我实现	1. 挑战性的工作 2. 创造性 3. 在组织中提升 4. 工作的成就
1. 承认 2. 地位 3. 尊重	尊 重	1. 工作职称 2. 给予奖励 3. 上级 / 同事认可 4. 对工作有信心 5. 赋予责任
1. 志同道合 2. 爱护关心 3. 友谊	社 交	1. 管理的质量 2. 和谐的工作小组 3. 同事的友谊
1. 安全 2. 保障 3. 胜任 4. 稳定	安 全	1. 安全工作条件 2. 外加的福利 3. 普遍增加工资 4. 职业安全
1. 食物 2. 住所	生 理	1. 基本工作报酬 2. 物质待遇 3. 工作条件

2.了解员工的需要差异，满足不同员工的需要

员工不但有着不同层次的需要，而且其职业、年龄、个性、物质条件、社会地位等不同，需要层次的排列及需要特点也各有差异。一项关于中国企业员工的需要调查结果表明：管理干部、科技人员和文化程度较高者，自我实现需要占首位，其次是金钱需要和尊重需要；工人、文化程度较低者，金钱需要占首位，其次是爱的需要和自我实现需要。因此，管理者要注意掌握不同员工的不同需要，针对不同人的不同需要采取不同的激励方法和管理措施。

3.把握员工的优势需要，实施最大限度的激励

在同一时期内，员工可能存在着多种需要，但必定有一个占主导地位的优势需要支配、推动人的行为。而且，随着时间、条件的改变，人的优势需要的内容也在变化。如上述那项调查的结果表明：未成家的青年人，爱的需要占第一位；成家后，金钱的需要上升为首位；45岁以后，爱和自我实现的需要成为最重要的。当员工的收入很高时，其第一位的需要也由金钱转变为自我实现和安全。因此，管理者不但要注意分析不同人的需要差异，还要掌握一定时间内、一定条件下人的优势需要及其变化。只有满足员工的优势需要，才能产生较大的激发力量。

"工作压力大收入低" 副镇长辞职

扫描此码 案例学习

二、赫茨伯格的双因素论

赫茨伯格（F.Herzberg）是美国著名的心理学家、行为科学家，他在1959年出版的专著《工作的激励因素》中提出了"激励因素、保健因素"理论，简称"双因素理论"。

（一）基本内容

20世纪50年代后期，赫茨伯格在美国匹兹堡地区的11个工商业机构中，采用"关键事件法"对200多名工程师和会计师做过一次大规模的调查和访谈。他设计了许多问题，如"什么时候你对工作特别满意""什么时候你对工作特别不满意""原因是什么"等，以此征询工程师和会计师们的意见。然后，按照满意与不满意两个维度对调查资料进行了综合分析，得到如图4-4所示的调查结果。

1.保健因素与激励因素

赫茨伯格从1 844个案例的调查中发现，造成员工不满意的因素往往是由外界的工作环境产生的，主要是公司政策、行政管理、工资报酬、工作条件、与上下级的关系、地位、安全等方面的因素。这些因素即使改善了，也不能使员工变得非常满意，不能充分激发其积极性，

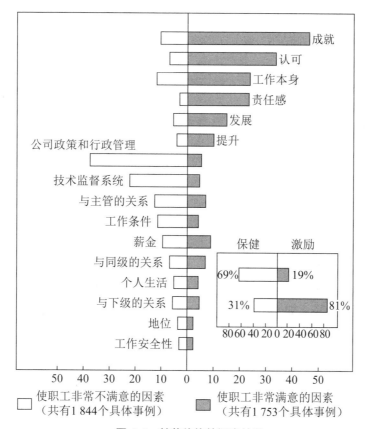

图 4-4　赫茨伯格的调查结果

只能消除员工的不满。赫茨伯格将这类因素称为"保健因素"（hygiene factor），之所以称为保健因素，是因为这些因素的满足对员工产生的效果，类似于卫生保健对身体健康所起的作用。卫生保健不能直接提高健康水平，但有预防疾病的效果。保健因素虽然不能直接起到激励员工的作用，但改善保健因素可以防止或消除员工的不满情绪。

　　赫茨伯格又从 1 753 个案例的调查中发现，使员工感到非常满意的因素主要是工作富有成就感、工作成绩能得到社会认可、工作本身具有挑战性、能发挥自己的聪明才智、工作所赋予的发展机会和责任等。这类因素的改善，或者说这类需要的满足，往往能激发员工的责任感、荣誉感和自信心，增进员工的满意感，有助于充分、有效、持久地调动他们努力工作、积极上进的积极性。所以赫茨伯格把这类因素称为"激励因素"（motivation factor），激励因素是与工作内容紧密联系在一起的因素。

　　2. 满意与不满意

　　传统观点认为，满意与不满意是一个维度的两个端点，满意的对立面是不满意。而赫茨伯格却对此提出了不同的看法，他认为满意与不满意并不共存于单一的连续体，而是截然分开的两个维度。满意的对立面应该是"没有满意"；不满意的对立面应该是"没有不满意"，如图 4-5 所示。也就是说，一个人可能同时既感到满意，又感到不满意。没有满意和没有不满意就是"零状态"。

传统观点：

满意 •————————————• 不满意

赫氏观点：

满意 •————————————⊕• 没有满意

没有不满意 •⊕————————————• 不满意

图 4-5　赫茨伯格的观点

赫茨伯格认为，与工作内容紧密联系在一起的激励因素，如能得到改善，往往能给员工以很大程度的激励，使之产生满意感和持久的积极性。与工作环境或条件相关的保健因素，如处理不当，或者说，对这类需要做不到基本满足，会导致员工的不满，甚至严重挫伤员工的积极性。如果这一类因素处理得当，则能防止员工产生不满情绪而反激励，起到保持人的积极性，维持激励于"零状态"的作用。

3. 内在激励与外在激励

双因素论实际上是说明了对员工的激励，可分为内在激励和外在激励。内在激励，是从工作本身得到的某种满足，如对工作的爱好、兴趣、责任感、成就感等。这种满足能促使员工努力工作，积极进取。外在激励，是指外部的奖酬或在工作以外获得的间接满足，如劳保、工资等。这种满足有一定的局限性，它只能产生少量的激励作用。因为，人除了物质需要以外，还有精神需要，而外在激励或保健因素只能满足人的生理需要，而不能满足人的精神需要，因而只能防止反激励，并不能持久有效地激励人的积极性。

（二）在管理中的应用

赫茨伯格的双因素论，由于调查对象类型单一，缺乏代表性；调查手段只是简单的问答，缺乏信度和可靠性，因而在西方管理界遭致不少非议。但其在现代激励理论中仍占有重要的地位。特别是双因素论所提示的内在激励的规律，为许多管理者更好地激发员工的工作动机提供了新的思路，具有重要的指导和应用价值。它对管理者的启发有如下两个方面。

1. 注重对员工的内在激励

管理者若想持久而高效地激励员工，必须注重工作本身对员工的激励。第一，改进员工的工作内容，进行工作任务再设计，实行工作丰富化，从而使员工能从工作中感到成就、责任和成长；第二，对高层管理者来说，应简政放权，实施目标管理，减少过程控制，扩大基层管理者和员工的自主权和工作范围，并敢于给予基层管理者富有挑战性的工作任务，使他们的聪明才智得到充分发挥；第三，对员工的成就及时给予肯定、表扬，使他们感到自己受到重视和信任。

2. 正确处理保健因素与激励因素的关系

首先，不应忽视保健因素，但又不能过分地注重改善保健因素。双因素论指出，满足员工的保健因素，只能防止反激励，并没有构成激励。赫茨伯格通过研究还发现：保健因素的作用是一条递减曲线。当员工的工资、奖金等报酬达到某种满意程度后，其作用就会下降，过了饱和点，还会适得其反，如图 4-6 所示。

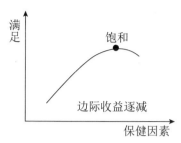

图 4-6 保健因素作用递减曲线

其次，要善于把保健因素转化为激励因素。保健因素和激励因素是可以转化的，不是一成不变的。例如，员工的工资、奖金，如果同其个人的工作绩效挂钩，就会产生激励作用，变为激励因素。如果两者没有联系，奖金发得再多，也构不成激励。一旦减少或停发，还会造成员工的不满。因此，有效的管理者，既要注意保健因素，以消除员工的不满，又要努力使保健因素转变为激励因素。

需要指出的是，双因素理论对我们分析高层管理人员和生产力水平较发达国家或地区企业雇员的需要，具有十分重要的参考价值。然而，在一些发展中国家，如中国，生产力水平还不够发达，社会产品还不够富足，因此，对保健因素和激励因素的划分，就与西方发达国家有所不同。即使是同一具体因素，在不同时期也有可能划归不同类。在西方国家被认为是保健因素的，在中国很可能是很重要的激励因素，如工资等。因此，对中国现阶段企业员工需要的分析要从实际出发。

三、麦克利兰的成就需要论

成就需要理论是哈佛大学的心理学家麦克利兰于20世纪50年代在一系列文章中提出的。麦克利兰把人的高层次需要归纳为权力、情谊和成就需要。他对这三种需要，特别是成就需要作了深入的研究。

（一）三种高层次需要

麦克利兰认为，人在生存需要基本得到满足的前提下，最主要的高层次需要有三种，即权利需要、情谊需要、成就需要。

1. 权力需要

这是一种想直接影响和控制别人的欲望。具有较高权力欲望的人对影响和控制别人表现出很大的兴趣，这种人总是追求领导者的地位。他们常常表现出喜欢争辩、健谈、直率和头脑冷静；善于提出问题和要求，喜欢教训别人，并乐于演讲。

麦克利兰还将组织中管理者的权力区分为两种：一是个人权力，追求个人权力的人表现出来的特征是围绕个人需要行使权力，在工作中需要及时的反馈并倾向于自己亲自操作；二是职位性权力，职位性权力要求管理与组织共同发展，自觉地接受约束，从体验行使权力的过程中得到一种满足。麦氏认为，一个管理者，若把他的权力形式建立在个人需要的基础上，不利于他人来续位。

2. 情谊需要

这是指人们对良好人际关系与真挚深厚情感与友谊的追求。麦克利兰的情谊需要与马斯洛的社交需要基本相同。具有情谊需要的人，通常从友爱、情谊的社交中得到欢乐和满足。他们喜欢与别人保持一种融洽的关系，享受亲密无间和相互谅解的乐趣，随时准备安慰和帮助危难中的伙伴。

麦克利兰指出，注重情谊需要的管理者容易因为讲究交情和义气而违背或不重视管理工作原则，从而会导致组织效率下降。但是如果将情谊需要强烈的人安排在需要众人协作配合的工作岗位上，将会大大提高工作效率。

3. 成就需要

它是一个人追求卓越、争取成功的内驱力。具有成就需要的人，经常考虑个人事业的前途、发展问题；对工作的胜任感和成功有强烈的要求；他们把做好工作取得成就看作人生最大的乐趣。这类人一般不常休息，喜欢长时间、全身心地工作，并从工作的完成中得到很大的满足，即使真正出现失败也不会过分沮丧。一般来说，他们喜欢表现自己。麦克利兰认为，一个人成就需要的高低直接影响着他的进步和发展；一个组织或国家拥有高成就需要人的多少，直接决定着其繁荣和兴旺。

麦克利兰指出，这三种需要不仅可以并存，而且可以同时发挥激励作用。只不过在不同的人身上会有不同的强度组合，从而形成每个人独特的需要结构，影响人的追求与行为。

（二）高成就需要者的特征

麦克利兰对成就需要作了系统的研究，认为具有高度成就需要的人，不仅可以自我激励，而且对组织的发展有重要作用。他认为，自我激励的高成就需要（HACH）者具有以下四个特征。

第一，乐于设置自己的目标，并承担责任。他们总想有所作为，总是精心选择自己所要从事的目标。他们热衷于接受挑战，往往为自己树立有一定难度而又不是高不可攀的目标。他们不喜欢寻求别人的忠告或帮助，但肯请教于能提供他们所需要技术的专家们。高成就需要者愿意尽可能地承担达到他们目标的责任。要是赢了，将要求应得的荣誉；要是输了，也甘受责备。高成就需要者喜欢研究解决问题，而不喜欢把取得成果一事归功于机会或依靠其他人。

第二，采取适中程度的风险措施。人们从常识出发一般会认为具有高度成就需要的人往往会采取高度的冒险措施。麦克利兰的研究证明，高成就需要者敢于冒风险，又能以现实的态度对待冒险。他们绝不会以迷信和侥幸心理对待未来，而是通过认真的分析和估计来决定行动；他们不愿意选择过于容易的任务，也不愿意选择过于困难而无法完成的任务。

第三，要求及时得到工作的反馈信息。高成就需要者希望在工作中得到及时的反馈信息。他们喜欢那些在达到目标的过程中能得到及时和明确反馈信息的职业和工作。例如，有明确规定的产量标准、销售标准或管理标准的工作，而不喜欢绩效没有明确标准，含混不清和拖延时间过长的工作。

第四，从工作的完成中得到很大的满足。具有高度成就需要的人会从工作的完成中得到内在的激励，而并不单纯追求物质报酬。他们把物质报酬看成是他们取得成就的一种反馈形式。如果让他们在一项报酬较高而很容易完成的任务与一项报酬较低而有适中难度的工作之间进行选择，他们往往会选择后者。

（三）基本观点

1. 高成就需要与经济发展

麦克利兰认为，一个企业如果有很多高成就需要者，那么，企业就会发展很快；一个国家如果有很多这样的企业，整个国家的经济发展速度就会高于世界平均水平。他还通过系统分析，发现古希腊、中世纪的西班牙和1400—1800年时期的英国以及当代的一些国家，不论是资本主义国家还是社会主义国家，发达国家还是发展中国家，都是如此。

2. 高成就需要可以通过教育培训获得

麦克利兰指出，一般情况下只有约10%的人口有高成就需要。他认为，高成就需要可以通过教育培训获得。为此他开发出培训成就需要的一些方法，组织了很多训练班，每期训练7～10人。据报道，这种训练在美国、墨西哥和印度都试过，并取得了较好的效果。

3. 高成就需要与环境

在成就需要理论的研究中，存在着一个重要的因果关系问题：即究竟是由于一个组织配备了具有高成就需要的人员才使该组织成为一个有高成就的组织，还是由于把人员安置在具有高度竞争性的岗位或组织中才产生了高成就的行为。麦克利兰认为前者比后者更重要，但许多研究者认为后者更重要。我们也认为，高成就的需要不是与生俱来的，而是在人们的实践活动中培养起来的。因此，组织应为培养具有高成就需要的人创造有利的发展条件。

（四）成就需要的测定

麦克利兰采用主题统觉测试（TAT）的投射技术来测定一个人的成就、情谊和权力需要的强度，并为此专门设计出了一套测定工具。

这套工具由4～6张图片组成，每张图片上分别显示一个或数个人物，但他们的行为（或沉思、或交谈、或工作）及其背景环境，都不能明确肯定这是一（些）个什么人，在什么环境下，正做着什么事，是怎样演变成现今状况的以及下一步将会导致什么。被测者被告知这是为了测试他们的想象力，然后让他们在几秒钟（8～10秒）内匆匆看过一幅图，便让他们以自己所理解的该图片所示情景为主题，在短期（如5～8分钟）内，编写一篇不到200字的短故事。如此逐幅观察、编写至全套做完。然后在专家指导下，被测者自己单独与其他被测者组成的小组一起按给定的程序、规则与要领，参照一些例句，给自己编的故事评分，由此测量出他们每人的成就、情谊与权力三动机的强度及其组合。

该方法所依据的是心理学上的"投射"原理，即人们会把自己内心深处的思想、情感、愿望、需要投射到一个模棱两可的刺激物中去。

（五）理论评价

成就需要理论对于我们把握管理人员的高层次需要具有积极的参考意义。但是，在不同国家、不同文化背景下，成就需要的特征和表现不尽相同，对此，麦克利兰未作充分论述。

由于历史和环境的原因，麦克利兰的研究有一定的局限性。例如，他对人的需要与动机的研究，就是完全从个人角度出发的：企业家们的成就动机是为了追求自己对成就感的享受与体验。这样，就不能看到崇高道德、价值观等对人的激励作用。同时，麦克利兰把一个国家经济发展的驱动力，归结为一批高成就者追求个人成就的需要与动机，完全抹杀了生产力、生产关系等因素的决定作用。

不过，在麦克利兰的成就需要理论中也有许多可取之处。他强调了精神的作用、人才的作用、榜样的作用、价值观灌输的作用与教育培训的作用等，是值得我们借鉴的。他所研究出的具体的分析、诊断、测试、培训等诸方面的技术和方法，也是可以学习应用的。总之，麦克利兰的成就需要论是一种颇具特色的理论。

成就需要理论对于我们把握管理人的高层次需要具有积极地参考意义。对于具有高成就需要的管理者，组织可以分配给它们具有挑战性和一定风险的工作任务，以满足他们的成就需要，激发他们的工作积极性。相反，如果将毫无挑战性的工作分配给他们，则会挫伤他们的积极性。而对于低成就需要的管理者，组织可以分配给他们一些例行的工作任务。应当认识到，高成就需要并不是与生俱来的，而是在人们的实践活动中培养起来的，所以组织应尽量创造有利条件，将他们培养和训练为具有高成就需要的人。

以上介绍了马斯洛的需要层次论、赫茨伯格的双因素论、麦克利兰的成就需要论，尽管这些理论的内容各有不同，但都是围绕着需要来进行研究的，都希望能够说明激励员工的因素是哪些需要。下一节我们将介绍有关激励过程的相关研究。

第三节　过程型激励理论

一、期望理论

期望理论最早是由托尔曼（E.Tolman）和勒温提出的。但是期望理论用于说明工作激励问题是从弗鲁姆开始的。1964年弗鲁姆在其《工作与激励》一书中提出了他的工作激励的期望理论。它是一种通过考察人们的努力行为与其所获得的最终奖酬之间的因果关系，来说明激励过程并以选择合适的行为达到最终的奖酬目标的理论。这种理论认为，当人们有需要，又有达到目标的可能，其积极性才能高。

（一）假设与基本概念

这种理论假设，人都是决策者，他们要在各种可供选择的行动方案中选择最有利的行为。但从另一方面来看，人在智力上和认识备选方案的能力上又是有限的，因此人只能在备选方案的有利性和自己认识能力有限性的范围之内进行选择。工作激励的期望理论正是在这种假设的基础上提出的。

弗鲁姆的期望理论模型是围绕着效价（valence）、工具性（instrumentality）和期望（expectancy）这三个概念建立起来的，因此也被称为 VIE 理论。我们先来分析这三个概念，然后把这三个概念综合起来说明这种理论。图 4-7 是对这三个概念及其关系的说明。

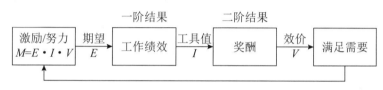

图 4-7 弗鲁姆的期望模型

1. 效价（valence）

效价是指个人对某种结果效用价值的判断，是指某种目标、某种结果对于满足个人需要的价值，或者说，效价是某种结果对个人的吸引力。同一种目标、同一种结果对于不同的人来说，其效用价值各不相同。有人认为该目标、该结果对自己很重要，因此效价为正值；有人认为对自己无意义，效价就为零值；有人认为对自己不利，则效价为负值。只有效价为正值时，才能对人起激励作用，使其为达成该目标、该结果而努力。效价的正值越高，对人的激励作用也会越大。

2. 工具性（instrumentality）

工具性是与效价有关的另一因素。如图 4-7 所示，个人所预期的结果，有两个层次，即一阶结果和二阶结果。二阶结果是个人在某一行动中希望达到的最终结果，一阶结果是指为了达到二阶结果必须达到的最初结果。因此，一阶结果被认为是达到二阶结果的工具或手段。弗鲁姆指出，工具性是这两种结果的主观相关，这就是说，工具性是对一阶结果和二阶结果之间内在联系的主观认识。一般来说，一阶结果是指工作绩效；二阶结果则可能是各种各样的奖励，如加薪、提升、得到同事的好评、得到上级的表扬等。一个人希望得到提升，他认为工作有突出表现是达到这一结果的重要因素，他就会努力工作，希望能以出色的成绩得到提升。这里提升是二阶结果，工作成绩是一阶结果，对工作成绩与得到提升之间关系的认识就是工具性。

3. 期望（expectancy）

期望是指个体对自己通过努力达到某种结果的可能性大小的主观估计。期望与工具性的区别在于，期望是对努力与一阶结果之间关系的估计，而工具性是对一阶结果与二阶结果之间关系的认识。

期望是一种主观概率，它的数值是在 0～1 之间。主观的 0 概率是指个人绝对肯定某种行动将不会得到结果，主观的 1 概率则肯定这一行动一定会得到结果，而其他的概率水平则介于两者之间。概率越接近 1，则对人的激励水平也越高。

把上述的三个因素加以简化就会得到图 4-7 左侧第一个方框内的公式：$M = E \cdot I \cdot V$。这就是说，如果一个人认为某种目标或某种结果对他有重要的价值，而且他估计通过自己的努力有很大把握达到这个目标，他的积极性就会受到激发，使他努力去实现这个目标。如果尽管效价很高，但个人估计达到目标的概率很低；或者尽管个人估计有很高的达标概率，但个人认为该目标对自己并无意义，在这两种情况下均不能激起他的工作积极性。

（二）对管理者的启发

弗鲁姆认为，根据期望模型，要有效地激发员工的工作动机，调动员工的积极性，需要正确处理好以下三种关系。

第一，努力与绩效的关系。人总希望通过努力达到预想的结果。如果他认为通过努力自己有能力达到目标，即个人主观上认为达到目标的期望概率很高，就会有信心、有决心，就会激发出强大的力量。如果他认为目标高不可攀、可望而不可即，或者是目标太低、垂手而得，就会鼓不起干劲，失去内部的动力。

因此，管理者应该与下级一起设置切实可行的目标，激发下级的工作积极性；同时，管理者可以通过指导、培训等方法提高下级的工作能力，从而提高下级通过努力实现绩效的期望。

第二，绩效与奖励的关系。人总是期望在达到预期的绩效后能得到适当的合理的奖励。这里所说的奖励是一个广义的概念，它包括奖金、提升、表扬，也包括提高个人威信、得到同事信任、看到自己的工作成效等。如果只要求人们对组织做出贡献，而组织却没有行之有效的物质或精神奖励制度进行强化，时间一长，人们被激发的内部力量会逐渐消退。因此，管理者应该根据员工的工作绩效来制定相应的奖励制度，并且将奖励与组织所重视的行为明确地联系起来。

第三，奖励与满足个人需要的关系。人总希望奖励能满足个人的需要，如生理需要、尊重需要、成长和发展的需要等。由于人与人之间在年龄、性别、资历、社会地位、经济条件等方面存在着差别，反映在需要上也有明显的个体差异。因此对同一种奖励，不同的人体验到的效价不同，它所具有的吸引力也不同。管理者在实践中要根据人的不同需要，采取内容丰富的奖励方式，才能最大限度地挖掘人的潜力，调动人的工作积极性，提高工作效率。

对于期望理论，有不同的评论。一般来说对这一理论是肯定的，但在研究中对它的支持并不具有充分的说服力。对这一理论提出的主要批评是认为人在工作中不可能这样"精打细算"。因为这种理论主张，只有在个人清楚地意识到"个人努力—个人绩效—组织奖励—个人需要"这一系列关系的前提下，才能激发一个人的内部潜力。但在实际工作中，人们做每件事之前，往往无法清楚意识到这一系列关系，更何况组织给予个人的奖励，并非确切地按照个人的工作绩效，而是按资历、学历、技能水平、工作难度等许多因素进行综合评价。因此期望理论在实际应用上受到一定的限制。但另一方面也应看到，期望理论在理论上仍有重要价值，尤其是这一理论为在它之后发展起来的一些综合性激励理论奠定了基础。

情景微案例

揭榜的积极性

扫描此码 案例学习

二、公平理论

在管理实践中，管理者经常会听到下属对某种不公平的抱怨；而且发现这种抱怨会大大影响下属的工作积极性。于是，了解公平理论的内容，从而有效地预防和消除下属的抱怨，更好地激励员工便具有了重要的现实意义。

（一）分配公平感的概念

组织行为学所研究的公平不是泛泛的公平，而是管理意义上的分配公平感。分配公平感指的是人们对组织中资源或奖酬的分配，尤其是涉及自身利益的分配是否公正合理的个人判断和感受。

这里的资源或奖酬是广义的，不仅包括工资、奖金、汽车、房子等物质性资源，而且包括晋职、进修、表扬、信任、委以重任、授予荣誉等非物质性资源。如前所述，组织对资源或奖酬的分配是激励过程的重要环节，组织中的成员必然会对分配的结果进行评判，评判的结果将直接导致成员们工作积极性的高低变化。因此，分配公平感也是一个极其强有力的激励因素，分配公平感的研究对管理实践具有重要的指导意义。

分配公平感是公平理论研究的对象和基础，其具有如下重要特点。

（1）主观性。分配公平感是个人对资源分配是否公平的判断和感受；其评判标准主要取决于当事者的个性、需要、动机、价值观等个人因素，完全是个人主观判断，是因人而异的。

（2）比较性。一个人不仅关心自己收入的绝对值，即自己的实际收入，而且也关心自己收入的相对值，即自己收入与他人收入的比较。每个人都会自觉不自觉地把自己付出的劳动和所得的报酬同他人付出的劳动和所得到的报酬进行横向的社会比较，也会把自己现在付出的劳动和所得的报酬同自己过去付出的劳动和所得的报酬进行纵向的历史比较。这就是分配公平感的比较性。没有比较，就不会有是否公平的感受。

在这种比较中，当发现自己的收支比例与他人的收支比例相等，或者现在的收支比例与过去的收支比例相等时他便认为是应该的、正常的，产生一种公平感，因而心情舒畅，继续努力工作。如果发现自己的收支比例劣于他人，或者现在的收支比例比过去差时，他就会产生不公平感，从而会有满腔怨气，影响继续工作的积极性，这就是公平理论的基本含义。

（二）劳勒的公平感综合模型

美国行为学者劳勒（E. E. Lawler）提出了一个工作公平感的综合模型，初步展示了形成个人分配公平感的人际比较的复杂性。图 4-8 就是这一模型的图解，它列出了人们在工作中所形成的分配公平感的主要构成要素。分配公平感与分配不平感是对应的，因为这里假设公平感与不平感是两个互相补偿的概念，它们是同一维度的两极。

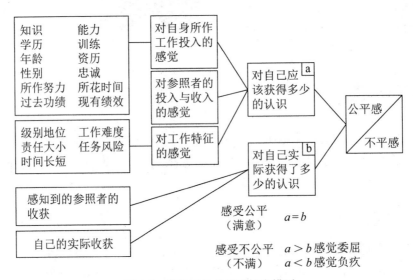

图 4-8　劳勒工作公平感综合模型

这个模型表明，人的公平感（或不平感）的形成，绝不是简单的当事者与参照者所获收益绝对数量的比较，而是涉及多种因素的一个复杂的综合心理过程。按照劳勒模型，人们对自己在工作中所受待遇的公正程度的判断与感觉，取决于当事者觉得他在工作中实际获得的收益（变量 b）与他认为自己在工作中应该或期望获得的收益（变量 a）的差额（即 $b-a$）。当 $b-a=0$，即 $a=b$ 时，当事者感受到了公平对待，形成了公平感（满意）；当 a 与 b 不相等时，他会感受到不公平，形成了不平感（不满）。此时又有两种可能的情况：一种是 $a>b$，即认为应当获得的大于实际所获的，此时他会觉得自己吃了亏，产生委屈感；另一种是 $a<b$，即觉得实际所获大于应当获得的，无功受禄，心有不安，从而产生负疚感。无论是委屈还是负疚，都属于不平感范围。

根据劳勒模型，人们在形成自己主观上对其实际收益的认识与估量时，当然与这收益在客观上的真实数量有关，但也要受到此人对其所选取的参考者所获收益数量多少的认识的左右。同样的一项收益，在无人可参照时，可能心情平静；但若存在着一位与自己相仿的竞争者，其收益明显比自己多，那他的心情可能就不能平静了。这显示出对自己所获多少的感觉所具有的主观性与比较性。

劳勒模型还表明，人们在形成对自己应该获得多少的认识时，要考虑更多的因素。首先是对自己工作投入的感觉，这里的"投入"是指他所作的贡献，亦即他用以换取奖酬的"本钱"。

这当然包括他本人的知识、能力、学历、资历、过去的功劳、现在的绩效等这些个人性因素，但也包括自己的地位级别、承担的责任与风险、任务难度等工作特征性因素。此外，还与当事者对他所选择的参照者所贡献的投入与所获收益的认识有关。例如他若觉得参照者贡献与自己相仿，但所获却多于自己时，当然就会觉得自己理应获得比现在实际所获要多些的收益了。

（三）亚当斯公平理论

劳勒的公平感综合模型虽然找出了影响人们分配公平感的众多因素并对它们作了合理的归纳与分类，却未能发现和表达出各主要变量之间的函数关系。美国学者亚当斯（J.S.Adams）在 1965 年提出的公平理论，以一个简单明了的公式，相当圆满地解决了这个问题。

1. 亚当斯方程及其变量的意义

亚当斯提出了如下这样一个简易的方程，来表达其公平理论的核心思想：

$$\frac{O_{\mathrm{p}}}{I_{\mathrm{p}}} = \frac{O_{\mathrm{r}}}{I_{\mathrm{r}}}$$

式中大写字母 O 和 I，分别表示有关人物所获"结果"（即收益）和他们所付出的工作"投入"（即贡献）这两种变量；小写字母 P 与 r 则是脚注，分别代表"当事者"与"参照者"。

这个公式说明，当人们通过比较来确定自己是否被公平对待时，并不是单纯对比自己的及参照者的收获或投入，而是以双方的收获与投入之比来比较的。也就是说，人的公平感不仅受其所得的绝对报酬的影响，更要受到相对报酬的影响。亚当斯指出，当上式确立时，当事者感受公平，认为分配是公平合理的、令人满意的；当公式中两端不相等时，当事者会产生不平感，对分配有意见，不满意。

我们且将结果与投入的比值（O/I）称为"公平指数"，则亚当斯方程表明：只有在当事者与参照者双方的公平指数完全相等时，才会具备公平感受。这样，当事者与参照者所获收益（O）在绝对量上存在的差异，即使颇为悬殊，也不一定会造成不平感。而只要双方的公平指数不相等，哪怕差异并不太大，当事者也可能产生不平感。

这里先对亚当斯方程中各变量的意义作进一步的解释。

变量 O 代表"结果"（收益）。无论是当事者自己的还是参照者的供作比较的结果，无非是两类，即本书前一章提到过的物质性的和社会感情性的两类结果。这些结果都是各种外在性的奖酬，如工资、奖金、住房、福利、表扬、荣誉、提升、进修等，全是由环境（组织、上级、他人等）控制和提供的。一种结果是不是可供比较或值得计较，往往并无客观的通用标准，完全由当事者主观决定。这结果可以是当事者视为值得计较的任何事物。按理人们在判断分配公平性时，理应把所有各类结果，分别乘以不同权重，然后逐项相加求和，作为总的结果以供比较。但事实上人们很少这样，而是只找出他认为最关键、最显眼、最需关注的个别或少数几项结果，而这往往正是他认为吃了亏的那些项目。

变量 I 是"投入"（贡献）。不论是当事者还是参照者用作比较的投入，大体也可分为两类：一类是与他的工作或职位的特性有关的环境性因素，如责任大小、风险高低、劳动条件甘苦等；另一类则是个人性因素，如知识、能力、经验、学历、资历、当前的绩效、过去的功劳等。实际上当事者认为是他的优势与本钱的、在比较中于他有利的任何因素，都有可能被列为一项投入。与结果一样，理应考虑到所有的投入项目，并分别乘以相应权重，再相加求和，分别得到双方的总投入，最后再按亚当斯方程作比较。但实际上当事者往往只着眼于个别或少数他认为超过对方（参照者）的项目。

亚当斯公平论的一个重要前提，是把所有的社会交往都视为一种广义的交换过程。在企业里，员工们以自己贡献的劳力和技能，交换到企业付给的奖酬。他们当然会把这些奖酬去和自己的贡献作比较，以直接判断此交换的公平性。但他们还常会找一个与自己的交换对象也发生交换关系的第三者，如同一企业的另一员工，去进行间接的比较。有时，他们也可以选择一个参照群体作比较。这些都属横向的人际性比较。人们在进行人际性比较时，往往会同时选择不止一名参照者。人们有时也会选择自己作为参照者，但这指的是过去条件下的自己，如"我以前在那个公司时待遇如何"；也可指在未来某一假想条件下的自己，如"我要是调去那个公司，待遇将会怎样怎样"等。这些属于纵向的历史性比较。

2. 关于亚当斯公平论的若干补充说明

（1）实际上，结果变量 O 不一定总是正值，这表明人们工作中所获得的结果不一定总是有利的、积极的，有时也可能会导致不利的、消极的结果，例如工作中出了工伤、工作的结果不符领导意图而反受申斥、出现了大量废次品而被扣发奖金等。美国行为学家荷曼斯（G. C. Homans）把工作引来的有利结果称为"奖酬"，用正值代表；工作招致的不利结果则称为"代价"（或"成本"），用负值表示。于是，变量 O（即结果）便包含了正值的奖酬与负值的代价这两类成分，使结果可能为正（奖酬大于代价），也可能为负（奖酬小于代价）了。

同时，工作投入 I 也可分为积极与消极两种。用财务术语来称呼它们，便可分别叫作资产与负债。工作中帮了倒忙，做了蠢事，或成事不足、败事有余，便是一种负债。负债当然是负值，资产则是正值。于是投入便可能为正，也可能为负了。

基于这种现实，另一美国行为学家华尔斯特（G. W. Walster）针对亚当斯方程提出了一个修正公式：

$$\frac{O_p - I_p}{|I_p|} = \frac{O_r - I_r}{|I_r|}$$

这个比较式的两端分母（I）都取绝对值，不计其正负；但分子中的 I 需考虑正负，是结果（O）与投入（I）的代数差。如果把这个量度指标（$O-I$）$/I$ 称为"新公正指数"，则它不仅能有大小之别，还有符号之差，便能更好地说明当事者与参照者作比较时于哪一方有利和有利的程度如何了。

（2）亚当斯方程的建立，是以作比较的双方的机会均等为前提的，即双方要有平等的竞争机会。没有均等的机会，只谈结果平等，就失去了意义。所以有人曾建议把"机会"（C）这一新变量引入亚当斯方程，使之变为：

$$\frac{O_p C_p}{I_p} = \frac{O_r C_r}{I_r}$$

这样，若参照者的机会优于作比较的当事者（$C_p<C_r$），则只有在双方的"结果"（O）按比例地相应调整，使参照者所获适当小于当事者所获（$O_r<O_p$）时，当事者才会获得心理平衡，即感受到分配公平。

事实上，绝对的完全的机会均等是不现实的，是永远不能实现的。它只是一种理想的概念，我们追求的只是大体上、基本上的机会均等。

（3）在研究分配公平感时，有一项尚未提及的因素值得注意，因为它对管理实践有启发性的意义，这就是分配标准的选择与分配程序自身的公正性与合理性。标准选得不当，程序设计得不合理，分配结果的公平性自然值得怀疑。

影响人们对分配标准与程序的公正性的认识的因素很多，最重要的是标准选择与程序制定的透明性和公开性，即要使这一过程民主化，让群众亲自参与，在感到自己对分配过程有较大发言权，或认为确定程序有利于自己时往往就会认为该程序较公平。此外，若认为分配时所依据的资料以及取得这些资料的手段合理时，也会较易感到结果的公正性。

（4）作分配公平性分析后，人们常要作归因推断。其规律是：感受公平时，多归为内因，其中归于具体的内源性个人因素（如勤奋、能力等）多于抽象的个人因素（如运气好）；感受不平时，则多归于外因，其中归于具体因素（如领导品德、能力等）多于抽象因素（如制度不合理等）。

（5）资源分配者在分配前是否对分配接受者作过一定的承诺，不论是明确的许愿，还是暗示性的默契；也不管是实际上有过，还是接受者误会而自认为有，都会被用作判断后来分配结果公平与否的依据之一。若不符期望，不平感便会更强烈。这被行为学家古德曼（P.S.Goodman）视为第三类参照对象，叫作"系统参照者"。这一点虽然琐细，但对分配公平感确有影响，值得引起注意。

3. 公平感的恢复

按照亚当斯的理论，人们的心里存在着一台"公平天平"或曰"公平秤"。当发现自己的公平指数小于参照者的公平指数时，心中的"公平天平"便向参照者方向倾斜，使心态失衡，出现一种紧张感。他会急于消除紧张感，恢复心态平衡。亚当斯方程可以帮助分析人们在心态失衡后试图恢复心态平衡时的大致行动方向，因此它具有动态观察的特点。这正是公平理论列入过程型激励理论的主要原因。

心态失衡有两种：一种是觉得自己吃了亏而产生的委屈感；另一种是感到自己占了便宜而产生的负疚感。前者更为敏感、普遍而重要，所以下面先分析如何消除委屈感。

按照亚当斯方程，产生委屈感的条件是：

$$\frac{O_p}{I_p} < \frac{O_r}{I_r}$$

要恢复公平感，便应将这不等式转化为等式。从数学角度来看，要实现这一点，无非缩小方程右端（参照者方）的分子（O_r）或增大其分母（I_r），也可增加左端（当事者方）的分子（O_p）或减小其分母（I_p）。这四种策略从数学上说是等效的，当然同时采取其中两种或更多种，可能更为有效。但是在实际中，这四种策略并不太易奏效。因为所想改变的四种变量中，除 I_p（自己的投入）外，其余都由外界而不由自己直接控制，不能随心所欲加以改变。

然而，既然分配公平感只是一种主观上的认识，人们便不一定要实际改变这些变量；在心里调整一下自己的认识，同样能恢复心理平衡。采用的策略可以是通过自我解释达到自我安慰；也可以选择另一个参照者、另一种参照标准进行比较。

研究表明，不公平感的产生绝大多数都是由于经过比较认为自己的报酬过低而产生的。但在少数情况下，一个人如果经过比较认为自己的报酬过高，也会产生不公平感。

亚当斯做过这样的实验：在一家公司里招聘一些大学生从事招工审查工作，事先造成一种印象，这些大学生是不称职的。对他们实行两种报酬制度：一种是按每小时付给固定报酬；另一种是计件工资，即每完成一次审查付给一定报酬。成绩考核按两个指标（数量和质量）进行。数量指标是审查次数的多少，质量指标是审查报告的详细程度。按时计酬的大学生由于感到他们的工作本来是不称职的因而更加努力工作，或者增加审查的次数，或者提高审查的质量；而接受计件制的大学生一般不增加审查的次数。这是因为他们认为自己的工作是不称职的，所得报酬已超过自己的水平，如果再增加审查次数，会取得更高的报酬，这样会更增加他们取酬过高的不公平感。这一实验证明了报酬过高也会引起不公平感，尽管这种不公平感不像报酬过低时那样来得普遍。

（四）公平观与公平规范

一般认为，存在着三种基本性的公平观，即贡献律、平均律、需要律。

1. 贡献律

贡献律又叫功劳律或比例律，即认为公平就是论功行赏，使奖酬与贡献成正比例，这也就是多劳多得。

这种公平观的表达式便是亚当斯方程：

$$\frac{O_p}{I_p} = \frac{O_r}{I_r}$$

实行这种公平规范来分配社会资源或组织奖酬的优点，是可以获得群体（或社会）的最大平均生产率。这道理并不难搞懂：从生产率高低角度去分析，群体（社会）成员中生产率偏高、一般和偏低的三类人的多少，一般总是符合"两头小、中间大"的正态分布规律的，所以生产率高的人相对另两类人来说必属少数。但由于实行多劳多得，高生产率者最受益，所获最多，因而最满意并最受鼓励，积极性也最高，于是形成良性循环，从而把整个群体（或社会）的平均生产率带上去了。

2. 平均律

平均律也有人称为平等律，这就是不管贡献大小或其他条件如何，大家一律获得同等数量的分配。

这种公平观的表达式，便是：

$$O_p = O_r$$

在组织分配中实行这种规范的好处，是简便易行，并能获得群体中最大的和谐和安定。

这道理也很明显：一则大家一样，便无须复杂的测量、统计与计算，自然易于操作；二则占比例最大的生产率居中的人和属少数的生产率偏低的人对分配较满意，不大会起争执，而生产率偏高的人虽然会不满和沮丧，却居于少数，只好忍气吞声，沉默不语，最多不再卖力，因而群体的和谐与安定得到了保障。

3. 需要律

需要律就是谁需要得多，就分配得多些，而不考虑贡献的多少，也不是人人相等。

这种公平观的表达式是：

$$\frac{O_p}{N_p} = \frac{O_r}{N_r}$$

此式与亚当斯方程形式相似，也是一种正比关系，但分母不再是投入（I）而是需要（N）了。实行这种公平规范的好处，能照顾人们的基本福利与权利，符合人道主义原则。

在管理与生活实践中，人们对公平观采用的选择标准，自然首先视分配制度的目的而定。若以提高员工绩效与组织效能为目的，自然会采用贡献律；若着眼于维护和谐安定，则会选用平均律；若考虑的是困难户补助，就会选择需要律。

在实际的选择中，除分配目的外，选择者对自身利益的考虑也起着很重要的作用。聪明能干、健壮灵活的人，多半偏爱贡献律，认为多劳者应多得，这是天经地义；老弱病残、家庭负担重、生计困难的人，则往往强调需要律。

传统的及群体中已约定俗成的既有规范，对公平标准的选择也有影响。在群体中，人们往往有随大溜和人云亦云的倾向，称为从众现象。从众则风险小，不会受到多数人的孤立，不得罪人，吃亏的可能性小。比如历来吃惯了的"大锅饭"，若周围多数人仍主张吃，那自己也就跟着吃下去吧。

在分配实践中，不具备运用某一分配律的条件，自然会限制对该规范的选用。例如，组织若没有较正规的、系统的绩效记录和考评方法，贡献律就只好免谈了。此外，为了省事，平均律往往容易中选。

（五）管理应用价值

上述公平理论的研究提出了很多对管理有价值的观点和思路，对于管理者在实践中处理好分配公平问题具有很好的启示。

（1）公平理论强调公平对激励效果及人们行为的重大影响，要求组织以尽可能公平的方式对待每一个员工，并且让每一个员工心中感受到组织对他们真正公平。对组织内的员工都应一视同仁，给予他们公平的报酬和待遇，体现按劳付酬、按贡献和业绩进行奖励和评价。

（2）引导员工正确的认识和对待公平。在组织内，公平是有效率的公平，是激发人们努力向上的公平。要在组织内建立比能力、比贡献、比绩效、比投入的积极向上的风气，把公平建立在促进组织发展上。同时，要引导员工正确选定"参照人"，确定合理的参照标准。

（3）要从组织的全局来给予员工报酬，激励员工。公平和不公平的感觉来自社会比较过程，管理人员对某成员的待遇，不但影响特定的成员，而且影响组织内与该成员有接触的其他人。因此，管理者在设计奖励方案和报酬待遇时，要通盘考虑组织内各岗位的所有成员的状况，考虑每个人的收入，岗位特点及相关职位和岗位人员的情况，并把每个人的投入情况进行量化、公开，便于员工正确比较。

小王的不平

扫描此码 案例学习

三、目标设置理论

（一）理论背景

目标设置理论是由美国著名行为科学家洛克（E.Locke）于1968年首先提出的。它是组织行为学中理论与实践相结合的一个典型范例。

洛克认为，目标设置是管理领域中最有效的激励方法之一，员工的绩效目标是工作行为最直接的推动力，因此，为员工设置适当目标是管理工作中的一项重要任务。

1. 目标设置的意义

目标设置对于激励员工的意义主要表现在以下几个方面：①用目标来引导行为，建立目标体系可以使个人、群体和组织的角色更清晰，有助于减少日常活动的不确定性；②目标体系为个人、群体和组织明确了工作绩效的挑战性和考核标准；③目标是评判各种活动和资源利用的规范；④目标决定了组织的结构，包括工作群体的构造、沟通方式、权力和权利关系、人力资源的组合等，这样就把组织的各方面力量集中到实现目标上来；⑤目标反映了目标设置者所重视的工作，也为计划和控制活动提供了基本框架。

2. 目标设置的原则

洛克等研究者在研究目标与人的工作绩效关系的基础上，针对目标设置提出了如下四条原则。

（1）目标的具体性原则。目标的具体性，是指能精确观察和测量的程度。目标理论研究者的96%的研究结果都证明：具体、明确的目标要比笼统、空泛的要求或无目标导致更高的绩效。

（2）目标的难度适宜原则。国外84%的研究结果表明：有一定难度的目标比唾手可得的目标更能导致高绩效。但是，难度过大、根本无法达到的目标却不能产生预期的绩效，它要比容易的目标所产生的绩效还低。

（3）目标的可接受性原则。目标的可接受性是指人们接纳和承诺目标或任务指标的程度。

组织或上级提出的目标只有内化为员工个人的目标，才能对个人的行为产生激励作用。多数学者认为，让员工参与目标的制订比指令性的方法要好。这是因为通过参与，可以使员工看到自己的责任和价值，同时可以把目标定得更合理，从而提高目标的可接受性。

（4）目标过程中的及时反馈原则。在实现目标的过程中，如果员工能够得到及时、客观、不断的反馈信息，其受到的激励要比无任何反馈信息大得多。同时，员工获得行动效果的信息后，会主动发扬或调整下一步的行动，更有利于取得高绩效。

（二）目标设置模型

洛克和莱瑟姆（G.P.Latham）开发了一个个人目标设置模型，如图 4-9 所示。

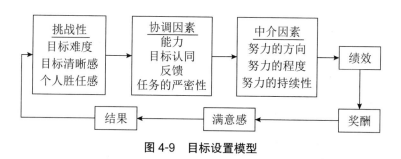

图 4-9　目标设置模型

这一模型的各组成部分的含义如下。

（1）挑战性。这个模型从给予个人或管理者一个挑战性的目标开始。对个人来说，目标设置是个人发展和制定对之负责的目标的过程。个人若没有目标或目标不清，就不可能积极地工作，明确且具有挑战性的目标将使个人的时间安排和活动内容结构化。

一个挑战性目标要符合上述目标设置的原则。在这里具体的要求是：目标难度要适中；目标应该是清晰和具体的；目标要使个人感到足以胜任。

（2）协调因素。有四个因素在目标和绩效之间起着协调作用：①员工个人的能力，能力决定着个人对挑战性工作可能付出的最大能量，如果目标难度超过个人能力所及，员工的绩效水平就会下降；②目标认同，如果员工个人对组织目标产生了认同感，那么，不管目标来自哪里，他都会坚持和下决心去达到这个目标，也就是说，员工个人已将组织目标内化为个人目标；③反馈，反馈是反映实现目标与个人的成就和进步之间关系的动态过程，它不断给个人提供有关工作结果和绩效水平的信息，反馈有助于个人将已完成任务的进度与所期望的目标进行对比，进而进行自我控制；④任务的严密性，把工作任务安排的比较周密，有助于员工个人有效地分配自己的精力和所付出的努力，使个人的工作更富有效率。

（3）中介因素。协调因素决定了个人工作绩效与目标之间的相关性，这种相关性表现在三个维度上，即个人努力的方向、努力的程度、以及努力的持续性，这些因素成为个人绩效与目标之间的中介。

（4）绩效。这里的绩效是指员工的努力工作的实际结果。当前面的三个方面表现良好时，员工的工作绩效可望是高的。

（5）奖酬和满意感。组织根据员工的绩效水平分配奖酬资源，一定的奖酬给员工带来一定的满意感。

（6）结果。这里的结果是指在绩效评定和奖酬分配之后，员工个人对前期工作的判断。如果员工从工作中获得了满意感或对组织有了归属感，他将继续留在组织里，进入到下一个工作过程。如果没有满意感，员工就会产生离职、缺勤或怠慢工作等行为。

（三）管理意义与价值

目标设置理论是组织行为学中较新的一种激励理论，它对管理学的意义是重大的，对于实践管理者也具有重要的应用价值。

第一，目标是一种外在的可以得到精确观察和测量的标准，管理者可以直接调整和控制，具有可应用性。

第二，管理者应帮助下属设立具体的、有相当难度的目标，使下属认同并内化为自己的目标，变成员工行动的方向和动力。

第三，管理者应尽可能地使下属获得较高的目标认同：①使所有下属人员了解组织目标，并参与目标设置过程；②支持和鼓励下属认同目标，相信下属人员的能力及承担完成目标的责任；③对目标的实现采取各种形式的激励和肯定，以强化和调动员工完成目标的积极性。

第四，加强和做好目标进程的反馈工作。信息反馈是管理中的重要环节，运用目标设置理论，通过设置、核查目标、使组织中各级人员经常看到组织目标和个人目标，并随目标的实现进程不断予以反馈，实施反馈控制。

第五，促进目标管理。目标设置理论为目标管理技术提供了心理学方面的理论依据，是对目标管理的进一步发展，目标管理正是应用目标设置原理来提高绩效的一种管理技术。要制定出组织整体目标和其他层次、部门、团体、单位和个人的目标，各层次必须了解组织目标要求、工作范围与组织的关系，做到彼此支持、协调、上下左右兼顾，以达成组织预定目标。

情景微案例

马拉松中的目标管理

扫描此码 案例学习

本章小结

激励是对人的管理中最重要、最难的内容。因此，本章在系统介绍激励含义与作用、激励需要理论、过程型激励理论的基础上，深入讨论和分析了激励的需要层次、需要类别、相关因素、激励过程的影响变量以及激励中的分配公平感，对影响激励效果的关键因素和变量进行了重点探讨，并提出了这些工作激励理论对管理实践的启示和应用价值。

本章思考题

1. 激励的内涵是什么？激励对于管理实践有何价值？

2. 马斯洛理论的重要观点是什么？在管理中如何应用？

3. 如何理解双因素理论中的满意和不满意？

4. 请根据期望理论来分析如何实现良好的激励效果？

5. 分配公平感的主要特点是什么？亚当斯公平理论在现实中如何应用？

本章练习　　　　　需要调查测试

需要调查问卷

这是一种可供实用的需要调查量表。它包含了与职务有关的 13 个方面，可测出被测者在每一方面的需要强度及各个方面在其心目中的相对重要性。每一方面都用一个 7 级标尺，测定其对该方面的现状、期望及重要性的判断。此问卷在计算分数时，又把 13 个方面归纳为安全、社交、荣誉、自主与自我实现五个维度。

（一）调查问卷

1. 对于能担任此职，你有一种自尊感：

a. 现在实际有多少？　（最少）　　　　1 2 3 4 5 6 7（最多）

b. 应该有多少？　　　　　　　　　　　　　　　　　1 2 3 4 5 6 7

c. 这对你有多重要？　　　　　　　　　　　　　　　1 2 3 4 5 6 7

2. 你任此职有个人成长与提高的机会：

a. 现在实际有多少？　（最少）　　　　1 2 3 4 5 6 7（最多）

b. 应该有多少？　　　　　　　　　　　　　　　　　1 2 3 4 5 6 7

c. 这对你有多重要？　　　　　　　　　　　　　　　1 2 3 4 5 6 7

3. 此职务在本单位内的威望：

a. 现在实际有多高？　（最少）　　　　1 2 3 4 5 6 7（最多）

b. 应该有多高？　　　　　　　　　　　　　　　　　1 2 3 4 5 6 7

c. 这对你有多重要？　　　　　　　　　　　　　　　1 2 3 4 5 6 7

4. 在此岗位上独立思考与自主行动的机会：

a. 现在实际有多大？　（最少）　　　　1 2 3 4 5 6 7（最多）

b. 应该有多大？　　　　　　　　　　　　　　　　　1 2 3 4 5 6 7

c. 这对你有多重要？　　　　　　　　　　　　　　　1 2 3 4 5 6 7

5. 对现职的稳定感（"饭碗"的可靠性）：

a. 现在实际有多大？　（最少）　　　　1 2 3 4 5 6 7（最多）

b. 应该有多大？　　　　　　　　　　　　　　　　　1 2 3 4 5 6 7

c. 这对你有多重要？　　　　　　　　　　　　　　　1 2 3 4 5 6 7

6. 你做这一工作，有能发挥自己才智的机会：

a. 现在实际有多少？　（最少）　1 2 3 4 5 6 7（最多）

b. 应该有多少？　1 2 3 4 5 6 7

c. 这对你有多重要？　1 2 3 4 5 6 7

7. 你的职务在本单位之外受到的尊重：

a. 现在实际有多大？　（最少）　1 2 3 4 5 6 7（最多）

b. 应该有多大？　1 2 3 4 5 6 7

c. 这对你有多重要？　1 2 3 4 5 6 7

8. 在本岗位上觉得取得了有意义的成就：

a. 现在实际有多大？　（最少）　1 2 3 4 5 6 7（最多）

b. 应该有多大？　1 2 3 4 5 6 7

c. 这对你有多重要？　1 2 3 4 5 6 7

9. 该职务有帮助别人的机会：

a. 现在实际有多大？　（最少）　1 2 3 4 5 6 7（最多）

b. 应该有多大？　1 2 3 4 5 6 7

c. 这对你有多重要？　1 2 3 4 5 6 7

10. 该职务有参加设置自己工作目标的机会（即在确定分配给自己的任务时有发言权）：

a. 现在实际有多大？　（最少）　1 2 3 4 5 6 7（最多）

b. 应该有多大？　1 2 3 4 5 6 7

c. 这对你有多重要？　1 2 3 4 5 6 7

11. 该职务有参与确定自己的工作方法和步骤的机会：

a. 现在实际有多大？　（最少）　1 2 3 4 5 6 7（最多）

b. 应该有多大？　1 2 3 4 5 6 7

c. 这对你有多重要？　1 2 3 4 5 6 7

12. 该职务所拥有的权力：

a. 现在实际有多大？　（最少）　1 2 3 4 5 6 7（最多）

b. 应该有多大？　1 2 3 4 5 6 7

c. 这对你有多重要？　1 2 3 4 5 6 7

13. 该职务有交上亲密好友的机会：

a. 现在实际有多大？　（最少）　1 2 3 4 5 6 7（最多）

b. 应该有多大？　1 2 3 4 5 6 7

c. 这对你有多重要？　1 2 3 4 5 6 7

（二）分数计算

1. 需要的强度分值计算：将被测者所选的期望（b 项）及现状（a 项）的分数之差（b—a）算出，即是该方面的需要强度。请按照表 4-3 中所列的具体计算要求计算五个维度的强度分值，其中"需要强度分值=维度小计分/所含项目数"。这五个维度与马斯洛的需要分类类似（考虑到员工已解决温饱问题，生存需要在此问题卷中被略去了）。

表 4-3　需要强度分值计算表

需要的五个维度	安　全	社　交	荣　誉	自　主	自我实现
计算项	5b-5a=	9b-9a= 13b-13a=	1b-1a= 3b-3a= 7b-7a=	4b-4a= 10b-10a= 11b-11a= 12b-12a=	2b-2a= 6b-6a= 8b-8a=
维度小计分					
所含项目数	1	2	3	4	3
需要强度分值					

2. 需要的重要性分值计算：按照表 4-4 中所列的具体计算要求（问卷中所选的 c 项分值），算出五个维度的重要性分值，其中"需要重要性分值 = 维度小计分 / 所含项目数"。

表 4-4　需要重要性分值计算表

需要的五个维度	安　全	社　交	荣　誉	自　主	自我实现
计算项	5c=	9c= 13c=	1c= 3c= 7c=	4c= 10c= 11c= 12c=	2c= 6c= 8c=
维度小计分					
所含项目数	1	2	3	4	3
需要重要性分值					

教学案例4-1　　　高收入为什么换不来高满意度？ [①]

元旦假期就要到了，可是 YB 公司的人事经理王燕却一点过节的心思都没有。节后第一次管理层会议将要集体讨论新的奖金方案，这段时间她一直忙于统筹全公司各部门及岗位的奖金方案，不断与各部门经理和贺总经理进行沟通。每年到了发放奖金的日子她都很有压力，接连好几年都有员工来找她理论，特别是前段时间发生的加班费风波和拒绝工时任务下达事件更让她有种消防队员不断灭火的感觉，她不禁感叹了一句："薪酬，心愁啊……"

YB 汽车有限公司成立于 1995 年，位于辽宁省大连市，注册资金 292 万美元，是我国东北地区最早获宝马公司授权的 BMW 汽车进口商，从事进口宝马汽车的北中国地区的批售业务。隶属于 YJ 德国汽车有限公司。公司在管理模式上是集团式管理，各分公司实行总经理负责制，独立经营与核算。

1. 加班费引起的风波

2016 年 11 月 22 日是一个普通的星期三，YB 公司售后服务部经理崔宏斌像往常一样为部门全体员工开了早会。这一天他公布了公司的一个重要决定：鉴于 YJ 集团为 YB 公司下

[①] 案例来源：本案例由大连理工大学付永刚、胡芬、范馨编写。

达的 2017 年业务指标为增长 20%，公司决定从本周末开始实行七天营业以确保完成 2017 年度运营计划。

具体规定是：一、后勤员工实行周六、周日轮流加班，周一至周五串休，不支付加班费；二、技术工人实行六天工作制，每位工人的日工时任务增长 15%，奖金自完成任务 90% 开始计提，按每超出一个工时提成 5 元计算，比去年增加 2 元。但月末计算奖金时，公司将考虑双重支付问题，即公司已为员工支付了周末的加班费，就不能再支付工人因周末创造的工时而支付奖金。

在崔宏斌看来，这个新规定应该会受到工人们的欢迎。因为其他同行业公司的技术工人一直都是六天工作制，根本不存在加班费一说，而且 YB 公司员工待遇好，这在业内已经是公开的秘密了。这回加班费一加，大家的腰包更鼓了。

然而快到午饭的时候，他收到了一封来自全体售后服务部员工拒绝加班的联名申请。崔宏斌觉得纳闷，但还是拿着这份申请书去找了人事部经理王燕。崔宏斌把申请往她面前一递，她就什么都明白了，说道："这是贺总的想法，在公司高层例会上统一研究通过了，你们部门不同意执行，我们怎么开展工作啊？走吧，咱们一起去听听大家的想法……"

说着两人一起到了单位食堂。王燕一出现，就有几个售后服务部的同事主动来找她反映情况了。负责保修的小杨说："我不是怕加班，只是为什么我们后勤员工加班就不给加班费，让我们串休呢？技术工人加班就有加班费，可是加班是公司营运的需要，为什么报酬还不一样？这不公平啊。"

负责技术问题诊断的高级技工刘工接过话茬说道："在咱们部门，我的技术水平大家是有目共睹的，可是我的工资也不比谁高。我们做技术诊断的活，一个故障问题有时一天才能查出来，工时挣得太少。我虽然解决的都是难题，可奖金根本拿不到多少，多数情况都没有后勤部门的多，这合理吗？我们也承认公司在保险、住房公积金上确实缴纳额度很高，可我们个人承担部分扣完后，发到手上没剩多少钱了！而且也体现不出来我们诊断技师的重要，有时连任务都完不成。"

旁边一位刚入职一年多的初级技工小毛也抱怨道："像我们这样的小工，基本工资不多，加班费也同样没多少。可我们每天都一样不停地工作，虽然都是机油保养的活，但这是快修，是公司售后主要的利润点。加了班，还得把这天干的工时扣去，心里就是不舒服！"

车间主任老赵说："现在最大的问题是工人加班了，收入更不公平！工人加班所得加班费完全是以基本工资来计算的，有些高级技师本身工资就不高，却做着高难度的技术诊断工作，工时任务和一般技师一样多，而且工资低加班费也低啊，大家当然没了积极性。像我们这种任务压力，是需要大家的冲劲儿的，员工有干劲儿，越早结工单，在厂维修车量越早出厂，公司当然就早收钱！这样才能保证每月完成任务。"他又补充道，"况且不同技术水平的员工对公司的价值是不一样的，学徒工加加班可以学点东西，但许多工人宁愿在家休假！因为加班挣不了几个钱，对本人完成任务也帮助不大，毕竟周末来店客户对他们完成月度任务来说帮助不大。"

这顿饭王燕压根儿没吃好。下午，王燕来到贺总办公室，并带来了一个缓和劳资双方矛盾的方案，她提出公司可以先承诺员工在短期内将基本工资及工时任务做一调整，按技术水平和服务年限将高级技师工资给予一定涨幅，"贺总，为了保证新政实施，只有用这个方法先安抚员工的不满情绪了，要不然，我也没办法强迫他们来加班呢"。为了保证周末正常营业，贺总只好勉强答应了。

贺总那边松了口，王燕不敢懈怠，赶紧给崔宏斌打电话，建议崔宏斌召开部门会议。首先表示理解大家的想法、会慎重考虑员工的建议，并将公司下一步要做的改革通知大家，这样员工才同意了周末加班。可这件事情过后，许多人心里都开始打鼓，以往公司多次提出要做薪酬等级划分都无果而终。大家都持观望的态度在工作，积极性明显不如从前。王燕也深深感觉到要做起来没那么简单，关于工资等级划分等一系列关于薪酬管理方面的事儿可是好几年都没有解决的老大难问题，这次会得到多大程度的支持呢？

2. 拒绝工时任务下达事件

按照 YJ 德国汽车集团的日程表，对于管理层来说，每年的 11 月都是一段艰难的岁月。因为这时是各地公司回顾本年度业绩，进行总结并制定下一年度费用预算及任务增长目标的日子。这时人们都学会了讨价还价，对于 YB 公司的工人来说也不例外。

经过上次加班费风波事件，售后服务部经理崔宏斌认识到了部门存在的问题。他建议将公司总部的售后服务奖金体系引进 YB 公司，以此激发工人的积极性。王燕非常支持这个想法，她和贺总就此事的沟通也进展得十分顺利，于是她很有信心地将售后服务奖金奖励规定下发了。这次，工人对这套方案没有异议，但都和王燕表达一个想法，无法完成！

下班时在班车上，车间几名技工围住了王燕。一位工人诚恳地说："王经理，我们也承认公司福利确实不错。但就是有时你们领导们做事有点不实事求是，你们每年定工时任务，都会造成我们的抱怨情绪。这次崔经理也是好心，可他只站在公司的角度下达工时任务，只想着公司如何完成任务，完全不考虑我们的实际能力，累死我每月也干不到 1 350 个工时啊。你们的奖金方案再优越，我们够不着没用啊！"

坐在一边的小刘是个刚毕业的汽车专业大学生，在车间做实习技工，他说："我觉得我们的绩效考核体系需要重新制定，适合总部的不一定适合我们。我们工人的技术水平不一样，但不代表技术水平低的工人创造的工时少。一个员工看重的是他的总收入，他们通常把奖金、工资、加班费都算一起拿了多少，而公司管理层却总是分开来看。"王燕点着头思考着，有些苦恼她无法和员工吐露。

第二天，崔宏斌了解到情况后最终还是做了让步：将工时任务目标定在原来的 85% 作为奖金计算的起点，贺总也答应了，这场风波才得以平息。可在大家看来，怎么管理层总是做这样顾头不顾尾的事呢？其实王燕自己对此也深有体会，YB 公司是隶属于 YJ 德国汽车集团，集团对于所有部门的业务都实行直线管理，关于薪酬的管理问题不止一次上报总监及总经理。人事总监也花费很大精力聘用了外资调查公司在全国汽车行业做薪资调查，调查结果显示 YJ 集团的支付水平在同行业属中上等水平，可为什么我们的高工资没有起到应有的作用呢？这次承诺了员工要做薪酬等级划分，贺总虽然表态了要支持，但一涉及增加人事费用时就打了退堂鼓，并且各分公司总经理基本是做销售管理人员出身，对任务目标、数字很敏感，可对于人力资源管理却了解不多。

3. 无法达成一致意见的奖金方案会议

转眼到了 2017 年，周一是管理层例会时间。贺总召集了各部门经理讨论 2017 年奖金考核方案，给人的感觉很郑重，大家都看得出来贺总很重视今年的奖金方案，于是都准备好了各自的建议准备发言。

贺总做了开场白："今天找大家开这个会是想共同讨论一下 2017 年咱们的奖金激励方案。我有一个原则，就是所有岗位都要非常细化，不只针对是技工和销售人员等一线员工量化考核，对售后员工能量化的还要量化，否则其他员工都在混着拿奖金。特别是销售人员我们要考核利润，有些销售人卖的车不少，但公司没挣多少钱。同时客户满意度、保险、贷款都要考核。还有最重要的就是配额，有些慢流车总是不动，这些都要考核进去，所有指标如果不达标都要扣款！"

销售部李经理是个急性子，贺总话音刚落就回应道："贺总，我理解您的意思，但不能让销售员感觉我们凡事都是扣钱：表现不好扣钱、违反制度扣钱、佣金也是以扣为主，给员工的感觉是我们没别的办法就是扣钱。销售人员需要激励，我们可以往上加，形式是一样的，效果却不一样。"

贺总听得也很不舒服，接着说："如果你有更好的办法使销售 CSI 达标、销售额达标，解决目前绩效差的问题可以不扣。"李经理不再作声，因为贺总所说的问题的确存在，也是销售部目前最大的问题。

接着轮到售后服务部经理崔宏斌发表意见了，他说："我们的技术工人可以量化，可后勤员工无法量化。他们的工作都是有联系的，一个员工的工作出现问题不完全是一个人的问题，而是两三个员工的工作都有问题。比如说，保修专员的报告没有及时发到 BMW 总部造成拒赔，不完全是他的问题：一是技术人员诊断效率低；二是技术支持专员的技术报告发送不及时等。所以出现拒赔不能由保修专员一个人承担责任，可我们也不能每一件事都彻底调查追究，有些问题在售后很普遍。"

"崔经理的想法我很认同，"财务部周经理说道，"我的员工我只重视他的工作态度，业务能力方面在入职时和试用期间就有考核的。我们的工作无法量化，我能看他们一个月做多少张凭证？显然不现实啊，他们工作态度好坏我是能客观评价的，我看去年的打分就挺好。"

人事部经理王燕对奖金方案很有感触，她说："我们公司最近几年的奖金发放引起很多员工抱怨是个老问题。虽然我们人事部每年参与奖金方案的制订，但首先要尊重业务部门经理的意见。可是每年的奖金方案都不成功，不但没有激励员工更努力地工作，反而造成内部攀比，员工都说心理不平衡，这样的效果还不如不发奖金！今年我希望并建议公司在奖金制定的过程中多让员工参与，多听听员工的意见，在操作过程也要做到公开、公正、公平；同时业务部门经理提供更多的信息保证我们的奖金方案更科学。"

此话一出，保险部张经理就不乐意了："你们后勤经理不了解业务，我们所有的建议都是充分了解员工工作的情况后制定的，不是凭空捏造的，一线的员工与后勤的不一样！"其实，张经理这样说是怕今年把他们的奖金计提比例降低。因为前一年的操作过程中发现保险部的提成过多，但他们的工作难度不大——多数投保的客户都是在公司卖车过程同时成交的，这其中很多是销售人员的功劳。有时保险部的员工佣金比销售员多得多，销售员们也在抱怨："如果这样还不如卖保险，不卖车了。"

"我看大家的意见还是很有道理的。这样，王燕，你们下去再做做员工调查，和各业务经理好好沟通一下，尽快提交一份报告，把我们的奖金方案好好完善完善。我们再找时间开一次会议把最终方案定下来。"贺总看这样的情况很难达成一致意见，便做了最后总结。一次无法达成一致意见的奖金方案会议就这样散了……

思考题：

（1）你如何看待加班费、工时定额引起的不满？原因到底在哪里？

（2）奖金方案会议为什么最后无法达成一致？

（3）在这个公司，为什么较高的收入水平依然换不来员工的满意？

教学案例4-2   **青田乳胶制品厂**[①]

青田乳胶制品厂是明珠集团公司下属的 34 家企业之一，现有员工 363 名，固定资产 2 200 万元，共有 6 个车间，8 个科室。该厂趁所在南方沿海城市开放早，有吸引力的优势，在 20 世纪 80 年代初，极力网罗人才，吸收本省及散居外地而思归返乡的技术人员，建起一支颇具实力的技术队伍。现有工技人员，有正式职称者已达 18 人，其中高工 4 名。不过他们虽确有专长，但与本厂业务领域并不一定十分对口，有的专长是生胶汁处理，有的专业是新型橡胶开发，有的只精通橡胶检验，真正从事乳胶工艺的仅有 48 岁的黄振声高工。不过四位高工这种声势，总令人肃然起敬，并被集团领导视为本系统王牌主力。为加强此厂领导，最近派公司年富力强的得力干将陈伟华出任厂长，并许诺将给予大力支持鼓励放手大干。

此前，该厂已从香港进口了两条生产线：一条可产乳胶指套或气球；另一条产鞋垫。但调整后总有些毛病，不够理想，加之或因竞争激烈，或因需求季节性，或因信息失灵，效益不高。陈厂长上任，急欲打响头一炮，公司领导也期望他能找出一种需求潜力大、别人还未太留意的产品，捷足先登，成为"摇钱树"似的拳头产品。经过调查，陈厂长发现内部植绒的乳胶手套在海外已成家庭必备品，需求极大，而国内尚颇罕见，但预计必将普及，于是决定就以这种绒里手套为主攻对象。经了解，英国一公司有它的专用生产线供应。陈厂长请示公司，认为兵贵神速，应当机立断。经与该英商短期接触，便于 1987 年 11 月，以 120 万美元的高价达成购买协议。英方答应尽快供货，并派专家来现场指导安装调试，保证设备到货后四个月内达到设计水平，投入生产。

不料签约后，英方却以种种借口，推迟交货，并要求追加 10 万美元货款。直到 1990 年 10 月才将全套生产线运到，并派来两名专家。陈厂长精心挑选了配合英国专家工作的调试组，由高工黄振声任组长，他英语好，理论水平高。另选了设备工程师姜适为辅。姜工虽

---

① 案例来源：本案例由大连理工大学余凯成教授编写。

仅中专学历，但肯钻研，能实干，在河南某橡胶厂实践锻炼过 20 余年，机电都精，只是外语不行。厂方当年在把他全家从内地调来时，颇费功夫，又马上分配给三室一厅新房，他对厂领导十分感激。陈厂长又点了一位 28 岁的青年助工小郭参战。他工作欠主动，但英语好。另一毕业不久的年仅 23 岁的小汪也来主动请战，陈厂长见他作风踏实，英语还可以，便接受了他的请求。调试组正式组成。

然而调试工作一开始便不顺利，许多重要部件远低于设计性能，如烘干箱总不能稳定达到工艺要求温度，卷边机合格率仅 10% 上下，洗模机干脆不能动作，等等，不胜枚举，缺陷部位多达 17 处。我方很快发现此台设备竟是从设计图纸转为实物的首部样机，设计意图虽想多用尖端技术，但考虑欠周或失误，到实践中检验，便破绽百出。两名专家虽使出浑身解数，也一筹莫展。眼看四个月限期将至，英方老板带上另一专家来支援。又经数月努力，未见起色。英方老板声称不堪负担，只有"暂时撤离"，否则便将破产云云。我方据合同力争，英方提出再补交 10 万美元，然后"共同努力，以求完善"。我方一再据理交涉，英方死皮赖脸，摊手耸肩，强行撤离。

厂里研究，决定依靠本厂内部技术力量，自力更生，组建攻关组。在征询原调试组组长黄工意见时，他表示自己搞太无把握，而这是英方无法推卸的责任。他请求派他去英国打官司，保证胜诉。陈厂长认为："我们不熟悉国际诉讼，法庭相争，并无把握，且费用高昂，拖延时日，难以承受，而设备闲置，吃亏仍是我方，所以还是靠自己好。还是你来主持攻关组吧。"黄工却以身体、精力不济推辞。正当陈厂长有些郁闷时，姜工却主动来请战，他说："跟'鬼佬'们干了几个月，已经看出他们也只有那两下子，还瞧不起我们，对我们的建议不屑一顾，自己倒撒一堆烂污溜了。我们就自己干！就不信不如他们。我敢立个军令状！"陈厂长问他，要谁配合搭档。姜工说："我就要小汪一个，他能吃苦，会钻研，两人心齐，灵活精悍。"

连续一个半月，姜、汪二人每天三班不下岗，在机器边铺上席子，干累了一倒，饿了啃个面包，渴了喝口矿泉水。六周下来，居然进展显著，许多难点都有不少突破，总产品合格率提高到近 60%，虽然距离能实现盈利运行的 80% 成品率标准还有点差距，但总是令人鼓舞的。

班子决定，给攻关组姜、汪两人各发 800 元奖金，其余组员各发 500 元，以资鼓励。陈厂长承认这奖金是显得少了点，但再多发又怕别人不服气。

果然，很快就听到许多怪话："英国专家干得差不多了，他们去摘桃子，有啥了不起，就发那么多钱？难道我们没干活！""没让我去，要不比他俩会干得好！""不是并没达到要求吗？干啥还给奖？"甚至公司也来电话打听，显然有人去上头告了状。

陈厂长路遇姜工和小汪，想安慰几句。姜工先说："厂长，听见了吧？我不是为几个奖金去干的，是不服那几个英国专家，也不愿看见这么贵的机器闲着。可哥们儿苦干一场，还得受这多气。不是不能再改进，可如今谁还愿再干。"小汪没多话，只说了声："真没意思，还不如调走好。"

事到如今，请你帮陈厂长出些点子吧。

思考题：

（1）姜工、小汪该不该得到这笔奖金？

（2）哪些人在说怪话？你如何看待他们的议论？

（3）你认为造成这种局面的原因在哪里？

（4）如果你是陈厂长，下一步你准备如何来做？

第五章

综合激励理论及应用

通过本章的学习，你应该能够：

● 掌握综合激励模型的逻辑思路，以及对管理工作的启示和应用价值；
● 理解并掌握目标管理的核心思路和实施办法，能在管理实践中应用；
● 掌握工作设计的意义和主要内容，并有选择地应用于管理工作；
● 了解员工参与的主要形式，重点是掌握员工持股计划的设计思路和要点。

引导案例　　　　奖金分配风波①

某机关年末得到了上级给的一笔奖金。这事传得快，第二天一上班全机关都知道了。这一天局里没有发牢骚的，气氛挺好。第二天下午机关的领导班子及部门负责人开会研究奖金如何分配。会上大多数人认为奖励应该拉开档次，以鼓励先进，鞭策后进，奖优罚劣，奖勤罚懒，把分配方案公布于众。也有一些人提出采取"模糊奖金"的方法，方案定下来后不对外公开，根据级别高低及贡献大小分配。但马上有人反对，认为这种办法不透明。何况没有传不出去的事，这边刚散会，那边就知道定了些什么事，现在信息渠道多了，这样做反而遭猜疑。有个别人提出干脆平均分配，尽快发给大家。这样吵吵了一下午也没定下来，最后，采取这样一个办法，把前两个方案发到各处室征求意见后再定。

一个星期后意见反馈上来。对模糊办法意见最大，有人甚至说，这不是干得好不如跟领导关系好，怎么衡量贡献大小，领导抬抬嘴我们跑断腿。并且有人表示，如果这么分，就写上告信。听了这个意见，班子成员感到不如不征求意见，这样反而影响了班子的威信。对第一个方案大家没提出什么意见，因为没说哪个人多哪个人少。这样初步定下来按第一个方案操作，也就是说，要拉开档次、奖优罚劣、奖勤罚懒。

但拉开档次要有个标准。这个标准还得硬，大家都上班，你干八小时，我也干八小时，谁比谁的贡献大。最后提出了四条标准：一是年终评上先进的高奖励；二是一线部门由于经常下基层比较辛苦，应该高奖励；三是完成年初计划的高奖励；四是对迟到早退的低奖励。

---

① 案例来源：本案例由大连理工大学付永刚副教授根据培训学员提供的素材编写而成。

标准初步定下来，可又产生了不少意见。办公室老张是名多年的先进，人勤快，早晨来得最早，打水、扫地都是他干。人缘也好，大事小事都帮人忙活。所以，一评先进都让他上。当先进历来的奖励都是一张奖状，外加一条毛巾，或是一件背心，或是两块肥皂，其他人也都无所谓。这次先进给钱了，拉的档次还挺大，老张便觉得办公室的气氛不那么舒坦，活干得也更加勤快了。但仍觉得像欠别人什么似的。有的人干脆不服气，意见就传到领导耳朵里。其他部门对一线部门拿高奖励也有意见。干什么不是工作，我们干这活也不是我们愿意干的，是组织安排的。我们也要求到一线，有实惠，还有补助。对完成计划高奖励，就有人说计划是人定的，原来没说与奖金挂钩。况且计划不如变化快，比如说机构改革方案拿了好几套，领导说时机不成熟就白干了。对迟到早退的应该扣奖金，但抓劳动纪律谁那么认真，都是各部门报各部门的，老实的报了，滑头的都逃了，这不是老实人吃亏吗？就这样吵吵了两个星期还没定下来。

新年过去了，奖金还没发下来，大家开始有情绪了。领导赶紧把班子成员找来开会，定下来按第一条标准办，凡评为先进的，高奖励，其他人一律拿平均奖。奖金终于发下来了，大家拿到奖金没感到有什么特别，反而觉得这是应该拿的。当天晚上，有几个部门闹着拿高奖金的人出去撮了一顿。第二天，办公室老张也买了糖、水果、瓜子堆了一桌子。说："活是大家干的咱也不多拿，大家吃，大家吃！"

公司给员工发奖金一定是为了激励员工。可是在这个案例中，不管领导怎么努力，奖金依然没有发挥出预期作用。这到底是为什么？在实际的管理工作中，我们应该如何来应用第四章介绍的那些激励理论？如何保证良好的激励效果？

第一节 | 综合激励模型

一、波特—劳勒综合激励模型

（一）模型结构及分析

波特和劳勒曾以工作绩效为核心，对与绩效有关联的许多因素，进行了一系列相关性研究，并在此基础上提出了图 5-1 中所示的一个激励综合模型。此模型涉及 10 种因素，分别由图中 10 个方框表示（实线箭头表示因素间的因果关系，虚线箭头则是反馈回路）。

此模型是以"工作绩效"为核心，以"激励/努力—工作绩效—满意感"为轴线的。该模型突出了工作绩效导致工作满意感的因果关系。事实上，这正是波特和劳勒所做研究的主要假说。他们宣称该项研究肯定了各因素间的相关关系，但也承认此研究并未能明确支持他们所推导的因果关系，即各实线箭头的指向。

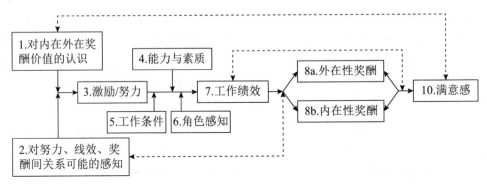

图 5-1　波特—劳勒综合激励模型

此模型的主要骨架或因果分析脉络，其实就是第四章中介绍过的弗鲁姆的 VIE 理论（效价—工具性—期望理论）：一个人的工作积极性（激励）高低及由此衍生的投入工作的努力（方框 3）的大小，取决于目标的效价，亦即通过努力想最终获得的目标（内、外在性奖酬）在此人心目中的主观价值的高低（或相对重要性的大小）（方框 1），以及努力、绩效、奖酬间关系的主观概率，即对所投入的努力能导致想达到的绩效水准并进而获得想得到的奖酬的期望（方框 2）的大小。与弗鲁姆原有模型的差别或有所改进的地方，是把以赫茨伯格"保健与激励双因素"论为基础而发展起来的外在性与内在性奖酬的概念引了进来，取代了弗鲁姆模型中单一的"二阶结果"——奖酬。综合模型中从满意感（方框 10）回到奖酬效价（方框 1）和从绩效实现（方框 7）回到期望（方框 2）的两条反馈回路（严格说来，从奖酬获得后还应引出第三条反馈路线，也回到期望），都是弗鲁姆模型原来就有的。它们分别说明，吃到了奖酬的甜头（体验到满意感）将会提高奖酬的效价，而所投入的努力终于达到了既定的绩效水准，必能提高当事者今后重复此过程的把握与信心，因而增大了期望值。

但波特与劳勒在努力与绩效之间加入了三项新的因素：一是"能力与素质"（方框 4），表明只有热情而无真才实学及必要的素质，仍难实现预期的绩效水准；二是"工作条件"（方框 5），指必要的人力、物力等环境因素对达到预期绩效水准，也是不可或缺的因素；三是"角色感知"（方框 6），这指的是对组织意图与期望的领会。因为所想获得的外在奖酬是直接控制在组织手中的，组织将按照它的标准而不是当事者本人的标准来考核绩效，并据此发给外在性奖酬；即使内在性奖酬可由当事者自己直接从工作本身中体验和取得，但工作的安排与分派，仍得依仗组织。若对组织意图与期望领会不透彻乃至错误，则虽花了巨大努力，但最终的结果与领导的要求南辕北辙，甚至可能因"好心办坏事"而帮了倒忙，这样其绩效当然不会被组织认可，其也得不到向往的奖酬，反会受罚。

综合模型中增添的最后一个因素，是奖酬与满意感之间的"对奖酬公正性的感知"。从前面的讨论可知，满意感不仅取决于能否取得所想要的奖酬及其质与量，还取决于奖酬分配方式和他所信奉的公平分配价值观对照时感受到的公平性。

（二）对管理者的启示

这个综合模型虽以 VIE 理论为骨干，却不仅更全面，并且更具实用的指导意义。它可以为管理者如何改进对下级的激励，提供一个清晰的、系统的、逻辑严密的思考路线。

1. 设置明确的目标

据此模型，要想有效地激励下级，先应明确地为他们设置目标，即向他们讲清期望他们做到什么、达到什么绩效水准；并进而明确宣布达到此要求后，他们的个人目标将能得到怎样的满足。为了提高奖酬在下级心目中的效价，应进行需要摸底，使奖酬确能投其所好。同时不要忘记除了外在性奖酬外，还有一种成本低而有巨大潜在吸引力的内在性奖酬。

2. 提供指导和培训

为了帮助下级达到绩效标准，要注意给其指导并提供培训，以增进其能力；同时要帮助其克服实现绩效标准中所遇到的困难，提供必要的工作便利与条件，创造有利的工作环境；此外，还应明确交代好领导的意图、期望与要求。这将不仅有利于其工作任务的完成，而且可增强其对完成任务的信心，提高了其"努力—绩效"的期望值，从而改进对其的激励，形成良性循环。

3. 坚持合理的公平规范

此模型还提醒管理者：奖酬的分配必须秉以公心，严格按社会普遍接受的合理公平规范（目前主要是按劳分配原则）来进行。否则，再多的激励资源和激励措施都会前功尽弃。

二、迪尔综合激励模型

（一）模型结构及分析

这是美国组织行为学家迪尔（W. Dill）1981 年在中国工业科技管理大连培训中心讲学时，首次发表的又一个综合激励模型。它也是以 VIE 理论为基础，融入了内、外在性奖酬分类的概念，但采用了数学方程式的表达形式。

迪尔在构思此模型时分析路线的出发点，是人的总激励水平（M）应是其内在性激励（$M_内$）与外在性激励（$M_外$）之和；内在性激励本身又可分为：过程导向的、由任务活动本身所激发的激励（$M_活$），结果导向的、由任务完成时的成就所激发的激励（$M_成$）这两种成分。用数学形式来表达，就是：

$$M = M_内 + M_外 = (M_活 + M_成) + M_外$$

外在性激励中包含有一阶结果的期望（E_1）、二阶结果的期望（E_2）和奖酬效价（V）这三类变量，其表达式是：

$$M_外 = E_1 \sum_{i=1}^{n} E_{2i} V_i$$

现在我们试以期望与效价这两类变量来表现 $M_活$ 与 $M_成$ 这两种内在激励成分。

先分析一下 $M_活$ 之中包含什么期望与效价成分。这种激励与外在性奖酬无关，所以不会含有代表绩效导致外酬的可能性估计的二阶结果期望值 E_2。同时，它也不涉及任务完成与否，所以也不含代表努力导致绩效的可能性估计的一阶结果期望值 E_1。这样，它只含有单一的效价变量，即代表任务活动本身的吸引力与价值的 $V_活$。

至于 $M_成$，它当然也具有代表任务完成时所取得的成就的吸引力与价值的效价变量 $V_成$，但由于它涉及任务的完成，所以也含有一阶结果期望值 E_1。

这样，用数学方程式的形式来表达，就是：

$$M=(M_活+M_成)+M_外=(V_活+E_1V_成)+E_1\sum_{i=1}^{n}E_{2i}V_i$$

加以整理后，我们便得到迪尔综合激励模型的数学表达式：

$$M=V_活+E_1\left(V_成+\sum_{i=1}^{n}E_{2i}V_i\right)$$

可见，总激励 M 中只包含了三类效价变量 $V_活$、$V_成$ 与 V_i，以及两类期望变量 E_1 与 E_{2i}。因为它们间的关系不是加就是乘，所以总激励 M 是这五种变量的增函数。这意味着要想提高总激励 M 的水平，应设法分别增大这些变量。

（二）提高总激励水平

这个模型虽具有方程式的形式，但实际上并无定量分析与计算的功能，因为我们迄今为止还不能精确地量化这五种变量并对它们作可靠的测量。然而这不等于此公式没有实用价值；恰恰相反，与波特—劳勒模型一样，它可以向管理者提供一套虽是定性的，但却是系统的、条理分明的分析路线和思维程序，以找出改进激励功能的有效策略。现在就来分别研究怎样提高五个自变量，从而提高总激励 M 的水平。

1. $V_活$ 的提高

这指的是如何使任务活动本身更具吸引力。首先当然要设法避免工作过分单调乏味，使它能有些变化，不总是简单的、重复性的、常规的，要有些新颖性。也可提高任务的挑战性，使之具备适当的难度，发挥人们多样的技巧和所有的聪明才智。如职务轮换、工作扩大化、丰富化、增加自主权等，都能增加工作的吸引力。在工作活动中安排适当的跟别人交往的机会，能满足人的社交需要。把任务与目标交代明确，减少不确定性，不但能使人认识到任务的意义，还能满足人们的好奇与探究的需要，对提高 $V_活$ 也有积极作用。

2. $V_成$ 的提高

这指的是任务完成时所取得的成就应有较大吸引力。为此，分配的任务要有一定的完整性，不要分割得太细；要交代清楚任务的意义，对企业、对用户、对国家有什么重要性。用户的反馈，无论是表扬还是批评，要设法直接反馈到责任的承担者，使他们意识到自己所负的责任。

3. V_i 的提高

这指的是各种外在性奖酬的诱激力。首先要使激励能与每个人的特殊需要、爱好和"胃口"匹配，做到对症下药。这就要定期地运用各种调查手段与渠道，对员工进行需要摸底。外在性奖酬的吸引力往往并不取决于它们的金钱价值而取决于其使用价值。平凡而廉价的物品，若能投其所好，其吸引力会远大于价昂而无用的奖酬。提高 V_i 的另一种办法是摆出多种奖酬，让员工们进行选择。

4. E_1 的提高

这是要增加人们对自己付出努力后能达到预期绩效水准的把握。参照波特—劳勒模型，便知道为此应对下级进行指导、支持和培训，以提高他们的能力；还要向他们讲明组织的要求、意图和期望。

5. E_{2i} 的提高

这是指要使他们在任务完成后能确保拿到原来向他们许诺给予的各种奖酬。为此，先要宣布付酬政策，再就是要信守诺言，决不搞"下不为例"，使员工相信领导说话算数。同时，对所有下级要一视同仁，不因关系亲疏、个人好恶而厚此薄彼。

顺着这样的思路，还能找到一些其他提高这五种变量的有效措施，这也正是这类综合激励模型的价值。

第二节 | 激励理论的应用

一、目标管理与激励

（一）目标管理概述

目标管理（MBO）既是一种管理制度，也是一种制订计划、进行控制、进行人事评价和对企业整体绩效做出评价的方法，甚至可以说是一种管理哲学和激励思想的实现方式。目标管理最早由美国著名管理学家德鲁克（P.Drucker）于1950年提出，后来又得到其他一些人的补充和发展，洛克的目标设置理论就是从激励的角度对目标管理的一个发展。

德鲁克认为，以科学管理原理为核心的古典管理学派偏重于以工作为中心，忽视人性的一面；行为科学又偏重于以人为中心，忽视了与工作的结合；目标管理则是综合了以工作为中心和以人为中心的管理技术和方法。目标管理一开始只用于激励管理人员，即上级管理人员激励下级管理人员，后来推广到激励全体员工。奥迪奥恩（G.Odiorne）将目标管理定义为："简言之，目标管理制度可以描述为如下一个过程：一个组织中的上级和下级管理人员一起制定共同的目标；同每一个人的应有成果相联系，规定他们的主要职责范围；并用这些措施来作为经营一个单位和评价其每一个成员的贡献的指导。"

实施目标管理，对员工而言，能使员工发现工作的兴趣和价值，从而在工作中满足自我实现的需要，这样实现组织目标就有了可靠的群众基础；对管理人员而言，"它激励着管理人员进行活动，但并不是由于有什么人告诉他去做什么事情，而是由于他的工作目标要求他那样做"，即管理人员在实行自我控制。管理理论历来都认为，让人们从内部参与目标制定，会减少对外部控制手段的依赖。

（二）目标管理的全过程

无论在国外还是在国内，许多企业和其他组织都在实行目标管理。目标管理的全过程大致可以分为如下四个环节或步骤：设定总目标、分解总目标、实现目标、对成果进行检查和评价，如图 5-2 所示。

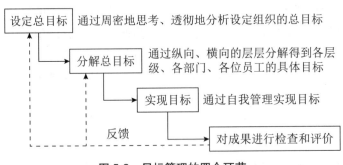

图 5-2　目标管理的四个环节

1. 设定总目标

这是目标管理的源头，也是最重要的一个环节。在这一步，组织要做的事是：如何根据自身的资源实力和外部环境条件，设定一个符合组织共同愿景方向又切合实际的目标，以此作为组织和全体成员在未来一段时间内努力的具体方向。

设定组织总目标时，要通过周密地思考、透彻地分析，把握组织的内在优势、核心专长和外部环境的机会、威胁，从而设定出符合组织长远发展利益，而且通过努力可以实现的总目标。组织总目标一旦设定就成了组织计划工作的前提和依据，也成了评价组织未来成果的标准。因此，设定的组织总目标应该是可以用一系列相应的指标来衡量的。

2. 分解总目标，获得目标体系

目标管理的核心在于目标，而目标的有效性在于是否具体、明确。这一步就是要将组织的总目标按照组织结构进行纵向、横向的分解，获得具体、明确的目标体系。这一步可以说是目标管理全过程中，最关键、难度最大的一步，具体包括如下内容。

（1）将总目标按组织体系层次和部门逐步展开、分解，直至每一个员工。在这个自上而下的过程中，上级根据总体目标的要求给予下级一个初步的推荐目标，而不是最终的决定目标。

（2）组织的每个部门、每个员工根据自己部门、层级、岗位分工和职责要求对上级给予的初步目标进行思考、分析、讨论，然后提出自己的目标，并且将目标按层级上报，完成自下而上的过程。

（3）各上级与下级就上报的目标进行讨论、修订，经过多次上下讨论后，最终达成共识，从而将组织的总目标分解成一个目标体系。该体系中，上下级之间的目标要相互衔接，每个目标都要以上级目标为基础，为上级目标服务，且相容于下级目标。

在组织将具体的目标下达给每个部门、每个层级、每个员工时，要求包括有关于该目标的具体说明、具体要求、自主权限、完成后的奖励等内容。使接受目标的每个部门、每个层级、每个员工都有明确的工作努力方向、有明确的责任，从而发挥出目标的激励作用。

3. 实现目标

这一步是为实现目标体系而进行的过程管理。但是这个过程管理不同于传统的管理方法，主要由员工自主管理或自我控制，上级只是根据例外原则对重大问题予以过问和实施干预。当员工的个人目标和各级管理者的部门目标和层级目标实现了，组织的总体目标也就能实现了。

4. 对成果进行检查和评价

对目标所达到的成果情况进行检查和评价是目标管理的最后一个阶段，也是对整个目标管理过程的反馈环节。在这个阶段，要对目标体系的执行情况进行检查，并通过反馈对照总目标和分解目标，确保总目标的实现。

以上是目标管理全过程的理论介绍。但是在实际运行中，却会遇到许多具体情况，需要我们根据上面的逻辑步骤来具体分析、具体处理。

（三）目标管理的评价

目标管理是一个管理系统，也是一种过程管理。目标管理的思想建立在强调自我控制、自我指导的哲理的基础上，明确的目标使人有明确的方向感，而只有参与目标的制定才能有执行的积极性，才能产生自我控制和自我指导。因此，目标管理可以有效地激励员工。

从目标管理的适用范围来说，它既适合整个组织的范围，也适合部门与个别任务管理。但一般认为，目标管理更适合中等范围和短期任务的管理，因为这样的范围和时间内的任务更容易确定明确的目标，从而提高目标管理的效率和效益。目标管理方法特别适用于组织的管理创新，组织可以根据目前存在的主要问题，确定解决的前后顺序，把管理创新分解成阶段性和局部性目标，利用目标管理方法实行重点突破、依次推进、全面创新，使组织管理得到整体改观。目标管理也非常适用于引进和推广先进的管理经验，比如，建立常规管理制度、质量控制、成本控制、准时制、MRP-2、CIMS、同步工程、工作小组、精益生产、灵活制造等都可以用目标管理的办法在组织内推广。

目标管理的优点是：通过层层分解，人人制定具体可测且有挑战性的目标，可以激发各级员工的成就需要，调动其积极性。同时，具体明确的目标便于绩效考评，实施按劳、按绩分配，提高绩效与奖酬之间的关联性，从而提高员工的目标效价和期望值，增强公平感和努力程度，有利于达到高绩效。

不可否认，目标管理是一种先进的管理思想。但是，目标管理作为一种管理方法，也有其缺点：有的工作目标无法设置，更不好进行考评、检测和控制；另外，由于目标管理过分强调结果，往往导致员工不择手段追求结果，或只顾量化指标而忽视非量化目标，从而产生短期行为，以致影响组织的长远利益。

二、工作设计与激励

（一）工作设计的意义

工作设计问题主要是组织向其成员分配工作任务和职责的方式问题。工作设计是否得当对于激发员工的工作积极性，增强员工的工作满意感以及提高工作绩效都有重大的影响。

工作设计就是对于工作内容、工作职能、工作关系的设计。它的目的是通过合理有效地处理员工与工作岗位之间的关系，来满足员工个人需要，实现组织目标。

工作设计的内容包括如下具体事项：

- 确定工作的多样性、自主性、复杂性、常规性、难度及整体性；
- 确定工作责任、工作权限、信息沟通方式、工作方法；
- 确定工作承担者与其他人相互交往联系的范围、建立友谊的机会及工作班组相互配合协作的要求；
- 确定工作任务完成所达到的具体标准（如产品产量、质量、效益等）；
- 确定工作承担者对工作的感受与反应（如工作满意度、出勤率、离职率等）；
- 确定工作反馈等。

工作设计是组织设计的一部分，与组织结构设计一样，是组织设计较重要的组成部分。工作设计直接决定了人在其所从事的工作中干什么，怎样干，有无机动性，能否发挥其主动性、创造性，有没有可能形成良好的人际关系等。优良的工作设计，可以保证员工从工作本身寻得意义与价值，达到最佳激励水平，为充分发挥员工的积极性和主动性创造条件；同时还有利于建立组织整体的工作系统，在生产流程、工艺技术、管理方式和奖励制度等方面协调一致，促进组织的整体发展。

在企业中，多数职位都是为提高效率而设，工作的内容往往专注面窄、易学、重复性强，这常常导致了很多工作无聊乏味。需要管理者注意的一点是：没有一种工作本身是乏味的。工作能否吸引人，取决于它是否能充分发挥员工的能力。如果不能，它迟早会变得毫无滋味。真正能够激励人的工作需要员工投入全部能力，有时甚至需要挖掘员工的潜能。

进一步来说，工作设计是指为了有效地达到组织目标以及合理有效地处理人与工作的关系，对能满足个人需要的工作内容、工作职能和工作关系的特别处理。从组织行为学的激励理论的角度来看，工作设计是对内在性奖酬的设计。因为激励理论认为，在员工的需求向高层次发展时，他们的积极性主要来自与工作本身相关的因素，工作设计得当就能更好地满足员工的内在性需要。自从赫茨伯格提出双因素理论，工作设计理论便得到了巨大的发展，许多组织纷纷通过"工作再设计"来提高员工工作的满意感，调动他们工作的积极性。

（二）工作设计的发展

工作设计的发展，大致经历了下面四个阶段。

1. 工作专业化阶段（19 世纪末至 20 世纪 40 年代）

这一阶段的工作设计重点是提高工作专业化水平。工作专业化的概念早在 18 世纪末就建立起来了，但是直到 19 世纪末 20 世纪初，较为系统的工作设计方法才由泰勒发展起来。亚当·斯密和巴贝奇（C. Babbage）都谈到过专业化的优点：生产质量稳定，生产速度快，专业技术容易掌握和提高。

2. 工作轮换和工作扩大化阶段（20 世纪 40 年代至 60 年代）

由于科学管理运动带来了过分的专业化，使每个工人的工作越来越简单和单调，于是出现了大量的消极对抗现象。面对这种情况，管理当局采用了工作轮换和工作扩大化的方法。这两种方法强调的是：人在不同岗位之间的轮换和个人工作范围的扩大，从而对来自工人的对抗情绪起到了暂时的缓冲作用。

3. 工作丰富化阶段（20世纪60年代至80年代）

这一时期的工作设计考虑到工人在工作自主性和成长方面的要求。赫茨伯格认为："在工作环境中也存在诱发回避痛苦行为的诱因。"工作丰富化正是工人回避痛苦行为的替代选择，更为重要的是，工作丰富化能满足工人"心理发展"的需要。由哈克曼（J.R.Hackman）和奥尔德姆（G.R.Oldham）提出的工作特征模型是一个完整的工作丰富化设计模型。

4. 社会技术系统方法阶段（20世纪80年代至今）

社会技术系统方法是在系统理论指导下，运用工作特征模型，借助信息技术的支持对工作进行再设计。它强调通过组建自然的工作群体来完成一定的工作任务，以寻求组织的社会子系统（个人和群体的需要、领导风格、组织风气等）和技术子系统（技术、工作流程、客观条件、生产的输入与输出方式等）之间的最佳结合。社会技术系统方法非常适合于指导群体工作设计，哈默（M.Hammer）等人在组织再造理论中构造的流程小组正是社会技术系统方法在群体工作设计中的运用。

（三）工作特征模型

为了弄清楚工作本身是怎样产生激励效应和增进员工工作满意感的，哈克曼和奥尔德姆（Hackman and Oldham）等人通过大量的问卷调查，在前人研究的基础上于1976年提出了一个更为完整的工作特征模型，如图5-3所示。

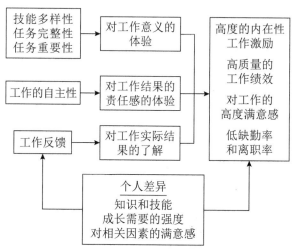

图 5-3 哈克曼和奥尔德姆的工作特征模型

从图5-3可以看出，该模型由三个部分组成："关键的心理状态""核心的工作特征"与"个人和工作的结果"。下面分别来阐述这三个部分及其关系。

1. 关键的心理状态

在工作特征模型中，首先需要明确的就是员工的工作积极性取决于哪些与工作有关的心理体验。哈克曼和奥尔德姆提出了三个关键的心理状态：①对工作意义的体验，如果员工能体验到工作的意义、重要性，他就会有很高的工作动机；②对工作结果的责任感的体验，如果员工能体验到自己对工作结果的责任感，他就会通过努力对自己的工作绩效负责；③对工作实际结果的了解，如果员工能通过可靠的渠道随时掌握自己努力的阶段性结果，以及这样的结果是否令人满意，他就会更好地对自己的工作进行自我检查，并相应地调整自己的行为。

2. 核心的工作特征

在进行工作设计时，什么样的工作特征才能引起员工良好的心理体验呢？哈克曼和奥尔德姆认为上面的三个关键心理状态是由下述五个核心的工作特征激发的：①技能多样性，即完成工作所需要具备的多种能力和技巧；②任务完整性，即员工本人所感知的完成完整的任务的程度，也就是说，员工可以从头至尾完成一项任务的程度；③任务重要性，即所做工作对组织内外其他人的工作和生活产生影响的程度，前面三项工作特征结合在一起决定员工对工作意义的体验；④工作的自主性，即员工能够自主地安排自己的工作的进度和方式的程度，这一工作特征决定着员工对自己工作的责任感受；⑤工作反馈，即员工得到有关工作效率和绩效信息的及时、直接和准确的程度，这一特征决定着员工对工作的实际结果的把握程度。

情景微案例

新世纪摄影公司
扫描此码　案例学习

3. 个人和工作的结果

具有上述五种特征的工作会引起三种关键心理状态，而这样的心理状态将会导致一定的个人结果和工作结果。从个人结果来看，会产生高度的内在工作动机和对工作的高度满意感。从工作的结果来看，则会出现高质量的工作绩效和较低的缺勤率和离职率。

应当指出，人与人之间是存在个体差异的。并非丰富化的工作必然会引起人们关键的心理状态而导致高度的工作动机、高度满意感和相应的工作绩效。哈克曼和奥尔德姆模型的底部有一个变量——"员工成长需要强度"，也就是说，只有具有高度成长需要的员工才会在丰富化的工作中取得良好的结果。对于那些缺乏上进心的员工而言，丰富化的工作也许不如较高的薪水更能激励他们。

（四）如何进行工作设计

工作设计是一项需要有所创新的工作。要想使设计的工作对员工具有激励作用，就必须应用上面介绍的知识和模型来进行科学的工作设计，使工作具有多样化、完整性、重要性、自主权以及反馈等特点。

这里我们主要围绕着哈克曼—奥尔德姆工作特征模型中的五个核心的工作特征来探讨如

何进行工作设计。

1. 增加工作的多样性

要做到这一点，可以通过任务合并等方式对工作的内容予以扩展，使工作内容不断对员工提出学习新技能的要求。也可以采用以下几种方法来做到这一点：

（1）增加一些与现任工作前后关联的新任务；

（2）增派一些原来由经验丰富的员工、专业人士、甚至经理做的工作；

（3）可以设定绩效目标，让员工用适合自己的方式去实现它们。

2. 组成自然的工作单元

这涉及工作在一群人中的分配问题。分配工作时，要考虑每个人的能力和水平，是否公平合理，以防苦乐不均，考虑如何实现效率的系统优化，以及技术上有什么要求和限制等众多因素。

3. 与用户建立直接联系

按传统办法设计的工作，使工作者很难接触到自己产品的最终用户，因而对于干好干坏没有什么责任感和积极性。若能安排机会使工作者跟自己产品的用户直接接触，这就能使他们获得明确的第一手反馈，而且也能锻炼他们的人际关系技巧，并增加他们对处理这种关系的自主权。做好这一点，就不仅要创造双方接触机会，还得设置双方都理解的评价标准。

4. 纵向地增加责任

这主要是能缩小干活与监控间的隔阂。这包括让工人能自己选择工作方法、确定工作缓急顺序、节奏快慢与起讫时间，自己设法解决工作中碰到的麻烦，还得让他们知道一些有关财务和预算方面的情况。

5. 开放反馈渠道

这就是要帮助员工知道自己干得好坏的情况，并且最好能让他本人直接得到有关信息，而不要通过上司间接地传达给他。刚才提的直接跟用户接触，便是一条途径，让工人进行质量自检也是一种方法。

工作设计注重向工作的深度发展，纵向扩大工作范围，以此改变工作的意义，激励员工，也更有利于员工的自我实现，对工作进行设计，实现工作的激励性，就是要在员工所承担的每种工作中加入以下几种因素：

（1）责任，不仅要增加员工的生产责任心，而且还要使他们有责任控制产品质量，保持生产的计划性、连续性和节奏性，使每一个工人都感到自己有责任完成一件完整的工作，生产出一件件合格的产品；

（2）决策，给员工更多的诸如确定产品质量标准、控制生产速度、改变领导者监督控制方式等自主权；

（3）反馈，及时把工作者所做的工作成绩和效果的数据资料直接反馈给本人，并允许其收集和保留有关信息；

（4）考核，根据员工完成工作的实绩，给以公正的奖励和报酬；

（5）培训，给员工提供新的学习机会，满足其成长发展的需要；

（6）成就，通过帮助员工提高责任心和决策的自主性，来培养和提高他们对所做工作的成就感，促使他们树立新的世界观。

需要指出的是，把工作设计得更有激励性，目的不在于花同样的钱让员工做更多的工作，而是为了让更有价值的员工发挥出更大的潜力，员工个人也因此获得更好的报酬。在我们这个依靠知识来创造财富的时代，通过有效的工作设计不仅可以使员工的工作变得丰富、多样、有意义，而且可以激发员工的主动性、创造力，为组织创造更多价值。

小苏的困惑

扫描此码

案例学习

三、员工参与与激励

员工参与对于中国的管理者来说，也许并不是一个新名词。因为我们的国有企业在多年的管理实践中十分提倡员工参与管理。下面，我们将结合激励理论介绍员工参与在管理中的应用。

（一）员工参与概述

员工参与（employee involvement）在这里不是一个简单的提法或管理方式，它已经成为一个包含一系列方法的、内容广泛的词。我们认为，员工参与是组织为了发挥员工所有的潜能，为了激励员工对组织成功做出更多努力而设计的一种参与过程。许多研究者都相信，有效的员工参与会增加员工的自主性，加大他们对工作生活的控制，从而使员工的工作积极性更高，对组织更忠诚。

员工参与方案运用了一些激励理论。例如，Y 理论和参与式管理是一致的，X 理论与更传统的专制管理方式相吻合。根据激励保健理论，员工参与方案通过增加员工在工作中成长的机会、责任和参与工作本身可以为员工提供内部激励。同样，有作出和实施决策的机会，然后看着它们发挥作用，有助于满足员工责任、成就、认可、成长和自尊的需要。

（二）员工参与的主要形式

作为一种管理思想和管理过程，员工参与具有多种多样的形式。这里，我们重点介绍四种常见的、比较有效的形式。

1. 参与式管理（participative management）

参与式管理强调通过员工参与组织的管理决策，使员工改善人际关系，发挥聪明才智，实现自我价值；同时，达到提高组织效率，增长组织效益的目标。根据日本公司和美国公司的统计，实施参与管理可以大大提高经济效益，一般都可以提高 50% 以上。增加的效益一般有 1/3 作为奖励返还给员工，2/3 成为组织增加的资产。

2. 质量圈（quality circle）

质量圈的理论基础是全面质量管理（TQM）。TQM 强调质量存在于组织管理的全过程，质量与企业的每一个员工都有关系。

质量圈是由 8～10 个员工和管理者组成的共同承担责任的一个工作群体。他们定期会面（常常是一周一次）讨论质量问题，探讨问题的成因，提出解决建议以及实施纠正措施。他们承担着解决质量问题的责任，对工作进行反馈并对反馈进行评价，但管理层一般保留建议方案实施与否的最终决定权。当然，员工也并不一定具有分析和解决质量问题的能力。因此，质量圈的思想也包含对参与的员工进行培训，向他们讲授群体沟通技巧、各种质量策略、测量和分析问题的技术等。

质量圈起初在美国使用，20 世纪 50 年代传到日本，被日本企业极深入地予以实施，从而生产出了低成本高质量的产品，并在与美国企业的竞争中获胜。20 世纪 80 年代以来，欧洲、北美、亚洲等企业都大力实施质量圈活动，倡导员工参与企业管理，激发员工工作积极性。

3. 员工持股方案（employee stock ownership plans）

20 世纪 80 年代以来，越来越多的企业开始拟订并实施员工持股方案。员工持股方案在西方被作为一项员工福利计划，员工获得的股票是福利的一部分。从资本的意义上来说，员工持股方案使员工成为企业的所有者。实践也证明，员工持股方案的实施的确能够激励员工更努力、更主动地工作。一项研究对 45 个采用员工持股方案的公司和 238 个传统公司进行了比较，结果表明：在员工满意感和销售增长方面，采用员工持股方案的公司都要优于传统公司。

随着我国市场经济的发展，员工持股方案也渐渐成为一些高科技公司留住人才、激励员工的有效方式。

4. 员工代表参与（representative participation）

员工代表参与的含义是普通员工并不直接参与企业管理决策，而是由一小群员工的代表参与决策。在西方，很多国家都通过某种形式的立法，要求企业实行代表参与。他们实行代表参与的目的是在企业内重新分配权利，使劳方获得相对于资方、股东更为平等的地位。在西方企业中，最常见的代表参与方式是工作委员会和董事会代表。中国企业的职工代表大会就具有法定的地位，可以对企业的重大决策进行影响。在现代企业制度中，监事会中要有员工代表。

同样，员工代表参与能否达到激励员工的目的，并非取决于这种形式，而在于这种形式能否发挥应有的作用，使员工受到激励。

（三）参与管理与激励

参与管理是企业兼顾满足各种需要和效率、效益要求的基本方法。员工通过参与企业管理，发挥聪明才智，得到了比较高的经济报酬，改善了人际关系，实现了自我价值；而企业则由于员工的参与，改进了工作，提高了效率，从而达到更高的效益目标。在实施参与管理时，要注意以下几个方面。

1. 注重对员工的引导

实施参与管理要特别注意引导，要反复把企业当前的工作重点、市场形势和努力的主要方向传达给员工，使员工的参与具有明确的方向性。有些企业管理者面对潮水般涌来的建议和意见不知如何处理，这主要是他们自己对企业的经营方向、管理目标缺少目的性和计划性，不知如何引导员工有计划地、分阶段地实施重点突破。有计划、分阶段地引导是保护员工参与积极性、使参与管理能持续实施的重要方面。

2. 要有耐心

实施参与管理还要有耐心。在实施参与管理的开始阶段，由于管理者和员工都没有经验，参与管理会显得有些杂乱无章，企业没有得到明显的效益，甚至出现效益下降。管理者应及时总结经验，肯定主流，把实情告诉员工，获得员工的理解和参与，尽快提高参与管理的效率。

3. 采取适宜的参与方式

实施参与管理还要根据员工知识化程度和参与管理的经验程度采取不同的方式。具体来说，在员工知识化程度较低和参与管理经验不足的情况下，通常采用以控制为主的参与管理；控制型参与管理的主要目标是希望员工在经验的基础上提出工作中的问题和局部建议，经过筛选后，由工程师和主管人员确定解决方案并组织实施。在提出问题阶段是由员工主导的，在解决问题的阶段，虽然员工也参与方案的制定和实施，但主导权控制在工程师和主管人员手中，改革是在他们的控制下完成的。德国企业中的参与制基本上是这种控制型参与，日本和美国的大多数企业所实施的参与制也是控制型参与。控制型参与管理的长处在于它的可控性，但由于它倾向于把参与的积极性控制在现有的标准、制度范畴之内，因而不能进一步发挥员工的聪明才智，难以通过参与管理产生重大突破。

当员工知识化程度较高且有相当参与管理经验时，要多以授权的方式让员工参与到管理中来。授权型参与管理的主要目标是希望员工在知识和经验的基础上不但提出工作中的问题和建议，而且制订具体实施方案，在得到批准后，被组织授予实施的权力，以员工为主导完成参与和改革的全过程。

在参与管理的第三个层次上是全方位型参与管理。这种参与不限于员工目前所从事的工作，员工可以根据自己的兴趣、爱好，对自己工作范围以外的其他工作提出建议和意见，组织则提供一定的条件，帮助员工从事自己喜爱的工作并发挥创造力。这种参与管理要求员工具有较广博的知识，要求管理部门相当的宽容度和组织内部择业的更大自由。

4. 确定标准与制度

实施参与管理要有一套测定结果的标准和方法，使每一项改革的结果都能有具体的量化指标，并根据量化结果锁定奖励标准，使参与管理有"看得见，摸得着"的结果。参与管理的量化标准和方法主要是运筹方法。

参与管理也要制度化。在一些成功实施参与管理的公司中，每个员工每年在参与管理方面要做以下三件事。

第一件事是，每个员工每年要写一份自我发展计划，简明扼要地阐述自己在一年中要达到什么目标，有什么需要，希望得到什么帮助，并对上一年的计划进行总结。自我发展计划一方面是员工实行自我管理的依据，另一方面给每个员工的上级提出了要求：你如何帮助你的下属实现自己的计划，它既可以作为上级人员制订自我计划的基础，又成为对上级人员考核的依据。

第二件事是随时提出合理化建议，每年定期填写对公司工作意见的雇员调查，这个雇员调查可以使那些没有参与管理积极性的人也能参与进来，他们对公司工作的评价会成为管理部门主动了解意见和建议的基础。雇员调查的内容比较广泛，涉及公司业务的各个方面。

第三件事是每年进行一次员工评议，这种评议大多是360度的，即每一个员工，包括总经理在内，都要受到他的上级、他的下属、与他有关的平行部门（企业内顾客）以及真正的顾客（如果他的工作是与顾客直接接触的话）的评议。

5. 相应的组织结构

参与式管理需要与之相适宜的组织结构，团队就是其中最重要也是最佳的组织形式。良好的团队会为参与式管理提供和谐的人际关系和有益的文化氛围，这是实行参与管理的重要的组织和文化的保证。

员工参与管理不可避免将意见表面化，引起争议和分歧，团队则是一剂强有力的镇静药。团队主要是通过两方面的活动达到这一点的。首先，团队通过工作后的聚餐、交流等形式来增进同事之间的私人感情，使同事的联系之外加上朋友的联系。其次，组织通过奖励团队而不是奖励个人的办法来鼓励创造力和凝聚力的结合，消除个人竞争带来的不利影响。

参与管理从日本公司开始，经过各国企业的学习和创造，已经成为了一种成熟的管理方法。参与管理对企业有百利而无一害，它可以使员工的聪明才智得到极大发挥，调动员工的积极性，并为企业创造出更大的价值。

（四）员工持股计划与激励

员工持股计划起源于20世纪60年代的美国，当时美国就业率下降，劳资关系紧张，员工持股计划就是在重振美国经济，改善传统劳资对立关系的背景下产生的。

员工持股计划的基础思想是：在正常的市场经济运行的条件下，人类社会需要一种既能鼓励公平又能促进增长的制度，这种制度使任何人都可以获得两种收入，即资本收入和劳动收入，从而激发人们的创造性和责任感，否则社会将因贫富不均而崩溃。对于美国经济而言，如果扩大资本所有权，使普通劳动者广泛享有资本，会对美经济产生积极影响。于是，美国律师凯尔索等人设计了"员工持股计划"（employee stock ownership plans，ESOP）。

1. ESOP的主要内容

员工持股计划的主要内容是：企业成立一个专门的员工持股信托基金会，基金会由企业全面担保，贷款认购企业的股票。企业每年按一定比例提取出工资总额的一部分，投入到员工持股信托基金会，以偿还贷款，当贷款还清后，该基金会根据员工相应的工资水平或劳动贡献的大小，把股票分配到每个员工的"员工持股计划账户"上。员工离开企业或退休，可将股票卖还给员工持股信托基金会。

这一做法实际上是把员工提供的劳动作为享有企业股权的依据。现在，ESOP已成为西方员工持股计划的典型，虽然它也是众多福利计划的一种，但与一般福利计划不同的是：它不向员工保证提供某种固定收益或福利待遇，而是将员工的收益与其对企业的股权投资相联系，从而将员工个人的利益同企业的效益、管理和员工自身的努力等因素结合起来，因此带有明显的激励成分。

如今，以 ESOP 为代表的员工持股计划的发展已越来越趋于国际化。目前，美国已有超过一万多家员工持股的公司，遍布各行各业，日本上市公司中的绝大部分也实行了员工持股。现在，欧洲、亚洲、拉美和非洲已有 50 多个国家推行员工持股计划。ESOP 对企业经营业绩的提升作用十分明显，这也是 ESOP 迅速得以推广的重要动因。美国学者对 1 400 家实施了 ESOP 的公司业绩进行了详细调查，调查结果表明，实施了 ESOP 的企业生产效率比未实施 ESOP 的企业高。而且员工参与企业经营管理的程度越高，企业的业绩提高得越快。在实践中，员工持股计划还可使公司减少被敌意收购的可能，这些原因都是员工持股计划快速发展的动力。

2. ESOP 在中国

在我国的企业改革中，尤其是国有企业的改革，一直伴随着进行员工持股的试点。在这些企业中，员工有出资者和劳动者的双重身份，体现出较强的自主性和参与意识，推动了企业经营管理的完善。

在我国，员工持股计划的激励作用主要体现在以下方面。

（1）为员工提供保障。由于员工持股计划的实施，员工可以从企业得到劳动、生活的保障，在退休时可以老有所养，同时员工也会以企业为家，安心工作，充分发挥自身的积极性。

（2）有利于留住人才。在我国，劳动力的流动日益频繁，但人力资源的配置存在着很大的自发性和无序性，而且劳动力技术水平越高，人才的流动性也越大。实行员工持股计划，可以有效地解决人才流失的问题。当员工和企业以产权的关系维系在一起的时候，员工自然会主动参与企业的生产经营，这是思想政治工作达不到的效果。在员工的参与下，企业精神、企业文化才可以得以真正形成，员工也会将所从事的工作作为自己的一份事业。

（3）有助于激励企业经营者。实行员工持股计划，更为重要的是，让经理层持有较大的股份，既有利于企业实现产权多元化，又有利于充分调动企业骨干的积极性。公司还可以实行期股制度，进一步奖励经理的工作，这样也就解决了对企业经营者激励的问题。

情景微案例

九州药业的员工持股计划

扫描此码　案例学习

本章小结

本章系统介绍了两个综合激励模型，分析了综合激励模型对管理实践的启示。在此基础上，分别介绍和讨论了目标管理、工作设计、员工参与等激励应用领域。为管理者在实践中应用目标管理、工作设计、员工参与来实现有效的员工激励提供了思路和方法上的指导。

本章思考题

1. 波特—劳勒综合激励模型的核心思路是什么？对管理实践有何启示？
2. 你认为目标管理的基本思路是什么？在管理中如何应用？
3. 如何理解工作设计的意义和价值？如何进行工作设计？
4. 员工参与都有哪些主要形式？
5. 员工持股计划如何达到激励员工的目的？

本章练习 工作丰富化设计

1. 全班分解为由5～7人组成的若干小组。

2. 各小组通过讨论，选定一项职务，它最好是曾由一名组员亲自担任过的，无论是曾长期专职还是短期临时担任都可以；若无人有此经历，则选出一个大家曾观察过、了解过的职务。总之，是相当熟悉其内容的，如秘书、教师等。

3. 分析一下此职务的工作特性。可顺着哈克曼—奥尔德姆模型中所列出的那五个"核心的工作特征"去分析、考虑。即：①技能多样性；②任务完整性；③任务重要性；④工作的自主性；⑤工作反馈。

4. 沿着这五个维度，尽量想出使这一职务丰富化的措施来，并把讨论结果的概要记录下来。

5. 全班共同开会，由教师主持。各小级轮流介绍所选的职务、原来的工作特性以及所想出的丰富化建议。每一个小组介绍完后，就接着由全班进行讨论。讨论时请参考下列问题：

（1）这个小组提出的丰富化措施，真能有效地提高担任该职务的人的积极性和工作绩效吗？为什么能或为什么不能？

（2）这些工作丰富化措施会带来什么问题吗？

（3）这个职务应当按照小组所建议的去改革吗？

（4）还有哪些措施能真正有效地提高该职务的丰富化水平？

教学案例 ANC电子有限公司的人力资源流失[①]

0. 引言

2006年9月的一天，下班时间已经过了很久，但是ANC电子有限公司的总经理郭凡却依然坐在办公桌前，眉头紧紧皱着。下午郭总接到了远在上海办事处的负责人李利打来的辞

---

① 案例来源：本案例由大连理工大学付永刚副教授和莫佳卉撰写。

职电话。虽然经过长时间的说服，李利答应再考虑考虑，但是郭总放下电话，却一点轻松的感觉也没有。回想这几个月以来，李利已经是继生产经理、市场部专员离职之后提出辞职的第三个很有能力的骨干员工了。不但生产线上的员工流动大，连公司的骨干员工也开始跳槽。郭总心里非常着急，再这样下去，公司会出大问题的！到底应该怎么办呢？郭总又点起一支烟，陷入了沉思……

1. ANC 电子有限公司

ANC 电子有限公司（以下简称 ANC 公司）成立于 1995 年，系研究、开发、生产、经营、服务为一体的不间断电源（UPS）专业厂商。公司注册资本 1 000 万元，总部在深圳。公司每年都有新产品上市，投入在产品研发上的费用为上一年度销售收入的 5%～8%，并建立了研发人员高级培训制度，年产整机 5 000 多台，年销售额 2 000 多万元。

2000 年 10 月，ANC 品牌产品获得国家贸易部《中国名优产品》称号。2002 年 1 月，通过德国 TUV 的 ISO 9001—1994 品质体系认证，2004 年 3 月取得国家信息产业部颁发的《电信设备进网许可证》。2005 年 3 月 15 日，在该市《最具影响力品牌》的评选中，ANC 公司被市政府评为推荐品牌。

ANC 公司属于离散式制造企业。不间断电源产品已形成 7 个系列近 80 个品种，从小容量的个人计算机到大型数据中心使用的大容量不间断电源保护系统（产品自 500VA～60KVA）；从模拟电路到全部实现数字化控制，并将通信与网络技术应用到电源产品中。公司以市场为导向，在发展中不断寻求适合自己的管理模式，目前形成了以产品和市场为核心的组织结构。公司实行总经理负责制，下设 9 个部门，分别为开发部、生产部、市场部、销售部、客服部、品管部、物控部、财务部和行政部。公司在全国一些中心区域城市设有大区办事处，归属销售部管理。公司的组织结构如图 5-4 所示。

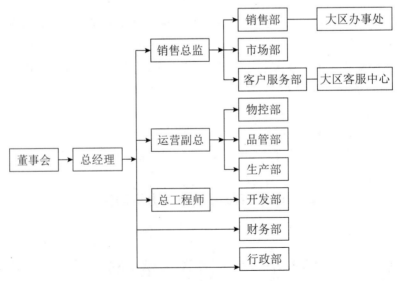

图 5-4 ANC 公司的组织结构图

ANC 公司没有设立人力资源管理部门，行政部代为行使招聘、培训、薪资管理等人事职能，行政部直属于郭总负责。公司各项人事决策权基本掌握在郭总手中。

公司目前共有员工71人。其中：营销、技术支持与服务人员36人；研发人员10人；管理与产品制造人员25人。公司员工的年龄大多集中在35～40岁。除了四位高层管理者的学历比较高（三位为大学本科学历，一位为大专学历），其他员工的学历参差不齐，一线工人中甚至还有仅仅初中毕业的。ANC公司的员工大部分来自湖南、湖北、广西、广东等省，绝大多数都是来深圳的打工者。

公司的薪酬体系采取的是"岗位工资＋效益奖金"的薪金制度，工资金额对外保密，由于公司每个月的效益不同，员工每个月领到的薪水也不一样。生产工人每个月基本工资1000元左右，月销售量多时，会因为加班费的提高而提升到1500元左右。公司为员工提供4～6人一间的免费宿舍。其他部门（如市场部等）的普通员工的基本工资不等，老员工工资在2000元左右，新员工工资在1500元左右。研发部的工资最高，据估计研发部的平均工资在4000～5000元左右。每个部门经理的工资据估计都在3500～4500元左右。另外，销售部的工资核算体系比较特别，他们的底薪是1000元左右，但是根据销售业绩计算提成，基本上销售人员的薪金都能够达到3000元以上。另外，公司每个月还能根据实际情况为员工提供一定额度的医疗报销费用。但是按照规定，员工的旷工、事假等扣除额度很高。无故事假超过三天以上，每天会扣除100元钱。这么多年来，公司在薪资方面的信誉还是很好的，从来没有拖欠、扣押过任何员工的工资。从2000年开始，ANC公司在工资的基础上制定了年终奖金。每年年末评选优秀员工，获得优秀员工称号的员工年终奖会很高，其他员工也会根据一年的表现获得不同额度的奖金，这些奖金对外都是保密的。

以前公司效益很好时，每年都会定期举行外出旅游，经常组织去桂林等地游玩。但是这两年来随着行业利润空间的减小，公司效益增长缓慢，为了压缩开支，旅游等项目都被取消了，很多老员工在提起以前的情景时都充满了怀念之情。公司每年都会在各地销售人员归来开会之际，举行乒乓球比赛，缓解员工们一段时间以来的工作压力。中秋节等节假日还会举办爬山等活动，但是与以前的旅游相比，很多员工都觉得这个活动没新意，时间长了，积极性明显下降，都不愿意参加。

2. 销售骨干的离职

2003年，ANC公司外部竞争环境发生了巨大的变化，公司在组织结构等方面做了调整，以适应行业的竞争需求。为了开拓市场，公司正式的把市场部与销售部分离。销售部专门负责开拓系统集成商、终端客户，市场部负责OEM和经销商客户等常规客户，并且为销售部提供支持。

郭总亲自兼任销售总监，主抓市场。他意识到开拓市场需要优秀的销售人员。为了加大开拓市场力度，公司首次大规模招聘销售人员，一次同时招聘来的销售人员就达到21人。这些新招聘来的销售人员以前都没有从事过本行业的销售工作，为此公司对这批销售人员进行了集中培训，然后分别派到了不同的销售区域进行销售工作，充实各销售渠道的力量。

三个多月过去了，这些销售人员上岗之后的销售业绩并不理想，经过统计发现这段时间以内新增客户数量很少。大规模拓展渠道的做法没有增强公司的销售能力，反倒使销售成本加大。公司领导层意识到销售渠道的扩张有些过快，于是解雇了一大批业绩不好的销售人员，还有一些人主动向公司辞职，另寻他职。结果这一批销售人员中仅有业绩较好的王辉和李利

2人留下来。王辉留在了成都办事处，李利留在了上海办事处。由于仅留下两人，郭总对王辉和李利非常信任，鼓励他们放手去干，只要做出业绩，公司一定会奖励他们。王辉和李利两人的关系在经历这次裁员风波后也变得更加密切。虽然一个在成都，一个远在上海，但是两人时不时地通通电话，经常保持沟通。经过几年的努力，王辉和李利分别成为各自区域的销售负责人。

2.1 王辉的离职

王辉与李利相比，能力更胜一筹，并且很有魄力，做事情很干练，但是性格非常豪放，有点不拘小节。当时，西南区域是公司很想开拓的市场。在成都办事处，王辉第一年就签下了一个著名银行的大单。很多人暗地里都很佩服王辉。

但是谁也没有想到这个先锋大将在一次谈判中，犯了个致命的错误。公司规定产品的成本价格是保密的。但是，王辉在一次谈判的非正式宴会上酒后失言，透露了产品的成本价格，结果使谈判陷入十分被动的局面。公司不得不以低价出售此批设备。尽管由于郭总的最后出面没有造成太大损失，但是考虑到问题的严重性，同时为了警示其他员工认真对待公司内部保密工作，公司决定对王辉进行经济处罚。但是王辉觉得心里很委屈，不肯接受经济处罚，最后决定离开公司。

王辉的离职给公司上下带来了很大的触动，很多人议论纷纷："人家给公司作过这么大贡献，还被炒了，我们只不过是普通员工，对公司来说更没有多大价值！"也有人说："王辉也有点太桀骜不驯，明明做得不对，还不肯认错！这几年公司对他的待遇也不薄啦，扣点工资有什么的，为什么非得要走呢？看来他还是有更好的去处……"

其实王辉的离职对李利的影响是最大的，好朋友走了，他非常舍不得，另外他也感到了危机。公司尽管对他们这几个销售骨干非常好，但是他意识到不能凭借以前的功绩一劳永逸，没有新的业绩很难对公司有交代。王辉比自己有能力、功绩多，最后都没能留下，自己以后也得处处小心。王辉临走前叮嘱他一定要提防他人的排挤，也要在工作中注意外界的变化，为自己留条后路。

2.2 李利的辞职请求

李利所负责的上海是公司比较早涉足的一个销售区域，多年来公司在上海积累了不少客户资源，再加上李利的勤奋和努力，上海地区的业务有了很大的起色，销售业绩保持着稳步上升。

郭总感到李利没有辜负自己对他的期望，不但在年终颁给李利最佳销售员工的奖励，同时给予了李利一些特殊待遇。比如，回公司开会时可以享受飞机头等舱，每月的手机费报销没有限额等。很多人对此都非常羡慕，甚至有人嫉妒李利的工作。认为上海区的工作比其他区域好做很多，不需要像四川、湖南等地那样去大力开拓客户，因此很多销售人员对李利所受的特殊待遇颇有微词。

公司最近对销售系统进行了一次人事调整，任命广州办事处的负责人夏新担任公司销售部的经理。其实李利也是这个职位的一个候选人，但是郭总考虑到李利对上海区域的业务很熟悉，对其他新区域不太了解，而且上海与深圳地理位置上太遥远，他回到深圳不太方便。而夏新资历老，并且广州离深圳很近，夏新还可以兼作广州的业务，于是便提拔夏新为销售经理，李利继续全权负责上海区域。

在这次人事任命过程中，李利虽然明白郭总的一片苦心。但是，他感到由于无人能替代他在上海地区的位置，这一方面使他获得了郭总的充分信任，另一方面也导致他失去了更多的机会。他感到几年来总做这些工作，有点乏味。

李利在工作之余，也经常关注其他行业的发展。随着公司业务的扩展，他接触了更多的其他类型的公司。他感觉到自己还很年轻，应该多出去闯闯，尤其当听到王辉在其他公司已经小有成就时，他也动心了。便向郭总提出了辞职，理由是想寻求更大的发展机会。

虽然经过郭总的劝说，李利答应再考虑考虑，但是他自己心里清楚，有了这个想法，如果公司在用人方面没有吸引他的变化，他最终还是会离职的。

3. 大学生小刘的离职

小刘毕业于国家重点大学英语专业，毕业后即应聘来到公司市场部。当时，公司要拓展海外业务，郭总对她比较重视，亲自叮嘱她要虚心向市场部的周经理学习。小刘刚刚步入工作岗位，对工作充满了热情，向郭总表示一定会努力工作。

小刘入职不久就感到很不适应。她发现周围的同事年龄都比她大很多，只有一个标书专员小吴年龄跟她差不多。工作一段时间，她感觉很孤独，跟同事完全没有共同语言，天天除了工作交流外，就没有个说心里话的人，本来她从哈尔滨大老远地来到深圳就没有朋友，如今在工作中仍然交不到朋友，她感到很郁闷。每次跟大家一起吃午饭，大家就在一起谈论孩子和家庭，她完全插不上话……而且，当大家听说她是大学生后，都显出一脸奇怪，甚至有人当面问："你是大学生啊？怎么来我们公司呢？"弄得小刘无话可答。

后来，她常常跟小吴聊天，才知道，公司一般愿意招收年纪在三十岁以上的人。因为领导认为这样的人成家立业了，比较稳定，而且要求不高，不会轻易离职，而像她这样的大学生一般都被看作"不安分对象"，总是爱跳槽。以前公司也招收过大学生，但是不久都纷纷离开了，郭总给他们的评价是"大学生太缺乏经验，完全凭感情工作，而且对公司的现有情况总是不满意。他们只会提问题，却从来都不提一些切合实际的解决办法，这不是公司真正需要的"。因此，这加深了领导"不根据文凭选人"的观念，公司始终把经验放在第一位。小吴还告诉小刘说，其实她也很郁闷，不喜欢跟全是年纪大的人在一起工作；而且现在公司精简组织机构，工作量大大提高了，她感觉到压力很大，经常要加班制作标书，生怕出点差错影响公司中标，但是工资算上加班费也很低，要不是她现在刚结婚贷款买房有还款的压力，早就想换个工作了。

尽管在公司中缺少朋友，但小刘还是踏踏实实地工作。但工作并没有像她想象的那么具有挑战性，她每天的主要任务就是把所有的产品材料翻译成英语。由于以前公司没有过外销业务，在外销资料上完全空白，小刘得从头开始建立外销档案，并要制作很多标准的外销合同，包括录入很多外销目标客户的资料，她天天对着电脑做 Excel 表，觉得很没意思。由于 UPS 产品涉及很多术语，她不太了解 UPS 的情况，在翻译文档时，总是遇到问题，只好问市场部周经理。周经理总是不耐烦地说："我也不是学英语的，我怎么知道，你大学里是怎么学的？你们这些大学生就是需要锻炼，在课堂上学的东西根本就用不上，遇到工作什么都不会，我都不知道该怎么教你熟悉业务。"大学里确实不学这些专业词汇，她跟周经理解释不清，小刘心里有种苦不堪言的感觉。

小刘把基本档案整理完，就开始没完没了地输入客户资料，周经理甚至把一些本来不是她职责范围内的客户资料交给她整理，大批地输入 Excel 中。她终于忍耐不住了，我一个大学毕业生，难道就是到这里来输入记录的吗？她决定辞职。

小刘给郭总写了一封辞职信："郭总，我向您提出辞职。这里不能实现我的理想，我本来想在这里努力干，多学一些东西，但是我感觉这里不适合我，不是我所追求的，请您原谅我。但是，在我临走之前，我想说说我的看法，我这样的大学生的确没有经验，但是我们有激情，而且还是愿意努力工作的，您应该信任我们，交给我们一些有挑战的事情，这样才能发挥我们的价值。周经理她们确实有经验，但是没有青年人那种激情，长此以往对公司是非常不利的，这会影响公司效率和效益啊。我只是提一些个人意见，请您原谅。"

其实，郭总还是很赏识小刘的，她沟通能力比较强，而且具有一定的亲和力。只是目前，公司发现开拓海外市场难度太大，打算放弃外销这一块，想培养小刘做销售，但是她在这个时候提出了辞职，并且态度很坚决。郭总挽留不住只好惋惜地说："小刘，你决定要走，我觉得很可惜。其实，以前我一直对大学生有一定的偏见，因为招过一些大学生，但是他们什么都不会，而且光说不练，对待遇要求还很高，他们对我们这样的小企业缺乏感情，总是好高骛远爱跳槽。因此，我始终坚持不以学历论人。但是你来到这里后，我对你的印象很好，你沟通交际能力很强，对工作也很认真，只是我始终没有把你放到一个合适的位置上，这是我用人的失误。你的表现使我对大学生有了一种新的认识，我真要重新来认识大学生了。可能这么多年来我们用人思路还是需要改变的，但就目前状况而言，短时期内从年龄、学历上来改变人员结构是非常难的，我会考虑的……你的能力不错，以后找一个适合你的公司，肯定会很有发展的……"小刘听到郭总这么坦诚地跟自己谈话，心里很感动，但是她话已出口，而且为了自己今后的发展，她最终还是决定离开公司……

4. 网管小胡闹离职

小胡是公司的老员工了，他 5 年前进入公司时，仅仅是一名生产线上的普通装配工人。尽管他仅有高中文凭，但是他个人勤奋努力，并且学习能力很强，他装的机器出错率低，深得生产经理的器重。由于表现出色，被提拔为仓管员，负责公司的仓储工作。在负责仓储工作期间，由于工作不像在生产线上那么繁忙，自己学习了电脑，经过自学精通了很多软件并且掌握了基本的电脑硬件、网络知识。去年，公司原网管辞职了，并且在临走前，向郭总推荐小胡，说他已经具备了管理公司网络等方面的能力。因此，公司领导经过讨论，将小胡调任到行政部，一方面负责公司的后勤行政以及招聘工作，另一方面兼任网管。

4.1 小胡的困惑

担任网管一年来，小胡变了很多，他的工作积极性不再像以前那样高了。由于网管工作清闲，没有什么事情，小胡多数时间在自学各种软件。另外行政部工作也都是一些常规的检查员工宿舍情况、检查工厂清洁情况等琐碎的事情。尽管工种简单，但是由于是老员工，与其他岗位的员工相比较，他的工资还是比较高的。但是，这似乎并不能满足小胡的要求，他才 26 岁，一直期望能够有更大的发展。与他原来一起担任仓管部的周姐现在已经提升为市场部经理了。而小胡由于学历不高，同时对市场、销售等工作不在行，感觉提升的机会不大，唯一的机会就是担任行政部经理。但是现任行政部经理刘永比他的资历老很多，是公司的开朝元老，虽然能力不强，一直没能担当重任，但郭总一直很照顾他这样的元老员工。

因此，小胡心里清楚，尽管刘永能力不强，员工对他的行政工作均感不满，但是行政工作不是公司主抓的工作，只要刘永没有大的过失，根据他的资历，郭总是不能把他从行政部经理的位置上拿下来的。同时，行政部工作完全没有挑战性，对于他这样一个尚未成家立业的小青年来说，完全不合适，他也不感兴趣。

因此，他一直积极性不高。对待工作有种混日子的感觉。他一直寻找机会，总想跳出公司自己单干，但是苦于没有资金与足够的技术。郭总也发现小胡的工作积极性下降，以为是工作量太小。恰逢市场部一名员工离职，便委任小胡兼市场部专员的工作，为销售人员制作标书等。但是小胡坚持不兼任，仅仅答应帮忙工作一段时间。公司后来就招来一名新的市场部专员，负责标书制作。

4.2 请假风波

新专员入职了，小胡工作又轻松了，便借口家里有事，向公司请了一个星期的假回湖北老家了。其实对于小胡的工作，很多人还是很眼热的。工作清闲，并且工资不菲。但是由于没有人通晓电脑，所以很难有人取代他的职位。

一个星期后，小胡回来了。尽管散心一个星期，但是回到岗位上，他还是提不起精神工作。月末到了，他去领薪水。由于这回属于无故请假，扣除了他500元。他非常生气，觉得公司不应该扣这么多，但是他又不愿意去理论，便把气压在心底。

4.3 换楼风波

公司的青年员工都是住在公司的员工宿舍。公司提供两种房间：一种是独立房间；另一种是合住房间。生产工人都住4～6人的合住房，免费的。小胡是老员工，不愿意跟生产线上的新员工住在一起，便一直住单间房，这种单间房每人每月要交100元房租。还有一个市场部的专员也住这种房间。由于旧宿舍的租期到了，公司不得不更换宿舍。但是换楼后，由于房价上涨，公司不愿意提供这种单间房，但是考虑到某些员工的需要，便决定住单间房的员工每月要交180元，合住房还是免费的。

小胡听到这个消息后，很生气，觉得公司一点都不替员工考虑，连房费都与员工计较。但是，这些情况他不愿意与领导说，在一次下班后，他与办公室里的同事说道："公司没发展啦，换房后，公司还向我们多要钱！"请假扣工资的事情，加上这次换楼又要多收费，小胡心里窝着一肚子火，便开始闹情绪。过了几天，尽管还没有考虑好辞职后要做什么，小胡他还是向公司递上了辞呈。

郭总接到辞呈后感到很吃惊，觉得他对小胡可以说是非常照顾了，他的工作量非常轻，但工资却很高，难道这也留不住他吗？

经他了解后，他发现小胡也不是真的想走，便没有审批他的辞呈，并找他谈了话："小胡，你考虑好你离开公司后要继续做什么了吗？"小胡回答："还没有考虑好。"郭总拍拍他的肩膀说："那就先别走了，你是公司的老员工，公司一向都很照顾老员工，这点你也很清楚，公司现在的网络管理还是需要你的，等你以后想到更好的去处再走也不晚嘛。考虑到你的情况，宿舍的房费还是维持原价吧。另外，最近有一批湖北的机器需要维护，客服那边缺人，这趟机器你就去跑一趟吧，顺便还可以回家看一眼，怎么样？而且我听说很多员工都对新换的宿舍不满意，你作为行政部的代表，得帮助公司稳定大家的情绪啊。我相信你在公司这么多年啦，肯定能解决这些问题的。"

小胡考虑到还没有合适的去处，另外公司都在宿舍方面让自己一步了，便收回了辞呈。这段辞职风波就这样悄然结束了。

5. 尾声

公司最近的业务越来越吃紧，但是这一阶段却纷纷有人提出辞职。除了生产部人员流动加大外，市场部、销售部、行政部都有人提出辞职。郭总知道有的人是真的想离开公司，但是也有的人在趁机利用辞职向公司提出一些要求。回忆起这段时间的种种事情，郭总心情很沉重，他能理解李利、小刘他们都是有能力的人，公司发展规模上不去，这些有能力的人难免会觉得在公司发展空间小，迟早会离开公司。但公司中绝大部分还是像小胡这样学历一般的员工，公司给予他们的待遇已经很不错了，但是这些员工却越来越缺乏工作积极性，还时不时地闹离职。公司不能总用提高工资、降低房费这些延缓之计来解决这些员工离职的难题啊。到底该怎么从根本上解决员工离职的问题，让大家愿意与公司一起长久发展呢？郭总陷入了沉思中……

思考题：

（1）你如何看待 ANC 公司的人力资源流失问题？你认为造成这种局面的原因有哪些？

（2）郭总在面对人员流失（或离职倾向）时采取了那些办法？你如何看待郭总的做法？

（3）销售骨干李利的离职与大学生小刘的离职有内在联系吗？为什么？

（4）如果你是 ANC 公司的郭总，面临这个局面你将如何思考？如何决策？

通过本章的学习，你应该能够：

- 知道群体的概念、分类、动力特征及发展阶段；
- 了解群体凝聚力、士气的定义及其与生产率的关系；
- 理解群体决策的利弊、效果与效率，分析群体决策的两种心理现象；
- 掌握群体决策的四种主要方法。

引导案例

新员工小王的烦恼

小王是某重点大学的毕业生，2011年某知名公司在该校进行招聘，小王顺利通过该公司的考核，被该公司录用，从事营销策划工作。

营销策划部共有6个人，包括部门经理、副经理及四个老员工。刚开始几个老员工听说新招了一名大学生，不是很满意，他们认为现在的年轻人很多都是独生子，娇纵惯了，吃不得苦还自命清高，而且大学生重理论，缺乏实践经验。不料小王是个热情开朗、做事沉稳、待人亲和的人，非常容易相处，再加上小王专业知识很扎实，又勤奋好学，很快就上手了相关工作，为老员工分担了不少任务，使老员工感到工作轻松了不少，于是老员工逐渐接受并认可了小王，经理也经常在部门会议上表扬小王的工作。

但随着经理、副经理夸奖次数的增加，小王发现几位老员工开始不待见自己，对自己越来越冷淡。甚至有次在小王刚准备去经理办公室汇报工作时，一个老员工冷冷地说道"就你最积极"，使小王感到莫名其妙。很快就到了年底，在年终考核的时候，由于该部门提前完成了公司的任务，而且公司对有关策划方案非常满意，在公司年度会议上对策划部进行高度表扬。但同时，在制订下一年度部门工作计划时，增加了策划部的工作量，这时，本来因小王的到来而轻松不少的老员工顿时又开始忙碌了，而且虽然和以前一样忙，但每次得到表扬的都是小王，于是老员工更加排斥小王了。老员工有什么集体活动也不再邀请小王参加，甚至在背后说小王是个工作狂，小王知道后很不解也很伤心，认为自己这么努力工作，反而招来同事的怨恨。直到有一天，他向其他部门的老张请教，才明白原来是自己积极工作破坏了部门内原有的某些东西，才导致今天的遭遇。

为什么小王会遭到老员工的排斥呢？小王破坏了部门内的某些东西是指什么？小王接下来又该怎样做呢？

群体是一种社会现象，生活在社会中的每一个人都不能脱离群体而独立活动。随着社会的发展，群体在组织中所起的作用越来越引起人们的重视。群体行为的效果直接影响到组织行为的效果。一个高凝聚力的群体产生的合力会大于群体成员个人力量的总和，即产生"1+1>2"的积极效果；反之，则会削弱群体力量，出现"1+1<2"的消极结果。因此，通过对群体行为的研究可以使我们更准确地掌握群体行为的规律和特点，更好地发挥群体的作用，从而保证组织目标的实现。

第一节 群体及其动力特征

一、群体的内涵与功能

（一）群体的含义

到底什么是群体？马路上看热闹的人群，公共汽车上的乘客算不算群体？在此，我们首先要弄清群体的定义。到目前为止，关于群体的定义，不同学派从不同角度对群体都给予过解释，因为其所强调的重点不同而对其表述也不相同。

有些心理学派的人从感知、动机、组织、相互依赖等群体特征的角度对群体进行归纳，其中比较典型的定义有以下几种。

根据群体成员的感知，人们认为群体是朝夕相处、相互作用的人的集合。群体内的每一个成员都受到其他成员的影响和感知。

群体动机学派认为，群体是寻求满足自己需要的个体的集合，这些需要包括安全需要、地位需要、自尊需要、情感需要、权力需要、实现目标的需要等。

群体的组织学派则强调群体是具有不同角色、不同地位的个体构成的社会单元。群体具有相对稳定性，并起着影响群体成员行为的价值观和道德规范的作用。

有些学派从群体成员间的依赖性出发，认为群体是相互依赖的个体所构成的社会实体。群体成员间是相互联系的，而这种联系使得所集合的个体相互间有明显的依赖性。

一些行为学派的人也曾对群体进行过定义。例如唐·赫尔雷格尔教授在其《组织行为学》中将群体定义为："在一段时间内，能够经常互相进行交往的人群，其人数应相对少些，使每人能与本群体内所有其他的人进行面对面的直接沟通。"并强调群体不是某一段时间内偶然聚集在一起的几个人，它是成员之间的相互作用或群体作为一个整体所做出的成果。西拉季等人给出的群体定义是:"两个或更多的个人为了实现共同的工作目的和目标而形成的互相依赖和互相作用的集合体。"这里着重强调这些人具有共同的目的和目标,以及相互依赖和相互作用的特点。美国社会心理学家霍曼斯通过对群体构成要素的分析,从另一角度揭示了组织行为学中群体的内涵。他认为,群体是任务活动、相互作用和情感活动3个要素构成的统一体,它们相互依赖,相互制约,缺一不可。其关系如图6-1所示。

图6-1 霍曼斯的群体构成三要素

前面我们列举了群体定义的几种说法,归纳这几种观点可以看出,无论是从心理学角度还是从行为学的角度来看,归根到底,群体是由一群个体由于某种关系聚集在一起的集合。运用罗宾斯(Stephen P Robbins)教授的解释,我们将群体定义为:群体是为了实现某个特定的目标,两个以上相互作用、相互依赖、遵守共同的行为规范的个体的组合。

从这个定义可以看出,要形成群体必须满足三个条件:一是群体的人数必须大于或等于2,一个人无法组成群体。这里要注意,人数有最少限制,但没有最多限制;二是群体成员必须以某种方式相互联系、相互依赖;三是必须要有共同的目标,并且成员愿意努力去实现该目标。

(二)群体的心理效应

在群体中,个体受群体的影响,可能产生以下几方面的心理效应。

(1)归属感。群体的成员在相互作用过程中获得友谊和帮助,彼此信任与合作,当受到外界压力时,同一群体的成员能一致对外,成员间感到同属某一群体,这就是归属感。

(2)认同感。群体的成员对一些重大事件与原则问题,一般都保持一致的认识和评价,尽管这种认识和评价并不一定正确,但成员间仍能潜移默化的相互影响,这就是群体的认同感。

(3)角色感。群体成员在群体内长期所处的地位、所扮演的角色,会使其逐渐形成一种特有的习惯心理,从而使其言谈举止和思想方法都打上某个角色的烙印。

(4)力量感。当群体成员的行为表现出符合群体规范、符合群体的期待时,即同群体保持一致,群体的其他成员就会给其以赞许和鼓励,以示支持,从而进一步强化其行为,使其产生力量感。

(三)群体的特征

从群体定义中我们可以发现,群体具有以下特征。

(1)群体成员有一致认同的特定目标。组织通过分工使每个群体都有了特定的目标,在特定目标的引导下，群体成员有了共同的行为方向，群体成员所做的一切工作都紧紧围绕群体目标展开。在目标的实现过程中，每个群体成员都具有一定的角色地位，并使行为与角色一致，彼此合作使群体朝着共同的目标前进。

（2）群体成员有着共同遵循的规范。群体在实现其目标任务的过程中，逐步形成一定的行为规范，这些行为规范对群体成员具有一定的约束力，群体成员必须遵循。通过行为规范使群体的每个成员的行为都能符合群体的共同愿望，从而确保群体目标的实现。

（3）群体成员相互依赖、相互作用和相互制约。共同目标使群体成员有了极强的凝聚力和归属感。在群体中，每个成员都意识到了他人的存在，具有相关活动的意识，并通过工作的相互影响、相互作用和相互制约，达到群体行为的统一性和整体性。

（4）群体保持动态变化。组成群体的成员、群体目标、成员之间的关系等会随着群体的发展呈现动态的变化，使不同的群体之间能相互区别。同时，根据个体需要，同一个个体可以隶属于不同的群体。

我们认识并掌握群体特征的目的在于有效利用并发挥群体特征优势资源，抑制其不利于目标发展的特征。例如，在群体沟通中，正式群体更强调规范性的指令传输，而非正式群体并不突出规范性的指令传输，更多的是适合群体成员双向沟通的传输方式。又如正式群体中地位较高的成员与一般成员相比，往往因其在群体生活中承担着一定管理职权，而使群体规范行为的内容和表现方法有所不同。

（四）群体的功能

1. 积聚力量

群体的功能之一是使个体力量有机地组合成一种新的力量。在群体中，成员通过彼此影响，相互促进，从而提高工作水平。同时，群体还能将不同技能的人组合起来，实现个体力量或单一技能所无法完成的工作。

2. 组织支持

群体的功能主要是完成组织上分配的任务和执行其所规定的职责。一个庞大的组织要想有效地达到其目标，必须通过群体间的合理分工和密切合作，把任务逐层分配给较小的单位、部门去执行。群体对组织来说，主要就是承担、执行和完成组织所分配的任务，以保证组织目标的实现。

3. 满足个体心理需求

群体对个体的主要功能是能满足其心理的需要，而这也正体现了个体加入群体的动机。群体成员的需求是多种多样的，比如安全需求、尊重的需求和自我实现的需求，这些需求有的可以通过工作得到满足，而有的则需要以群体内人际之间的相互作用、相互依存、相互交流而得到满足。

二、群体的分类

群体依据不同的标准可划分为不同的类型，一般情况下群体可分成以下几种类型。

（一）大群体和小群体

依据群体规模的大小，可分为大群体和小群体。这里的群体规模不仅是指构成群体人数的多少，还包括群体完成指定目标的大小，群体占用整个组织资源的多少等。以此为依据可将群体分成大群体和小群体。在大群体中，成员之间缺乏沟通和相互之间的直接联系，总以间接的方式联系在一起，彼此关系比较淡薄，如学校、部队等。而在小群体中，群体成员之间有直接的接触，因此可以进行相互的沟通和交往，情感交流比较频繁，如工厂的车间、科室、领导班子等。

（二）正式群体和非正式群体

依据群体构成的原则和方式，可分为正式群体和非正式群体。所谓正式群体是指有组织正式明文规定的，群体成员有固定的编制和相应的权利和义务，分工清晰、职责明确、群体规范相对完善的群体。

由于正式群体是由组织正式明文规定的，所以群体特征受组织的影响。群体成员在群体中所处的地位和所担当的角色是由组织决定的，而且群体及其成员的行为方式与组织目标保持一致，同时受到组织的引导和控制。

而非正式群体是指组织中没有正式规定的群体，是建立在某种共同利益基础上自发形成的群体。形成非正式群体的原因是多方面的，但最重要的原因是成员的个人需求在群体中得到满足。这种满足不仅仅表现在达到一致认同的目标并在完成目标基础上获得满足，而且表现在群体行为中相对较少的约束和命令能使成员自由发挥其个性特征，并形成成员之间自愿交往的良好沟通关系。相对于正式群体而言，非正式群体具有较强的可塑性，在对环境的适应、时间和空间协调上具有一定优势。

非正式群体虽然不是由组织建立的，但它对组织的影响却极为重要。作为正式群体的辅助力量，非正式群体对组织可起到一定的积极作用。例如，非正式群体可加强正式群体信息沟通。正式群体沟通渠道的有限性，使非正式群体在客观上对完善组织内部信息、增加群体成员的频繁接触、加速信息沟通都起着积极的作用；可以满足成员的心理需要，增强群体凝聚力。非正式群体能补充正式群体满足成员心理需要的不足，使成员保持安定的情绪，有助于群体内形成安定团结的气氛，从而增强群体凝聚力，有利于协助正式群体实现组织目标。非正式群体形成的原因决定了它对其成员有一种内在的号召力，这种号召力是自然形成的。它对成员的影响要比组织的命令和动员的作用大得多，它可以使成员协调一致，解决正式群体无法解决的困难，协助正式群体实现组织目标。当非正式群体与正式群体的目标、利益发生冲突时，非正式群体会成为正式群体的阻碍，影响组织目标的实现，会产生消极作用，例如会产生抵触情绪，形成对立面。当非正式群体成员因心理需要得不到满足或与正式群体目标相背离时，由于沟通不当容易产生心理矛盾和冲突，表示出不满甚至对抗的情绪，从而影响工作效率；非正式群体的信息沟通以感情为基础，带有感情色彩。在正式群体的信息传递中，由于非正式群体结合个体对信息内容的情感倾向以及服务于非正式群体目标的实现等情况，使信息传递容易夹杂个人臆想成分，歪曲或隐瞒信息内容，导致非正式群体成为传播小道消息、谣言的途径。

正是由于非正式群体的特征及其在组织中所产生的积极的或消极的作用，所以作为管理者在工作中就要注意对非正式群体的管理。利用非正式群体成员的情感密切、相互信任的特点，引导他们进行批评和自我批评，不断提高其成员的政治觉悟和工作能力；利用其信息沟通灵活的特点，及时宣传组织的目标和意图；利用非正式群体凝聚力强、群体意识强烈的特点，适当提高劳动任务标准、加大工作难度，以提高人力资源效能，从而更好地实现组织目标。总之，管理者要对非正式群体进行合理的利用和控制，因势利导，发挥其积极作用；限制或消除其消极作用，使非正式群体成为实现组织目标的有生力量。

（三）参照群体和非参照群体

依据群体的社会影响及作用，可分为参照群体和非参照群体。参照群体又称为标准群体或榜样群体。所谓参照群体是指这种群体的标准、目标和规范可以成为人们行动的指南，成为人们要努力达到的标准。参照群体的标准和目标会成为一个人的"内在中心"，它的标准和目标能引起人们的向往和追求。人们常常会把自己的行为及群体行为与其参照群体的标准进行对照，如果不符合这些标准，就会改正自己的行为。参照群体的提出具有实际意义。在我国的企业管理中，树立先进典型是管理工作的一条重要经验，但实际效果不大，其中一个重要原因就是这些典型、标兵没有真正成为人们心目中的参照群体。

非参照群体是相对于参照群体而言的，是指那些虽然存在并活动于社会上，但其标准和目标不足以成为人们行动参照物的一般性群体。通常在划分参照与非参照群体时，往往将个体所在群体作为非参照群体。值得注意的是，由于群体之间的特征存在一定的差异性，在学习和追求参照群体行为的目标、内容和方法时，照抄照搬是不可取的，应当结合自身群体的特征提出适合自身群体实际特征的目标、内容和方法。

（四）假设群体和实际群体

依据群体是否存在，可分为假设群体和实际群体。假设群体是一种客观上并不存在的群体，只是为了研究或统计分析的需要而被人们"设计"划分出来的。假设群体又被称为统计群体或目标群体。虽然假设群体在实际中并不存在，但在研究和分析某些问题时，却是一种比较有效的方法。比如，在市场消费占有率的消费群体分析中，在目标市场占有率指标下，可建立一个接近市场其他特征的假设消费群体，并细化群体各类分项指标及必要的调整偏差方案，与实际消费群体的相关指标的对比分析，可以找到实际消费群体与目标消费群体的差异，以作为企业市场行为调整的参考依据。

实际群体是指实际存在着的群体，群体成员之间有着实际的直接或间接的联系，前面所说的群体无论是正式的或非正式的，大的或小的，只要实际存在，就是实际群体。

（五）松散群体、联合群体和集体

按照群体的发展水平，可分为松散群体、联合群体和集体。这种划分方法是由苏联心理学家彼得罗斯基提出的。

松散群体是指人们只是由于偶然的机会而在时间和空间上结成的群体，但群体成员之间并没有明确的、共同活动的内容、目的和意义，松散群体不是严格意义下的群体。如乘同一辆车、同一艘船的旅客，住同一病房的病友等所构成的群体，都属于松散群体。

松散群体进一步发展，则可能成为联合群体。这种群体的成员有着共同目标、共同利益和共同活动的目的，如协会、社团等。群体成员可以参加活动，也可以谢绝参加。群体成员以其在共同活动中所起的作用和所作的贡献来确定其在群体中的地位。

集体则是群体发展的最高阶段，具有组织性和心理上的团结一致的特点。群体成员之间相互联系极为密切，有明确的职责和目标，如班组、科室等。集体的成员不仅认识到集体活动对个人和自己所在集体的利益，而且还认识到整个社会的利益。当个人利益、集体利益与国家利益三者之间发生矛盾时，能使个人利益服从于集体利益，集体利益服从于国家利益。

（六）固定群体和临时群体

按照群体存在时间的长短，可分为固定群体和临时群体。固定群体也称常设性群体，是指在时间上较长期存在的群体，有较为稳定的结构，其成员可以发生变化，但组织形态相对稳定。固定群体一般为正式群体。临时群体是指为了完成某一临时性的任务而组建的群体，完成任务后它就被解散。有的属于正式群体，如科技攻关小组、突击队、检查组、鉴定小组等；有的属于非正式群体，如自愿结成的旅游团、观光团、参赛队伍等。

（七）职能群体、项目群体和兴趣或友谊群体

按照群体目标的不同，可分为职能群体、项目群体和兴趣或友谊群体。职能群体是为了能稳定地、持续地满足某些必不可少的、经常重复出现的常规性需求而建立的。职能群体的成员关系由组织结构规定，有明确的隶属关系和正式的职位规范，与组织的基本目标相联系。职能群体一般是正式群体，如科室、班组等。

项目群体是按照完成某个特殊工作任务、某个项目的目的来建立的，一般是为了在规定的时间内，按照规定的质量标准或效率标准来完成某项具体任务或项目。项目群体可以是短期的，在一项具体的工作任务或项目完成以后即解散，群体的成员回到以前所在的群体中去；也可以是较长期存在的。项目群体可以有隶属关系，且一般为正式群体，如组织中的各种委员会、攻关小组等。

兴趣或友谊群体是由于年龄、信仰或兴趣等相同或相似而形成的，主要是为了满足群体成员的社会、心理方面的需要，如工会、社交群体、娱乐性的俱乐部等。

三、群体的外部环境和内部结构

（一）群体的外部环境

在研究群体时，应把群体与其所在的大环境联系起来，将其视为组织系统的一部分。例如，经管学院的学生是一个群体，但他们又处于学校这个大环境中，受学校规章制度的制约。

（1）组织战略。组织战略决定了组织的目标和未来的发展方向，决定了组织分配给群体的工作任务和资源，进而影响群体的行为。

（2）权力结构。权力结构通常是由正式的组织结构决定的，权力结构决定了工作群体在组织中的位置、群体的正式领导与组织的关系及正式领导与群体成员间的关系。尽管有时群体可能由非正式领导控制，但正式领导拥有他人没有的权力，影响着群体的运行。

（3）组织正式规范。与非正式规范相比，正式规范一般是成文的，且各成员都应严格遵守，包括组织规章制度、政策、程序等。

（4）组织资源。组织资源包括人员、资金、时间、技术等，组织资源的多少直接关系到工作群体能分配到的资源的多少。

（5）人员甄选过程。工作群体中的成员也是群体所属组织中的一员，因此组织在招聘时对人员甄选的标准将影响工作群体成员的类型。

（6）组织文化。组织文化是组织在发展过程中形成的，被组织成员所接受的一系列规范的总和。群体成员如果能正确认识组织文化，并在思想、行动上符合组织文化的内涵，就更容易获得组织的认可，从而发挥更大的作用。

（7）组织的绩效评估和奖惩体系。由于群体是其所属组织系统的一个组成部分，群体成员同时也是群体所在组织的成员，因而组织对其成员绩效评估的标准、方式、所奖励的行为类型、奖励方式等，都会影响到群体成员的行为。

（8）物理环境。群体成员工作场所的外观、设备的安排、照明水平、噪声的大小等因素，既可以成为群体互动的障碍，也可能为群体成员的交往提供机会。如果群体成员在同一个工作场所内工作，彼此之间没有间隔物，则群体成员之间的相互交流沟通就容易进行，当然也容易散布流言蜚语、传播小道消息。

（二）群体的内部结构

（1）规模。群体规模的大小将影响群体成员间的关系，规模越小，成员间交流的机会越多，关系越亲密。一般小群体容易统一意见，完成任务的速度更快，而大群体能集思广益，提供更多的想法。

（2）成员的构成。群体成员的构成对群体的工作氛围、凝聚力等有很大的影响，如群体成员的能力结构、知识结构差异大，群体在完成复杂任务、创造性的任务时效果更好，而群体成员构成差异小时对完成简单任务、合作性任务更有利。成员间能力、性格等方面差异大，共同话题少，可能会造成沟通障碍，而且成员间社会背景、学历等方面的差异也会造成成员间的隔阂，不利于成员间关系的建立。

（3）角色。角色是指人们对处于某职位上的人的行为方式的期待。人们在扮演不同角色时，一般会经历角色期待、角色知觉、角色扮演和角色冲突四个阶段。角色期待是指人们按照该角色的一般特点对扮演该角色的人的行为要求和期待，如人们认为教师应该是正直、循循善诱、博学的。角色知觉是指角色扮演者以外界对自己的期望为基础，对角色的认识和理解，认为在某种环境下自己该做出怎样的反应。角色扮演是指人们在角色理解的基础上，付诸了实际行动。角色扮演不仅受角色知觉的影响，还受到外界客观、主观条件的限制。角色冲突是指一个人在扮演多种角色时，会有多种角色期待，一旦个体不能满足多种角色期待时，就会产生角色冲突，如中国古代常说的忠孝难两全、为生计奔波的父亲很少有时间陪孩子等。

（4）正式领导。一般工作群体都会有正式领导，如部门主管、项目组组长等。群体领导会对群体产生很大的影响，领导风格、行为的不同将影响群体成员的行为和群体绩效。

（5）地位。地位是人们在群体中所处的位置的社会性界定。地位有正式和非正式之分，正式地位是由组织正式任命的，而非正式地位是由于年龄、技能、经验等方面的突出而非正式获得的。当个体对自己地位的认知与他人对自己地位的认知有偏差时，就会影响个体的行为反应。如果群体内成员对各自的地位达成共识，则有利于群体目标的实现，反之，会花费大量精力用于解决内部矛盾，干扰群体活动的开展。

四、群体的动力特征

（一）群体规范

1.群体规范的含义

任何群体都有自己的行为准则，为了保障群体目标的实现和群体活动的协调一致，必然要有一套行为准则来统一群体成员的信念、价值观和行为，而这种行为准则就是群体规范。

早在20世纪30年代初，著名的霍桑试验就已经注意到群体规范对群体及其成员行为的影响。试验发现，对生产起作用的社会因素几乎没有对生产力产生任何作用，工人之间已经建立了一套无法改变的群体规范。

群体规范具有一种无形的压力，约束着人们的行为表现，而这种约束力往往没有被人们所意识到。因而群体规范一旦形成，就会成为群体成员的行为准则，自觉地或被迫地来遵守它。为了成为某一个群体的一员，人们往往尽力做到符合其所在群体的规范，因为不符合群体规范的代价也许是受到群体成员的排斥，甚至被嘲笑。从某种程度上说，群体规范是控制人们行为的有效办法。

2.群体规范的特点

（1）非书面化。群体规范是无意识地通过习惯的力量形成的，它们起源于群体成员对工作性质的构想和信念；起源于由经理人员向群体成员传递的有关群体成员是否负责的一种隐含的期待；起源于群体成员工作的实际条件以及其他许多类似的因素。因此，群体规范是触摸不到的，也往往难以用语言来表达，也被称为"潜规则"。

（2）强约束力。在具有群体规范的群体里，成员之间往往具有共同的价值标准、共同的情感和态度。该群体的领袖人物是自发产生的，但对其成员却往往比正式组织的领导人具有更大的影响力。梅奥在霍桑实验中发现，工人们在生产中自发形成了一些共同遵守的准则，如干活不能过于积极，也不能过于偷懒。这些约定俗成的准则对该群体的成员具有普遍约束力。如果有人违反了这些准则，就会遭到其他人的指责和讽刺，冷淡和疏远，甚至以武力报复。

（3）不易更改。由于群体规范是长期、自然形成的，其形成过程往往经过了成员之间的长期磨合，形成了一种被大家认同并遵守的准则。因此，群体成员具有很强的惯性思维和惯性行为模式，改变起来非常困难，而且群体成员会对那些试图改变现有群体规范的意图和行动进行抵制和阻碍。因此，改变群体规范不亚于一场变革。

3. 群体规范的种类

（1）正式规范。正式规范就是明文规定的规范，一般存在于正式群体之中。这类规范往往是通过群体成员讨论，以文字形式保存下来，并辅之一系列配套制度来维护，比如奖励制度及其实施办法等。

（2）习惯性规范。习惯性规范就是自发形成或约定俗成的规范。主要存在于非正式群体之中，也存在于正式群体之中。在一定情况下，习惯性规范比正式规范对人的约束和压力更大。如经常可以听到大家议论某人说话比较放肆，某人过分表现自己等，一般都是这种规范在起作用。因此，管理群体既要注意看得见、摸得着的正式规范，还要特别注意多种多样的习惯性规范的影响。

（3）反社会规范。反社会规范是指不被社会所承认的规范，所以具有很大的危害性和反动性，比如流氓团伙、危害社会的集团等群体的特定规范都属于这一类规范。

4. 群体规范的功能

（1）群体规范有利于增进凝聚力，促进群体生存。群体规范通过保护群体的特性，拒绝其成员的越轨行为，强化那些能够增加成功机会的规范，把群体成员的意见和行为统一起来，实现共同的目标，从而尽量减少其他群体和个人的干扰，防止"一盘散沙"，增强群体的整体性，对群体起到维护作用。

（2）群体规范有利于增加群体成员行为的可预测性。群体规范通过建立共同准则和行为基础来促进群体的平稳运行，降低人们预期行为中的不确定性，从而使群体和群体成员能够相互预测彼此的行为，简化群体的工作方式，并做出适当的反应，从而提高群体的效率。

（3）群体规范有利于减少摩擦，改善人际关系。群体规范通过界定成员间的适当行为，有利于减少和避免尴尬或难堪的人际关系，从而尽可能减少人际摩擦，防止对抗，使群体成员在一种相对"安全"的心理环境中进行工作。

（4）群体规范有利于表现群体的核心价值观。群体规范通过清楚地界定"我们的群体是什么？""我们的群体应该是什么？"等关键问题，来表达群体的核心价值观，并使群体成员能够以此指导自己的行为，正确处理与群体外部人群的相互关系，强化和维护群体的存在。

5. 群体规范分析法

群体规范分析法是美国管理心理学家皮尔尼克（SPilnick）在20世纪60年代后期提出的。这一理论认为，群体的规范与企业利益有直接的关系，而企业的利益又与群体的工作效率有直接的联系。因而，规范分析在于分析影响群体规范的各种因素，并把这些方面的改革作为提高群体工作效率的一种工具。这种方法主要包括以下三项内容。

（1）明确规范内容。进入有关群体，了解和分析群体已经形成的规范，特别要了解起消极作用的规范、习惯，并在了解分析的过程中听取群体成员对这些规范进行改革的意见。

（2）制定规范剖面图。将规范进行分类，每一类都设定理想的给分点，理想的给分点与实际评分的差距为规范差距。如将某一群体的规范分为组织荣誉、业务成绩、利润等十类。

（3）进行改革。改革要从最上层的群体开始，逐级向下，确定优先改革的规范项目。所谓优先主要是考虑该规范对企业效率影响的大小，并一定要把规范差距大的项目列为优先改革的项目，然后，再对优先改革的项目采取必要的措施。

皮尔尼克认为，这种群体规范改革的优点在于不针对某个人，而是针对整个群体的，所以群体成员就容易接受。

（二）群体压力和从众行为

1. 群体压力的含义

个人总是生活或工作在一定的群体之中，作为群体的成员，个体渴望被群体接受和尊重，因此会倾向于按照群体的规范行事；但当群体成员的思想或行为与群体意见或规范发生冲突时，成员为了保持与群体的关系而需要遵守群体意见或规范时就会感受到一种无形的心理、精神上的压迫，即心理压力，这种压力就是群体压力。

群体压力与权威命令不同，不是由上而下、明文规定的行为，而是群体中大多数成员一致的看法和意见，这使得个体在心理上感到很难违抗。群体压力有两个明显的特点：一是这种压力来自并存在于群体内部，是群体所特有的，不同群体会形成不同性质和强弱程度不同的群体压力；二是这种压力与群体规范有关。群体压力的目的在于使成员遵守群体规范，形成心理上的压力。有些压力非常大，甚至会迫使群体成员违背自己的意愿而屈从于群体的意志。

2. 群体压力的作用方式

群体压力对群体及其成员行为的影响主要通过以下几种方式来产生作用。

（1）模仿。群体压力会使群体成员在日常交往中产生潜移默化的影响，这种影响是经过模仿发生的。模仿本身也反映出群体压力的作用。

（2）舆论。群体对其成员的能够接受或不能容忍的行为，都会以赞成或谴责的舆论表现出来，尽管有时谴责的方式是婉转的或暗示性的。群体的舆论会对个体形成一种"人言可畏"的压力，起到对个体行为的支持或反对作用。舆论对个体行为具有很强的规范作用。

（3）亲疏。在群体内，个体成员若轻诺寡信则得不到尊重，骄傲自大则被"敬而远之"，违反了群体的非正式规范则会受到"另眼相待"，尽管有时其他成员会对其客客气气的，但仍能感到心理和情感上的疏远。因此，群体压力会表现在群体内成员之间亲疏关系的变化上，从而影响成员的行为。

3. 群体压力的作用

群体压力既有积极作用，也存在消极作用。主要表现在以下方面。

积极作用：①有助于实现群体目标，群体压力保证了群体行为的一致性，使群体的成员相互配合，相互支持，并采取一致的行动，有利于维护群体的团结，建立良好的秩序，提高群体效率，完成群体的共同活动任务，达成群体的目标；②可以增加成员的安全感，"物以类聚，人以群分"。个体单独面对整个社会，会显得势单力薄、孤立无援。在群体中，当个体的意见得到群体或其他大多数成员的认可、赞同、鼓励和支持时，会产生找到"知音"的心理感受，感到自己得到了群体的理解与承认，内心有安全感。

消极作用：①不利于群体成员创造性的发挥和个性的发展，群体压力会压制具有独立思想的成员的活动，扼杀成员的首创精神，不能充分调动每个成员的积极性；②群体压力会使群体成员"少数服从多数"，堵塞了少数成员从不同角度观察事物、发表不同看法与见解的渠道，从而会使群体故步自封、墨守成规、抑制创造与革新精神。

4. 群体的从众行为

大量事实表明，在群体中，当一个人与群体多数人的意见发生分歧时，会迫于群体压力而改变自己的态度和行为，以保持与多数人一致，这种社会心理和行为现象就称为从众行为。

从众行为的产生主要源于群体成员需要的满足，这种需要既包括群体成员的安全需要，也包括依赖群体力量才能满足的其他需要。个体成员在群体中的目标和工作大部分需要依靠他人的帮助，依赖群体资源和力量才能实现。如果个体成员离开群体的依赖和帮助则困难重重。当个体与群体保持一致时，就会感到一种归属感和安全感；与群体意见相左时，则会被孤立而丧失其安全感。所以群体成员往往会做出某种程度的让步或妥协，以从众行为委曲求全，避免触犯群体规范而给自己带来伤害。

美国心理学家阿希以试验的方式证明了在群体压力下会产生从众行为的现象。其试验的内容和过程是：他将几组大学生作为被试验者，7～9个人为一组，让他们坐在教室里看两张卡片，一张卡片上画着一条直线，另一张卡片上画着3条直线。让大学生比较画有3条直线的卡片上的哪条直线与另一张卡片上的直线长短相等（见图6-2）。在正常情况下，被测试者能判断出X=B，其错误的概率小于1%。但阿希对试验预先做了布置，在9个人的试验组中对8个人都要求他们故意作出一致的错误判断，例如，X=C。第9个人并不知道事先已有安排。试验中让第9个人最后作判断。阿希组织了许多试验组进行这样的试验。统计分析表明，其中有37%的人放弃了自己的正确判断而顺从群体的错误判断。

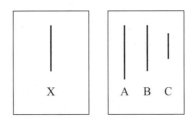

图 6-2　阿希试验中的测试卡片

一些心理学家在阿希试验之后，又进一步分析群体压力和从众行为之间的关系。人们发现，不是所有的群体都给予自己的群体成员相同的从众压力，人们通常参加多个群体，这些群体的规范各不相同，而人们并不是对所有参与的群体的规范予以接受，只是遵从自己认为重要的群体的规范。其中，影响个体从众行为的因素主要包括个体对事物的了解程度、个体特征、群体特征及其他情境因素。如果个体对需要判断的事物不熟悉、没把握，就很容易受别人意见的左右；如果群体的意见比较一致，那么个体就容易在群体压力之下产生从众行为；如果个体的智力较差，情绪不稳定，缺少自信心，则在群体中经常依赖别人，比较容易产生从众行为。

人们的从众行为有表面与内心两个层面，如图 6-3 所示。

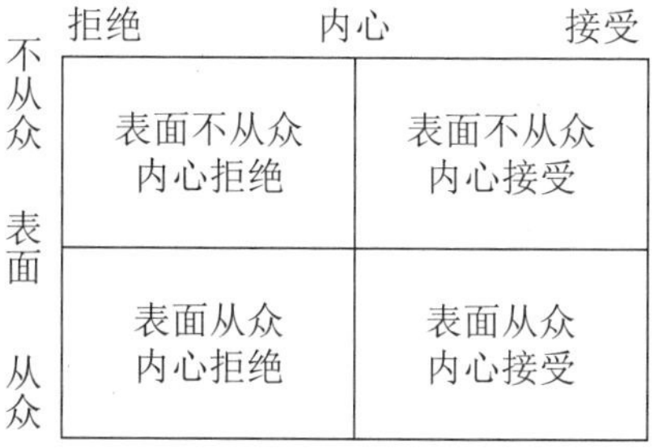

图 6-3 从众行为表现

（1）表面从众、内心接受，即"心服口服"。个体不但表面上赞同群体的意见或行为，而且内心也认为群体意见或行为是正确的。个体没有任何心理上的冲突，表里如一。

（2）表面从众、内心却拒绝，即"口服心不服"。个体表面上虽赞同群体的意见或行为，但心里却不同意，只是由于无法与群体相抗衡，或固执己见会受到损害而被迫表面服众，是一种口是心非或权宜的从众。

（3）表面不从众、内心却接受，即"心服口不服"。个体可能碍于面子在公开场合不赞同群体的意见或行为，甚至公开提出相反的意见，但却表里不一，内心接受或赞同群体的意见或行为。

（4）表面不从众、内心也拒绝，即"心不服口也不服"。个体不仅公开反对群体的意见或行为，而且心里也一直坚持自己的看法。这也是一种"表里如一"。

从管理决策的角度来分析从众产生的原因，可以发现，个体往往是出于自我保护的心理而放弃自己的主张。因为，如果与群体中的大多数成员不一致，很有可能成为大家的对立面，甚至由个人承担潜在的风险。所以，管理中的从众行为往往与个体的趋利避害有关。由此可见，群体压力会压制不同的见解，不利于创新思维的产生和发展。特别是群体压力下的从众行为会影响群体决策的正确性，从而导致群体绩效下降。因此，管理者应该尽力消除可能的群体压力环境，避免成员们的从众行为。

（三）社会惰化现象

社会惰化现象是指个体在与群体成员共同工作完成任务时付出的努力要低于单独完成工作时付出的努力。造成社会惰化现象的原因主要有两点：一是在群体工作中，当群体成员觉得其他人没有努力尽到应尽的责任时，就会减少自己的付出，从而获得心理的公平感；二是群体责任的扩散，群体工作的结果是大家共同努力的成果，很难将群体的产出具体分解到每个成员身上，因此成员会降低努力的付出。

领导者若想发挥群体力量来提高群体绩效，就必须尽量避免社会惰化行为，领导者应提供衡量个体付出的方法，完善相应的考核奖惩制度，使组织不仅了解群体的整体工作成绩，还知道群体成员对这份成绩所做出的贡献，以便让群体成员感到自己的付出是可以得到他人的评价和认可的。同时，群体成员不宜过多，如果群体规模比较大，则可以将群体划分为几个小群体来减少社会惰化行为。

搭便车现象

扫描此码

案例学习

（四）社会助长作用和社会抑制作用

社会助长作用是指个体的效率由于其他成员在场的影响而高于个体独自活动的现象，如演员、歌星在舞台上的表演要比独自演练时的表现更好。产生社会助长现象主要有以下三个原因：一是个体希望获得他人的赞许或尊重，这时个体就会付出更多的努力，取得更好的成绩；二是当个体与他人一起共事时可以从其他成员那获得更多的信息和帮助，从而提高工作效率；三是个体在活动或工作中能不断从群体其他成员中了解到自己现在的状态，以便及时进行调整，以最佳的状态完成工作。

社会抑制作用与社会助长作用相反，它是指由于他人的在场而个体工作效率降低的现象，如学生第一次上台发表自己的观点时会怯场，在求职面试回答主考官问题时会感到紧张等。一般来说社会助长或抑制作用会受到工作的复杂度、个体对工作的熟练度及个体的个性特征的影响，如一个对工作很熟悉，性格又比较开朗，喜欢表现的人有他人在场时，就会产生社会助长作用，而当个体尚未完全掌握工作所需的技能或行为时，他人在场就会产生社会抑制作用。

五、群体的发展阶段

一个群体的状态会随着时间变化而发生改变。群体成员之间的关系会越来越融洽，有时群体的关注点也会随着时间的改变而改变。有关研究表明，群体的发展伴随着几个阶段，每个阶段有着不同的内容和特点。

（一）图克曼模型

20世纪60年代，教育心理学家布鲁斯 W. 图克曼利用他在研究群体治疗方面的经历，提出群体发展有四个阶段，他为这些阶段取了非常容易记住的名字：形成、震荡、规范化和执行。后来，图克曼和一位博士生又增加了第五个阶段——终止，从而形成了一个完整的群体发展阶段模型——图克曼模型。具体的图克曼模型如图 6-4 所示。

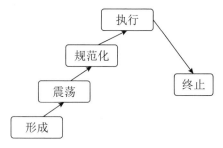

图 6-4 图克曼模型

图克曼认为，群体的发展具有一定的阶段性，并且这些阶段存在一定的先后顺序，具体内容如下。

1. 形成阶段

在这个阶段，群体中的成员对群体的目的、结构等表现出不确定性（常处于混乱状态），成员间差异性较大，成员们常常是"摸着石头过河"，以明确所在群体的目标，摸索群体的行为规范，并努力调节自己的行为以符合群体的行为标准。在形成阶段，出现被认可的领导对于群体的发展至关重要。当群体成员开始认为自己属于群体中的一员时，就代表这个阶段结束了。

2. 震荡阶段

该阶段是群体发展中一个困难的阶段。群体内部开始出现冲突，成员们对群体的领导和群体目标的早期假设进行验证。他们可能会形成子群体、非正式群体来抵抗群体施加的约束，成员之间也可能存在敌意。这时，如果领导者不能有效地解决冲突，群体的发展可能滞留在这个阶段，甚至面临解散的风险，反之，如果冲突得到了化解，这个群体就能成功向下一阶段发展。

3. 规范化阶段

该阶段群体成员认真对待所有的冲突并开始解决这些冲突。成员之间的关系更加密切，开始形成一定的凝聚力。群体成员有强烈的群体身份感，表现出较强的责任心，成员间积极交换意见并获得他人认同。当群体结构较为稳固，并建立起一套成员接受的行为方式时，就意味着这个阶段结束了。

4. 执行阶段

在这个阶段，群体成员接受自己在群体中扮演的角色并努力完成手头的工作。成员间具有良好的关系，为实现群体的目标而有效沟通、互相帮助、团结合作。群体结构的作用开始显现并被群体成员所接受。随着各个阶段性目标的完成，群体也将逐步获得组织的认可。

5. 终止阶段

当一个群体的任务完成后，它就会解散，进入终止阶段。这时人们关注的不再是高绩效，而是如何做好收尾工作。此时群体成员会表现出不同的反应，有的为群体取得的成就而高兴，有的则为群体的解散而失落。这时，组织应该在终止阶段帮助群体成员进行转变。例如，为某一个离职的员工举行欢送会，或为一些完成培训项目的员工举行毕业典礼。

图克曼模型对于我们认识群体发展阶段，并思考和讨论群体如何发展非常有价值。但是，值得注意的是，该模型的五个阶段并不一定是每个群体都会经历的，而且各个发展阶段也不是泾渭分明的。例如，群体可能会既处于震荡阶段又处于执行阶段，甚至一些群体还会回到早期的形成阶段。

（二）间断—平衡模型

群体的发展并非都经历图克曼的五阶段。如为了完成某个特定任务而组成的任务型群体就可能经历另一种"间断—平衡"阶段。任务型群体的开始时间和截止时间是确定的。间断—平衡模型认为，群体发展过程中的第一次会议很重要，它形成了一个关于行为模式和行为假设的基本框架来指导该群体完成自己的任务，决定了群体的领导和群体氛围，确定了群体的目标和发展方向，而且一旦确定在第一阶段就很难发生改变，即经历一段均衡时期；在第一阶段结束时，群体会发生一次大的转变，群体成员开始感到时间的压力及紧迫性，并迅速采取行动，调整思维模式，进而开始效率更高的第二阶段，并使群体处于一种新的平衡状态，在这个阶段，群体开始实施在转变期间形成的新计划；在最后一次会议上，很多问题得到解决，群体进行最后冲刺，快速完成群体任务。有趣的是，尽管每个群体完成任务所花的时间并不一定相同，但是从第一阶段转变为第二阶段的时间是确定的，通常是在群体寿命周期的中间阶段，看起来好像每个群体都要经历"中年危机"。这个危机点似乎起着警钟的作用，促使群体成员认识到，完成任务的时间是有限的，时间紧迫，必须迅速行动。这也是间断—平衡模型的主要特点。整个过程如图 6-5 所示。

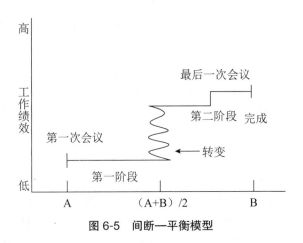

图 6-5　间断—平衡模型

总之，群体的间断—平衡模型的特点是，群体在其长期的依靠惯性运行的存在过程中，会有一个短暂的变革时期，这一时期的到来，主要是由于群体成员意识到他们完成任务的时间期限和紧迫感而引发的。如果借用群体形成的五阶段模型的术语，那就是群体通过其形成和规范化阶段的结合而开始存在，接着经历一个效率较低的执行任务阶段，随后是震荡阶段，然后是一个高绩效阶段，最后是终止阶段。由此可见，间断—平衡模型适用于描述临时性工作任务群体的发展变化，而不适合长期的工作群体和非任务性的群体。

第二节 | 群体凝聚力与士气

一、群体凝聚力

（一）群体凝聚力的概念

群体凝聚力又称群体内聚力，是指群体对成员的吸引力和成员对群体的向心力以及成员之间人际关系的紧密程度综合形成的，使群体成员固守在群体内的内聚力量。这里所说的群体凝聚力并非等同于我们日常所说的群体团结的概念，两者是有区别的。内聚力主要是指群体内部的团结，而且可能出现排斥其他群体的倾向。而我们所提倡的团结既包括群体内部的团结，也包括与其他群体之间的相互支持与协调。

群体凝聚力对于一个群体来说十分重要，它不仅仅是群体存在和发展的必要条件，也是增强群体功能，实现群体目标的内在动力。群体凝聚力低，成员对工作表现就会不积极，不利于群体目标的实现，群体也将难以维持；而凝聚力高的群体，成员间能互相尊重、彼此理解、团结合作，具有较强的责任心，勇于承担责任，为群体贡献自己的力量。

情景微案例

扫描此码　　案例学习

（二）影响群体凝聚力的因素

1. 群体的领导方式

群体的领导们有其各自的领导方式，而不同的领导方式又会对群体凝聚力的大小产生不同的影响。心理学家勒温（Kurt Lewin）和怀特（White）等人经过试验发现，采用"民主型"领导方式的小组比采用"专制型"和"放任型"领导方式的小组成员之间更友爱，思想更活跃，态度更积极，群体凝聚力更高。

2. 群体目标

每个群体都有自己的目标，而组成群体的每个个体也有自己的人生规划，如果群体目标能与个体目标相统一，那么个体就会对群体表现出高忠诚度，成员间也会为了共同的目标相互协作，从而提高群体的凝聚力。如果群体目标与个体目标严重不符，那么个体就会缺乏为群体目标努力的动力，导致工作态度消极，成员间凝聚力低下。

3. 群体成员的一致性

这里的一致性是指群体成员的共同性或相似性。如果群体成员有共同的目标、共同的需要、共同的兴趣爱好，那么成员之间的行为表现容易达成一致，更有利于成员间建立融洽的关系，增强群体的凝聚力。应该说，群体成员的一致性是凝聚力的基础。

4. 群体规模

群体规模的大小也是影响群体凝聚力的一个重要因素。群体规模过大，成员之间相互接触的机会则会相对减少，彼此之间的关系也会比较淡薄，易造成意见分歧，从而降低群体的凝聚力。若群体规模过小，群体力量不足，又会影响任务的完成。因此，群体的规模，应既能保证群体的工作机能，又能维持群体的凝聚力。一般说，群体规模以 7 人左右为宜。

5. 外部的影响因素

外部压力也是影响群体凝聚力的一个重要因素。研究证明，当群体遭到外部压力时，内部成员间的矛盾就会成为次要问题，群体成员会放弃前嫌，紧密地团结起来一起抵抗外来威胁，从而有利于增强群体成员的团结精神，提高群体的凝聚力。

6. 群体内部的奖励方式

群体内部的奖励方式对群体成员会产生不同的心理影响，进而影响到群体的凝聚力。只强调个人成功，对个人进行奖励，势必造成群体成员之间的矛盾。研究证明，个人和群体相结合的奖励方式容易增强成员的集体意识和工作责任，有利于增强群体的凝聚力。

7. 群体成员需求的满足

任何一个人参加一个群体，总希望群体能满足其一定的需求，既包括物质上的需求也包括精神上的需求。群体满足个人需求越高，对成员的吸引力就越强。

8. 加入群体的难易程度

如果一个群体加入的条件很苛刻、很严格，成员要经过层层筛选符合各方面要求才能加入，那么成员就会更加珍惜自己的群体身份，为身为群体的一员而感到骄傲，进而表现出较高的工作热情和较强的集体责任感，成员间就会相互合作，互帮互助，共同为实现群体的目标而努力。

情景微案例

地震后青年群体行为

扫描此码

案例学习

二、士气及其影响因素

（一）士气的概念

士气原是一种军事术语，用以表示作战时的团队精神，而群体士气则用来表示群体的工作精神，即为实现群体目标而奋斗的精神状态和工作作风。美国心理学家史密斯（CRSmith）认为，士气就是对某群体或组织感到满足，乐意成为该群体的一员，并协助达成群体目标的一种态度，即群体成员对群体的认同与满意使得他们愿意为群体目标而奋斗的精神状态。

（二）影响士气的因素

1. 群体目标

从某种意义上来说，士气就是群体成员的一种群体意识，它代表一种个人成败与群体成就休戚相关的心理，这种心理只有在个人目标与群体目标协调一致时（即个人认同组织目标时）才会发生。

2. 领导者的精神状态及领导方式

领导者的品质和风格能够有效影响下属的工作态度。如果一个单位的领导者具有大公无私、奋发图强的精神状态，就能激发成员积极向上的战斗意识与高昂情绪。领导者坚持原则、办事公正、作风正派、联系群众，就能使团体正气上升，人际关系良好。不同的领导方式也会对群体的士气产生影响。采取民主管理的领导方式，能增强群体成员对群体的认同感，增强成员的信心，从而提高士气。

3. 工作条件与环境

合理的作息时间安排、安全与舒适的工作环境，使成员获得安全感与舒适感，对提高成员士气起着积极的作用；反之，降低士气。

4. 合理的经济报酬

合理的经济报酬反映了一个人的贡献大小。工资待遇上实行按劳分配，在资金分配上实行多劳多得、公平合理，有助于提高员工的士气；反之，吃大锅饭，干多干少一个样，就会挫败员工的积极性，降低士气。

5. 成员相互之间的心理相容

这是影响群体成员士气的重要因素。群体成员情投意合、心心相印，能使员工士气高涨；反之，成员之间猜疑嫉妒、内讧不息，必然瓦解士气，甚至能使群体瘫痪、解体。

6. 职工对工作的满意感

士气反映了个人需要满足的状态。一般来说，工作合乎员工的兴趣，工作安排与他的能力相适应，就能激发他的工作积极性与创造性。根据员工的文化程度、智力水平、专业技术、兴趣，合理安排其工作，各尽其能，有助于提高士气。

三、群体凝聚力、士气与生产效率的关系

群体凝聚力高，是不是就一定能够有高的生产效率呢？凝聚力低，是不是就说明群体生产效率低呢？通常人们会认为凝聚力高的群体比凝聚力低的群体生产效率要高。但事实上，凝聚力与群体的生产效率的关系比较复杂，并不一定是正相关关系，不能简单地说凝聚力高，生产效率就高。

沙赫特（S Schachter）等人在严格控制的条件下，检验了群体凝聚力及群体诱导两个因素对生产效率的影响。

从图 6-6 中可看出，无论凝聚力高低，积极诱导都提高了生产效率，而且凝聚力高的组织生产效率更高；反之，消极的诱导，则凝聚力高的组织效率下降更明显。可见，高凝聚力条件比低凝聚力条件对诱导因素的影响程度更大。因此，作为群体领导者在努力提高群体凝聚力的同时也要注意消除群体中的消极因素，以期在积极诱导下达到高凝聚力、高生产效率的目标。

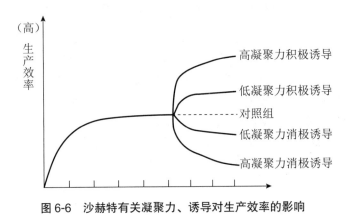

图 6-6　沙赫特有关凝聚力、诱导对生产效率的影响

研究表明，凝聚力与生产效率的关系，不仅取决于管理者的诱导方向，而且还取决于群体的态度与组织目标的一致程度。罗宾斯（S.P.Robbins）的试验则证实了凝聚力与生产效率的关系还受控于群体的目标和组织目标的符合程度。

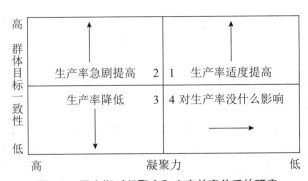

图 6-7　罗宾斯对凝聚力和生产效率关系的研究

从图 6-7 中可看出以下几点：

（1）若群体态度对目标是支持的，且群体目标与组织目标的一致性高，此时虽然凝聚力低，也能提高生产效率；

（2）若群体目标与组织目标一致，群体态度对目标支持，则凝聚力高的群体比凝聚力低的群体生产效率高；

（3）若群体目标与组织目标不一致，群体态度不支持组织目标，则群体凝聚力高，生产效率明显下降；

（4）若群体凝聚力低，且其态度又不支持目标，对生产效率的影响不明显。

研究表明，群体凝聚力与生产效率的关系除了受群体态度与组织目标一致性的影响，两者的关系还受群体规范的影响。群体的凝聚力越强，群体越容易达到目标，如果群体的规范比较高的话，那么凝聚力高的群体的生产效率会比凝聚力低的群体高。但如果一个群体的凝聚力很高，但群体规范很低的话，群体生产效率通常比较低。如果群体凝聚力低，但群体规范高，群体生产效率水平为中等。如果凝聚力和群体规范都低，群体生产效率肯定低于一般水平，如图6-8所示。

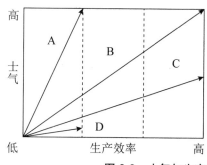

图6-8　群体凝聚力、规范与生产效率的关系

1962年，美国心理学家戴维斯（K Davis）首先用图示法（见图6-9）表明了士气与生产效率的关系。

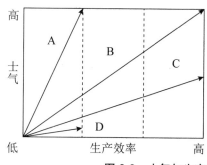

A线表示高士气、低生产效率

B线表示高士气、高生产效率

C线表示低士气、高生产效率

D线表示低士气、低生产效率

图6-9　士气与生产效率的关系

研究者认为，士气与生产效率之间存在着以下4种关系：

（1）士气高，生产效率高，由于职工在群体里有满足感，组织目标与个人需求一致，职工会无所顾忌地去实现组织目标；

（2）士气高，生产效率低，职工在群体里虽得到了满足感，但组织目标却不能与个人需求相联系，则"和和气气"地怠工，缺乏紧张工作气氛，高士气与组织目标相抵触，阻碍了生产效率的提高；

（3）士气低，生产效率高，管理者过分强调物质条件和金钱刺激，但忽视职工的心理需求，暂时获得了较高生产效率，但长此以往，会引起职工的反感，导致生产效率降低；

（4）士气低，生产效率低，由于职工在群体里得不到满足，组织目标又与个人需求没有发生联系，职工对生产没有兴趣而"磨洋工"。

从总体说，士气和群体的凝聚力是影响生产效率高低的决定因素，但是两者之间并不是一个简单的直线关系。领导者要想提高工作效率和生产效率，必须特别注意保持群体的凝聚力的士气，克服和消除影响职工凝聚力和士气的各种因素，同时还要进行积极的宣传教育，协调群体目标与组织目标的一致性，并注意群体规范对于生产效率的影响，只有这样才会有效地提高生产效率。

四、增强群体凝聚力的途径

第一，人尽其才。领导要熟悉群体成员，根据成员特长、兴趣、文化水平等因素，合理安排成员工作，各尽其能，发挥各成员优势，从而最大限度地调动群体成员工作的积极性，实现成员个体价值。

第二，文化建设。组织文化代表了组织成员的共同价值观，是组织持续发展的内在动力，加强组织文化建设能够提高群体成员自身素质，增强群体凝聚力。

第三，文娱活动。群体领导应多组织成员进行业余活动，加强成员间的沟通交流，使成员在放松的同时增进彼此间的友谊，以建立和谐的人际关系，增强群体凝聚力。

第四，情感交流。群体领导应关心成员、尊重成员，协调好与各成员的关系。在成员有困难时，及时提供帮助。平时关心成员想法，采纳成员提出的合理建议，成员犯错时，应循循善导，做到以德服人、以理服人。

第三节 群体决策

一、群体决策的含义

群体决策是指由群体成员共同参与决策分析，并得出群体决策方案的过程。组织中的许多决策，尤其是对组织的活动和人事有极大影响的重要决策，多是由群体来完成的，群体决策体现了决策的民主性，代表了群体成员大部分人的意见，有效地保障大多数人的利益。

对于群体决策的认识，可以从如下三个维度进行理解：

（1）群体成员参与决策的程度，从很少参与决策到充分参与决策，不同的参与程度对于决策结果的可接受性有很大影响；

（2）群体决策的内容，包括管理、日常人事、工作本身和工作条件四个方面；

（3）群体决策的范围，可分大范围和小范围。

二、群体决策的利与弊

（一）群体决策的优势

在当今社会中，随着社会发展和环境变化的日趋复杂，组织所面对的竞争也越来越激烈，完全靠个人的智慧来作出决策的境况几乎不存在了，而群体决策则成为一种十分重要和普遍的决策方式。

群体决策和个体决策相比，有其明显的优势，主要体现在以下几个方面。

（1）更全面的信息和知识。群体决策参与者多，信息来源广，可以搜集更为丰富的资料数据，综合多个个体资源投入决策，能有效避免个体决策信息单一的问题，保障决策的质量。

（2）集思广益，增加观点的多样性。通过群体的集思广益，能够提供更加丰富的信息和知识，增加观点的多样性，给决策过程带来异质性，从而为多种方法和方案的讨论提供机会，并作出更加客观的决策。

（3）增加了决策的合理性和合法性。许多重视民主的国家认为群体决策比个体决策更合乎法律的要求。这是因为群体决策是由多个个体参加的，参与性和代表性都比较广泛，且按一定的民主程序或规则进行决策，因此人们普遍认为群体决策比个体决策更合理、合法。

（4）提高了决策的可接受性。在现实生活中，许多决策作出之后，由于不为众人所接受而失败，而群体决策将受到决策影响的个人和未来执行决策者吸收到决策制定的过程中，使参与者有机会表达自己的思想和看法，得出共同商议的结果，从而使成员能够更好地理解、接受并执行决策内容。通过集体讨论、集体决策可以协调各部门或个人的活动，增进了解和合作，使组织成员对决策的问题具有较一致的看法，从而使决策获得更好的支持，提高其可行性。

（二）群体决策的缺陷

群体决策相对于个体决策还存在着许多缺陷，主要有如下几点。

（1）决策成本较高。组织一个群体既需要时间也需要费用，而效率也往往不尽如人意。群体决策要召集会议，对群体成员提出的各种观点、建议和看法进行讨论和分析，最后形成一个集体的观点。甚至有时候因成员间的目标、评价等无法达成一致，出现"议而不决""议而难决"的现象，虽然群体可以反复讨论，但这将是一个很长的过程，需要花费许多时间和费用。

（2）易受群体压力的影响。群体中存在着群体压力，为了被群体接受和重视从而导致其从众行为。群体决策同样会出现个人屈服于群体压力的现象。为了留在群体或被重视，群体成员往往压制自己的意见，采取折中的办法，在决策中去附和主流意见，导致对最终决策方案的有效性产生不利影响。

（3）决策可能会流于形式。在群体决策时，决策的负责人或少数人由于其权力、权威等原因，控制着整个群体的决策过程。群体成员由于惧怕其权威或避免冲突而放弃自己的观点，从而使群体决策无法发挥其作用，同时也影响了群体运行的效率。

（4）责任不清。群体决策采用的是集体讨论、集体决定和对最终结果集体负责的方式，这样容易造成集体分散，个人责任不够明确。

（5）感情受损。在群体决策过程中，往往会形成小帮派、小团伙，相互之间缺乏共同利益、对问题看法不一致，常常在商讨中使用批判的语气，从而引起感情对立，相互攻击，甚至造成群体分裂。

（三）群体决策与个体决策的比较

群体决策和个体决策孰优孰劣呢？这取决于你界定决策效果的标准。在考察决策效果的同时，不能不考虑决策效率。就效率这点来说，群体决策几乎总是劣于个体决策。因此，在决定是否采用群体决策时，应该权衡一下群体决策在决策效果上的优势能否超过其在效率上的损失。

到底应该采用群体决策还是个体决策呢？显而易见，"要看具体情况而定"。有时个体是作决定的最佳选择。例如，有证据表明，当决策相对不是很重要，而且其成功与否无须其他人参与时，个体决策更可取。例如，在具体某一天里是否去上班，在工作中付出多大努力等。表 6-1 从速度、正确性、创造性、风险性四个方面对群体决策和个体决策进行了比较，这有助于我们直观地了解两者的差别，并根据情况选择使用。

表 6-1　个体决策与群体决策的比较

比较维度	个体决策	群体决策
速度	快	慢
正确性	一般	较好
创造性	较大，适用于工作结构不明确，需要创新的工作	较小，适用于任务结构明确，有固定执行程序的工作
风险性	视个人气质，经历而异	若群体成员特别是领导富于冒险性，则更趋于冒险性质；若群体成员特别是领导较保守，则更趋于保守

三、群体决策的效果、效率以及影响因素

（一）群体决策的效果与效率

群体决策与个体决策相比，既有其有利的一面，又有其不利的一面。群体决策的利弊和个体决策的利弊是相互对应的，两者可以互相取长补短。那么在进行决策时，是选择群体决策还是选择个体决策呢？这就应该具体问题具体分析。

就决策的效果来看，群体决策代表了集体智慧，在决策过程中汇集了各种不同的意见和建议，为群体提供了更准确、更优质、创造性更强的信息，从而使得群体决策比个体决策的

效果更佳。而就决策的效率来看，在解决同一个问题时，群体决策一般总是比个体决策更费时间，成本更高，而且决策的反应速度也不如个体决策的反应速度快。有时候群体决策还会引发内部冲突、议而不决的现象，加之群体压力、责任不清等群体决策的弊端，从而降低了决策的有效性。

因此，在实践中，在决定是否采用群体决策之前，首先，应权衡一下在解决所面临的问题时，群体决策在决策效果上的优势能否大于其在决策效率上的损失，从而作出正确判断，提高决策的有效性。

（二）群体决策的影响因素

一般来说，群体决策的影响因素包括以下几个方面。

（1）群体成员结构。群体决策受到群体成员结构的影响，合理的成员结构可以提高决策的科学性、合理性。群体成员结构主要包括以下几点：①年龄结构，群体应由不同年龄段的成员组成，年龄大的成员拥有更丰富的经验，有利于决策的理性化，而年轻的成员能提供更多的创新思维，使决策更富有创造力；②专业结构，群体面临的环境是复杂多变的，个体拥有的知识是有限的，在决策时不同专业的群体成员能提供更广泛的知识，使群体能更全面的思考问题、解决问题；③性格特征，成员性格的不同也会对决策产生影响，群体中既需要谦虚谨慎的成员，也需要深谋远虑、有长远眼光的成员，既需要踏实的实干者，也需要敢于闯荡的成员，性格不同的成员间彼此协调，会使决策更科学。

（2）群体文化。群体文化的不同也会影响群体的决策。首先，个人主义的文化会使成员更关心决策的个人利益；而集体主义文化中成员在决策时更多地考虑群体利益。其次，在回避性主导的文化中，为了避免与其他成员产生冲突，成员对于不符合自己观点的决策更倾向于从众；而在对抗性的文化中，成员勇于提出自己的观点，对于不同的观点能提出自己的反对意见，但成员间易发生冲突，阻碍决策的进行。而如果在决策中，提倡成员间的平等性，对于成员提出的意见能平等对待，那么成员更有意愿积极发言，提出自己的观点与想法；而如果在决策中，更看重成员的地位，地位低的成员的建议不受大家重视，久而久之，普通成员将不愿发表意见，导致群体决策流于形式。

（3）群体资源。群体拥有资源的多少将直接影响群体的决策质量。群体资源包括人力资源、信息资源及时间资源。人力资源丰富，即群体规模大，则在决策中容易产生不同的观点，需要耗费大量精力使成员达到一致意见，容易导致群体成员的满意度、积极性降低，反之，则会增加成员积极性；信息资源越丰富，群体成员对相关决策信息了解的越全面，决策越科学，因此，在决策时，应鼓励成员间进行信息交换，并对信息分类加工以便提高决策质量；在时间资源充裕的情况下，成员可以对提出的决策方案进行细致的讨论，逐个分析方案的优劣性，而且成员有更多的时间收集、了解相关信息，在决策时考虑更全面周到，使决策最优化。

（4）决策问题本身。待解决问题的类型影响着群体决策。当面临复杂而又重大的问题时，通过集思广益，全面分析后，群体决策往往可表现出更好的效果；而当遇到简单明了的问题时，内行人能够一眼望透，如果采用群体决策就会延长决策时间，降低效率，不利于决策效果。

四、群体决策的两种心理现象

群体思维和群体转移是群体决策中的两种心理现象。它们会潜在地影响群体决策的质量。

扫描此码　案例学习

（一）群体思维

群体思维是一种与群体规范有关的心理症状，它主要是指由于群体压力，而使群体中少数人新颖的或不受欢迎的观点，难以充分地表达出来。

群体思维现象在生活中经常可以看到，例如，某人在会议或集体活动中，原准备发表自己的看法和"高论"，但当他发现自己的意见和观点与处于控制地位的大多数人的观点不一致时，则多半会修改或放弃自己原有的意见和观点。这是因为经验告诉我们，与群体保持一致比站在群体的对立面会对我们更为有利。因此，在群体压力下，个人真实的想法难以表达出来，往往会妥协或修改自己的真实想法和观点。

群体思维现象的出现对群体决策有非常大的影响，预防和减少群体思维想象的方法有以下几种：

（1）建立宽松、和谐、民主的组织气氛，增强集思广益的群体风气和提高凝聚力；

（2）改进群体领导的行为，追求一种比较开放型的领导风格，不以权威压人，鼓励以理服人，坚持原则，讲真话；

（3）建立共同的议事规则和讨论规范，采用科学的决策方法来引导人们的思维活动。

（二）群体转移

群体转移也被称作群体决策的风险转移现象，是由美国学者在本国背景下最先发现的。所谓群体转移就是指在群体决策时，在集体讨论、选择方案、作出决定的过程中，群体成员倾向于夸大自己的最初立场或观点的决策心理现象。

事实上，群体转移可看作群体思维的一种特殊形式。群体决策的结果受到群体讨论之前就已占主导地位的决策规范的影响。产生群体决策的原因众说不一，其中公认度较高的几种原因如下：

（1）决策责任分散，群体决策使得参与决策者责任分散，风险共担，即使决策失败也不会由一个人单独承担，加之权责往往不够分明，所以群体决策不如个体决策谨慎，具有更大的冒险性；

（2）群体气氛，群体成员的关系越融洽，认识越一致，则决策时就缺乏冲突的力量，越可能发生群体转移。

（3）领导的作用，群体决策往往受到领导的影响，而这些人的冒险性或保守性会影响到群体转移倾向。

（4）文化价值观的影响，群体成员所具有的社会文化背景和信奉的价值观会被反映在群体决策中，例如，美国社会崇尚冒险，偏爱敢于冒险而成功的人士，所以其群体决策更富于冒险性。

五、群体决策的方法

为了发挥群体决策的积极作用，许多管理学家和心理学家提出了各种有效的决策方法，从而更充分地发挥群体决策的优点，以避免其缺点。

（一）头脑风暴法

头脑风暴法是由英国心理学家奥斯本首创的，它是一种为了克服阻碍，产生创造性方案的相对简单的方法。它的原则是鼓励一切有创见的想法，禁止任何批评。

在一个典型的头脑风暴法的讨论中，往往需要 6 ～ 12 人围坐在桌子周围，由主持人提出要解决的方案，鼓励群体成员创造性思维，尽可能地提出解决问题的各种新颖方案。而在此过程中，任何人都不得对发言者的言论加以评论或质疑。所有的观点都被记录下来，直到最后由群体成员来评价和分析这些观点，形成最终的决策意见。

头脑风暴法的优点在于有利于激发群体成员的发散性思维。其缺点是个人常因注意别人发表意见，而使自己的思维受到干扰或中断，影响新思想的产生。但需要注意的是，头脑风暴法仅仅是一个产生方案的过程，不能对方案作出选择。

（二）德尔菲法

德尔菲法又称专家意见法，它是由美国兰德公司的研究者提出来的，它是一种通过反复通信的方式来解决问题的一种方法。其具体做法主要是：要求参加决策的每个成员单独地、不记名地写出自己对所要解决的问题的意见或看法；将所有成员的意见及解决问题的方案集中在一起进行整理；把整理的结果反馈给各成员，再次征求他们的意见。并以这种方式反复几个回合，直到取得大体上一致的意见。

德尔菲法的优点是避免了群体决策中的面对面争论和群体思维现象的出现，有利于新思想、新观点的表达，能较好地使参与决策的每个成员畅所欲言。德尔菲法的最大缺点是周期太长，虽然能够最终形成比较完善的决策，但可能失去最好的解决问题的时机。

（三）名义群体法

名义群体法是指参加集体决策的成员面对面地接触，在所有的意见还没有全部提出来之前，成员之间不进行讨论，而是等所有方案都提出之后再进行讨论，也就是在群体决策过程中对其成员的讨论或沟通加以限制的一种方法。其具体做法是：在群体成员讨论之前，每个成员只需记下解决的问题并独立地写出自己对问题的看法和见解；群体讨论开始后，每个成员将自己的看法进行阐述；在所有成员的观点都被记录下来以后，开始进行群体讨论，并对每个成员的观点加以评价和说明；群体每个成员独自对所有观点进行排序，最终选择排序最靠前、最集中的观点。

（四）电子会议法

电子会议法是一种比较新的群体决策方法，它是把现代计算机网络技术与名义群体法等群体决策技术相结合的一种决策形式。其基本做法是：所有参加会议的人面前除了一台计算机终端之外什么也没有，会议的主持者通过计算机将问题显示给参加会议的人；会议的参与者将自己的意见输入计算机，通过计算机网络显示在各个与会者的计算机屏幕上；个人的评论和票数统计都投影在会议室的计算机屏幕上。

电子会议法的优点是匿名、诚实和快速，参与者可以通过匿名的方式，将自己的真实想法和态度充分表达出来，而不会受到惩罚。与传统会议相比，它节省时间、效率较高。

各种决策方法的对比见表 6-2。

表 6-2　群体决策效果比较

效果标准	头脑风暴法	德尔菲法	名义群体法	电子会议法
观点的数量	中等	高	高	高
观点的质量	中等	高	高	高
社会压力	低	低	中等	低
财务成本	低	低	低	高
决策速度	中等	低	中等	高
任务导向	高	高	高	高
潜在的人际冲突	低	低	中等	低
成就感	高	中等	高	高
对决策结果的承诺	不适用	低	中等	中等
群体凝聚力	高	低	中等	低

本章小结

本章系统介绍了群体的含义、特征、功能及心理效应，说明了群体的分类、内外部环境结构、群体的动力特征与发展阶段等相关内容；同时，重点分析了影响群体士气和凝聚力的因素以及它们与生产效率之间的关系，给出了增强群体凝聚力的途径；总结性的讲解了群体决策的含义和程序，探讨了群体决策的利弊，并比较了群体决策与个体决策，讨论了群体决策的影响因素及两种心理现象，提供了群体决策的技术方法，为管理者在管理实践中对群体行为管理提供有益指导和参考。

本章思考题

1. 群体有哪几种类型？划分的标准是什么？
2. 如何理解群体的凝聚力和士气？它们与组织生产效率的关系是怎样的？
3. 群体决策与个体决策相比有哪些优势和劣势？
4. 群体决策的方法有哪些？它们的优缺点是什么？

本章练习　　　　　　　　冬季野外生存

　　一架地方航线的双引擎轻型民航飞机，载着12名旅客，于1月16日早8：02从省城机场起飞，目的地是位于北方中俄边境的一座城市。机组由正、副驾驶员组成。飞行34分钟后，发现航线前方有浓云、大雪及强风，必须绕行躲避，继续飞行27分钟后，通信设备发生故障，与地面基地失去联络。气候仍不见好转，能见度很差。驾驶员发现已经迷航，只好继续北飞，并降低高度。上午11：14，机组宣布燃料将尽，只好就地迫降，并指导大家正确掌握应急着陆时的动作要求，鼓励大家镇静。

　　临窗下望，是茫茫雪原，正驾驶员宣布已选择前方一个带状小湖作为迫降点，他说估计附近最近的居民点应当在着陆点西北方35公里处。上午11：32，飞机在小湖水面上硬着陆，湖面冰层撞裂，正、副驾驶员当场不幸身亡，所幸12名旅客无一伤亡，并及时安全到达湖岸。

　　惊魂未定的12名幸存者们发现所在之处是一片丘陵，散布有一丛丛灌木，很少见乔木。地面全覆盖着白雪，高处积雪及踝部，低洼处雪深齐膝，且多长条小湖或小河，水面冻结成冰。当时有薄云遮日，时而转阴。有人早上从广播听了天气预报，说这一带今日气温最高为-25℃，最低气温-40℃，晚间有北风五级左右。他们穿的全是北方城市里的一般防寒服，没料到要在野外过夜。

　　12名旅客在离机前，各自顺手从机上带下一件物品。它们是：
　　（1）一团粗毛线；（2）一只打火机，但没油了；
　　（3）一支有满匣子子弹的手枪；（4）一垛报纸；
　　（5）半张破裂的航行地图；（6）一个装有衬衫、内衣裤的箱子；
　　（7）一柄手斧；（8）一块6×6平方米的厚帆布；
　　（9）一大盒巧克力糖；（10）一具罗盘；
　　（11）一大听猪油罐头；（12）一瓶60度的烧酒。

　　决策要求——请考虑这12件物品对于上述条件下生存的重要性，并按照重要性递减方向列出顺序。（采用原有编号进行排序，便于比较）

　　具体决策环节：分为个体决策和群体决策两个阶段。
　　A. 个体决策：每个人独立思考，不得互相讨论。在10分钟内形成个体决策方案，并能在需要时说明排序的理由。

B. 群体决策：组成 5～7 人的决策小组。在 30～40 分钟内，通过小组讨论获得最终小组的决策方案，小组内部要尽量达成一致。要指派专人记录讨论过程和最终决策方案和具体排序。

C. 全班讨论：各小组派人汇报小组决策方案，并进行说明。

D. 专家方案：老师公布专家方案。请大家进行根据专家方案对自己的个体决策和群体决策方案进行评分，并分析造成差异的原因。

评分方式：将个人对 12 件物品中每一件的排列顺序与专家顺序相减，所获差值取绝对值。然后将 12 件物品排序的差值求和，即为个人决策质量分。小组决策质量分按同样方式评分。

分析讨论：观察个人决策质量分与所在小组决策质量分之间的关系，并进行分析讨论。

个人决策结果：＿＿＿＿＿＿＿＿＿＿＿＿＿＿＿＿＿＿＿＿＿＿＿＿＿

小组决策结果：＿＿＿＿＿＿＿＿＿＿＿＿＿＿＿＿＿＿＿＿＿＿＿＿＿

教学案例　　　　三个夜班维修员

埃德温·阿米蒂奇是声频电子公司一名高级设备维修师。这家公司制造并销售多功能电子音响设备。作为一名高级维护师，阿米蒂奇负责生产过程中设备的维护与修理，并且还要做好设备的看守保护工作。声频电子公司的上班时间是从上午八点到下午四点半。每周工作五天。所有的维修员都在白天上班（除非紧急情况）并且要经常和阿米蒂奇联系。在工作量允许的情况下，这些维修员也会做些清理工作。

公司有三个夜间看守设备的员工。他们的工作时间是从下午四点半到第二天零点三十分。这三人的工作彼此独立，每人都负责一个生产厂房的清扫工作。他们上班之前，阿米蒂奇同他们简单聊几句之后就回家了，直到第二天下午再来上班才会见到他们。这三个维修员负责所有的安全保卫工作。除阿米蒂奇以外，他们不受任何人的直接监管。

最近几周，阿米蒂奇收到白班维修员的投诉。这些人投诉夜班维修员工作得实在太差了：地板没有打扫，玻璃布弄得脏乎乎的，并且其他清扫工作也没做。阿米蒂奇还从加班的监管人员那儿得知，在工作时间夜班维修员常聚在一起喝咖啡。其中一个人告诉阿米蒂奇他了解到，这三个人某天晚上至少聚了两个小时，他们"喝咖啡，吃三明治，大声地笑"。阿米蒂奇还听到了一些谣言：这些工人，在深夜四周无人时竟在工作场地睡起觉来。

有时夜里不太晚的时候，阿米蒂奇会顺便来看看夜班维修员。每次晚上来看他们时，这三个人都在各自的厂房忙碌地工作着，看起来一切都很正常。当阿米蒂奇问他们为什么没完成工作时，他们的理由是，工作太多他们需要更多的帮助。

这天早上上班阿米蒂奇遇到了一个生产监管员。这个监管员想跟他说几句话，他对阿米蒂奇说道："埃德温，我想你应该知道一些事。你还记得上周四晚上，你来公司同夜间维修员的谈话吗？那天我一直工作到很晚，很自然，我注意到你来之前他们是如何工作的。最初，三个维修员都在厂房周围闲逛。他们一起喝咖啡，一起闲聊。后来他们接到了一个电话。我猜是门口的值班警卫打给他们的。警卫一定告诉他们你马上就到了。因为其中的两个人发疯似地朝各自的厂房奔去，在我们厂房工作的那个维修员也是急匆匆的。当你来到他们工作的地方时，那三个人看起来都在繁忙地工作。我认为他们正试图制造某种假象来欺骗你。"

思考题：

1. 这些夜班维修员的工作关系是属于哪种类型的关系？

2. 值夜班的警卫在这一工作群体中起到了什么作用？

3. 这些夜班维修员的关系是如何形成的？对公司有什么影响吗？

4. 针对夜班维修员和警卫的行为，埃德温·阿米蒂奇应采取什么方法进行管理？

本章学习目标

通过本章的学习，你应该能够：

● 基于团队的含义和特征，理解团队与群体的区别；

● 了解团队四个发展阶段的特点和内涵；

● 理解团队设计的影响因素，及其对团队的作用；

● 了解团队运行过程中的影响因素，并且掌握贝尔宾的九种团队角色理论；

● 理解高效团队的特征，掌握创建高效团队的思路和方法。

引导案例　　　　　　　　　　**波音777飞机的改进**①

　　波音飞机公司的高级管理人员已经决定，在以后的飞机设计中，不再采用公司传统的军事等级式做法，而采用能够自我调节、相互约束的工作团队。

　　对于这个决定，这里有个恰当的例子。波音公司新型777—200双引擎飞机的设计开发需要许多员工的互相合作，如设计人员、生产专家、维修人员、顾客服务人员、财务人员，甚至顾客。这些人每8人至10人组成一个小团队，从头开始负责飞机设计、生产的完善问题。公司这样做的目的是：让每个团队都把飞机的设计、生产看作一个有机整体，有新的想法就马上付诸行动，而不需要像在控制链的约束下那样，要三思而后行。

　　波音公司过去的做法是，在设计生产时，从头到尾，按顺序进行。首先是由设计人员提出建议，其次是生产人员，最后是顾客服务人员，以此类推。在这个过程中，进行滚雪球式的项目改进完善工作。糟糕的是，在设计完成后，生产过程开始前，成本就已经很高了。这种低效率的体制导致了生产率的降低，以及成本的升高。

　　在777项目中，公司通过采用团队形式，降低了成本。具体来说，公司在正式开始生产飞机之前，能够考虑到可能出现的问题，并做好了准备。举个例子，新型777的飞机翼尾采用了折叠式设计，愿意使用传统的直翼飞机的客户，就不愿订购这种折翼飞机。项目开始时，波音公司声明，公司尽最大努力所能提供的是翼尾折叠但可以固定的机翼。按照波音以前的

---

① 案例来源：[美]斯蒂芬·P.罗宾斯，组织行为学[M].北京：中国人民大学出版社，1999.

作风，这些客户就只好忍受翼尾固定所带来的飞行阻力增大之苦，因为公司传统的官僚系统把飞机设计人员与制造人员分割开了。但现在情况变了，设计人员与生产人员密切合作，创造出了一种新的生产方式，使生产人员能够利用同一套工具制造折翼和直翼。在整个生产过程中，公司的客户代表提出了 1 000 多种改进建议。同样，公司的维修人员也提出了近百种建议，从而使得 777 飞机更便宜，质量也更高。

在上述案例中，波音公司在 777 客机的开发和制造中采用了工作团队的模式。由于层级的组织结构的适应能力和变革能力有限，目前，企业中采用以团队为基础的工作组织的做法广为流传，许多成功的跨国公司都非常重视团队的运用，并使团队成为其竞争优势的有力源泉。团队工作已成为现代管理的一种趋势，本章在介绍团队的概念、特征、团队的不同类型和所起的作用，团队的形成与发展阶段的划分的基础上，重点介绍了团队建设与团队管理的问题，提出了团队绩效考核的流程，及影响团队绩效的因素和高效团队的管理方法。

第一节　团队的特征

一、团队的概念

（一）团队的概念

从本章开篇的小案例可以看出，适当的团队管理模式的运用，能够为客户提供更满意的服务，从而能够为企业带来更好的效益。实际上这样一种以团队为核心的管理思想并不只存在于华尔街，团队在其他企业中的应用也是比比皆是。现代管理越来越重视团队的概念，许多组织也都倡导建立团队，其中不少人也曾把自己工作过的群体称为团队，那么究竟什么样的群体可以被称为团队呢？

团队是指一种为了实现某一目标而由相互协作的个体成员组成的正式群体。仅仅把人们安排在一起工作不等于就是把普通组织变成了以团队为基础的组织。团队可以被看作任务群体的一种特殊类型，是由负责实现目标的两个或者更多的个体组成的，不同的团队成员承担不同的角色，并且都对最终成果做出了贡献。

（二）团队与群体的区别

一个与团队十分接近的概念是工作群体。那么，工作群体和工作团队到底如何区分呢？工作群体是组织中若干人组成的，具有目标导向的，相互联系，相互作用，相互依赖，有一定组织关系的人群集合。在工作群体中，成员之间通过相互作用，共享信息作出决策，帮助每一个成员更好地承担起自己的责任。工作群体中的成员不一定要参与到需要共同努力的集体工作中，因此工作群体绩效，也仅仅是每个群体成员个人贡献的总和。由于工作群体中不存在一种积极的协同，而且有时还会因为冲突使协作成本加大，所以群体总体绩效水平反而常常会低于个人绩效之和。

虽然工作团队和工作群体都是为一个特定的目标或任务而建立起来的，但是从动机、价值取向和目标追求上看，工作团队成员之间的一致性要远远高于工作全体成员之间的一致性，当成员个人利益与团队利益发生冲突时，团队利益高于个人利益。工作团队被授予了更大的权利。

团队在协同的时候比一般的工作群体更加互动、更积极，团队成员在技能、经验、知识上具有互补性，因此，团队成员的共同努力能够产生1+1>2的作用，其团队成员努力的结果使团队的绩效水平远远高于个体成员绩效之和。正如罗宾斯所认为的"工作团队通过其成员的共同努力能够产生积极协同作用，其团队成员努力的结果使团队绩效水平远大于个体成员绩效的总和"。罗宾斯用图示对工作团队及工作群体进行了区别，如图7-1所示。

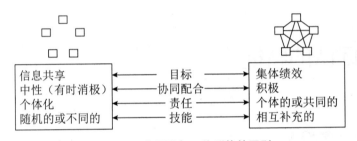

图7-1 工作团队与工作群体的区别

从以上对团队的定义可以看出，并非所有团体都要以团队的形式组建。因为团队建设需要付出更多的成本。在一些群体中，个体要完成任务并不需要靠别的成员。例如作家，他的活动性质决定了他与其他人之间的相互依赖机会很少，而且他的成果并不取决于其他人的协同配合，因此作家这样一个群体就没有必要像团队那样共同工作，因此在组建团队时，要考虑以下两点：第一，相互依赖程度如何，在此群体中，每个人的工作与其他人工作密切相关，而且其他人的工作不出成果，他也不可能拿出成果，相互依赖的程度要求大家协同工作，个人的活动行为必须与其他人密切配合，在这里群体需要压倒一切，这种群体要成功就必须通过工作团队来运作；第二，要看群体的目标在多大程度上凌驾于各个成员的个人目标，如果说个人目标比群体目标更值得注意的话，组建团队就不合适。

（三）团队的优势和价值

事实表明，如果某种工作任务的完成需要多种技能、经验，那么由团队来做通常效果比个人好。团队是组织提高运行效率的可行方式，它有助于组织更好地利用雇员的才能。管理人员发现，在多变的环境中，团队比传统的部门结构或其他形式的稳定性群体更灵活，反应更迅速。团队的优势和价值可以概括如下。

1. 反应更快，决策更有效

在复杂多变的环境里，组织需要掌握更多有效的信息以作出决策。团队成员更了解团队各成员的相关信息，对于变化中的事物和需求更加敏感。同时，在团队形成自身目标的过程中，团队运作方式能建立起更有效的解决问题和提出倡议的交流方式。因此，团队能用比个人更为快速、准确和有效的方法扩大组织的联系网，根据新的信息和挑战来调整自己的方法。因此，团队能够获得更多、更有效的信息，可以提高决策的速度和准确性。

2. 更优越的组织功能

"三个臭皮匠，顶个诸葛亮。"团队集结了各种不同技能、专业知识和经验的人员，一起为组织解决问题，团队在组织中的功能上优于个人。团队能把互补的技能和经验带到一起，这些技能和经验超过了团队中任何人的技能和经验，使得团队能够在更大范围内应对多方面的挑战。同时，团队可以根据工作需要快速地组合、重组、解散，这也是应对环境快速变化的一项重要价值。

3. 使管理层更关注战略思考

当工作以个体为基础进行设计时，管理者往往要花大量时间监督他们的下属和解决下属存在的问题，他们成了"救火队长"，而很少有时间进行战略思考。采用团队形式，尤其是自我管理工作团队形式，使管理者可以有时间做更多的战略规划。

4. 能够更好地激励员工

和员工参与一样，团队也能起到激励作用。团队强调全体成员的参与，有助于增强组织中的民主气氛。因此，团队能够促进员工参与决策过程，促使团队成员对工作更加投入，提高工作积极性。同时，团队赋予员工成长的自由，员工可以通过自我管理、自主工作决策和改变周围的环境而赢得尊敬和尊严。

5. 有利于形成良好的团队精神

以团队形式开展工作，可以在成员之间建立相互信任、相互帮助、相互支持的团队协作关系，创造一种提高工作满意度的工作氛围。从而促进了成员之间的合作并提高了员工的士气，有利于共同努力实现团队目标。

6. 促进绩效改善

绩效改善可以表现为多种形式，包括生产力、品质和客户服务的提高。团队工作可以避免浪费、减少错误和改善客户响应，从而使得员工的每单位投入都可以获得更多的产出。同时，良好的团队可以使团队成员感觉自己对结果有责任，他们愿意对团队有承诺并做出贡献，从而通过创新、创造力和灵活性的提高促进工作绩效的提升。

二、团队的特征

从团队的定义可以看出，一个有效的团队必须具备以下特征。

（一）清晰的目标

高效团队对于主要要达到的目标有清晰的了解和认识，并且坚信这一目标包含着重大的意义和价值。他们还会把这一目标转变为具体的、可衡量的、现实可行的绩效目标。而且，这种目标的重要性还激励着团队成员把个人目标升华到团队目标中去。在有效的团队中，成员愿意为团队目标作出承诺，清楚地知道团队希望他们做什么工作，以及他们怎样共同工作才能保证最后完成任务。

（二）相关的技能和高度的创造力

高效团队是由一群有能力的成员组成的，他们需要具备一定的专业技术能力，还需要具有解决问题的决策能力，而且相互之间有能够良好合作的个性品质，从而出色完成任务。尤其是需要人际关系技能，有技术能力的人并不一定就有处理群体内部关系的技巧。高效团队还常常利用成员的创造力来提高生产作业水平以及开发新产品、新服务、新市场的能力。

（三）相互的信任

团队成员之间相互信任是高效团队的显著特征。也就是说，每个成员对其成员的品行能力都确信不疑。只有信任他人，才能换来他人的信任，否则只能导致不信任。所以，管理者必须重视并维持团队内的相互信任，其中组织文化和管理行为对形成相互信任的团队气氛很有影响，如果组织崇尚开放、诚实、协作的办事原则，同时鼓励员工的参与和自主性，就比较容易形成信任的环境。只有团队成员间彼此信任，才能在工作中密切配合，协同作战，集思广益、博采众长。

（四）良好的沟通

具有良好的沟通是高效团队一个必不可少的特点。团队成员通过畅通的渠道交换信息，包括各种语言和非语言的信息。此外，高管层与团队成员之间健康的信息反馈也是良好的沟通的主要特征，有助于管理者指导团队成员的行动，消除误解，并能迅速正确地了解一致的想法和情感。

（五）一致的承诺

高效团队成员对团队表现出高度的忠诚，为了能使团队获得成功，他们愿意去做任何事。我们把这种忠诚和奉献称为一致的承诺。对成功团队的研究发现，团队成员对他们的团队具有认同感，他们把自己属于高团队的身份看作自我的一个重要的方面。因此，一致的承诺特征表现为对团队目标的奉献精神，愿意为实现这个目标而调动和发挥自己最大的潜能。

（六）恰当的领导

有效的领导能够让团队跟随自己共同度过最艰难的时期，因为其能为团队指明前途所在，也能向团队成员阐明变革的可能性，鼓舞团队成员的信心，帮助他们更充分地了解自身的潜力，从而发挥更大的创造力。优秀的领导者不一定非要指示、控制或者命令，高效团队的领导者往往担任的是教练和后盾的角色，他们对团队提供指导和支持，并不试图去控制它。

（七）团队激励

团队激励是引发团队合作的一项重要因素。这种激励是物质上的或者是精神上的，如果激励的方式得当，目标对于员工来说，并非高不可攀，而且成员能够感受到这些激励的效用，这时激励的效果最显著。

（八）适当的绩效评估

团队的一般目标通常可解释成具体的、可测量的绩效目标。高效团队的衡量系统会向高层管理者通知团队的绩效，帮助团队了解自己的进度。在理想状态下，团队会在设计自己的衡量系统时居于主导地位，这是团队是否真正被授权的很好的指示器。团队与个人一样，也需要有对绩效的反馈，有时这比个体绩效评估更能强化团队的奋进精神和承诺。

第二节 团队的类型及作用

团队根据其目标，功能和特点，我们可以将团队分为四种类型：问题解决型团队、自我管理型团队、多功能型团队和虚拟型团队。

一、问题解决型团队

问题解决型团队是一种临时性团队，也是一种为解决组织面临的一种特殊问题而设立的。这些团队一般由来自同一部门的 5 ～ 12 人组成，他们每周用几个小时来交流，讨论如何提高产品质量、生产效率和改善工作环境等问题。在问题解决型队伍里，成员就如何进行工作程序和工作方法，各自承担的任务和分工互相交流着看法或提出建议，但是这些团队几乎没有权利根据这些建议单方面采取行动。

问题解决型团队这一概念最初出自日本的"质量圈"，20 世纪 50 年代初，美国管理学家戴明被邀请到日本讲授质量管理。戴明提出一个观点，如果我们更信任和更尊重员工，那么他们就可以负起责任，并且将更努力地从事自己的工作。作为这一思潮的一部分，许多企业家形成一些机制，鼓励员工就公司经营方面的问题提出建议，在日本，这一体制后来演变为质量小组。20 世纪 80 年代，这一概念在全世界推广开来。例如，美国 Transtech 公司就很注重团队活动。该公司根据不同的目标，建立工作团队。首先，在决策人员中建立了"业务团队"，其任务是确立公司在日常竞争中的目标和方向。在营销业务分析中，建立了"设计团队"，其任务是了解市场，了解顾客，共同研究分析，群策群力落实企业的经营目标。在广大员工中，建立了"工作团队"，20 ～ 40 人一队，每位新上岗人员都由团队其他成员给予指导帮助；团队定期召开现场会议，从提建议到谈看法，团队活动使每位成员对未来有共同的责任感，形成共同的思维，促使他们异乎寻常地成长。公司以团队形式把学习与工作融为一体，使员工的"职业生涯开发"获得成功，公司员工的旷工率和转岗率降到了最低。

企业的生产车间、班组里的团队，大多属于问题解决型团队，即职工可以对改进工艺流程以提高劳动生产率和产品质量等问题提出意见和建议。但研究表明，并不是采用这种方式的企业情况都那么好，大多数小组在推动业绩提升方面并不像期待的那么明显，其原因可能是文化的差异。

问题解决型团队是临时性团队，所以存在的时间通常比较短。在大多数情况下，问题解决型团队的目标和任务明确，团队成员聚集在一起，为完成某种特殊任务和解决一个特殊问题，一旦任务完成、问题解决，团队也就解散了。在我们的学习生活中，问题解决型团队也十分常见，比如在一门课上，老师布置了几个问题让同学们以小组的方式进行讨论，这种临时组成的能够完成学习任务、解决问题的小组也是一种问题解决型团队。

卡特的工作团队

扫描此码　案例学习

二、自我管理型团队

自我管理型团队通常由 10 ～ 15 人组成，他们承担着以前自己上司所承担的一些责任。一般来说，他们的责任范围包括制订工作计划日程、决定做任务的分配、安排工间休息，而且还有一些自我管理团队可以自己挑选成员，并让成员相互进行绩效评估。

自我管理型团队较问题解决型团队，在调动员工参与决策过程方面有积极作用，自我管理型团队是真正独立自主的团队，它们不仅注意问题的解决，而且还执行解决问题的方案，并对工作结果承担全部责任。

目前采用自我管理型团队的公司很多，如通用汽车公司、百事可乐公司、惠普公司等。自我管理型团队在许多著名公司里明显起了节约成本、提高生产效率和员工满意度的作用。例如美国德克萨斯仪器公司的武器都因为推行自我管理型团队而获得了麦克姆·鲍尔德里奇国家质量奖，并使公司在减少员工 25% 的情况下保持了原来的销售水平。在研究生或者博士阶段，以导师为中心的科研团队就是比较典型的自我管理型团队。对于科研团队的活动，通常来讲学校是不会进行过多干预的，实验室自行承担课题，安排任务以及任务完成的时间，每一位成员也可以自行安排自己的工作、休息时间。但领导者，即导师可以通过召开组会的方式把握团队成员的工作进度，进而有助于整个团队在科研成果方面的产出。

应该注意的是，自我管理型团队并不是对所有组织都适用的。在设计这样的团队以及期望他们提高工作效率之前，组织应开展一项环境分析，以确定自我管理型团队是否与一些组织因素保持一致：①企业对团队有明确和具体的要求，并赋予相应的权利和责任；②组织的价值观和目标与团队具有一致性，组织文化和领导的支持为团队运行提供了环境；③组织资源、政策和训练保证团队具有竞争能力。成功实施和使用自我管理型团队通常取决于组织是否为这样的团队做好了准备。

三、多功能型团队

多功能型团队是指为完成某项特定任务而由来自同一等级、不同工作领域的员工组成的团队。它能够监督、改善涉及组织中不同部门的工作程序，使之标准化，并有效地提高工作效率。这种团队通常采用跨横向部门界限的形式。例如 20 世纪 60 年代，IBM 公司为了开发卓有成效的 360 系统，组织了一个大型的任务攻坚队，其成员来自于公司的多个部门，其实任务攻坚队就是一个临时性多功能团队，包括丰田、尼桑、本田、宝马、通用汽车、福特、克莱斯勒都采用了多功能团队来直接完成复杂的项目。近年来，国内腾讯、阿里等公司分别开始采用的事业部制就是多功能团队的一种应用，每个事业部都将相关的研究开发、采购、生产、销售等部门结合成一种相对独立的组织结构，其本身具备多种功能，又具有很强的经营自主性。

多功能团队是一种有效的方式，它能使组织内甚至组织之间不同领域的员工相互交换信息，激励出新的观点，解决面临的问题，协调复杂的项目，当然，多功能团队的形成和管理也是比较复杂的。

在多功能团队形成的早期阶段往往需要消耗大量的时间，因为团队成员需要学会处理复杂多样的工作任务，协调各方面的关系。而且成员之间，尤其是那些背景、经历和观点不同的成员之间，建立起信任并能真正合作也需要一段时间。

四、虚拟型团队

传统的工作团队几乎都会有公共的空间，如办公室、试验室、会议室等。团队成员也有自己的单位和行政边界。而虚拟团队则通过计算机技术，把身处异地的人联系起来，以实现共同的目标。在全球化进程日益加快的今天，大型公司不断拓展自身的海外业务，不论是与海外公司结成联盟关系，还是为遍布全球的客户们提供服务，都会引发对虚拟型团队的需求。

虚拟团队是虚拟组织中的一种新型的工作组织形式。虚拟团队的产生首先归于互联网及信息技术的发展，它可以有效地减少组织结构上的制约，有助于来自不同部门、不同地域范围的员工进行有效地协作。虚拟型团队是在虚拟工作环境下由进行实际工作的真实的人组成的。在这种环境下，虚拟团队同样可以完成信息共享、制定决策、执行任务等其他不同组织间成员的工作（如供应商或合作伙伴），能在现有最为出色的人之间实现协作，能有效地控制成本，实现人与工作之间的最佳契合。

第三节 | 团队的形成与发展

一、团队的形成和发展阶段

团队形成的根本原因在于人们对效率的不懈追求以及对不断变化的环境的主动适应，团队之所以是提高组织生产效率的有效方式之一，主要在于：一是团队成员的大力协同和技能、经验、知识水平的互补，有助于组织更好地利用员工的才能。事实表明，如果某种工作任务的完成需要多种技能、经验，那么团队完成的效果通常会比个人的效果好；二是组织成员积极的参与能起到激励的作用，高效的团队能够促进员工参与决策，有助于管理人员增强组织的民主气氛，提高团队成员工作热情和工作积极性，从而为实现组织目标而努力工作；三是共同的目标追求、充分的信息沟通、良好的工作气氛有助于创新。

团队能有效地提高组织运行效率，这是因为在复杂多变化的环境中，团队比传统的部门结构或其他固定的群体更灵活，反应更迅速，更能适应组织战略和组织目标的需求。

团队形成的发展一般会经历三个经历：预备团队、新团队、成熟团队。为了便于理解团队的形成过程，我们用本小节案例中社团的组建过程为例来进行解释。

（一）预备团队阶段

预备团队阶段是一个企业或组织开始考虑建立团队并就如何建立进行研究、讨论的阶段。在这个阶段中，团队领导可通过以下几个问题来检验自己是否对所属团队的远景十分清楚：我和我的团队必须承担的任务是什么？我的团队应该在多长时间适应新的工作？我们将会接受哪些培训？如果领导者或者有关人员决策失误怎么办？每个人在团队中担任什么角色？高层管理者担任什么角色？在预备阶段结束后，团队的每一个成员都应该清楚地知道所属团队的任务和远景。具体来说，在学生社团创立的初期，明确社团的目标和定位、可能的职能分配以及为达到目标应该提前制订哪些工作方案，都是一个团队在预备阶段应该做出的准备。

为了让团队成员熟悉团队远景，应该让他们感受来自组织内部、外部的压力，让他们了解自己所承担的角色以及其工作的意义，而且还应该让他们知道他们将从这种变革中得到的收益。团队建立的过程和组织变革的过程一样，会遇到来自各方面的抵制和阻力。作为团队的领导者要善于发现和解决这些抵触和阻力，对那些抵触情绪最强烈的员工要耐心开导并委以重任，让他们感觉到自己的工作与变革息息相关；还可以亲身了解和体会一些成功团队的建设，真正感受一下团队的运作。

（二）新团队阶段

团队成立以后，会有一个磨合的适应阶段。刚开始时，团队领导者要花费大量的时间和精力来带动组织团队。使团队的每一个成员都明确团队的目标及各自的角色和责任，同时团队领导者还要分配工作任务并监控生产完成情况。在这个阶段，团队的成员也需要彼此认识。明确职责范围和建立新的工作流程和行为规范的过程，是每一个团队在形成和发展的过程中必然经历的阶段。对于学生社团来说，在这一阶段通常通过见面会、素质拓展等措施，拉近团队成员，尤其是新成员之间的关系，通过部门中的培训和例会，来向成员传达团队目标和职责，使成员尽快进入角色，方便接下来工作的开展。

在新团队阶段，对团队进行有效的监督和控制是第一位。因为在这一阶段，团队形象比较模糊，成员之间彼此不太了解，在团队的规范以及汇报机制的引导下，能通过协作达到单个人无法实现的目标。由于合理的分工和成熟的工作流程尚未完成，最初的成功可能使团队的成员容易造成盲目自信或形成定式惯性，使团队陷入过分依赖经验的僵化困境当中。所以在这一阶段，对团队进行有效的监督和控制是十分必要的，可确保团队朝着正确的方向前进。

同时在这一阶段，领导的支持和团队成员的积极参与也是十分重要的。有了领导的支持，团队成员就会加强彼此之间的依赖，并且有利于外部和内部伙伴的配合，从而完成工作任务和实现组织目标。有了积极的参与，团队成员就会有强烈的归属感，可增强团队的凝聚力，提高士气，调动团队成员的工作热情和积极性，有利于生产效率的提高。同时，还要注意加强团队成员的沟通和信任，形成一个良好的工作氛围。

在新团队阶段，团队成员间还会存在矛盾和冲突，这时就要正视这些问题的存在，鼓励团队成员共同寻找解决的办法。

（三）成熟团队阶段

通过磨合和适应，团队进入了成熟阶段。在这一阶段，团队成员能够很好地处理人际关系问题，很好地分配工作，并使业绩保持在一个稳定的水平上。同时在这一阶段，团队可以自我运行和自我管理，而作为管理的领导者则不必事事亲为，但是随着团队业绩的提高，会在团队里滋生自满的情绪，而这时作为领导者，就要对他们的成绩及时给予反馈，激励团队进步，并要经常提醒团队成员认清新的任务和挑战，使团队成员保持清醒的头脑，引导团队沿着正确的方向发展，帮助他们实现远景和目标。发展至这一阶段的学生社团已经基本可以正常运转，除了完成例行任务之外，领导者还会组织成员开展新的活动来制造压力，激发潜能，让团队取得更多的新成就。

小楠的杂志社

扫描此码 案例学习

二、团队形成的途径

团队的形成可以有多种途径，但主要有四种：人际关系途径、角色界定途径、价值观途径和任务导向途径。

（一）人际关系途径

良好的人际关系是团队形成的前提条件，它包括团队成员人际关系情感上的亲近，有彼此合作和沟通的愿望，他们相互信任、相互尊重并希望了解对方。良好的人际关系有助于形成有利于团队的工作气氛，大大降低人际沟通和协作的成本。

（二）角色界定途径

工作团队是一种特殊的工作群体，它的一个突出特点就是每一个成员都需要在团队中扮演特定的角色，甚至是独一无二的角色。由于团队的每个成员都能充分发挥其个人的特长并与其他成员协调配合工作，使得团队的绩效大于个体绩效之和。

工作团队成员的角色与工作群体角色的不同在于，工作群体中的角色是由组织中的等级和职位规定的，而工作团队角色则是根据任务和需要界定的，彼此的关系是平等的，与个人在组织中的地位无关。

（三）价值观途径

价值观表明一个人的基本信念，它对人选择什么样的职业和选择什么样的生活方式有很大影响。共同的价值观是团队成员走到一起的主要原因，其重点是团队成员对其正在做的事情的整体立场，以及他们所采取的价值观，而不是组成团队的个人性格或者他们所担当的角色。共同的价值观，有利于形成团队的凝聚力和向心力，增加员工的忠诚度，不断释放成员的潜能，使团队的全体成员自觉地认同必须担当的责任并愿意为此共同奋斗。

（四）任务导向途径

任务导向是团队形成的最常见的形式，它是强调团队的任务以及每个团队成员能够对这项任务的完成所做贡献的独特方式。在这一途径中，重点是关注成员拥有的技能以及这些技能如何为整体做出贡献。通过任务导向建立团队的一个重要前提是：团队执行的任务和希望达成的目标对团队成员来说是至高无上的，并且假定所有的团队都有这样的共识，任务为团队成员提出了聚集在一起的理由，提供了资源和环境，界定了每一个人在其中扮演的角色，任务导向是建立团队的主要动因。

三、团队的评估

根据组织内部成员之间的影响力及其对有效完成团队任务的价值，卡特森伯奇和史密斯提出了一种完全不同的方法来评估团队行为。卡特森伯奇和史密斯建议，特定的团队会符合

"团队绩效曲线"，通过对其进行评估，研究团队的有效性。如图7-2所示，在这个模型中，工作群体和团队之间的区别是，工作群体并不具有任何特殊发展与扩大其绩效的需要。但是工作群体并不一定就不好，卡特森伯奇和史密斯强调，对于一些组织来说，工作群体是非常适用的。工作群体和团队的区别在于，工作群体强调的重点是让每一个人承担自己分内的责任，没有共同担负的责任。相反，真正的团队是少数人为了一个共同的目标集合在一起，他们有着共同的目标，团队中每一个成员共同对团队所需达到的目标负责，团队中每一位成员对于达到团队的目标同等重要，同样也对团队采用的总的工作方法负责。但这并不等于说团队的每一个人都是一样的。按照卡特森伯奇和史密斯的说法，这种真正的团队是由那些具有补充性技能的人组成的。他们在一起工作能够取得的成就，远比按个人的方式或者以工作群体为基础的方式运作取得的成就大得多。

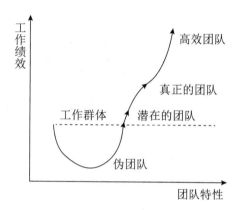

图7-2 团队绩效曲线

然而，从工作群体转变为真正团队时，会存在很多风险。其中一个就是成为伪团队。伪团队是一种名义上的团队，他们的成员不试图协调他们的工作或形成共同的责任，在实际工作时没有责任感。比如一些高级管理团队，他们按照个人的方式行事，只关注自己的部门或者责任。许多工作方式转变的团组织没有真正认识其含义，最后以伪团队的形式告终，从图7-2中可以看出，伪团队的工作效率比工作群体还要低。

潜在团队介于工作群体与真正团队之间。这种群体是正需要试图为之努力的群体，这样的群体由于缺乏明确的共同目标或者把工作重点放在个人责任上，而没真正形成相互协作的风气。这样的群体在正确的领导与管理下，能够进行一些完善从而成为真正的团队。然而，更普遍的情况是，潜在的团队继续在没有目标的情况下维持。

图7-2中所示的真实团队通常由很少的一些成员组成。团队中的成员们明确团队要实现的目标，并共同为最终要实现的目标负责。在实现目标的过程中，团队成员之间应该形成技能上的互补，如果有需要的话，成员们也愿意为了组织目标的实现去学习新的知识和技能。由于他们在一起工作，并且能够实现技能上的相互补充，在共同目标的指导下更加具有凝聚力，因此，他们创造出来的价值比各自为战要多。相对于工作群体而言，他们创造的价值也不是工作成果的简单相加，而是更多。

根据卡特森伯奇和史密斯的观点，高效团队是对团队潜力的高度认识。总而言之，高效团队的成员具有高度的责任感，他们不仅对团队的成功负责，还对相互间的个人成长和发展负责，通过成员间密切的接触和交往，团队建立起了这种关系。这些团队具有非常高的绩效，经常达到在一开始认为不可能达到的目标。

第四节 团队建设

"龙芯1号"的成功

扫描此码　　案例学习

一、如何建设高效的团队

团队的出现并蓬勃发展是由于传统的组织形式已经无法满足组织发展和组织变革的需要。团队在企业发展中正发挥着日益重要的作用。一个企业能否塑造出高效的团队，将会直接影响到企业在市场中的竞争力。尤其是在人才竞争激烈，高端人才流动性非常高的今天，如何建设和管理高效团队是组织者必须面对的主要问题。

一般来说，为保证高效团队的建设和发展，我们可以从以下几个方面着手。

（一）适度的团队规模和人员结构

早在古埃及时期，人们就意识到了一位管理者能够监管的人数限制。在古罗马的军队中，骑兵队伍的基本单元是由 10 名骑兵组成的。在现在社会，对于最佳团队规模的研究也不胜枚举。最佳的团队规模一般都比较小。为了使团队成员之间都能够充分了解并且互相发生影响、保证团队结构的简单化和组织目标的纯正，应当严格控制团队成员数目，一般不要超过 12 人。适当的团队规模，容易形成较强的团队凝聚力、忠诚感和相互信赖感。在团队成员过多的情况下，首先，成员之间在相互交流时会遇到很多阻碍，讨论问题时很难形成一致的意见和看法；其次，成员过多会导致"搭便车"的现象，造成凝聚力忠诚度和相互信赖的缺乏，而这些对于高效团队而言是必不可少的，因此过多的团队成员不利于开展工作。

关于团队成员的合理结构，美国的组织行为学家罗宾斯建议，一个团队要想有效运作，需要三种不同技能型的人：第一，是需要具有技术专长的成员；第二，需要具有解决问题和决策技能的成员；第三，需要具有善于倾听、反馈、解决冲突及其他人际关系技能的人员。

在诸多对当代团队特点的研究中，学者们通常会将团队成员的年龄、性别、受教育背景、任期长短等因素作为衡量团队异质性的指标，来研究团队异质性对团队绩效甚至企业绩效的影响。而由拥有不同的个性和背景的成员所构成的团队通常被称为异质性团队。从异质性团队的特点中可以看出，有不同专长和特点的团队更加有可能形成合理的团队结构，也就更加有可能实现高效的运作。

如果一个团队不具备上述 3 种不同技能的人，就不可能充分发挥其绩效潜能。因此，对具备不同技能的人进行合理配置是极其重要的。除此之外，应注重团队成员与工作匹配的合理搭配，如果员工工作性质与其个人性格特点相一致，则绩效水平就容易提高。所以团队在挑选成员的时候应以员工的性格特点和个人偏好为基础。

罗宾斯认为，在团队中人们喜欢扮演九种潜在的团队角色，而成功的团队则填满所有这些角色，并且以基本技能和偏好来挑选成员扮演这些角色，如表 7-1 所示。

表 7-1　九种团队角色

角色名称	角色作用
创造者—革新者	产生创新思想
探索者—倡导者	倡导和拥护所产生的新思想
评价者—开发者	分析和决策方案
推动者—组织者	提供结构
总结者—生产者	提供指导并坚持到底
控制者—核查者	检查具体细节
支持者—维护者	处理外部冲突和矛盾
汇报者—建议者	寻求全面的信息
联络者	合作与综合

关于团队中的成员角色类型，贝尔宾提出过九种角色理论。英国学者梅瑞狄斯·贝尔宾（R.Meredith Belbin）在剑桥大学 Henley 管理学院人员的协助下，进行两个为期九年的重要研究团队实验。实验结果显示了每个成功团队都必须拥有九种角色，这九种角色与团队规模无关，在很多情况下一个团队成员要承担多种角色。

这九种角色是：①协调者（coordinators）；②塑造者（shaper）；③创新者（plant）；④监督者（monitor-evaluator）；⑤资源调查者（resource-investigator）；⑥执行者（implementer）；⑦协作者（team-worker）；⑧完成者（completer finisher）；⑨专家（SP）。

（二）共同的目标和强烈的归属感

共同的目标是团队存在的基础、团队凝聚力的源泉，也是团队成功与否的关键要素。成功的团队往往能够用大量的时间和精力来讨论、修改和完善一个在集体层次上和个人层次上都被大家接受的目标。成功的团队会把他们共同的目标作为激发团队每一个成员的强大动力并引导着团队前进的方向。

本小节前的案例中，我国自主研制的高性能全允芯片CPU——"龙芯1号"取得成功，就是多功能团队联合攻关的成功典型。在这一例子中，科研团队的成员们首先将取得研发的成功视为对国家和人民有极大贡献的一件事情，因此，在科研小组成立之初，每一位成员便有了明确的目标和方向，在研发过程中遇到再多苦难也会因为实现目标的动机十分强烈而努力克服，这支团队的胜利可以说是团队在共同目标和强烈的归属感的支撑下取得全面成功的典型，这种强烈的目标和归属感成为这一支高效团队最为明显的标志。所以，团队建设的先决条件是形成一种强烈的、积极的归属感。如果团队成员之间不能相互认同、不把团队当成自己的家、不把团队的任务看作自己的事业，那么团队就不可能拥有凝聚力，也就无法充分地发挥作用。因此，在高效团队的建设中，除了要树立明确的共同目标，还要加强团队的沟通和协作精神，提高团队的凝聚力，从而培养团队成员的强烈的归属感。

也有学者将这种目标的强烈感和归属感看作一种团队文化的营造，让成员们认为自己是团队的一员并感到自豪是十分关键的。如果团队成员都能有"风雨同舟""同呼吸，共命运"的感觉，将会对团队管理非常有利。另外，让每个团队成员认识到他们之间的协作以及贡献对团队的成功来说是至关重要的。换句话说，没有他们的贡献，团队将会以失败告终。团队文化建设可以贯穿到管理的各个环节。把团队价值观贯穿于培训的始终；在宽松的环境中，树立团队的榜样等。

（三）领导与团队成员的相互信任

有了明确目标的团队，还会面临确定工作进度、提高工作技能、作出和修改决策等问题，要想使团队在工作细节上取得一致，并将个体的技能结合在一起，就需要领导。领导在团队中的作用，首先表现在将有价值并可接受的价值观传递给团队，使团队成员接受团队内部的规范，并在其引导下形成团队的凝聚力。其次，领导应善于与团队成员进行沟通，尊重和平等对待每一位成员，培养团队成员的信心，激发成员的工作积极性和创造性。最后，领导有责任为团队成员提供保证团队运行良好所需的资源和培训。另外，作为团队的领导也应加强自己的素质和能力。

从领导的角度来看，首先领导要对其成员给予充分的信任，对团队成员的相互信任建设给予充分的重视，让成员更多地参与团队建设，真诚开放地相互合作。从成员的角度来看，员工要知道领导了解他们的工作，信任和支持他们，并准备与他们共担风险。团队成员之间也需要形成信任关系，只有这样他们才能在工作中达到良好的合作。

（四）有控制的授权和信息共享

团队之所以很有效地运作，很大程度上归功于团队内部成员享有充分自主的决策权。不懂得授权是团队区别于一般工作群体的基本特征。这里的授权是有控制的授权，使成员在一定范围内自行解决和处理工作，有利于激发团队的积极性，提高团队绩效。但是，充分而广泛的授权不代表不需要领导的管理，领导可能在多风险和更具挑战性的任务之间进行平衡。另外，授权应分阶段，有计划地进行、避免混乱，团队领导可以以灵活的方式逐步放权，并不断对团队绩效进行评估。

同时，为使团队运行更加有效，效率更高，团队成员需要掌握确切可靠的信息。因此，在组织中建立一个开放共享的信息系统，保证团队成员能自由地获取所需的信息，是保证团队有效性的基本条件。一个团队信息如果不处于贡献状态，效率就得不到提高，而效率会直接影响到利润的创造。著名管理大师肯·布兰佳在其《一分钟经理人团队版》一书中，就强调了团队中信息共享的重要性。他认为团队成员们通过被许可从团队中获得更多信息，有助于其向组织中的其他成员证明他是组织中有价值的成员，如果能够获得更多信息的使用权，会有助于这名成员的自豪感和主人翁感的提高，而这种感觉，在其他类型的组织机构中是很难能够体会到的。这一结果又与我们前面提到的团队成员对团队的归属感与认同感有着紧密的联系。

（五）有效的绩效评估和奖酬体系

值得一提的是，这里的绩效评估和奖酬体系的建立应该与原本以个人导向为基础的体系相区别。除根据个人贡献进行评估和奖励外，还应当以团队为基础进行绩效评估和利润分享，鼓励合作而不是鼓励某一个优秀的人。除了基本的个人薪酬系统之外，还可以设定一种以团队完成目标为前提的个人奖金。另外，给团队成员的晋升、加薪以及其他各种激励都应以他们在团队合作中的表现为衡量标准。可以说这种激励机制是对个人激励体系的一种综合与升级，既考虑了个人的表现，又增加了对团队工作绩效的考量。另外，在个人与团队目标实现了一致的情况下，两者是不相矛盾的。

团队的绩效评估和奖酬体系表明组织的期望和承诺，对团队的成员的行为有着导向作用，它是一种反馈，是团队在完成任务期间，组织所给予的反馈，得到积极的反馈和正确的认可，有利于以后工作和任务的开展与完成。因此，在团队的建设和管理过程中，高度重视绩效评估的体系和奖酬体系的建立，调动团队成员工作的积极性，激发他们的潜在的创造力，有利于组织目标的实现。

与其他绩效评价体系建立过程中应该注意的问题类似，对团队绩效评估和奖酬体系的建立也应注意公平性问题。团队应建立平等明晰的评价标准，让每位团队成员的贡献都可以衡量，每位成员都可以清楚地看到谁做了什么，而且每位成员都对自己的行为负责。尽管团队中可以兼容不同风格的成员，但也要制定统一的业绩标准（工作的效率和品质是所有成员都应当遵守的基本标准），以防止"鞭打快牛"的不公平现象，避免团队内由此引发的冲突。

（六）适当的资源和培训教育

如果一支团队不能够得到它所需的基本资源，它就不可能进行有效的运作。这些资源既包括财政资源、人力资源，同时也包括工作场所、机器设备及时间等，他们都应该由团队的组织提供。为了使团队能够有效地完成所承担的任务，作为团队的组织就必须保证团队能够及时地获得所需的资源。

由于团队是具有不同技能的人所组成的，由于知识和技术的不断更新，在团队成员原有的知识和技能不能胜任工作要求时，就需要对其进行培训和教育。尤其是知识型团队队员，在其成长的过程中要十分注重个人成长发展机会和能力的提升。因此，通过培训不仅可以向他们传授进行团队工作必须的技能，还可以帮助其成为合格的团队成员，并且传达了组织的观念和价值取向，有利于成员的沟通和交流，增加团队的吸引力，从而减少员工的流失率。

　　总之，同其他形式的管理一样，创建高效团队是件复杂的事情，不存在能够确保取得成功的、放之四海而皆准的方法。在建设团队的过程中，考虑到以上几个方面的作用，进行系统思考，并根据实际情况有针对性地采取适当的措施，就有可能创造出高绩效的团队，实现团队效能的提高。

二、建设团队的策略

　　成功团队的领导能够融合并利用各种风格的长处，建立有效的团队。作为团队领导可以利用以下策略来进行团队建设。

　　（1）认识成员。在团队活动开始之前，非正式地与每一位成员见面，和他们进行面对面的交谈，交换彼此对团队的感受，并且了解团队成员的各种动机和态度是否有助于团队目标的实现。

　　（2）确定团队的目标。说明对团队的期望，并检查时间表和各种限制，然后让每一位团队成员参与到设定议程的讨论中，以明确了解团队的任务和目标。

　　（3）明确角色。使每个成员清楚团队对自己的期望。

　　（4）建立标准。鼓励团队发展共同的工作标准，有利于团队成员的规范。比如所有会议必须全员参加，重视承诺，允许不一致的意见，保守机密等。

　　（5）描绘计划。发展目标与行动计划，包括任务与完成期限等。

　　（6）鼓励提出问题。意见不一致是很正常的事，作为团队领导应该鼓励团队成员对现状的质疑，以及提出的宝贵意见和建议，接受不同方面的意见。

　　（7）维持均衡。有效团队能在不同风格的成员间保持良好的均衡。

　　（8）分享荣誉。每个团队成员贡献的大小与团队的成就如何，都由团队的领导决定，而且领导也要负责将喜悦与外界分享，特别是高层主管与公司内部通信的编辑。

　　（9）强调参与。让每一位团队成员参与到团队的工作中，并且让每一个人都得到任务的分派。对于重要的决策，应设法达成共识。

　　（10）评估团队的有效程度。领导应至少每年一次地进行自我评估，包括团队的实力、进展情形，还有任务的时效性、有效性，对工作品质的满足程度以及必要的改变等。

三、团队建设的有效方法

　　户外拓展训练（拓展训练）是团队建设的有效方法。户外拓展训练以自然为舞台，以活动为道具，以学员为中心，以体验的学习方式提升组织和个人的情商。在帮助学员更好理解和信任他人、相互沟通、共同作出决策、秉承企业文化等方面起到了特殊效果，在团队建设中发挥着独特的作用。

户外拓展训练，主要是在户外自然的环境中，借助一定器械，通过特意设计的活动，锻炼人的勇气、意志以及团队精神。它源于 20 世纪 40 年代的英国，当时许多英国军舰在遭到德军潜艇袭击后沉没，大批水兵因此丧生，但总有少数人能在灾难中幸存下来。后来人们发现，这些幸存者不是体能最好的人，而是求生意志最强的人。他们顽强抗争，因而活到了获救的那一刻。于是人们创办了这种生存训练学校。战争结束后，人们觉得这种训练目标也可以拓展到管理、心理及人格训练等多方面。体验式的培训方式让学员们能真正投入学习当中，在培训师的引导下完成知识向行动的有序转换。

企业中的团队建设

扫描此码 案例学习

（一）户外拓展训练的内容

户外拓展训练课程由团队热身、个人潜能项目、团队熔炼项目、回顾总结分享四个部分组成。

1. 团队热身

相应的团队热身活动将有助于加深团队成员间的了解，消除紧张，以便轻松愉快地投入各项培训活动中去。

2. 个人潜能项目

本着心理挑战最大，体能冒险最小的原则实施每项活动，这些活动对受训者的心理承受能力是一次极大的考验。"真正的敌人是自己"，这一人生真谛，将使受训者刻骨铭心。

3. 团队熔炼项目

以复杂性、艰巨性为特征。良好的团队气氛，成员间的相互信任、理解：默契、配合是活动成功的关键。团队项目对于改善受训者的合作意识和受训集体的团队精神有很强的针对性。

4. 回顾总结分享

回顾将帮助学员消化、整理、提升培训中的体验，以便达到活动的具体目的。总结分享，使学员能够将此项培训的收获迁移到工作中去，最终实现整体的培训目标。

训练的具体项目有：信任背摔、高空跨断桥、智力电网、攀岩、智运圆桶、胜利墙、有轨列车、盲人方阵、孤岛求生、交通阻塞等。在整个培训中体力与脑力活动充分结合，在项目的实施中产生意识，回顾作为整个培训的核心部分，培训师会引导学员发表体会，与大家分享经验，进行讨论分析以形成理论，将学到的理论运用到下一个项目当中去，指导学员将学到的技巧、方法转移到实际的工作中。

（二）户外拓展的特点

1. 综合活动性

拓展训练的所有项目都以体能活动为引导，引发认知活动、情感活动、意志活动及交往活动，有明确的操作过程，要求学员全身心地投入。

2. 挑战极限

拓展训练项目都具有一定的难度，表现在心理考验上，需要学员要向自己的能力极限挑战，同时从集体中吸取强大的能量和信心，在集体中显示个性。

3. 集体中的个性

拓展训练实行分组活动，强调集体合作。力图使每一个成员都竭尽全力为集体争取荣誉，同时从集体中吸取巨大的能量和信心，在集体中显示个性。

4. 高峰体验

在克服困难，顺利完成课程要求以后，学员能体会到发自内心的自豪感和胜利感，获得人生难得的高峰体验。

5. 自我教育

教员只是在课程前把课程的目的、内容、要求以及必要的安全注意事项向学员讲清楚，活动中一般不进行讲述，也不参与讨论，充分尊重学员的主动地位和主观能动性。即使在课后的总结中，教员也只是点到为止，主要让学员自己讲，达到自我教育的目的。

通过拓展训练，参与者在如下几个方面有显著的提高：认识自身潜力，增强自信心，改善自身形象，克服心理惰性，磨炼战胜困难的意志；启发想象力和创造力，提高解决问题的能力；认识群体的作用，增进对群体的参与意识与责任心；改善人际关系，学会关心他人，更为融洽地与群体合作；学习欣赏、关注和爱护大自然。

通过户外拓展训练可以促进学员之间的情感交流与心灵沟通，相互信任，通过团队协作使学员能突破心理障碍，建立相互配合、相互支持的团队精神及合作意识。

四、团队建设中可能存在的问题

（一）社会惰化

社会惰化是指人们在群体中工作比独自工作时更少努力的情形。社会惰化可以说是团队中最为明显的局限之处。相对于小团体而言，社会惰化更容易出现在大团队当中，因此预防社会惰化产生的策略之一就是缩小团队的规模。当绩效以团队为单位进行衡量的时候，单独工作的每一位成员就很难做到百分百地投入，在个人任务不被注意的时候，社会惰化更容易产生，想要消除社会惰化的第二个策略就是进行详细的任务分配，尽量做到专门化，这样一来，最终团队绩效的产生也会反映出个人的贡献大小，也方便了对个人绩效的衡量。另外，对员工的选择也十分关键。积极的、容易被团队集体成就所激励的、以集体价值观为导向的员工可以帮助团队规避社会惰化带来的风险。因此，在员工选择的过程中可以选择相对有动力的员工。

（二）人力资源管理在个体与团体层面的冲突

人力资源管理越来越成为组织提升绩效的保障。但是，面对团队的人力资源管理，必然会遇到个体层面与团队层面的冲突，具体包括两个方面的内容。

1. 绩效考核方面

通常意义上的绩效评价就是为了客观地评价员工个体的能力、业绩产出和适应性。它是人力资源管理的核心工作。团队作为一个整体，也有绩效，但在团队中，传统的个体绩效考核方法常常难以奏效。这是由于团队工作具有高度合作的性质，团队成员具有较强的互补性，团队的产出是团队成员共同努力的结果。由于团队工作的特点，在团队中容易产生较严重的信息不对称的现象，使得团队中单个成员的努力水平不可观测，团队绩效表现为团队成员共同努力的结果，单个成员的绩效常常无法被准确地度量。

因此，这种冲突也成为团队建设中的难题。目前，比较提倡的是建立一些让个体成员的绩效结果与团队整体业绩挂钩的评价指标，从而加强个体层面与团队层面在绩效指标上的关联度。

2. 个性化与团队合作的冲突

采用团队形式的一大障碍是个体阻力。团队成员的成功与否不再由个人绩效所决定。要成为一名优秀的团队成员，个体必须学会与别人进行开放而坦诚的沟通，学会面对差异并解决冲突，学会把个人的目标升华为团队的利益。而通常情况下的人力资源管理政策和体系都是面向员工个体建立的，对于彼此之间的合作要求仅仅占很少的比重。

因此，在本身就以强调团队合作为核心的团队管理条件下，原有的人力资源管理系统面临着挑战。特别是在下面两种情况下，团队合作面临着最艰巨的挑战：①组织文化是高度个人主义的；②在高度重视个人成就感的组织中推行团队方式。

为了面对和改善这种难题，通常组织可以通过选拔、培训与奖励等方式来塑造团队成员的合作性，降低个性化与团队合作的冲突。

第五节 | 团队管理

扫描此码　案例学习

一、高效团队的管理方法

（一）塑造高效团队的原则

（1）明确团队的目标。团队目标不仅要与组织目标、个人目标相结合，更要使成员理解、认同团队目标，并使之成为团队成员行动的方向和动力。

（2）团队成员组成的多样化，并保持相应的最佳规模。

（3）注重成员的选拔。应首选愿意成为团队中一员的人，并且对成员分工选拔的同时考虑技能互补、异质性、人际关系的技能等要求。

（4）让个人绩效同团队绩效相联系。

（5）运用适当的绩效衡量标准。

（6）重视沟通的渠道和有效性，鼓励成员参与决策。

（7）注重建立和保持积极的团队文化。

（8）注重团队整体、成员个人的学习与发展，团队的培训工作至关重要。

（9）鼓励团队创新，个人创新。

（10）既注重团队规范的刚性，也注重团队运作的柔性。

（二）团队的目标管理

1. 目标管理

团队管理是基于权变理论发展起来的一种管理模式，主要体现为以人为本的管理理念，具有以下几个优势：

（1）有利于发挥员工的积极性和创造性；

（2）有利于提高企业团队运作的效率；

（3）有利于提升企业管理者的综合管理素质；

（4）有利于全面提高企业员工的凝聚力。

但在实际情况下，团队管理的一些缺点也会暴露出来，比如相关团队职务结构与非职务结构的不一致会影响团队运作效果；绩效评估与激励标准也常常没有明确的依据和标准，管理过程经常主观化、个人化，缺少客观性与公正性等。

团队的目标管理为团队管理的有效性提供了基础，目标管理是建立在可衡量、可控制、集体参与制定客观的衡量标准的基础上的，因此，团队管理才能做到有的放矢、有据可依和客观公正。

2. 目标管理模式

目标管理是一种参与式、自我控制的管理活动。企业开展目标管理活动有助于改进企业计划的目标导向性和行动方案的可行性，有利于企业更好地评估工作的绩效。从系统管理的观点出发，团队目标管理模式是由团队体系、团队目标体系、文件体系、评价体系以及团队目标管理活动等要素构成的一个动态的、开放的有机整体，其构成要素及相互关系如图7-3所示。

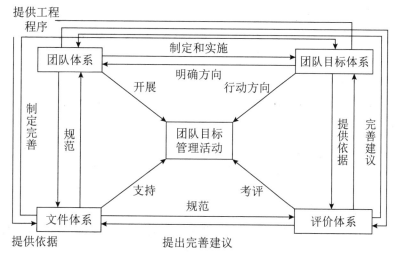

图 7-3 团队目标管理模式

（1）团队体系

团队体系是团队目标体系、文件体系、评价体系的制定者和使用者，是开展团队目标管理活动的主体，是由不同类别、层次、团队组成的相互依赖、相互联系的有机整体，并随着团队目标体系的变化而及时调整。一般来说，根据团队成员的工作依赖性和相互关系，团队可分为三类：个人的松散联盟、共同的工作团队、紧密结合的工作团队。对不同的团队，管理者应采取不同的工作风格，按层级划分，组织中的团队体系可以分为决策团队、管理团队和执行团队。

（2）团队目标体系

团队目标体系是团队体系存在的前提和基础，是制定和改善文件体系的目标和依据，是团队体系开展团队目标管理的目标和方向，是由不同层次和不同类型的目标共同构成的一个有机体。

一般来说，组织的团队目标体系可以分为经营方针、战略目标和战术目标三个层次。

（3）团队目标管理的文件体系

文件体系是制定团队目标体系、组建团队体系、构建评价体系的基础，是围绕团队目标管理的不同类型、不同层次文件共同构成的有机体。它应随团队目标体系和团队体系的变化而及时调整。

一般来说，团队目标管理的文件体系分为四个层次：第一层次是团队目标管理模式的文件指南；第二层次是目标管理的程序文件；第三层次是企业各分目标和责任单位目标的程序文件；第四层次是责任单位到责任人的目标管理细则。

（4）团队目标管理的评价体系

作为评价和控制团队体系开展团队目标活动绩效的依据和准则，这一评价体系可分为定性评价标准和定量评价标准两类，在构建评价体系时，应遵循"定量评价为主，定性评价为辅"的原则。评价标准应依据开展团队目标活动的实际效果，随团队目标体系和团队体系的变化而及时调整。

（5）团队目标管理的活动

团队目标管理的活动是团队体系为实现团队目标体系，根据文件体系和评价体系而开展的目标制定、实施、控制和改进的实践活动。

3. 团队目标管理的原则

开展团队目标管理应遵循一定的原则，主要内容如下。

（1）制定有机统一的团队目标体系

在团队目标体系的制定过程中，应充分考虑各层次目标的制定依据，坚持有利于组织持续发展的原则，实现组织短期目标与长期目标的有机统一，强调团队目标体系的有效性，以体现团队精神，确保团队目标体系中各层次的有机融合。

（2）组建有效运作的团队体系

有效的团队运作体系能够支持组织的有效运作。在组建团队体系的过程中，应依据团队目标体系的客观要求，变革原来的组织结构，建立合适团队目标体系特点的组织结构，进而组建以组织结构为依托的团队体系，各层次和各类别的团队之间应以目标体系为纽带形成有机体，为团队目标管理模式的有效实施提供人力资源保证。

（3）编制规范适宜的文件体系

团队目标管理活动的有效运作需要与之相对应的文件体系的支持，在文件体系的建立过程中，应结合团队管理活动的特点，编制由文件指南、程序文件体系和目标管理实施细则等文件有机融合的文件体系，明确规定目标制定、分解、实施、考核、改进的程序以及各层次管理者和成员的责任、权力、利益、工作标准、奖惩办法等。实现团队目标管理文件体系和组织其他管理制度的有机统一，为规范团队目标管理活动提供制度基础。

（4）制定规范有力的评价体系

为了实施对团队目标管理活动的有效控制，需要建立适合团队特点的评价体系。在评价体系的建立过程中，应遵循团队整体绩效最优的原则，建立目标引路、制度为准、公正透明、严格兑现的评价体系，为团队目标管理活动的有效控制提供保障。

（5）开展规范的团队目标管理活动

在团队目标管理开展过程中，应该按照目标初定、上下沟通、目标确定、目标分解、目标实施、目标考核、目标改进的工作思路，严格遵守团队目标的动态管理，进而持续改进团队目标管理活动。

（6）加强全员的素质培养

高素质的员工是有效开展团队目标管理活动的必然要求。在开展团队目标管理活动中，应不断加强管理者素质的培养，尤其重视对高层管理者的选拔、使用以及他们对管理艺术、管理技能的培养。

在开展团队目标管理活动的过程中，应运用系统管理、持续改进的观点来构建团队的目标体系，以确保团队目标管理活动规范有序地展开，从而形成以团队目标体系为纽带的共同体，为提高团队的凝聚力、实现组织目标和整个利益提供有效支持。

（三）BSC（balanced score card）

在诸多团队管理方法中，很少有能够全面衡量团队绩效和对组织的贡献的有效工具，即便是有这样的方法，也无法给出量化的标准。一些团队管理学家正试图用一种组织战略的绩效评估工具——BSC（平衡计分卡）对团队工作进行从团队建设到绩效评估的全方位的管理。平衡计分卡是把企业及其内部各部门的任务和决策转化为多样的、相互联系的目标，然后再把目标分解为多项指标的多元业绩评价系统。

当平衡计分卡运用到团队管理中时，可以将团队在财务绩效、客户、团队运作和团队学习与发展4个方面系统地结合起来，并将各方面分解为多元指标同时赋予各项指标以权重，在团队建立之初，作为团队的宗旨与目标，在团队运作中作为绩效评估的依据，还可以作为团队未来发展的战略规划工具。某团队的平衡计分卡管理运行模型如表7-2所示。

表 7-2　平衡计分卡管理运行模型

方面	权重	指标	权重	平均值	标准差	本期实际值	标准化	分值
财务绩效	30	销售收入 净利润 市场份额	15 10 5					
客户	20	客户满意度 客户保持率 客户增长率	10 5 5					
团队运作	30	团队规范 纪律 差错率	10 10 10					
团队学习与发展	20	培训机会 培训效果 考核成绩	5 5 10					
总计	100		100					

在运用平衡计分卡对团队进行管理时，其关键是指标的选择与权重的设计，不恰当的指标会导致团队目标的偏差，权重的设计不当也会导致无法认清问题所在。因此，平衡计分卡的实施需要在全面的数据收集与分析、科学设计的基础上来进行。

二、虚拟团队的管理

虚拟团队是近年来伴随着信息技术和经营环境的变化而出现的新的团队形式，与传统团队的区别较大，可以说是对团队管理者的一个挑战。

（一）虚拟团队的特征

（1）虚拟团队是信息时代组织的一种形式，具有分权、信息共享、网络化结构的特征。

（2）具有时间和空间的相对独立性。

（3）相对灵活，具有柔性，多是临时性的，往往根据项目的需要而组成在任务完成后解散。因此，团队的成员通常是临时的、兼职的，工作模式从传统的办公室工作走向虚拟工作模式。

（二）虚拟团队与传统团队的区别

（1）团队成员临近程度不同。相对于传统团队而言，虚拟团队成员往往空间距离大，见面机会很少。

（2）互动特征不同。传统团队成员有很多机会分享与工作有关或无关的信息，而虚拟团队则交流的大多是与工作有关的信息。

（3）在资源利用上的区别。虚拟团队由于地域上的分散性，不能像传统团队那样分享技术、人力、经济等资源的配置。

（4）在控制和责任上的不同。传统团队成员与管理者之间的相邻性为管理者控制成员的行为提供了便利，这种持续控制有利于对团队目标活动及时作出回应，而虚拟团队则很难做到这一点。

（5）工作互动过程上的区别。相对于传统团队中成员们及时的沟通和解决问题，虚拟团队则可能面临沟通和互动上的障碍。

（6）文化和教育背景不同。传统团队成员往往来自同一组织，通过相同的招聘和甄选程序，相对于虚拟团队而言，其有着相似或者相互补充的教育背景，有利于相互之间在工作上的协调。

（7）技术差异。传统团队由于在一个组织内工作，所以在产品设计和开发上存在着极小的技术体制的差异。在虚拟团队中，不同组织间的技术体制的不一致问题会显得尤为突出，所以虚拟团队在开展团队工作之前，应将技术体制标准化，防止不一致问题的出现。

（三）虚拟团队的管理

虚拟团队不同于传统团队，对于虚拟团队的管理也是管理者所面对的一个巨大的挑战。要使虚拟团队获得成功，必须在组织目标、成员需要和技术基础 3 个方面实现平衡、一致和协调。要达到三者平衡，应做到以下几个方面。

（1）明确团队宗旨、目标和愿景

为了明确团队的宗旨、目标和愿景，首先，在组建团队之初，就应该尽量让每个团队成员了解团队的宗旨和目标，使每个成员将其团队宗旨及目标视为自己的一个奋斗方向。为了做到这一点，团队可以通过各种渠道，经常地将有关团队的宗旨和目标信息传递给每一个团队成员，并及时获取他们的反馈信息，以针对不同情况进行个别沟通。其次，强调"分享"，即让给团队成员，明确团队目标的达成、宗旨的实现都是所有成员共同奋斗的结果。最后，注重过程控制。要经常与团队成员沟通，及时了解成员的情况并纠正他们工作中的偏差，同时还要注意协调个人目标与组织目标的冲突。

（2）有效沟通

有效沟通是虚拟团队存在和发展的基础。要使团队成员能够有效沟通，首先，应该解决沟通方面的技术问题，包括技术设施的配备、技术手段的更新和开发。其次，解决文化差异所带来的困难，可以通过文化敏感性培训，使成员了解文化差异的状况及可能带来的相应问题，使成员接受和认可他人的文化背景，尊敬他人的语言风格及行为习惯，以减少因不同文化带来的冲突。最后，通过标准化解决问题。成员的广泛来源所导致的时区、文化、技术熟练程度的差异，容易引起冲突，而通过与工作有关的程序、方法的标准化，可获得一定范围内的统一性，有利于沟通和实现团队目标。

（3）促进成员的社会化

在虚拟团队中，由于成员相聚甚远，成员间面对面交流和非正式沟通相应减少，从而能导致组织内部成员社会化程度低，成员容易出现孤独感，因此，虚拟团队管理应注意促进成员的社会化，首先，尽力使团队成员有面对面交流的机会，这种面对面交流应安排在团队成立之初或者在出现协调困难时。其次，增加非正式沟通，如建立一种强势的团队文化，增加团队成员的群体意识，减少孤独感。

（4）建立以"信任"为基础的团队文化

虚拟团队运作是基于个体分工基础上的合作过程，在此运作过程中，信任是润滑油，能使团队运作更加顺利。但是建立以"信任"为基础的文化首先意味着承认"个体"。虚拟团队文化是以强调"个体作用"为基础的。其次，团队成员应有强烈的个体责任感，即成员个体对自己的任务及协同完成的组织目标自觉负责。为了达到这个目的，每个成员应学会自我管理，自我控制，具有学习能力，培育一种"知识分享"的文化。团队成员之间要信任，就要有信息知识的分享。

（5）建立良好的激励模式

对虚拟团队的激励问题是管理者所面对的新挑战，因为虚拟团队的运作不同于传统团队，其管理方式也应有所创新，根据虚拟团队的特征，可以构建适应虚拟团队的激励模式。首先，是高薪，这是因为一方面虚拟团队的成员往往是知识型员工，一般具有特殊技能；另一方面因为分散各地，要想使团队成员有效地投入工作中，控制起来很难，利用高薪可以帮助团队成员解决后顾之忧。其次，提供挑战性工作，知识型员工的特点是忠诚于自己的专业与组织目标，成就感强烈，因此应向他们提供专业性强的挑战工作，同时还要适当的提供学习机会。由于虚拟团队往往是目标导向的，并且具有明显的动态性，所以成员个体的工作变动性大。为团队成员提供良好的学习机会，本身就是为员工将来的职业生涯着想，实际上也是一种较好的激励手段，另外，建立特色团队文化可以使成员有一种归属感和群体意识，弥补远距离沟通造成孤独感的缺陷，满足团队成员的社会需要，促进成员的社会化。

虚拟团队是组织发展的一种新模式，要促进虚拟团队的有效运作，在管理过程中就要处理好柔性化与标准化的结合、地域分离与协同工作的结合以及分工与合作的结合。有效地处理这几种矛盾，就能对虚拟团队进行有效的管理，从而实现组织宗旨、目标和愿景。

本章小结

目前，团队工作已经成为现代管理的趋势。本章系统介绍了团队的概念、特征，团队的不同类型和所起的作用，在团队形成与发展阶段进行划分的基础上，重点介绍了团队的建设和团队管理的问题，提出了团队绩效考核的流程，影响团队绩效的因素和高效团队的管理方法。

本章思考题

1. 团队形成一般会经历哪几个阶段，其形成途径是什么？
2. 如何建设一个高效团队？
3. 对于团队绩效应该怎样评估？
4. 虚拟团队与传统团队之间有什么区别？

本章练习

团队角色测试

贝尔宾团队角色调查问卷

问卷简介：

本调查由贝尔宾博士（Belbin，1994）编制，共有7个问题。针对每个问题，请将10分的总分分布在你认为能精确地描述你在工作中行为的选项（a～h）上。每一道题没有标准答案。这个问卷调查能帮助你了解自身在团队中的角色。

注意：10分的总分可能分布在几个不同的选项中。不必面面俱到，只需将分数分布在你认为与你自己工作实际相关的选项中。每一选项分数的多少根据每一选项多大程度反映了自身的工作行为而定。一个极端的例子是10分可能分布在每一问题的所有选项中，你也可以将其中一个选定为10分。

将你对选项分配的分数填在练习后面提供的答案卡上。

1. 我认为我能为团队做出的贡献：
   （　）a. 我能够迅速发现并抓住新的机遇
   （　）b. 我能够与团队中各种类型的人合作共事
   （　）c. 我生来就爱出主意
   （　）d. 我的能力在于，一旦发现有能够对团队目标有价值的成员，我就能够推举他们
   （　）e. 我能把事情办成，这主要靠我个人的实力
   （　）f. 只要最后能取得有价值的结果，我乐意面对暂时的冷落
   （　）g. 在我熟悉的情形中，我很快就能意识到哪些方法管用
   （　）h. 我能够客观地对备选的做法提供充分的理由

2. 在团队工作中如果我有缺点，它可能是：
   （　）a. 除非会议组织、控制并开得很好，否则我会感到不安
   （　）b. 我容易对那些有高见但没有适当表达出来的人过于宽容
   （　）c. 一旦集体讨论新观点，我总喜欢说得太多
   （　）d. 我客观的看法使我很难与同事们打成一片
   （　）e. 在需要办成某件事的情况下，我有时使人感到很强硬和专断

（　）f. 也许是我对团队气氛过分敏感，我发现自己很难与众不同

（　）g. 我容易沉浸在自己突来的想象之中，以至忘了正在发生的事情

（　）h. 我的同事认为我过分注意细节，总有不必要的担心，怕把事情搞糟

3. 在与他人一起做一个团队项目时：

（　）a. 我有不给别人施压就能影响他们的能力

（　）b. 我随时防止粗心的错误和疏漏

（　）c. 我愿意施加压力以换取行动，以确保会议不会浪费时间或离题太远

（　）d. 在提出独到见解方面，我是数一数二的

（　）e. 我总是乐于支持与共同利益有关的积极建议

（　）f. 我热切寻求新的想法和新的发展

（　）g. 我相信别人会欣赏我冷静的判断力

（　）h. 大家信赖我能够将最基础的工作组织得井井有条

4. 我在团队工作中的特点就是：

（　）a. 我有兴趣更多地了解我的同事

（　）b. 我经常挑战别人的观点或独自坚持自己的意见

（　）c. 我常常能够找到一连串的论据驳倒不甚有理的主张

（　）d. 一旦计划必须付诸实施，我认为我有能力使工作运转起来

（　）e. 我能够避开显而易见的想法，而提出出人意料的想法

（　）f. 对承担的任何团队工作，我都有一点完美的倾向

（　）g. 我乐于利用团队以外的关系资源

（　）h. 尽管我对所有的观点都感兴趣，但一旦需要作出决定，我还是会毫不犹豫地拿定主意

5. 我在工作中获得满足是因为：

（　）a. 我喜欢分析情况，评价和权衡各种可能的选择

（　）b. 我对寻找解决问题的可行方案感兴趣

（　）c. 我感到，我在促进良好的工作关系

（　）d. 我能够对决策有很强的影响力

（　）e. 我能够遇到那些有新意的人

（　）f. 我能够使大家在某项必要的行动上达成共识

（　）g. 我感到我能够全身心地投入于工作中

（　）h. 我很高兴能够找到一块可以发挥我想象力的天地

6. 如果我突然接到一个艰巨的任务，而这个任务必须在有限的时间里和不熟悉的人一起完成：

（　）a. 在找到解决办法之前，我宁愿躲在角落里，拟订一个解脱困境的方案

（　）b. 我愿意与提出了最好解决方案的同事共同应对难题，无论他有多难相处

（　）c. 我会设想通过用人所长的方法来减轻工作负担

（　）d. 我天生的紧迫感将帮助我们不会落后在计划后面

（   ）e. 我相信自己能够保持冷静，富有条理地思考问题

（   ）f. 尽管困难重重，我也能保持目标始终如一

（   ）g. 如果团队工作没有进展，我将采取积极措施加以推动

（   ）h. 我乐意广泛开展讨论，以激发新的想法，推动工作的开展

7. 关于在团队工作中我常碰到的问题：

（   ）a. 我很容易对阻碍工作进展的人表现出不耐烦

（   ）b. 别人可能批评我太重分析和缺少直觉

（   ）c. 我为确保工作有序地开展的愿望通常阻碍了工作进程

（   ）d. 我常常容易产生厌烦感，需要一两个有激情的队员使我振作起来

（   ）e. 除非目标明确，否则我很难着手解决问题

（   ）f. 有时我很难把复杂的观点澄清和解释清楚

（   ）g. 对我自己不能做的事情，我有意识地求助别人

（   ）h. 当遇到反对意见时，我会犹豫是否让自己的观点获得通过

贝尔宾问卷调查表的解释：

团队角色：

CO= 协调者　　　　　　　　RI= 资源调查者

SH= 塑造者　　　　　　　　IM= 执行者

PL= 创新者　　　　　　　　TW= 协作者

ME= 监督者　　　　　　　　CF= 完成者

角色分数：完成问卷调查表后，你将获得每一团队角色的分数。

答题卡：

将每一选项分配的分数填在表 7-3 的方框内。检查每一行的分数之和是否为 10 分。

表7-3 分 数 表

1a	1b	1c	1d	1e	1f	1g	1h
2a	2b	2c	2d	2e	2f	2g	2h
3a	3b	3c	3d	3e	3f	3g	3h
4a	4b	4c	4d	4e	4f	4g	4h
5a	5b	5c	5d	5e	5f	5g	5h
6a	6b	6c	6d	6e	6f	6g	6h
7a	7b	7c	7d	7e	7f	7g	7h

然后将上面每一方格的分数对应填入下面表 7-4 的方格内。将每一列的分数加起来得出 8 种风格中每一种风格的分数。

表7-4 分 析 表

协调者	完成者	塑造者	执行者	监督者	创新者	资源调查者	协作者
1d	1f	1e	1g	1h	1c	1a	1b

（续表）

协调者	完成者	塑造者	执行者	监督者	创新者	资源调查者	协作者
2b	2e	2h	2a	2d	2g	2c	2f
3a	3c	3b	3h	3g	3d	3f	3e
4h	4b	4f	4d	4c	4e	4g	4a
5f	5d	5g	5b	5a	5h	5e	5c
6c	6g	6d	6f	6e	6a	6h	6b
7g	7a	7c	7e	7b	7f	7d	7h

比较你的得分：

根据表7-5（常模）的标准，比较你在团队中每一类的得分（按列累加的分数），记下你团队角色每一类行为的得分是高、中，还是低。填入表7-6中，两组最高的分数符合你主要的团队角色类型。

表 7-5　用来比较的常模

类别	协调者	完成者	塑造者	执行者	监督者	创新者	资源调查者	协作者
很低	0～3	0～3	0～1	0～5	0～2	0～1	0～2	0～3
低	4～5	4～6	2～3	6～8	3～4	2～3	3	4～5
中等	6～9	7～14	4～8	9～12	5～9	4～7	4～7	6～10
高	10～13	15～18	9～10	13～15	10～11	8～9	8～9	11～13
很高	14+	19+	11+	16+	12+	10+	10+	14+

表 7-6　你的角色类型得分表

很高	高	中等	低	很低

进一步讨论：对于一个项目团队，在项目进展过程中的不同阶段，哪些角色比较适合在此阶段发挥作用，哪些角色不太适合。讨论后填入表7-7中。

表 7-7　项目阶段的团队角色

项目阶段	比较适合的团队角色	比较不适合的团队角色
方向和需求		
想法和决策		
计划		
组织实施		
联络		
跟进／评估		

教学案例　　　　　　　　　**SJ酒店管理团队**

SJ 公司于 2004 年年初成立，是广东金莎大酒店有限公司旗下一家由中国内地、香港和澳大利亚的三名股东出资组建的四星级酒店。

SJ 公司的高管团队由董事会成员（侯先生、洪先生、李先生、刘先生等）及其他高管组成。他们在酒店筹建期间，全部目标就是早日完成工程建设。在 2006 年 6 月的一次会议上，三位股东宣布了董事会决议，确定了一定要在 12 月 28 日完成酒店工程建设并建成开业的目标。

为实现这一目标，工程部黄先生带领各施工队要在两天内制订好完成施工任务的时间表，行政部负责制作好宣传用的施工进度表板报，每周定期公布各项目进度。为加快进度，李先生和侯先生因各自有其职务性工作，不能现场指挥，因此共同委托刘先生作为工地现场的总指挥负责酒店建设，工程上的主要问题，一般由刘先生带领洪先生和黄先生在现场具体讨论，并不是都在会议室发言。洪先生作为香港李先生的代表，在工地待了两年多，对各项目情况了如指掌，但在刘宣布他为筹建办主任的会议上，还是再三表明他担心自己能力不够，一切以刘先生的决定为准。酒店建设中，刘先生几乎每天下午都来工地，就工程和采购上的细节性问题进行定夺。有时他对某项工程前因不清楚时，会马上叫洪先生或其他相关主管到他办公室进行商讨。比如酒店客房地毯项目的采购问题，供应商有三家，刘先生让他们把报价单和样品全部集中堆放在他的办公室，然后将洪先生和黄总监叫上来一起比较、讨论，当场即决定用哪一家。然后再约好这一家第二天来谈价格和施工合同细节。这样一来，本需要很长时间才能完成的项目，通过主要人员现场讨论的方式在短时间内就确定了下来，节省了时间。

在酒店建设期间，因原有施工许可证到期，必须要施工单位花都建筑公司盖章同意才能办理延期手续。而现有施工队是挂靠在该施工单位的，且还有九十多万元挂靠费未交纳给花都建筑公司。施工许可证到期了，建设局检查人员发来了不得继续施工的行政执法通知书。刘先生召集了洪先生与侯先生一起召开了专门会议，大家首先分析了施工许可证延期问题相关联的所有单位情况，并重点由洪先生介绍了各方关系。会上刘和侯均鼓励其提出解决问题的建议。洪认为施工方花都建筑公司与 SJ 公司没有合同协议，所以由公司直接出面不是很恰当，建议施工许可证延期一事应交给业主方去处理，刘先生和侯先生考虑后采纳了洪先生的提议。在业主方的协调下，SJ 公司代挂靠的三个施工队向花都建筑公司交纳了挂靠费，同时花都方面派技术人员驻守工地，负责处理后期工程验收。经与监理公司多次沟通后，与 SJ 公司就前期费用的支付达成补充协议，并在 SJ 公司支付一定费用后同意盖章。

思考题：

（1）试分析在案例中，侯先生、洪先生、李先生、刘先生以及工程部黄先生分别在团队决策过程中扮演了怎样的角色（可以参考贝尔宾的九种团队角色）？

（2）SJ 公司的高管团队在两次决策过程中都展现出了高效的特点，结合所学知识谈一谈，想要建设高效团队还应该注重哪些方面？

本章学习目标

通过本章的学习，你应该能够：

● 认识和理解沟通的本质、核心、类型和要素；

● 了解有效沟通的核心、原则，并掌握有效沟通的策略和方法；

● 了解组织内部因素与沟通的关系，掌握人际沟通的本质、动机和障碍；

● 掌握网络沟通的特点及影响，了解跨文化沟通的思路和方法。

引导案例　　　　　　　　　　　**李斯特的困惑**

2005 年 7 月，李斯特从沈阳一所大学的机械工程专业毕业，来到了大连的一家集团性质的商业公司工作。

刚刚入职的李斯特，对工作充满了热情，对自己要求严格，具有缜密的逻辑思维能力和踏实、认真的做事风格，很快得到了集团公司领导的认可。三个月的见习期满后，按照李斯特个人的第一志愿，他被分配到了集团总部机关的综合部工作，负责集团下属各公司的各种经营数据的统计分析工作，同时也负责部内的日常行政工作。

接触到了实际工作，李斯特更加谦虚谨慎，对部门领导安排的每一件工作都仔细思考，认真执行。同时自己也经常到图书馆借阅各种与工作相关的业务书籍，时常与部门内部的老员工和其他科室的领导请教工作方法，从理论和实践两个方面不断提升自己的业务能力，很快培养起了集团总部工作人员需要的宏观思考和微观控制相结合的工作意识，对集团下属的各分公司的经营情况和数据有了一定的把握，受到了综合部孙部长的认可和好评。毕业不到三年的他已经可以独当一面，成为领导的得力助手，也得到了集团段副总经理的赏识。

2008 年 5 月，李斯特的直接领导孙部长因个人原因离职。段副总经理原本希望李斯特能接替孙部长的职位，但是考虑到他到职后一直在总部机关工作，缺乏在经营一线的工作经验，就任命具有多年基层工作经验的杨部长接替孙部长职务。同时，段副总经理特意叮嘱李斯特要多下基层，到经营一线去体验、锻炼，提升对业务工作的把握能力。

杨部长具有经营管理一线的工作经验，但没有总部机关工作的经验，而李斯特正好与之相反，二人在工作上优势互补，相互取长补短，工作开展得有声有色。一段时间过后，由于杨部长习惯了经营一线的工作，很难静下心来在办公室里工作，总是闲不住，经常到一线的经营部门去，工作上也不讲究规划，缺少宏观思维，总是按照原来"上级部门安排什么就做什么"的工作思路，工作业绩没有大的起色，有人戏称杨部长的工作作风犹如不讲套路的"生产队长"。由于杨部长的工作作风，部门内部的大部分工作都压在了李斯特身上。工作思路的不同，使二人经常产生不同的观点和看法。有时也会争论一番，但是从没有争吵过。

2008 年 12 月，又到了年终岁尾，需要统计各单位全年的经营数据，起草年度工作总结和下年度的工作计划，这项工作由杨部长负责。杨部长找到李斯特，并对他说："小李，你的文笔好，工作总结的开头部分、总部的工作开展以及结尾部分由你来写吧，我来负责各分公司工作的情况总结和点评部分。"

"好吧，我也没有写过，我写完初稿给你看看吧。"李斯特有些不情愿，但碍于领导的要求，只好承担了本不属于自己的工作。

"那就这样吧，你把今年各单位的经营数据统计一下，列一份表格，今天是星期四，你下周一把统计好的数据给我。"杨部长补充道。

李斯特说："好的。我把每月的数据统计表中的数据汇总一下，没有的数据我下发一份统计表，让各单位填写完毕后一起报给你吧。"

当天下午，李斯特就把数据统计表下发到了各分公司，并要求各单位在周末前把填好的表格发回总部，同时开始汇总每月的数据统计表。为了及时完成工作，李斯特不得不加班加点，甚至牺牲了周末时间。星期一的上午，李斯特把自己承担的那部分年度工作总结和各单位数据统计结果交给了杨部长。这样杨部长顺利完成了年度工作总结的起草工作。周五，杨部长必须把部门的工作总结上交到分管领导那里。

李斯特想要利用新年前一周的时间，把各分公司的各种相关经营数据全部汇总出来，为召开年度专业会议的数据统计和分析工作做好准备，于是在前期工作总结的数据统计基础上进行了深化和审核，经过数据核对发现了一个新的问题。李斯特汇总各单位月度数据统计表中的数据得出的年度数据与各单位统计的年度数据不同，有的甚至差异很大。为了确保工作总结中的数据的准确，李斯特给每个分公司打电话对年度经营数据进行了确认，结果发现很多分公司都有数据差异的问题。经过每月数据的逐一核对，李斯特发现了差异原因主要是今年集团更新了信息系统，各单位在每季度进行经营盘点后，在信息系统中对经营数据进行了调整，而每月报给李斯特的数据却是调整之前的数据。这样一来，按照月度数据统计表汇总出的年度数据就会出现差异，于是李斯特把经过核对的准确数据列了一份新的表格在周五的早晨报给了杨部长。

"杨部长，这是经过确认后的各单位年度经营数据。"李斯特说。

"怎么？这份数据和你周一报给我的数据不同么？"杨部长反问道。

"有一些不同，你把总结中的数据改一改吧。"李斯特回应道。

"那你周一发给我的数据是错误的？你为什么把错误的数据给我？有你这么干活的吗？"杨部长生气了，提高了嗓门。

李斯特为了这些数据这两周加班加点工作，并且认为正是自己的细心才发现了错误，况且又不是自己统计数据时算错了，觉得很委屈，于是也提高了嗓门回敬道："又不是我的错，下属公司的经营数据变来变去的，我怎么知道啊？"

"让你统计点数据你都干不明白！你现在更改数据，导致我不能及时上交年度工作总结！这个责任你负得起么？"杨部长更加生气了。

"我怎么干不明白了？我统计错了么？是分公司的数据变来变去的才导致数据的差异。"李斯特也不甘示弱。

由于二人声音都很大，引来了其他部门的同事。大家纷纷劝杨部长不要生气了，还是快点修改一下年度工作总结吧，不然真的无法按时上交了。

杨部长和李斯特都没有再说什么，各自去做自己的工作了。

他们合作了半年多了，这期间积累的不同的观点，甚至于那些不愉快的争论似乎在这一瞬间全部爆发出来了，他们以后应该怎样继续合作呢？到底是谁错了呢？李斯特陷入了沉思。

无论是对于企业而言，还是对于个人而言，沟通都有着十分重要的作用。随着企业对人力资源价值的认识的不断深化，越来越多的企业都把企业拥有高素质人才的多少作为企业未来能否成功的一块砝码。因此，企业必须设计出良好的用人机制以留住企业的核心人才，良好的沟通机制在企业管理过程中将发挥巨大的作用。而对于个人而言，理解沟通的本质、掌握沟通的技巧，对自身的发展有着至关重要的作用。本章将重点围绕沟通的本质、类型和策略等方面展开探究。

第一节　沟通的本质、过程与类型

一、沟通的含义及要素

（一）沟通的含义

沟通在英文中叫作"communication"，英汉词典中的解释是"交流、交际、通信、传播、沟通"，也就是纯粹的信息交流。

其实对于沟通的含义，十几年前，美国威斯康星大学的教授 F. 丹斯就统计过：人们关于"沟通"的定义，已达 126 种之多。美国学者贝克认为，沟通是一个涉及思想、信息、情感、态度或印象的互动过程，沟通是组织的生命线，传递组织的发展方向、期望、过程、产物和态度。在我国，有的学者认为，沟通是信息通过一定符号载体，在个人和群体间从发送者到接收者进行传递，并获取理解的过程。

我们认为，沟通就是人们在社会交往中彼此交流信息、思想、态度和情感的过程。其含义主要包括：

（1）沟通是对信息、思想、态度、情感等意义上的传递；

（2）成功的沟通不仅需要意义的传递，还需要意义被理解；

（3）沟通者通过信息符号传达意义（信息）；

（4）沟通需要通过信息载体（沟通渠道）作为中介；

（5）沟通的形式多种多样，无以计数；

（6）沟通成功与否受到沟通主体、客体、沟通渠道、文化等众多因素的制约和影响。

（二）沟通的要素

国内外学者对管理沟通的要素各执己见，有"四要素"说、"五要素"说、"六要素"说、"七要素"说。这里我们介绍"六要素"说和"七要素"说。

1. "六要素"说

（1）信息源

信息源就是沟通的源头，也可理解为信息的发送者。任何一次沟通活动都必然能找到信息源。信息的来源是否可靠？为什么要发送该信息？发送的对象是否明确、合理？发送者的可信度有多高？这些都会对沟通的过程、效果产生一定影响。

（2）信息

信息就是人类的一切生存活动和自然存在所传达出来的消息。人类社会赖以生存、发展的三大基础是物质、能量和信息。世界是由物质组成的，能量是一切物质运动的动力，信息是人类了解自然及人类社会的凭据，是一切事物属性标识的集合。

（3）沟通目的

没有明确的目的，信息的发送必然是盲目。所谓沟通目的实际上就是指沟通活动所要解决的问题。沟通目的源于动机，动机引起行为。由于信息传递的目的是基于生活或工作目标及相应的行动战略。因此，一旦明确了生活或工作目标与行动战略，就应该确定沟通的目的。

（4）沟通对象

沟通对象可称为沟通的接收者，简称为"受众"。没有接收者，沟通毫无意义。而接收者的态度、兴趣、需求等又决定了沟通的质量。接收者可能是个体，也可能是群体，接收者的构成对沟通的影响也很大。

（5）环境

任何沟通都发生在一个特定的环境。环境可分为内部环境、外部环境。如果沟通时不注意环境因素及其变化，必然会受到环境的影响和制约。因此，如不想做环境的奴隶，就必须重视它，成为它的主人。沟通环境主要包括沟通的心理背景（情绪、态度等）、物理背景（沟通的场所等）、社会背景（政治、经济、安全、宗教、社会角色等）、文化背景（价值取向、思维模式等）。

（6）反馈

反馈是指信息接收者将接收信息的情况返回到信息源的过程。沟通不是一种行为，而是一个过程，反馈是接收者对信息的反应，它使沟通成为一个动态的、双向的过程。

2."七要素"说

"七要素"说源于美国项目管理协会（PMI）提出七要素沟通模型，如图8-1所示：信息、信息发送者、信息接收者、干扰、个性化滤网、媒介、反馈。所谓干扰，就是指影响沟通的各种环境因素；个性化滤网是指编码和译码时对信息的理解不同而产生的"信息过滤"，包括个性滤网和理解力滤网。

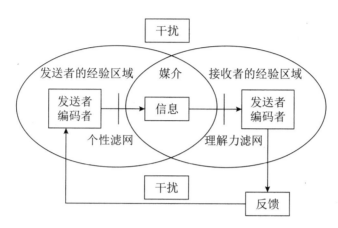

图8-1　沟通"七要素"模型

综上所述，沟通的基础是信息、知识，沟通的过程是真诚与智慧的融合，沟通的核心是系统思考，沟通的结果是为了获得更多的信息，沟通的目的是作出最优决策。

二、沟通的本质

本质是指事物本身所固有的属性、面貌和发展的根本性质。事物的本质是隐蔽的，是通过现象来表现的。那么沟通的本质是什么呢？探寻沟通的本质必须从沟通活动的现象入手。

从沟通的定义来看，沟通是信息的传递过程，由此可知沟通的本质是交流信息。但这并没有真正揭示沟通的本质，只是从表层上认识沟通。可以说，对沟通本质的认知与理解是树立沟通意识、运用沟通技巧进行有效沟通的关键或核心问题。

随着对沟通理论与实务研究的不断深入，长期从事沟通教学研究和从事管理实践的专家、学者和实际工作者开始探究沟通的本质问题。归结起来主要有以下几种观点。

第一种观点认为：沟通的本质就是达成共识。福建中庚实业集团有限公司董事长助理吴铁认为："管理就是沟通，并达成共识，因此，无论你对内做协调，对外进行公共关系的维护，最本质的东西就是达成共识。"

第二种观点认为：管理沟通的本质是换位思考。持这一观点的学者是魏江，他在其编写的 MBA 教材《管理沟通——理念与技能》中从"换位思考"这一沟通本质的角度探究了如何开展建设性沟通、沟通对象分析和自我分析。

第三种观点认为：坦诚是沟通的本质。新加坡（北京）中圣国脉管理咨询有限公司高级顾问曹勃认为：坦诚是沟通本质和企业成功核心要素。他举了"全世界最贵的清洁工"的故事来论证自己的观点。

三、沟通的过程模型

沟通的过程模型就是发送者将信息通过选定的渠道传递给接收者的过程。图 8-2 描述了一个完整而简单的沟通过程。这一模型包括了完成沟通必需的四大要素。

（1）沟通主体，沟通的开始者与责任者，负责提出沟通信息、进行编码并发送信息。

（2）沟通客体，接收沟通信息，并负责实现沟通最终的执行。在这个过程中最关键的是通过解码来达到理解沟通信息，并转化为可以执行的指令或信息。

（3）通道，这是沟通信息传递的路径和渠道，决定了采用什么形式传递信息。

（4）环境，这是对整个沟通过程产生影响的外部环境，其中，噪声是沟通环境中常见的影响因素。

另外，为了保证沟通的有效性，沟通主体与客体之间的反馈也非常重要。

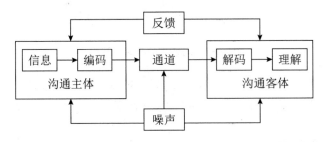

图 8-2 沟通的过程模型

在图 8-2 描述的主体与客体之间信息交流过程的基本模型中，表示了促使信息交流得以发生所必需的要素和子过程。具体来讲，信息沟通过程涉及发送者与接收者、通道与噪声、反馈等要素，以及两个黑箱操作过程：一个是沟通主体对信息的编码过程；另一个则是沟通客体对信息的解码过程。这两个子过程之所以被视为黑箱过程，是因为我们无法监测而且难以控制这两个过程，这是人脑的思维和理解过程。前者是反映事实、事件的数据和信息如何经过沟通主体的大脑处理、理解并加工成双方共知的语言的过程；而后者是沟通客体如何就接收到表述数据和信息的语言经过搜索大脑中已有的知识，并与之相匹配，从而将其理解，还原成事实、事件的过程。

四、沟通的类型

根据不同的划分标准，可以把沟通划分为不同的类型：浅层沟通和深层沟通；双向沟通和单向沟通；正式沟通和非正式沟通；语言沟通和非语言沟通。

（一）浅层沟通和深层沟通

根据沟通时信息涉及人的情感、态度、价值观领域的程度深浅，可以把沟通分为两种：

浅层沟通和深层沟通。

（1）浅层沟通。浅层沟通是指在管理工作中必要行为信息的传递和交换，如管理者将工作安排传达给下属，下属将工作建议告诉主管等。企业的上情下达和下情上传都属于浅层沟通。

浅层沟通的特点是：①浅层沟通是企业内部传递工作的重要内容，如果缺乏浅层沟通，管理工作势必遇到很大的障碍；②浅层沟通的内容一般仅限于管理工作表面上的必要部分和基本部分，如仅靠浅层沟通，管理者无法深知下属的情感态度等；③浅层沟通一般较容易进行，因为它本身已成为员工工作的一部分。

（2）深层沟通。深层沟通是指管理者和下属为了有更深的相互了解，在个人情感、态度、价值观等方面进行较深入的相互交流。有价值的聊天或者谈心都属于深层沟通。深层沟通的作用主要是使管理者对下属有更多地认识和了解，便于依据适应性原则满足他们的需要，激发员工的积极性。

深层沟通的特点是：①深层沟通不属于企业管理工作的必要内容，但它有助于管理者更加有效的管理好本部门或本企业的员工；②深层沟通一般不在企业员工的工作时间内进行，通常在两人之间进行；③深层沟通与浅层沟通相比，更难于进行，这是因为深层沟通必然要占用沟通者和接收者双方大量的时间，也要求相互投入大量情感，深层沟通的效果严重地受到沟通过程本身的影响。

（二）双向沟通和单向沟通

根据沟通时是否出现信息反馈，可以把沟通分为两种：双向沟通和单向沟通。

（1）双向沟通。双向沟通是指一类有反馈的信息沟通，如讨论、面谈等。在双向沟通中，沟通者可以检验接收者是如何理解信息的，也可以使接收者明白其所理解的信息是否正确，并可要求对方进一步传递信息。

（2）单向沟通。单向沟通是指一类没有反馈的信息沟通。例如电话通知、书面指示等。

对当面沟通，有人认为属于双向沟通，也有人认为属于单向沟通，比如下达指示、做报告等。严格说来，当面沟通信息，总是双向沟通。因为，虽然沟通者有时没有听到接收者的语言反馈，但从接收者的面部表情、聆听态度等方面就可以获得部分反馈信息。

双向沟通与单向沟通相比，在处理人际关系和加强双方紧密合作方面有着更为重要的作用。因而现代企业的沟通，也越来越多地从单向沟通转变为双向沟通，因为双向沟通更能激发员工参与管理的热情，有利于企业的发展。

（三）正式沟通与非正式沟通

在正式组织中，成员间所进行的沟通，可因其途径的差异，分为正式沟通和非正式沟通两类。

（1）正式沟通。正式沟通是指组织中依据规章制度明文规定的原则进行的沟通，例如组织之间的公函来往、组织内部的文件传达、召开会议等。按照信息流向的不同，正式沟通又可细分为下向沟通、上向沟通、横向沟通、斜向沟通、外向沟通等几种形式，如图8-3所示。

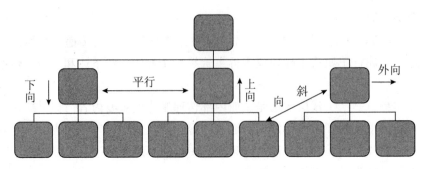

图 8-3　正式沟通的类型

（2）非正式沟通。非正式沟通和正式沟通不同，它的沟通对象、时间及内容等各方面，都是未经计划和难以辨认的。非正式沟通以组织成员间的关系为沟通途径，这种社会关系超越了单位、部门、以及级别层次等。

（四）言语沟通和非言语沟通

根据信息载体的异同，沟通可分为言语沟通和非言语沟通，如图 8-4 所示。

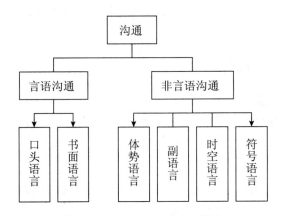

图 8-4　言语沟通与非言语沟通

1. 言语沟通

言语沟通是人们为了达到一定的目的，运用口头语言和书面语言传递与接收信息，交流思想感情的言语活动。言语沟通建立在语言文字的基础上，又可细分为口头沟通和书面沟通两种形式。人们之间最常见的交流方式是交谈，也就是口头沟通。常见的口头沟通包括演说、正式的一对一讨论或小组讨论、非正式的讨论以及传闻或小道消息传播。书面沟通包括备忘录、信件、组织内发行的期刊、布告栏及其他任何传递书面文字或符号的手段。

2. 非言语沟通

非言语沟通是指通过体势等动作语言来传递信息。美国心理学家艾伯特·梅拉比安经过研究认为：在人们沟通中所发送的全部信息中仅有 7% 是由语言来表达的，而 93% 的信息是由非言语来表达的。非言语沟通内涵十分丰富，主要包括体势语言沟通、副语言沟通、时空语言沟通和符号语言沟通等。

（1）体势语言沟通。体势沟通是通过目光、表情、手势、坐姿、站姿、立姿等身体运动等形式来实现沟通。

（2）副语言沟通。副语言沟通是通过非语词的声音，如重音、声调的变化、哭、笑、停顿等来实现的。心理学家称非语词的声音信号为副语言。

（3）时空语言沟通。时空语言主要是指春、夏、秋、冬四季变换以及时间、空间变化所传递的信息。

（4）符号语言沟通。符号语言主要是指各种信息符号、物体等代表的某一公共信息的特定含义，如 SOS，国旗、国徽、企业标识等所代表的含义。此外，还应包括色彩语、旗语等。

第二节 有效沟通的核心、原则与策略

一、有效沟通的核心

有效沟通是所有沟通者和沟通对象的首要目标。但实现有效沟通这一目标并非易事。它涉及沟通的目的、动机，沟通的主体与客体、沟通的质（效率、效果、效能）、量（次数、内容选择）、度（范围、尺度、临界点），沟通的时间或时机、沟通的语言（口头语言、书面语言、动作语言）表达、沟通的渠道或工具选择、沟通的环境（传统文化、人际关系、制度、物理环境、社会环境）等。沟通是否有效取决于沟通双方的目标定位和心理预期，以及双方协作的成效。

概括地说，有效沟通是一个受到诸多因素影响的十分复杂的信息、知识、思想、情感的交流过程，其核心是系统思考。只有系统思考，才能减少或消除相关因素的影响，才有可能达成共识，实现沟通目标。

小资料：有效沟通的检核表

沟通内容：你是否已经掌握并组织好沟通过程中所有相关的信息？
　　　　　你是否了解或掌握好了有关个体和组织的背景资料和环境状况？

沟通目标：你是否明确要实现和能实现的目标？

沟通对象：你是否清楚沟通对象的需要？

沟通效果：你是否清晰、生动和有说服力地表达你的观点？
　　　　　你是否清楚沟通过程中的噪声类型、干扰程度以及干扰是否消除？
　　　　　你是否了解沟通对象的反馈信息？

沟通管道：你是否选择了正确的沟通渠道？

二、有效沟通的原则

（一）有效沟通的"7C"原则

（1）correctness，意为正确性，包括目标定位正确、信息正确、表达正确、渠道选择正确、理解正确等。其中任何一个方面存在问题，都难以使沟通双方满意。

（2）completeness，意为完全性，或完整性，包括信息内容的完全、沟通过程的完整。信息内容完全是沟通活动顺利进行的保证。如果掌握的信息不全，将难以作出正确的判断，必然会影响到决策的科学性；沟通过程不完整，比如缺少反馈环节，不了解对方的实际接受能力、接受程度等，自然难以达成沟通目标。

（3）concretion，意为具体化，包括沟通目标的具体化、沟通对象的具体化、沟通内容的具体化、沟通时间地点的具体化、沟通方式的具体化等。沟通是一个复杂的系统工程，尤其是对于谈判、媒体演说、冲突和危机处理等重大沟通事项，必须制订具体沟通计划及实施方案，关注每一个事实、细节。

（4）clarity，意为清晰，包括思路清晰，语言表达清晰，接受程度清晰等。清晰的思路，清楚地表达有利于对方的倾听、理解与合作。表达者思维混乱，前言不搭后语，接收者自然难以理解，更无法合作。

（5）conciseness，意为简明，包括目标的简明，内容的简明，信息表达的简明扼要等。沟通前要对复杂的信息进行加工整理，提炼主要信息，把复杂概念简洁化，把复杂问题简单化，并简明扼要地传达给对方。如果需要细节，再进一步沟通。

（6）courtesy，意为谦恭、礼貌，包括沟通的言行举止要注重礼仪、说话要有礼貌，把握分寸。尊重对方、换位思考，不仅体现了对沟通对象的尊重，也显示出沟通主体的素养，包括其高超的沟通艺术和能力。

（7）considerateness，意为体贴，考虑周到，换位思考。体贴就是要多为对方考虑，要站在对方的角度考虑问题。沟通中只有换位思考，以心换心，以诚易诚，才能收到良好的沟通效果。

也有的学者从另外角度提出沟通的"7C"原则，即 credibility（可信性）、context（前后关系）、content（内容）、clarity（清楚）、continuity and consistency（连贯性和一致性）、channels（渠道）、capability of audience（受众的能力）。

管理学家德鲁克提出信息交流的四项基本原则：①信息交流是知觉；②信息交流是期待；③信息交流是提出要求；④信息交流和信息是不同的，而且事实上在很大程度上是对立的——但又是互相依存的。一个人必须知道说什么；一个人必须知道什么时候说；一个人必须知道对谁说；一个人必须知道怎么说，以上四个"简单"问题，可以用来自我检测沟通效果。

（二）有效沟通的"六步"流程

1. 第一步：前期思考

沟通的核心是系统思考，在沟通之前就必须具备系统思考的意识或理念。思考什么？当然是寻找沟通的难点或关键点。

可采用设问的方式进行，依次问答以下问题。

必要性分析：为什么要与对方沟通？不沟通的结果是什么？沟通的结果会怎样？最坏的结果是什么？最好的结果是什么？最有可能的结果是什么……

准备工作情况：我对这次沟通做了哪些准备？信息和资料齐全吗？我对这次要沟通的事项有多少经验？我了解对方吗……

沟通的方式：写信？发邮件？发短信？打电话？还是亲自登门拜访？是单刀直入还是循序渐进？是正式沟通还是非正式沟通……

沟通的难点：最困难的问题可能出现在哪个环节？这些环节的问题该如何解决？难点是事物本身的问题还是沟通对象本身的问题？中间会出现意外吗？该怎样应对……

通过沟通前期的系统思考，做好相应准备，有备无患。

2. 第二步：推敲意念

你主要的观点是什么？目标是否清晰？对问题理解是否透彻？问题的逻辑起点是什么？问题的本质是什么？问题核心是什么？是如何延伸的？我该怎样组织语言？怎样表达比较好？跟对方的价值观或喜好是否合拍？出现冲突怎么办……

推敲意念的过程实际上就是编码的过程，重点是确定沟通风格和沟通的核心。

3. 第三步：因人制宜

是否拥有对方的背景资料？对方有何特点？性格、人品、能力如何？身份、地位、权威性如何？人们是如何评价此人的？对方可信度如何？是否征求最好朋友或同事的建议……

沟通对象各不相同，不能假设，更不能毫无所知，尽可能了解对方的信息，以便有的放矢。

4. 第四步：争取天时地利，调整心态

何时沟通比较合适？沟通多长时间？在什么地方沟通？办公室、接待室？家、茶馆、某个僻静之处？对方忙不忙？对方心态如何？是我着急还是对方着急？对方为什么中断沟通……

在合适的时间，出现在合适的地点，用平和的心态看待对方的行为，以求达成共识。

5. 第五步：细心聆听与观察，积极反馈

对方的反应如何？对方想表达的意思是什么？对方为什么总看表？对方的情绪稳定了吗？我是如何理解对方观点或意图的？对方到底是如何看待此问题的……

沟通时必须细心，尽可能多的了解对方的真实意图，不仅要听对方怎么说，更要注意非言语信息，并通过积极反馈，作出正确判断。

6. 第六步：换位思考

如果我是对方我会怎样？对方为什么犹豫不决？对方为什么如此回应？在此情况下我该怎么办……

当沟通事项并非完全按照自己的意愿进行时，为了避免沟通中断或失败，需要换位思考，并在短时间内调整沟通目标和策略，从而达成目标的实现。

三、有效沟通的策略

（一）沟通目标策略

任何一次沟通活动都必须首先明确目标。沟通目标不明确，自然无法作出正确地选择。有时虽然作出选择，通常也只是凭经验或直觉，这样的选择可能会失误或存在不足。确定明确的沟通目标之后，犹如明确了前进的方向，有助于沟通者少走弯路。

（二）沟通主体策略

沟通主体又称为沟通者或发送者，是人际沟通的最基本的要素之一。沟通者首先必须客观地认识自己，界定自身的沟通地位，依据沟通目标，选择有效的沟通渠道和策略。沟通主体策略需要解决的问题就是做好自我分析、自我定位、自我沟通，通过积极地倾听和自我控制使沟通双方最终达到"双赢"的结果。

（三）沟通客体策略

沟通客体又称为沟通对象或接收者。成功沟通需要换位思考。如果说沟通主体策略主要是解决"知己"与"自控"的问题，那么，沟通客体策略要解决的是"知彼"与"激发"的问题。"知彼"就是要求沟通者在每次沟通之前都必须做好客体分析，即我的客体是谁？他们已了解了什么？他们还需要了解什么？他们的感觉如何？在对沟通对象有所了解后，沟通主体通过满足受众利益需求等方法来激发受众，取得共识。

（四）沟通信息策略

信息策略主要是解决两个关键的问题：一是怎样强调信息以引发客体的注意和兴趣；二是如何组织策略性信息来保持客体的兴趣，最终实现沟通目标。

（五）沟通渠道策略

渠道策略是指对沟通活动中信息传递媒介的选择，即通过自我沟通和换位思考，选择最有效的沟通渠道来实现沟通的目标。

在管理与商务沟通活动中可供选择的渠道主要包括以下三类。

（1）文字沟通和口头语言沟通。当所传递的信息属于严格、严肃或需要保存、记录时，一般应选择文字沟通。否则，就应选择口头沟通。

（2）正式渠道和非正式渠道。当所传递的信息属于法律问题的谈判或关键要点和事实表达，强调逻辑、概括、要点时，应选择正式渠道，否则就应选择非正式渠道。

（3）个体沟通与群体沟通。当所传递的信息属于个人隐私、机密，目的在于建立良好的个人关系时应选择个体渠道。当所传递的信息属于可告知的、公布的，目的在于构建团体形象和公共关系时，应选择群体渠道。

（六）沟通环境策略

沟通环境是指影响这个沟通过程的各种环境因素，包括文化环境、人际关系环境、沟通时机、地点以及组织的发展阶段等。每一个沟通策略的制定都要综合考虑沟通目标策略、沟通主体策略、沟通客体策略、沟通信息策略、沟通渠道策略，同时这些均受到文化等沟通环境因素的影响。因此，在制定具体的沟通策略时，都必须综合考虑环境因素的影响。

第三节 人际沟通

一、人际沟通的本质、动机及其法则

（一）人际沟通及其本质

人际沟通是人与人之间进行的信息、知识、思想、情感等交流的过程。人际沟通强调沟通是在人（沟通者）与人（沟通对象）之间进行的，沟通双方有共同的沟通动机，都是积极的参与者，并且有相通的沟通能力。

人际沟通本质上是人与人之间的心理沟通，是一种受多种心理作用和影响的复杂的心理活动。人际沟通是人与人之间建立和维持关系的有效途径，是人与人之间互通有无、相互学习、取长补短的有效方法，也是影响个人生活、工作绩效与职业发展的关键因素。

（二）人际沟通的动机

人际沟通的动机主要有归属动机、实用动机、探索动机等。所谓归属动机，主要是指沟通主体为了实现社会交往与获得尊重，希望能够成为某一群体、组织的一员；实用动机，主要是指沟通主体的沟通目的具有一定的功利性；探索动机，主要是指沟通主体进行沟通是为了满足某种好奇心和欲望。人际沟通动机通常是希望通过交往获取物质实体，以求生存与发展；认识自己，准确地评价自己；吸取别人的经验教训；掌握信息，预测动向，提高应变力；获得友谊，愉悦身心，享受乐趣；享受自身价值的满足感；崇高理想的追求；寻求心理平衡等。人际沟通的目的可以归结为八个字：了解、理解、信任、合作。

（三）人际沟通的"黄金法则"与"白金法则"

人际沟通的"黄金法则"出自《圣经·新约》：你想要别人怎样待你，你也要怎样待人！黄金法则意味着要有效与他人沟通，建立良好的关系，必须从自身的角度出发，先了解自己的需求，推己及人，换回的是自我与他人的满意。其逻辑起点是人的需求是相同的，"己所不欲，勿施于人"。

人际沟通的"白金法则"：别人希望你怎么对待他，你就怎么对待他！这一法则是美国最有影响的演说人之一和最受欢迎的商业广播讲座撰稿人托尼·亚历山德拉博士和人力资源顾问、训导专家迈克尔·奥康纳博士共同的研究成果。"白金法则"意味着要先了解别人的需求，然后再满足其需求。"白金法则"的出发点是他人。

"黄金法则"与"白金法则"之所以受到众人的推崇，主要是因为它揭示了人际沟通的本质：换位思考。

二、人际沟通的障碍

（一）个人障碍

在沟通过程中，会遇到各种各样的障碍，有些是沟通者自身的原因，主要包括语言障碍、地位的差异、专业素质、过去经验、理解偏差和情绪影响等。

1. 语言障碍

语言是人们赖以交流的基本工具，也是信息传递的一种基本方式。语言不通是人们相互之间难以沟通的原因之一。当双方都听不懂对方的语言时，尽管也可以通过手势或其他动作来表达信息，但其效果将大为削弱。即使双方使用的是同一语言，有时也会因一词多义或双方理解力的不同而产生误解。于是，人们为了保证沟通效果，有时需要委婉恰当地修饰词汇，防止威胁和冒犯了他人，但这样则减少了我们以最清楚、最准确的方式来表达信息。如果传递者和接收者使用词汇越多，精确传递信息的概率就越高。如从词汇中删去某些词汇，那么人们可以使用的词汇越来越少，交流也就越来越难，并形成一种新的语意障碍，降低了沟通的准确性。

2. 地位的差异

根据社会学家调查研究显示，相对于向上沟通，向下沟通比较容易，也比较快，而向上沟通则比较困难，也比较难。因此，对于企业而言，领导者要养成主动与下属进行沟通的习惯，了解下属的真实想法，减少组织的官僚作风，保持沟通的顺畅。

3. 专业素质

不同行业和岗位都有自己的专业领域，部门内部人员在沟通时往往喜欢使用专业术语。但是，人与人在进行跨部门沟通时，不要过度炫耀自己的专业知识，因为一个人在炫耀自己专业术语时，会人为地增加沟通的难度，不利于沟通目的的达成。

4. 过去的经验

在沟通时，人们往往喜欢用自身经验作为例子来说服别人。经验固然是具有一定借鉴意义，但是如果把自身经验强加给别人，让别人接受，则会对沟通造成不好的影响。因为每个人遇到的情况和所处的环境都不一样，强行将自己的经验加在别人身上，会引起对方的不适和反感。

5. 理解偏差

理解偏差主要有如下几种情况：（1）语义曲解，由于一个人的知觉过程受多种因素的影响，常使得人们对同一事物会有不同的理解。例如，当上司信任你，分配你去从事一项富有挑战性的新工作时，你可能会误解上司对你原有的工作业绩不满意而重新给你分配工作。当人们面对某一信息时，是按照自己的价值观、兴趣、爱好来选择、组织和理解这一信息的含义，一旦理解不一致，信息沟通就会受阻。（2）信息含糊，在这种情况下，接收者不是不知所措，就是按自己的理解行事，以至于可能出现与信息发送者意愿大相径庭的后果。（3）信息混乱，是指对同一事物有多种不同的信息。例如令出多门，多个信息源发出的信息相互矛盾；朝令夕改；言行不一，再三强调必须严格执行的制度，实际上却没有执行，或信息发送者自己首先就没有执行等。所有这些，都会使信息接收者不知所措、无所适从。

6.情绪影响

每个人有自己的性格特点和脾气，当人们在与他人沟通时，不可避免地会受到自己情绪的影响，一旦沟通的双方不能很好地控制自己的情绪时，沟通就无法顺利地进行，沟通也就失去了意义。

（二）社会障碍

在沟通过程中，沟通效果除了会遇到一些上述的个人障碍外，还会面临一些社会障碍，主要包括环境干扰、习俗障碍、信息泛滥、时间压力、缺乏反馈等。

1.环境干扰

环境干扰是导致人际沟通受阻的重要原因之一。嘈杂的环境会使信息接收者难以全面、准确地接受信息发送者所发出的信息。诸如交谈时相互之间的距离、所处的场合、当时的情绪、电话等传送媒介的质量等都会对信息的传递产生影响。环境的干扰往往造成信息在传递途中的损失和遗漏，甚至歪曲变形，从而造成错误的或不完整的信息传递。

2.习俗障碍

习俗即风俗习惯，是在一定的文化历史背景下形成的具有固定特点的调整人际关系的社会因素，如道德习惯、礼节审美传统等。虽然习俗不具有法律一般的强制性，但常因不同的礼节、不同的审美习俗、不同的时空习俗而带来误解、冲突和麻烦。

3.信息泛滥

自从出现电脑和互联网后，信息量每年以指数级的速度增长。在信息泛滥的时代，由于信息庞大，不利于沟通双方抓住重点，因而使沟通显得较为困难。

4.时间压力

当今社会，外部环境复杂多变，对人们的决策速度提出了更高的要求，因而对沟通产生了很大的时间压力。时间的紧迫感很有可能使沟通双方沟通不全面，进而导致沟通失败。

5.缺乏反馈

在沟通的过程中，反馈对于沟通十分重要。反馈有利于明确双方的真实意图，促进沟通的效率和沟通目的的达成。例如在企业中，如果领导把话讲完就走了或者一个人把话讲完不等别人记完笔记就离开了等，都是缺少反馈的现象。缺少反馈产生的后果通常有两种：一是对方不理解你讲的话；二是完全按照你的想法去做。

三、人际吸引

（一）AIDMA 法则与人际吸引

AIDMA 法则 1898 年由美国的沟通专家 E.S. 刘易斯提出，其含义为：A（attention）引起注意；I（interest）产生兴趣；D（desire）培养欲望；M（memory）形成记忆；A（action）促成行动，如图 8-5 所示。

AIDMA 法则最早应用于广告、营销活动之中，它是一种有效地、动态式地引导人们从认知到行为产生的心理过程，这一过程同样适用于人际吸引。

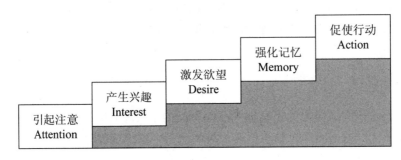

图 8-5 AIDMA 法则

（二）人际吸引的一般规律

（1）接近吸引律，是指交际双方因工作、居住地、兴趣等接近，因此缩小了相互之间的时空距离和心理距离，产生相互吸引。这种接近，包括时空接近，兴趣态度接近，职业背景接近。

（2）互补吸引律，是指当交际 A 方的某种性格、能力不足正好是 B 方所欠缺或需要的，而 B 方的某种性格、能力不足正好也是 A 方所欠缺或需要的，当双方有意愿交往与合作时便产生强烈的吸引力。

（3）互惠吸引律，是指交际双方在长期的交往过程中由于彼此相互信任、相互尊重、相互帮助等而产生的吸引，主要包括：感情互惠，人格互尊，目标互促，困境互助，过失互谅。

（4）魅力吸引律，是指一个人在领导力或其他能力、人格魅力、专业特长等某一或某些方面比较突出，引起对方的敬佩或崇拜，产生晕轮效应。

（5）异性吸引律，是指交际双方虽然性别、个性不同，但能相补相悦，从而产生相互吸引。

（6）诱发吸引律，是指由于人的外表等自然因素或人为环境的某一因素而引发的吸引，包括自然诱发、蓄意诱发、情感诱发等。

第四节 | 组织内部沟通与外部沟通

一、组织内部沟通的内容

组织内部沟通是管理沟通研究的核心内容。所谓组织内部沟通是指组织系统各要素之间的交流与协作。组织是由众多的个体、群体组成，担负一定的社会职能，完成特定的社会目标，构成一个独立单位的社会群体。组织通常拥有一个共同的目标，人们为了达到特定的目标而相互协作；组织是一个复杂的系统，系统内包含若干子系统。系统各要素分工协作，保证系统正常运行；现代组织是一个开放的系统，不断地与外部环境进行材料、能源和信息的交换，其功能在于协调人们为达到共同目标而进行的沟通活动。

在组织内部的沟通活动中，自然依靠组织系统内的个体，但是由于个体属于组织子系统的一部分，因此，组织内部沟通中的个体与个体、个体与群体、团队之间的沟通与纯粹的人际沟通是有本质区别的。首先，组织中的个体都有自己的职位、职责，是为实现组织目标、工作任务进行的沟通；其次，由于组织系统内的个体工作任务、职责不同，受教育程度、工作经历不同，加之性别、性格等不同，因而会对组织战略、组织文化等信息产生不同的理解；最后，组织的沟通环境，诸如组织结构设置的是否合理、价值观是否容易理解、管理制度是否健全、沟通渠道是否畅通等都影响到组织内部的沟通效果。

（一）组织战略与沟通

戴尔公司董事会主席戴尔（Michael Dell）曾说过："在制定战略时，我要和客户进行沟通，和各个员工群体以及其他人进行沟通。战略规划的一个关键环节就是把它传达出去。沟通是运营和执行的关键，也是整个流程不可或缺的一部分。"

首先，任何组织必须具有明确的发展战略。战略不明确，发展目标不清晰，不知道向何方前进，自然难以发展和进步。

其次，战略的制定过程需要沟通。战略的制定需要进行组织内外环境分析，需要倾听各方面的意见和建议，需要了解自身的优势、不足，存在的机遇和威胁。战略的制定不是随心所欲的遐想，规范的制定过程才有可能制定出科学的战略。

最后，制定的战略需要有效的传播，并身体力行地执行。领导者和管理者必须懂得沟通的重要意义，并从战略角度出发与公司所有群体进行沟通。如今，CEO 的作用比以往任何时候都重要，他不仅是公司的思想导师，还是公司的形象代表和喉舌，并为管理团队以及整个企业定下了基调。

负责战略性沟通的领导人一方面会根据公司战略来安排不同的沟通活动；另一方面还善于量身定制各种不同的沟通活动，以支持现有的战略或促进新战略的形成。

以联邦快递为例：联邦快递对沟通的重视可以从其经理人专门花在这方面的时间看出来。该公司总裁兼 CEO 格伦（T. Michael Glenn）说："沟通是一切工作的中心。如果不能就战略进行沟通，你就无法执行它。这种沟通理念可以追溯到公司创始人弗雷德·史密斯（Fred Smith）和他的军训经历。他的管理理念就是'射击、移动、沟通'。"

虽然沟通是每个人都在做的事情，但是沟通部门首先，必须确保从各个业务部门传达出去的信息都和公司的总体战略保持一致，并能推动这一战略的实施；其次，要让具体的信息听起来是出自同一个地方，并指向同一个方向；最后，要关注细节，戴尔公司在整合其沟通活动时具体到信息本身。例如，为实现某个具体的战略目标，公司要求所有活动都必须"直截了当"，并由具体的经理人来传达，包括戴尔和罗林斯（Kevin Rollins）本人。

要做到有效沟通就必须与企业高层保持统一的口径，并对公司及其战略了如指掌。例如，戴尔负责投资者关系和企业传播的副总裁泰森（Lynn Tyson）在刚刚加盟公司时，常常参加运营会议和其他职能部门的会议，目的是要对公司有个全面彻底的了解。其说："为了主动和有效地做好投资者关系工作，负责管理投资者关系的人需要了解公司都发生了什么事情。"

（二）组织结构与沟通

组织战略决定着组织结构类型的变化。当组织确定战略之后，为了有效地实施战略，必须分析和确定实施战略所需的组织结构。因为战略是通过组织来实现的，要有效地实施一项新的战略，就需要一个新的，或者至少是被改革了的组织结构。也就是说，组织结构的设计通常是根据组织战略的确定及要求进行的，组织结构应当服从于战略。

组织结构的模式设计是否合理，部门职责是否清晰、有无交叉点或空白点，部门之间是否通力合作等都会影响到沟通的效果。组织结构的模式通常包括：直线型、职能型、直线职能型、事业部型、矩阵型等。不同的组织结构必然导致沟通方式的差异。比如，矩阵型组织结构是为了改进直线职能型横向联系差，缺乏弹性的缺点而形成的一种组织形式。这种结构是根据项目组织的，任务清楚，目的明确，它机动、灵活，可随某一项目的开发与结束进行组织或解散，成员间容易沟通、融合，不仅加强了不同部门之间的配合和信息交流，而且能发挥各自所长，完成预期目标。

组织结构的幅度层次设计对沟通效果会产生一定影响。幅度是指一个上司直接管理的人数，层次是指一个组织设立的行政等级。幅度和层次是组织结构的两个相关的基本参数。

如果是扁平型组织结构，上下联系渠道缩短，则有利于信息沟通。不过，由于管理幅度过大，导致信息量大增，领导者容易陷入繁杂的琐事之中而降低工作效率。金字塔型组织结构克服了扁平型的缺点，有利于领导者控制、指挥，但由于信息传递层次增多，不仅增加了管理费用，而且影响传递效果。

总之，在管理中，合理的组织结构有利于信息沟通。但是，如果组织结构过于复杂，中间层次过多，那么，信息自上而下传递不仅容易产生失真，而且还会浪费大量时间，影响信息的时效性。有研究表明，如果一个信息在高层管理者那里的正确性是100%，到了信息接收者手里可能只剩下20%的正确性。在信息沟通时，各级主管部门都会花时间甄别信息，加之掺杂各自的主观因素、心理感知等，容易造成信息失真。机构臃肿，机构设置不合理，各部门之间职责不清，分工不明，形成多头领导，或因人设事，人浮于事，就会给沟通双方造成一定的心理压力，影响沟通的进行。

（三）制度与沟通机制

"没有规矩，不成方圆"，最原始的组织成立之初通常要约法三章，现代组织成立伊始，则必须建立一系列规章制度，并不断加以完善，一方面要确保组织这台机器的正常、有序运转；另一方面也是为了约束人们的行为。是否有了制度，就不需要沟通了呢？答案自然是否定的。制度建立时需要沟通，制度实施时也需要沟通，因为通过制度所确定的运行规程本身就是各部门沟通、协作的过程。这属于正常情况下的一般沟通范畴；而管理沟通更侧重解决的是非正常情况下的特殊沟通，即由于制度不完善导致的冲突、矛盾，或是出现了制度没有规定情形下的新情况、新问题。

有效沟通的必要条件之一，就是沟通的双方必须建立在对制度、规范、规则标准认同的基础之上。如果制度的建立损害了任何一方的利益，都会造成管理障碍，并会产生沟通问题。不论制度建设如何科学、先进、规范，如果不能在员工层面达到广泛的认同，它就难以形成自上而下的有效沟通。

其实，制度的建立本身必须基于组织文化的价值理念，实际上是文化理念的具体化。但凡成功的公司，都非常重视"造时钟"，即建立制度、组织结构等，而不是一味地"报时"。

二、组织外部沟通的内容

（一）外部沟通及其重要性

外部沟通是指组织外部环境和相关人员的互动和沟通。对于企业而言，外部沟通也具有十分重要的意义。

首先，企业组织是社会大环境的一个子系统，它必然与外部环境发生物质、能量和信息交换。系统理论认为，组成系统的各要素之间存在相互作用和联系，正是这些作用和联系，才能使各要素结合成一个整体。企业组织作为一个子系统，生产经营活动必然受到外部环境的制约，只有去适应这些外部环境，企业才能进行正常的生产经营活动，才能得到生存与发展。所以，适应环境，开展与外部社会的交流与互动是企业组织正常经营的必要条件。

其次，加强与外部社会的沟通，有助于树立良好的组织形象。组织形象的衡量指标主要是知名度和美誉度，知名度是外部公众对组织了解、认知的程度，是建立组织形象的基础；美誉度是外部公众对组织信任和赞美的程度，是建立组织形象的目标。加强与外部世界的沟通是提高知名度和美誉度的一种途径，有助于树立良好的组织形象。

再次，外部沟通有助于企业组织建立广泛的关系网络，增加合作的渠道，扩大产品销售，提高竞争能力。广泛的横向联系网络和畅通的纵向联系网络是企业组织发展不可或缺的"软件"。通过与政府等部门的交流与协作，将会优化组织的发展环境；与经销商、供应商、顾客等进行沟通并建立良好关系，必然会使信息畅通，扩大产品销售，提高效率与效益，进而提高企业组织的竞争力。

最后，加强与外部社会的沟通，有助于开阔企业组织及其管理者的视野，提高管理者自身素质，强化组织内部管理。美国等西方国家的企业之所以能称跨国公司、跨国经营，源于其视野开阔，信息灵通，能够预测并掌握整个世界的经济发展趋势、行业发展风向标，甚至对竞争对手了如指掌。对于企业而言，占有信息并合理利用信息是其制胜的重要法宝之一。

（二）外部沟通的着力点

鉴于外部环境的复杂性、变化性、不确定性，以及沟通对象的多样性、差异性等，外部沟通应找准切入点和着力点，有的放矢。

1. 与消费者（顾客）沟通

所谓消费者，通常既包括物质产品的消费者，又包含享用某种服务或精神产品的消费者。每个组织都拥有一定的消费者，与消费者进行有效沟通是组织外部沟通的主要内容。

与消费者沟通的主要内容包括以下几个方面。

（1）高度重视消费者及其价值。阿里巴巴明确提出"客户第一"的经营理念，把客户放在至高的位置。也有许多企业树立"顾客至上"的经营观念，即体现了组织对消费者的重视程度，也让消费者对组织的经营理念等有了一定的认知。

（2）进行消费调查，了解消费者的需求，确定消费者类型。进行消费需求或满意度调查是与消费者有效沟通的基础性工作。科学的消费调查，有助于组织了解消费者的喜好、目标公众的构成、不同时期的需求特点、消费趋势等，以便于组织有的放矢。

（3）寻找与消费者的共鸣点、契合点。与消费者有效沟通，必须进入消费者的内心，达到心灵的交融与契合。这就需要在沟通过程中更多的了解对方的信息，并适时加以利用，如利用亲缘关系、业缘关系、地缘关系、相同爱好和经历等，使对方产生信任、共鸣，并为进一步交流奠定基础。

（4）进行消费教育，引导消费。鉴于消费者对某一产品或服务项目的认知不足，或者是由于市场繁荣、物质丰富而造成消费者眼花缭乱、无所适从，组织应抓住有利时机，开展消费教育，引导消费。当然这种引导需要沟通技巧，以产品销售为例，应搞好售前引导、售中开导、售后指导。

（5）开展丰富多彩的营销、广告、展览活动等。通过各种类型的活动，让消费者通过不同渠道了解组织及其产品、服务等，甚至让顾客参与到组织的活动之中，享受活动带来的乐趣，加深顾客对组织的好感，以提高顾客的满意度和忠诚度。

（6）与消费者保持经常性联系，及时处理消费者投诉。只有不断与消费者进行沟通，才能把握消费者的真正需求与喜好，只有保持经常性联系，才能由陌生到熟悉，才有可能产生情感。此外，一旦发现有消费者投诉，组织必须立即与消费者进行沟通，了解事情的发生发展过程，并采取有效措施解决相关问题。否则，忽视消费者的投诉所带来的负效应，在今天的网络时代，其后果不可想象，其处理的难度可能要比及时处理高出好多倍。

2. 与新闻媒体沟通

新闻媒介是组织的外部公众之一，也是组织重要的沟通对象。新闻媒介通常是指报纸、广播、电视、互联网等传播新闻及其他信息的传播媒介。新闻媒介具有各自的特性和传播优势，它的独特性集中表现在传播信息迅速、范围广、影响力大、威望度高。新闻媒介传播的信息还具有典型性、时间性等，甚至可以左右社会舆论，影响和引导民意等。因此，重视与新闻媒介的沟通便成为组织外部沟通的重要内容。

通常，与新闻媒介沟通主要侧重于以下几个方面。

（1）熟悉新闻媒介的特点，与新闻界保持经常性联系。新闻媒介除了上述介绍的一般特点之外，每一新闻媒介又都有其特殊性，即使是同一种新闻媒介，如电视，由于其所处的地位、地点、定位、内容、影响力等不同，人们对其的关注度也各不相同。所以，必须了解新闻媒介的特点，主动与新闻媒介进行沟通，保持经常性联系，以便于把握新闻舆论的导向、焦点等。

（2）对新闻机构要一视同仁，并尊重新闻界人士的职业特点。新闻媒介无论其规模大小、人员多少，由于其任务的规定性及其本身的特殊性，都会在一定范围内产生不同程度的影响力。因此，对新闻媒介一定要平等相待，一视同仁。

（3）积极主动向新闻媒介提供有价值的新闻稿件和信息资料。组织可以积极主动地向新闻媒介提供有价值的信息，包括组织的变革、领导人的更替、重大发明、重大事件以及新闻界需要的、有价值的信息等，如果组织能够提供新闻稿件或素材及相关背景信息，新闻媒介也会感谢组织的支持，并及时发布组织的相关信息。

（4）适时举办新闻发布会和记者招待会，邀请新闻界人士参观、座谈、指导。新闻发布会和记者招待会都具有相同的特征，即这一活动利用了人际沟通方式，有价值的活动可以利用大众传播媒介进行传播。同时，还可邀请新闻界人士到企业组织参观、座谈、指导等，或寻求机会，安排并促成领导者与新闻界人士的直接接触。这样，有助于加深新闻媒介对组织的了解，与新闻媒介建立良好的关系。

（5）不失时机地"制造新闻"，引起新闻媒介的关注。当然，组织不能不择手段，制造假新闻欺骗新闻媒介和公众，这是行不通的。但是，组织可以利用自身及周边发生的新颖、奇特、与众不同的活动或具有新闻价值的人、物等，通过巧妙渲染或加工，引起新闻媒介的关注和报道。

3. 与政府和社区沟通

政府是国家的权力执行机关，它是对社会进行统一规划和管理的权力机构。任何一个组织，作为社会大系统中的一个子系统，都必须服从各级政府的统一管理。这种关系处理得好坏对组织有重要的影响。作为国家权力的执行机构，政府通过政策的制定和执行，制约和影响着社会组织活力，任何组织都不能忽视与政府的关系。协调与政府的关系，可以给组织带来许多有价值的东西。

与政府沟通，着力做好以下几个方面：一是加强与政府及其相关部门的信息沟通，组织必须有专人研究政府的政策法令，为组织决策提供可遵循的政策依据，组织一定要熟悉政府颁布的各项政策法令，随时随地注意政策法令的变动，及时修正组织的方针政策和调整完善组织的实际活动；二是加强与政府的往来，为地方的经济建设和社会发展贡献力量，组织应设专人负责与政府打交道，要熟悉政府机构的设置、职能和工作程序、工作人员的风格等，借助良好的人际交往带动政府关系的和谐发展。企业组织还应替政府排忧解难，承担一定的社会责任，比如支持公益事业，为灾区捐款捐物等。

"社区"是一个社会学的概念，由英语"community"汉译而得名，指的是聚集在某一地域中的社会群体、社会组织所形成的一种生活上相互关联的社会实体。社区是组织的根据地，对组织的生存和发展起着重大作用，因而构成了组织外部沟通工作中不容忽视的一个环节。社区与组织的利益紧密相联，与组织的发展息息相关。

社区沟通通常包括以下途径：承担社会责任、加强信息沟通、参与公益活动、实行开放参观等，如开放式剧场讨论会（与社区互动）、参与或赞助社区的"特殊事件"（活动）、将内部出版物发行范围扩大至社区、鼓励员工担任社区志愿者、基金捐献（社会公益事业）等。

第五节 团队沟通、跨文化沟通与网络沟通

一、团队沟通

（一）团队及其类型

1. 团队及其构成要素

团队（team）是由员工和管理层组成的一个共同体，是由两个或更多人组成的，为了完成一个特定的目标而互相作用、互相合作的组织。管理学家罗宾斯认为：团队就是由两个或者两个以上的，相互作用，相互依赖的个体，为了特定目标而按照一定规则结合在一起的组织。

团队的构成通常包括五个要素：

（1）目标（purpose），团队成员拥有一个既定的、共同的目标；

（2）人（people），人是构成团队最核心的力量。3 个及以上的人就可以构成团队，但团队的规模不宜过大，成员数量不宜过多，大的团队成员数量一般应控制在 30 人以下，小的团队通常在 3—15 人；

（3）定位（place），制订团队的游戏规则，包括职能定位、个体角色定位和规章制度等；

（4）权力（power），主要指团队拥有的决策权，包括团队的经费使用等财务决定权、人员选择与辞退等人事使用决定权、信息处理决定权等；

（5）计划（plan），团队的各种计划方案及其实施方案等。

2. 团队类型

团队的类型按职能可划分为职能型团队、跨职能型团队；按运行模式可划分为自我管理（自我指导）团队、虚拟团队、跨文化团队等。

职能型团队是指组织内部的职能部门构成一个个团队，职能部门运用团队沟通实现部门目标。

跨职能型团队，又可称为多功能团队、项目团队等，是指为完成某一工作任务，解决某一问题，实施某一项目等，相关职能部门及其人员组成团队，明确职责，各尽其能，共同攻关。

自我管理团队是指成员拥有必要的专业技能、人际关系技能、发现解决问题的能力和决策能力等不同的技能，内部实行自我管理、自我负责、自我领导、自我学习的运行机制，共同实现团队目标。Hackman 认为，自我管理团队的特征是每个团队成员对自己的工作成果负责、监控自己的业绩和持续寻求反馈，管理自己的业绩并对其进行纠正，积极寻求公司的指导、帮助和资源，积极地帮助他人改善业绩。一个自我管理团队的职责包括自我管理、给成员分配工作、计划和安排工作日程、制定生产相关的决策、问题的解决。

虚拟团队是指分散于不同的时间、空间和组织边界的成员，基于共同的目标、爱好等共同协作完成某项任务。Townsend 等认为，虚拟团队由一些跨地区、跨组织的、通过通信和信息技术的联结、试图完成组织共同任务的成员组成，虚拟团队可视为以下几方面的结合体：①现代通信技术；②有效的信任和协同教育；③雇用最合适的人选进行合作的需要，而人员是最为重要的因素。

跨文化团队，又称全球化团队，一些跨国公司或合资企业、独资企业基于管理的需要，由具有不同文化背景的人员组成团队，从事研发、销售、人力资源管理等工作。跨文化团队的核心问题是文化的包容性和协作行为。评价跨文化团队有效性的标准包括团队产出（项目的质量和数量、时间和其他资源投入、项目要求的执行情况）；团体表现（团队的凝聚力和交往）；团队成员的支持（成员的参与、日程和行为的和谐）。

（二）团队沟通的基本内容

团队管理尽管是运行效率比较高的一种管理活动形式，但作为一个由人组成的群体，团队在运行过程中经常会出现诸如此类的问题，如人气不旺；人际信任危机；意见得不到统一；扯皮、冲突、低效；成员难以协作；因循守旧；目标不清晰、手段与目标不一致等。要有效解决此类问题，团队沟通是一种有效的方法。

1. 建立共识

如果你想成为团队的成员，你必须接受团队的文化，尤其是团队的价值理念、愿景、使命、目标和计划等。团队领导也必须认识到建立共识的重要性，否则，便失去了合作的基础，也很难能够达成团队的目标。

2. 确定角色、分工合作，弘扬团队精神

在团队中，任何一个人的角色都很重要，但只凭个人力量难以成功，团队作业中不应执着于个性表现，应试着改变自己的意见和态度，互相妥协认同。在团队合作和管理中，要学会用人之长，容人之短；要尊重角色差异，发挥个性特征，将合适的人安排在适当的岗位上；要尊重彼此的价值判断基准，学会欣赏对方的立场，换位思考。

3. 有效引导与激励，充分发挥成员的潜能

团队目标的实现仅靠文化理念和团队协作精神是不够的，还必须依靠团队成员的能力，包括自我管理能力、可转移能力（从事不同岗位、不同工作的能力）、专业技术能力。团队领导根据成员的素质和能力，一方面把人才放在合适的位置上；另一方面还要给予指导和帮助，或通过培训，提高成员的能力。要保持成员拥有可持久的竞争能力，必须创建学习型团队。

二、跨文化沟通

（一）跨文化沟通概述

跨文化沟通是指发生在不同文化背景下的人们之间的信息和情感的相互传递过程。它是同文化沟通的变体。相对于同文化沟通而言，跨文化沟通要逾越更多的障碍，并随着经济全球化的发展日益显示出它的重要性。

扫描此码   案例学习

（二）跨文化沟通策略

由于东西方文化的差异性的存在使我们在沟通中难免会出现分歧、误会等现象，为更好地克服并消除跨文化沟通的障碍，则要在认同文化差异的基础上将文化融合。

1. 文化差异的了解

在跨文化沟通中，我们要通过各种途径了解对方国家包括政治、经济、文化、历史、社会性质、语言特点、生活方式、风俗习惯、地理位置等诸多方面的情况，然后才能知道什么是可以做的，什么是要避讳甚至是禁忌的。只有这样，才能比较客观地、深入地了解文化差异，从而避免不必要的误解和冲突。在了解自己文化的基础上，通过学习和训练提高自己对文化差异的敏感度和认识度。

2. 文化差异的认同

在跨文化沟通中文化认同是相互的，人们需要这样相互的文化认同，以便跨越文化交流的重重障碍，促进跨国跨区域合作、交流和技术共享。文化认同的好处在于：提高组织内部的和谐与团结，提升组织的凝聚力和竞争力；提高员工适合的文化满足感，更能激发员工的工作热情度。

3. 文化差异的融合

文化融合是对多元文化的扬弃。其结果是形成一种综合性多种文化精华的新文化。融合文化差异是了解文化差异和认同文化差异的最终目的，因此，从解决跨文化沟通障碍的效果来看，文化融合是所有对策中最为有效的一种。

综上所述，在与来自不同文化背景的人们交往过程中，我们要正视、珍视文化差异，要尊重文化差异，在沟通交际中建立良好的跨文化工作关系，达到在新型的文化环境中游刃有余的境界。

三、网络沟通

（一）网络沟通的特点及影响

20 世纪末现代网络技术飞速发展，网络以前所未有的速度影响着我们的生活和工作。人们的沟通方式也发生了巨大变化，在传统的人际沟通和大众传播媒介工具的基础上，又增加了网络沟通，而且在不太长的时间，网络沟通便开始盛行，甚至逐步演化为人们日常使用的一种沟通方式。企业等各类组织也开始运用网络沟通，建立内部网络平台，导入 ERP 系统，运用即时通信工具进行即时沟通等。

1. 网络沟通及其特点

网络沟通就是以互联网为工具，以文字、声音、图像及其他多媒体为媒介的沟通方式。这里所指的网络沟通的主体是企业等组织，计算机网络是沟通媒介，对象是企业等组织的内部和外部公众。

网络沟通与传统沟通方式相比较，具有以下特点。

（1）信息资源十分丰富，空间容量大。由于网络信息技术的不断进步，加之人们对网络的日益青睐，各种信息通过大型门户网站和搜索引擎等被加入互联网，使得互联网成为一个信息和知识的宝库。人们可以轻松地通过搜索引擎查到自己需要的文字、图像、视听资料。

（2）沟通交互性、多维性、即时性、直复性。网络沟通的一大特色是互动性，一方面网络沟通不仅仅是媒体作用于用户，更多的是用户可以作用于媒体，用户可以对网络信息进行阅读、评论，或下载，进行加工、处理。另一方面企业也可直接面向消费者发布新闻或者通过查询相关的新闻组、网络论坛来发现新的顾客群，研究市场态势，直接得到大量真实的信息反馈等。

（3）空间开放性、虚拟性和相对平等性。网络空间面向每一个人，人和人都可以利用网络发表自己的观点、见解，可以利用网络展示自己的技能，也可以利用网络发表自己的"作品"（如博文）等。空间的开放性、虚拟性，决定了沟通的平等性。人们可以实名或匿名运用网络进行相对自由的沟通。

（4）沟通形式多样，可选择的沟通工具众多。随着即时通信工具的种类越来越多，功能越来越强大，使用越来越方便，人与人之间的沟通形式也更加的丰富。

2. 网络沟通的作用和影响

网络沟通是伴随着企业经营管理活动网络化，企业资源信息化，组织结构扁平化，组织机构虚拟化，倡导知识管理和建立学习型组织的情境下产生的。网络对企业和个人的沟通内容和方式都带来了很大的影响。

（1）网络沟通极大地加快了信息传递的速度。相对传统的文件处理模式而言，网络沟通可以使若干阅读对象同时阅读，并且处理情况一目了然，甚至出差在外也能及时处理文件，并且随时可以归档保存。

（2）网络沟通实现了资源共享。所有员工，无论身处何方都可通过网络了解本组织发生的新闻、各种消息、文件等，也能够及时了解业务活动情况。组织可以利用网络平台存储各种数据、历史记录、规章制度等，每个人都可以轻松地获取相关资料，资源实现共享。网络就像一个虚拟的图书资料库、档案库，以及百宝箱，人们可以各取所需。

（3）工作方式发生"革命性"变化，大大提高了工作效率。传统的"人—人"的沟通关系演变为"人—机""人—机—人"的沟通。网络沟通既节省了办公用品，又减轻了工作人员的负担，尤其是现代办公设备与网络连接的使用，大大提高了工作效率。传统的手写誊抄基本改变为计算机打印；人工统计分析变为机器自动统计分析；现场会议讨论变为网络视频会议讨论。

（4）网络沟通改变了人们传统的沟通行为和习惯，现代社会，网络用户数以亿计，网络愈来愈成为人类沟通的现代化工具，人们也逐渐习惯了网络沟通的方式和价值。网络不仅可以用来讨论工作，交流生活经验，而且还可以在线学习，获取知识、信息，提高自身的修养等。

（5）网络打开了人们的视野，扩大了人际交往范围。网络把人们带进了信息社会，使人们很容易地就能了解到丰富多彩的世界、千变万化的信息。

（6）网络构建了一个虚拟社会，创造了一种新的虚拟生活空间，它从心理、行为等方面对人们产生一定的影响。人们利用网络虚拟空间与他人沟通。有时可以帮助人们解决生活或工作中的难题，有时可以排解人们的心理问题。这种虚拟空间，使人们不必顾忌身份、地位，可以及时尽情地表达自己的想法，进行平等交流。交流的内容、范围十分广泛，彼此能获得多角度、多方位的启发。

但同时，网络沟通也有一定的负面影响，如网络信息内容的丰富性也给人们的选择带来困难，无形中使人们浪费了大量时间；网络沟通的便捷性，也为企业或其他组织的网络管理带来了挑战，如何使员工集中精力工作，抵制网络信息和内容的诱惑等；网络在缩小人与人之间的空间距离的同时，无情地拉远了人与人之间的心理距离，并引发了许多心理问题；网络把先进的计算机软件技术带到企业中来，但同时也给企业和组织的管理提出了更高的要求。

（二）现代网络沟通工具

现代网络运用电子媒介和各种电子沟通工具，为人们提供了经济实惠、方便快捷的信息服务。由于网络对人们生活、学习、工作等产生了巨大的作用和影响，网络技术开发也得到了高度重视，网络沟通工具无论是在种类上、形式上，还是在数量上、质量上都以惊人的速度得到发展，新的网络沟通工具不断涌现，功能日益完善，使用者越来越多，影响范围越来越大。

网络沟通最常见的方式包括电子邮件、即时通信工具、电子论坛、博客、豆瓣、贴吧等。即时通信工具包括腾讯 QQ、微软 MSN、微博、Skype、YY 语音、Facebook 等。

（三）网络沟通管理

组织网络沟通管理的主要内容包括以下几个方面。

（1）确立网络沟通战略和目标。鉴于网络沟通的必要性和重要性，根据组织总体战略，制定网络沟通战略，确定网络沟通的指导思想，充分利用网络的独特功能，为组织创造价值。

（2）设立 CCO（chief communicaiton officer），成立专门的管理沟通部门。CCO 的主要职责是专门从事组织对内、对外有关全局性的沟通活动；参与企业沟通战略、沟通政策和制度的制定并配合有关部门执行；对企业管理沟通活动进行计划、组织、实施和控制；为各有关部门或企业的战略制定者提供相关的决策建议等。

（3）制定和完善沟通管理制度、规范。网络内容的复杂性、沟通的交互性、即时性等特征决定了沟通管理的复杂性。因此，必须遵循管理的一般规律，制定明确的沟通管理制度、规范，用制度和规范去约束员工或用户的沟通行为。

（4）协调网络开放与使用的矛盾，根据部门和职位确定网络开放和使用权限、范围。

（5）发挥网络的文化传播功能。利用网络对内、对外传播组织文化，已经受到了许多组织的重视，但研究发现，网络的组织文化传播与沟通功能并未得到充分发挥。一方面是有些组织对网络的作用认知不足；另一方面缺乏有效的沟通方法和工具等。

本章小结

本章对沟通的基本理论进行了系统的阐述，主要内容涉及沟通的本质、过程和类型。在对沟通进行系统梳理的基础上，本文对有效沟通的本质、原则和策略进行了进一步的探讨，同时对人际沟通也进行了系统的介绍，重点阐述了人际沟通中可能会遇到的障碍以及如何通过人际吸引改善人际关系。最后本文对组织内部沟通、外部沟通、团队沟通、跨文化沟通和网络沟通从不同的方面进行了介绍，强调了沟通对于个人、群体和组织的重要性。

本章思考题

1. 如何理解沟通？沟通的主要要素有哪些？
2. 举例说明沟通的功能及沟通的过程。
3. 回忆一次自己成功的沟通经历，思考是哪些关键因素促使了沟通的成功？
4. 你与身边的人进行交往时，会采用怎样的沟通方式？说明选择这些沟通方式的原因和沟通结果，并思考如何改进沟通效果。

本章练习　　　　　　　角 色 扮 演

管理沟通中的角色扮演

角色扮演介绍：

角色扮演是一种体验性的教学方法，在西方十分普及，甚至中学教育也常用，但在中国迄今仍属于生疏少见的新教学形式。角色扮演需预先设置某种特定的管理情景，给参与扮演活动的学员指派一定的角色，但却不提供既定的详细脚本。事先发给参与扮演者一份其将扮演人物的"角色说明"，其中有该角色所处的情境简介及所扮演角色的特点与制约条件。不同角色的扮演者不宜互相交换各自的角色说明。扮演者读完自己的角色说明（可以个人单独阅读，但最好和所在小组集体阅读），考虑好扮演时应注意的原则事项，拟好了自己脚本的腹稿（同组组员可帮助其做好准备，提供分析，信息和建议）后，即可开始扮演活动。

扮演时，扮演者要进入角色，即在所设定情景下，站在所扮演的角色的立场来设计和表演相应的言行。表演包括交往、对话，主动采取行动和被动做出反应等。表演是自发的，即兴的，但却是按各自对所演角色的说明特点与条件的理解而行的，并不能完全任意发挥，例如一名"下属"的扮演者在"上级"在场时的举止言行，便不会在"同级同事"中那样随便。总之，应使剧情合情合理地演进，至教师（导演）发出中止信号为止。

与结构式练习相比，角色扮演的情景更具拟真性；与案例分析相比，它则要求学生更主动地投入，更认真地参与。同时，它给全体学生提供了真实的言行而不是理论的分析，也为其提供了新行为方式的试验机会。角色扮演尤其能使人了解和体验别人的处境、难处及考虑方式，学会善于移情，即能设身处地，从交往对手角度想问题。

指导角色扮演与指导其他类型练习不同之处在于，教师需考虑如何指派角色。他可能觉得某类特征或个性的人最宜担当某一角色，从而按其对学生的了解，预先指派某一（些）学生去扮演某一角色；他也可以随机指定；更多的是征求自愿扮演者；较合理的是由教师指派各小组或小组自愿选定某一角色，然后小组共同研究该角色的说明及应采用的扮演策略与行为指导原则，再推举出本组的一员为代表去扮演。

教师还要决定扮演的安排方式：是让各小组各自同时分头去进行，从而使人人都能参与扮演，还是让一批扮演者在全班注视下进行演示，多数学生虽未参与扮演却都担任了观察员与评论者。与前者相较，参与度虽然低，但教师对活动的监控却加强了。其实，教师还可以有其他选择，如可以令不同学生分批重复进行同一角色扮演，也可在一次扮演活动的中途予以暂时中止，插入讨论讲评后，再继续下去，甚至"中途换马"，另换一批学生扮演下一段。有条件时可将扮演过程录像并重放，令学生自己讲评和总结，并交流观察结果与体会。

这种角色扮演练习并无标准答案可供对照。师生们应从扮演活动中观察发现出不当的言行，并加以讨论、讲评和争论，争取从中归纳出一定的通用性指导原则。

角色扮演练习：

下面附有两份角色说明，甲角色是一家煤气公司用户服务科的张广泰科长，乙角色是该煤气公司用户服务科的女职员贺芬，也是张科长的属下。

甲角色：煤气公司用户服务科——张广泰科长

贺芬到你手下工作不过三个来月。你对她了解不太多，只知道她离过两次婚，都经过艰难而伤心的过程，如今虽是位中年单身妇女，可是两个前夫分别留下的一男一女两个孩子，都判归她，这也是她自己情愿的，她不想再成第三次家，下决心把两个孩子抚养成人就行了。此外，据说她已退休的老母亲也跟她住，还有点残疾，又老生病。总之，日子够艰难的。

她的问题是早上经常迟到，有时10分钟左右，有时竟迟到20来分钟。

你是一家煤气公司的用户服务科的科长，这个科里是很忙碌，有点乱哄哄的。从8点钟一上班起，电话就响起来，一个接一个的也不知道哪来这么多用户有事要找上来。公司强调"用户第一，服务至上"，来了电话就得马上接并尽快答复和处理。可是这个贺芬老是迟到，于是你就只好去代她接电话，这就打乱了你自己既定的工作计划。今天早上的你特别恼火，现在都有快8点25分了，她竟还没见影子，要是有事不能来，也得先来个电话请个假呀。由于你老是不断被迫去接原本该她对付的电话，你的上司布置给你，要你中午前一定要完成的一项紧急任务，看来是很难如期赶完了，说不定得挨上级一通训，真冤！想到这点，你更会上火。

当你正在电话上跟一位怨气很大的用户进行一场很不愉快的谈话时，你从窗户里瞧见贺芬正匆匆忙忙的迈上公司大门的台阶。你自思自想："简直太荒唐了，我非得制止她这种迟到不可。也许我得威胁她一下，要是她不改这毛病，就炒她的鱿鱼，让她另谋高就去。不过进一步想想，这么办不太实际，何况她这人能力并不算差，干活也还卖劲，人事科里好几个人对她处境挺同情的。"

说实话，贺芬只要在班上，是个不错的职员。她工作自觉负责，对付那些难缠的用户，她尤其有两下子。可是在掌握计算程序，调阅用户档案记录上，她却不知怎么这么迟钝。她常常只好让用户守住电话，等她向同事求援，帮她查找。这种干扰使她跟办公室其他同事本已不太融洽的关系更紧张了。那些人也都是女的，却都比她年轻多了，但一块工作的时间不短，她却不大能跟她们合得来。贺芬是这里好久没来新人后新招的第一个，那些人不适应加进来的陌生者。有三个姑娘来向你告状，说贺芬不断来问这问那，而且一来就要她们立刻放下手中自己的活去帮她，使自己工作效率低了。她们说本以为增加个人可以减少大家的工作量，不料反加个包袱。过去对新来的部下你都花不少时间，亲自培训，手把手地教会她们，这回偏偏你的上司布置一项大项目，要一年左右才能完成，顾不上培训新手这类事了。

贺芬进办公室时显然颇为狼狈和尴尬，蓬头散发的，带着歉疚的表情，你一边做手势要她赶快来接过电话，一边随手在一张便条上草草写了一句话留给她："下午一点整到我这里来一趟！"是可忍孰不可忍，本来这儿好好的工作秩序，如今给搅得一团糟。非解决不可了。

乙角色：煤气公司用户服务科女职员贺芬

天哪，今天是怎么回事，一大早就这么不顺利！三个来月以前，你好不容易才在煤气公司找到这么一个职员的工作，虽然算不上多好的美差，但比起原来的活总强多了。首先是不算太远，四站公共汽车，再走一小段路就到了；再说，福利等待遇不错，就是活忙点，这你不怕。你的老母亲，一直跟你相依为命，退休后，虽然有条腿因为工伤，不太好使，但白天干点家务本来还没啥问题，偏偏上个月又病倒了，大夫诊断是心脏有毛病。老人家自己还挣扎着起来干家务，好让你没有后顾之忧，可是你这孝顺女儿怎么放得下心？咬咬牙，请来个农村小保姆，帮忙照顾家里生病的老母，做一顿中饭。为了节省开支，把三岁的女儿小丽丽从街道幼儿园接回来，让小保姆也给附带照看着，也省了你每天一早一晚到园里去送接。可是这小保姆虽然还算老实、勤快，但太年轻，又头回进城里住，没文化，胆子小，也笨了点，啥事还得你指点关照，手把手教她。她还不敢上街，也不愿去买菜，说是不会算账。

昨晚一回家，看着不对头，家里乱糟糟的，小保姆也不见。姥姥说，下午乡下有人捎信来，说她爸病重，要她赶紧回去看看，她马上慌慌张张收拾点东西就走，说是请一礼拜的假，撂下这一老一小就没影了。你于是马上去幼儿园，已经闭园没人了；又赶到园主任家，好说歹说才同意把小丽暂时再收进去一礼拜。（"谁叫你自个儿把孩子接回去，人家还不把别的孩子马上补进来？这下好，名额没了！"）你那11岁的儿子小昌，是区少年象棋队小选手，昨晚正碰上区际竞赛，好晚才回家，又说今天头一堂课要考数学，得复习，闹到很晚才上床，还再三叮嘱今早早点叫醒他。今早你起个大早，先去买了菜，洗好切好，又做了早饭，再叫醒小昌，他还直埋怨叫迟到了，匆匆吃几口早饭，拎了书包就跑了。今早小丽丽又不听话，挑了好几件衣服才勉强穿了。送她入园回来，把母亲早饭安顿好，已经比原订该出发上班时间晚了10来分钟。公共汽车又等得久了，开了两站多，又出故障，老半天没修好，不少乘客等不及都下车走了，你一急也下了车，急忙往前赶，那车偏又修好了，开过去了。真倒霉！憋一肚子气一边想："该怎么向张科长解释呢？他准暴跳如雷了。他肯定对我老是迟到十分恼火。不仅如此，他对我掌握计算机操作技术那么慢也很不满意，而且那些丫头一定会向他告状，怪我老问她们，拖了她们的后腿。"你觉得这回应聘考试能通过，是幸亏你先上了两个月夜校的计算机初级技术短训班。可是那班上学的东西对掌握你现在工作要使用的微机程序来说，好像用处不大。"这套玩意实在太复杂了，一团乱麻，我怎么总搞不清楚呢？"

"我怎么去对张科长说明我为什么上班迟到的次数那么多呢？"这可没个容易的答案，这太糟了。"也许过一段时间等我和我一家人都适应了这套生活秩序以后能好些。早上准备好早饭，买好菜，把老的、小的全侍候好，再赶20分钟车，8点整赶到办公室，这实在太难了。我不知道科长会不会同意我每天8点半来上班，中午餐和休息那1小时，我保证挤出半小时，补上早上那迟到的半小时"。你一边快步走着，一边胡思乱想。"哎呀，这怕不行，且不说不会让我一个人特殊，而且中午用户电话照例比早上少多了。要是我每天晚下班半小时，行不行？计算机到5点就断电了，除非加班是干些文字性的活，不用靠计算机的；可哪能肯定每天有足够这类活可以加班干呢……"

那么计算机，还有跟那些丫头们的关系的问题呢？"科长迟早会来跟我算这些账的。可是我不喜欢计算机，有人也许坐在那儿摆弄两小时就会了，可我不行，是不是该在这方面补补课，给我点培训？但愿那些姑娘有点同情心，别那么抱团，那么排外，愿意拉我一把。

"好了，总算就要到了。我的天，都8点27分了，我可从来没到得这么迟过。真有点不好意思进办公室的门，可硬着头皮也得进呀，也许这饭碗会给砸了吧？"

教学案例　　　　　　　　　　**EMC "秘书门事件"**

2004年4月7日晚上，EMC（全球网络信息存储领导厂商之一，总部设在美国）中国区总裁陆纯初回办公室取东西。到门口才发现自己没带钥匙，而此时他的秘书瑞贝卡已经下班。陆总裁不太高兴，便在第二天凌晨1时13分给秘书发了一封E-mail，并同时转给另外几名管理者。

EMC中国区总裁给秘书的信：

From: Loke, Soon Choo Sent: Saturday, April 08, 2006 1: 13 AM To: Hu, RuiCc: Ng, Padel; Ma, Stanley; Zhou, Simon; Lai, Sharon Subject: Do not assume or take things for granted.

Rebecca, I just told you not to assume or take things for granted on Tuesday and you locked me out of my office this evening when all my things are all still in the office because you assume I have my office key on my person. With immediate effect, you do not leave the office until you have checked with all the managers you support - this is for the lunch hour as well as at end of day，OK?

两天后，秘书用中文给总裁回信。秘书把这封信连同总裁的原信抄送给了EMC中国区北京、成都、上海、广州等地的所有员工。

秘书给总裁的回信：

第一，我做这件事是完全正确的，我锁门是从安全角度上考虑的，北京这里不是没有丢过东西，如果一旦丢了东西，我无法承担这个责任。

第二，你有钥匙，你自己忘了带，还要说别人不对。造成这件事的主要原因都是你自己，不要把自己的错误转移到别人的身上。

第三，你无权干涉和控制我的私人时间，我一天就8小时工作时间，请你记住中午和晚上下班的时间都是我的私人时间。

第四，从来到EMC的第一天到现在为止，我工作尽职尽责，也加过很多次的班，我也没有任何怨言，但是如果你们要求我加班是为了工作以外的事情，我无法做到。

第五，虽然咱们是上下级的关系，也请你注重一下你说话的语气，这是做人最基本的礼貌问题。

第六，我要在这强调一下，我并没有猜想或者假定什么，因为我没有这个时间也没有这个必要。

这两封信通过电子邮件多次转发，在上海、北京、广州、成都等城市白领中广泛传阅，包括微软、惠普、诺基亚、霍尼韦尔、通用、普华永道、三星等众多知名外企在内的许多职员阅读了这封邮件后，添上自己的评论，再转发给下一个读者。

"雪球"越滚越大，"原始信件"以及层层转发的"附带信息"，十多张A4纸也打印不完。

人物简介：

陆纯初（Loke Soon Choo），男，新加坡人，新加坡大学工商管理硕士学位，曾出任IBM、西门子等知名国际企业的高管、甲骨文大中华区总裁。现任EMC公司大中华区总裁，统管EMC在中国的所有运营业务。

瑞贝卡（Rebecca），中国人，高级秘书。瑞贝卡是她的英文名字。

思考题：

（1）请谈谈你对这次事件的看法。

（2）如果你是瑞贝卡，你会怎样做？

通过本章的学习，你应该能够：

● 了解领导的含义，理解领导力与领导行为；

● 了解领导效能的含义，掌握领导效能的影响因素及考评指标与方法；

● 熟悉经典领导理论，掌握现代领导理论。

引导案例　　　　　　　　**谁更适合做CEO？**

艾伦是职场中一个典型的温和派领导。作为丹纳广告策划公司的一名高管，他总是尽力取悦每一个人：对下属总是和颜悦色，对客户的要求尽量满足，对供应商也非常宽容，对家人更是关怀备至。

这不，今天他原本可以6点钟出门，这样就能避开交通高峰，可为了在出门前叫醒妻子和孩子，他一直等到6点半才离开家，因此不可避免地遇上堵车。

在堵车的时候，艾伦思绪万千，好像样样事情都得他操心：他和妻子的结婚纪念日就要到了，他已经在高档餐厅订好了座，买好了钻石耳环做礼物，可妻子这时却感冒了；晚上他得和儿子一起练习棒球，还要想怎么委婉地让另一个小孩的爸爸知道他那个小孩做投手能力还不够；橄榄球赛季开始了，他计划搞到比赛门票，请公司所有经理同去，同时也给家里弄上4张票；他的助手丽莎自母亲身患绝症后就无法集中精力工作，比如，今天她为了陪母亲看病而把替艾伦准备开会材料的事情丢在脑后，弄得艾伦不得不亲自上阵，可就是这样，善良的艾伦也不忍心责怪丽莎；供应商艾比印刷公司因为自己的失误，要重印整批活，却想和丹纳公司分担重印费用，艾伦由于不想和供应商搞僵关系，还保留了妥协余地……

不过，在为各种烦心事而担忧的同时，艾伦也感到了一种兴奋：下午，他就要和CEO拉里讨论筹建欧洲分公司的事情，而自己的计划书做得相当漂亮。他觉得拉里一直瞩望自己来接任CEO，这次见到他的计划一定会大加赞赏，并趁着高兴劲儿决定把指挥棒交给他。

花了一个多小时，艾伦终于赶到了办公室，他立即马不停蹄地准备本该由丽莎提供的报表，还与业务开发副总裁乔治就一笔广告合同通了一会儿电话。广告客户把公司的报价降到已经到了无利可图的地步。与拉里同属强硬派的乔治认为，尽管对方开始时免不了要抱怨抗争一番，最终还是会接受公司的报价，因此公司应该拒不降价。可艾伦觉得这个新领域的生意对公司非常重要，怕丧失机会，打算做出适当让步。

终于到了开会时间，艾伦兴冲冲地拿着准备好的材料走进会议室与拉里谈话。可3个钟头的会谈结束后，艾伦的心情一下降到了冰点，他觉得自己如同经历了一场噩梦：原以为自己和拉里心心相通，当初还是拉里好说歹说才把自己拉到公司里来，以前两个人还经常早上一起跑步，共同讨论公司大计、憧憬未来，似乎拉里很希望自己接他的班，怎么一下子两人之间就仿佛隔了千山万水？拉里压根儿就没想让自己当一把手？尤其让艾伦感到不可思议的是，拉里现在考虑的人选居然是他觉得和自己根本没法比的乔治。艾伦在公司里担任领导已经有10个年头，乔治不过才干了2年；艾伦接触过公司方方面面的工作，乔治则只专注于新业务开发。而且在艾伦看来，客户和供应商都挺喜欢自己的，而乔治在对客户方面还欠缺经验，有待磨炼。整个团队也很自然地把艾伦当作他们的领导、朋友和支持者。拉里也承认艾伦具备当CEO的很多素质，但同时指出他在这个位置上必须更强硬些才行。

艾伦无论在生活中还是工作中都尽量满足所有人的需求，且在公司里担任了十年的领导，在接任CEO这件事上对自己信心满满，然而，现任CEO拉里似乎对接任者另有选择。假如，你是拉里，你将如何选择？假定艾伦确实想做CEO这一职位，他应该怎样做才能使拉里信服他具备担任公司一把手的领导能力？本章将从领导行为和领导理论进行探讨分析。

第一节 | 领导与领导行为

一、领导的实质

（一）领导的定义

领导就是在社会共同活动中，具有影响力的个人或集体，在特定的结构中通过示范、说服、命令等途径，动员下属实现群体目标的过程。这一界定包括领导的以下内涵。

（1）前提：领导活动是存在于群体之中的，一个人不能形成领导。群体生活成为领导得以诞生的前提。

（2）主体：是由领导活动的发动者、组织者与执行者共同组成的。领导活动的主体包括两个要素：领导者和被领导者。

（3）结构：领导者发动和组织领导活动所依存的体制或规则。

（4）手段：领导者调动和激励下属的方式。

（5）目标：领导活动的归宿。

根据定义可知，领导的特点包括：

（1）领导是一种行为。领导是领导者利用职权和个人权力，通过引导、指挥、协调和组织被领导者共同奋斗而实现组织目标，因此领导是一种行为。

（2）领导是一个过程。领导是一个制定决策、实施决策和实现组织目标的过程，而且是一个层层推进、循环往复的过程。

（3）领导是一种社会关系。明茨伯格在《经理工作的性质》一书中归纳出企业经营者所扮演的十种角色，并将这十种角色归纳为人际关系方面的角色、决策方面的角色以及信息方面的角色，其中，将领导者角色归入人际关系方面。领导所反映的是领导者与被领导者之间的关系，也是一种组织内少数人和绝大多数组织成员之间的关系。因此，领导是一种社会关系。

彼得·德鲁克在《未来的领导》一书中强调所有成功的领导者都知道下面四件事情：

（1）领导者的唯一定义就是其后面有追随者；

（2）一个成功的领导者不仅是受人爱戴的人，还是使追随者做出正确事情的人，结果才是最重要的；

（3）领导者都是受人瞩目的，因此必须以身作则；

（4）领导地位并不意味着头衔、特权、级别或金钱，而是责任。

（二）领导与管理的关系

领导与管理是辩证统一的关系，既紧密相关，又有明显区别。

情景故事

不能将兵，而善将将

扫描此码　　案例学习

1. 领导与管理的联系

无论管理还是领导都是调动并整合组织资源，包括人力资源、资金、物资、信息和时间等，实现组织目标的活动。领导活动是广义管理活动的一个组成部分，是高层次的管理活动。

此外，有一部分组织成员在组织中既是领导者又是管理者，既实施领导行为又实施管理行为，因此不能单纯地将其在组织中的行为区分为领导行为或者管理行为。在规模较小的组织中，管理工作与领导工作通常合二为一，在管理的同时也在领导，而领导也有管理的成分。因此，领导和管理并不是完全孤立存在的两种组织行为，领导实现组织目标的过程中离不开管理的支持，而管理活动的开展同样离不开领导为其提供方向，管理是领导的基础保障，领导为管理提供指导。

2. 领导与管理的区别

管理过程学派创始人法约尔认为领导在意境和层次上均高于管理。约翰·科特在他的著作《变革的力量》（*A Force for Change*）中指出领导重在影响和引导，管理重在协调和控制。因此，领导与管理的区别主要体现在以下几个方面。

（1）领导与管理的层次不同。领导具有全局性特点，管理具有局部性特点。领导活动侧重于高层次范畴，主要是对组织进行战略性部署，从组织整体出发制定发展方向、战略目标以及大政方针等；管理活动侧重于低层次范畴，主要进行战术安排，根据组织战略目标和任务，通过实施计划、组织、指挥、协调和控制五大职能，以提高某一项工作的效率。

（2）领导与管理的方法不同。领导者在组织活动中注重感情纽带的建立，领导活动属于感性的、比较人性化的；而管理者更注重以冷漠、客观和公正的态度实施管理活动，属于理性行为。

（3）领导与管理的决策重点不同。领导具有决策非常规性的特点，管理具有决策常规性的特点。领导和管理都需要决策，但领导更多的是非常规决策，而管理主要是常规决策；领导在组织中的作用表现在为组织活动指出方向、设置目标，创造态势、开拓局面等，领导具有战略性、综合性，以及从宏观把握组织活动的特点；管理是为组织活动选择方法、建立秩序、维持运转等，更多地关注细节问题和操作层面，包括对人、财、物、时间、信息的安排与配置。

（4）领导与管理面对的方向不同。领导注重前瞻性以及超时性，面向未来制定决策；管理则注重现实性及当前性，侧重具体活动的落实。

（5）领导与管理的功能不同。领导注重革新，引导组织变革，领导是组织变革的中坚力量；管理注重维稳，通过程序化的控制工作以维持组织秩序。表 9-1 列举了管理与领导的具体区别。

表 9-1　管理与领导的区别

管　理	领　导
强调的是效率	强调的是结果
强调现在	强调未来的发展
注重系统	注重人
强调控制	培养信任
运用制度	强调价值观和理念
注重短期目标	强调长远发展方向
强调方法	强调方向
接受现状	不断向现状挑战
要求员工顺从标准	鼓励员工进行变革
运用职位权力	运用个人魅力
避免不确定性	勇于冒险

（三）领导力

据权威部门的调查，领导力缺失是一个全球性问题。其中中国是缺乏领导力人才比例较高的国家之一。在调查中发现，中国有 47% 的被调查企业认为他们缺乏领导力人才，并且有 60% 以上的企业认为，无接班人可培养，或有接班人可培养，但不知如何培养。美国管理专家霍根曾经做过一项调查，他说："无论是在哪里，无论是在什么时候进行调查，无论你针对的是什么样的行业，60% ～ 75% 的员工会认为在他们工作中，最大的压力和最糟糕的感受是来自于他们的直接上司。"霍根进一步指出：在美国不称职的经营管理者的比例占到了 60%～75%。

《卓越绩效评价准则》国家标准（GB/T19580—2004）参照国外质量奖评价准则、结合我国质量管理的实际情况和需要，把"领导""领导力"列为评价要求的第一部分。所谓"领导力"，是指组织的领导在确立组织的发展方向与绩效期望、引导和管理组织全体成员及其相关方实现目标的过程中，所发挥的能力和影响力。组织的领导作用就是其"领导力"所产生的效率和结果，最终体现在组织的绩效上。

领导力是一种重要的生产力，它决定着企业生产和管理质量，效率和效益；领导力是一种整合力，也是一种黏合剂和推动力，它决定着企业资源的有机整合、关系的和谐、价值观的统一、目标的实现，领导力有助于提高企业的凝聚力、向心力；领导力是一种引导力、方向力，它决定着企业的发展方向、员工的行为取向。拥有强大的领导力就意味着企业拥有强大的动力、合力，充满生机和活力。

2016 年 10 月 20 日，阿里巴巴董事局主席马云在清华 EMBA 课堂上发表了题为"企业家精神与未来"的主题演讲，他讲到"一个老板要成功，绝大部分要有三个商，第一是情商（EQ），第二是智商（IQ），这两个之外，还有一个是爱商，大爱之商。你如果没有对未来、对社会、对将来、对人之间有一种爱心的话，真正的人才不会跟着你的。这三个商合在一起，你才能成为一个领导者"。

根据一项由睿士管理公司（www.right.com）和塔克国际（www.tuckerintl.com）组织，由全球 13 个国家 2 000 位领导者参与的研究表明，国际领导者所应具有的跨文化领导力，主要表现在六种能力上：

（1）社交适应力，能在不熟悉的社会环境中与新人交往，真诚地表现出对他人的兴趣；

（2）展现创造力，喜欢新的挑战，努力寻找创新型的解决方案，应对社交和特殊情境下的问题，并从各种资源中学习；

（3）保持一种平衡心态，保留平静，不要自责并从错误中吸取教训；

（4）尊敬信仰，尊重其他文化中人们的政治和精神信仰；

（5）建立信任，建立和维持信任关系；

（6）驾驭模糊，看透模糊和不确定性，不会沮丧，了解在其他国家和文化中事情如何处理。

松下幸之助说过："当我的员工有 100 名时，我要站在员工最前面指挥部属；当员工增加到 1 000 人时，我必须站在员工的中间，恳求员工鼎力相助；当员工达万人时，我只要站在员工后面，心存感激即可。"

向成吉思汗学领导力

扫描此码　　案例学习

二、领导行为

领导行为（leadership behavior）是指领导者在领导活动过程中根据组织、成员的需求等而采取的行为。一个组织能否得到良好发展的主要因素之一是领导者。领导行为会潜移默化地影响员工行为，既可以带来组织的繁荣与昌盛，也可以导致组织的衰落与消亡。

在领导学研究中，领导行为通常以领导方式方法、领导风格、领导模式等形式出现。概括起来，专家学者们对领导行为的分类主要有以下几种。

（一）任务取向和人员取向

在关于领导行为的研究中，以往研究主要有关注任务（结构或工作行为）和关注人员（关系行为）两类领导方式。任务取向的领导行为主要关心组织效率，重视组织设计，明确职责关系，确定工作目标和任务。换言之，任务取向的领导者是以工作行为为中心的，重视组织建立与发展，职责分工明确，信息沟通渠道畅通，有明确的完成任务的时间、地点及方法等，而人员取向的领导行为主要表现为尊重下属的意见，重视下属的感情和需要，与下属之间彼此相互信任，建立友谊等，组织氛围友善、融洽。

（二）命令式、说服式和示范式

指挥是领导的一项重要职能，其实现的途径主要包括命令、说服、示范。基于此，按照领导指挥职能划分，可将领导行为划分为命令式、说服式和示范式。

命令式领导行为是指领导者采取强制手段或措施发号施令，要求下属执行。其主要特征是采取单向沟通方式向下属布置工作任务和完成任务的程序和方法，下属不了解或无法了解组织的整体目标和最终目的。

说服式的领导行为是指领导者以已有的威望、人格魅力和领导能力等向下属发号施令，推销其理念、思想或政策。其主要特征是采用双向沟通方式进行宣传和教育，使下属了解工作任务要求，了解组织的整体目标。

示范式领导行为是指领导者基于自己的经验向下属介绍或展示完成任务的程序和方法等，以便于下属模仿或学习，提高工作效率。

（三）集权型、参与型和宽容型

领导拥有职位性权力和非职位性权力（个人权力）。按照领导者运用权力的范围和被领导者自由活动程度，可将领导行为划分为集权型、参与型和宽容型。

集权型领导行为是指领导者独揽权力，独自作决策，然后发布指示和命令，明确规定和要求下属或部门做什么和怎么做。集权性领导行为又被称为专制性或独裁性领导行为。其主要特征是领导者至高无上，下属没有参与权和发言权。

参与型领导行为是指领导者基于下属的成熟度，在决策工作中允许下属发表意见、参与决策制定等。其主要特征是领导者与被领导者采用双向沟通方式，不仅使下属民主权利得到尊重，而且有助于提高决策的公平性、科学性等。

宽容型领导行为又称为民主型、分权型或授权型领导行为，是指领导者基于下属的成熟度向下属或部门进行高度授权，允许下属独自完成任务和处理问题。宽容型领导行为还可具体划分为放手型和放任型两种领导行为。其主要特征是领导者完全信任下属或部门，将权力下放到下属或部门。但是若缺乏有效监管，就有可能导致下属滥用权力，放权不等于弃权。

此外，还有学者将领导行为划分为能人型与仁人型，变革型、魅力型与交易型，老虎型、孔雀型、猫头鹰型、无尾熊型和变色龙型等。领导者的行为方式多种多样，类别划分只是根据其行为特征做出的分类，没有绝对的优劣之分。每一种领导行为的存在都有其合理性，但是也有其局限性，领导行为也应基于被领导者的成熟度、群体特征变化、工作环境变化、组织发展阶段变化等进行调整，才能取得预期的领导效果。

三、领导效能

（一）概念

目前，领导效能并没有一个统一的概念，其定义因人而异。

Cooper 和 Nirenberg 将领导效能的定义概括为某一个体或更多的人对他人成功地运用个人影响力，以一种他人都满意的方式实现共同目标。

费德勒（Fiedler）在《领导效能新论》中将领导效能定义为一个群体执行其基本分配任务所取得成功的程度。

中国学者郑智文认为领导效能是员工对领导者的知觉与态度，以及员工在组织中的认同及满足感。

国内学者刘建军提出的领导效能概念得到了广大学者的普遍认同，他认为领导效能是指领导者在实施领导过程中的行为能力、工作状态和工作结果，即实现领导目标的领导能力和所获得的领导效率与领导效益的系统综合。

领导效能主要包含以下三个因素。

（1）领导能力。领导能力是指领导的行为能力，包括领导者的知识、经验和素质。领导能力决定了领导者能否成功开展领导工作、恰当行使领导权力并积极承担领导职责。

（2）领导效率。效率指产出与所费时间之比。领导效率是指领导有效完成定量领导任务与时间的比值，领导效率表现的是领导任务完成的速度，其影响因素包括环境因素、领导者自身因素（如领导者能力、工作态度）和下属因素（如下属的积极性）等。

（3）领导效益。效益指投入与产出之比。领导效益就是指领导行为的投入与领导活动所取得的结果之比，是一个包括政治效益、经济效益、文化效益、社会效益等在内的综合指标。

（二）影响领导效能的因素

（1）领导者因素。领导效能反映出领导者的能力，能力是实现领导效能的重要原因之一。领导者的能力包括功能和才能。领导者的功能主要指制定决策、选才用人、整合资源等；领导者的才能要求广泛，包括学识、经验、智慧、人格特质、形象气质等。

（2）被领导者因素。被领导者是领导活动中重要的主体之一。被领导者对领导活动的配合是否得当在相当程度上影响着领导效能的高低。被领导者的素质、能力，对组织目标的认同程度、对领导权威的认同程度、对领导方式的认同程度、职业喜爱程度、团队凝聚力等因素对领导效能的实现具有重要影响。

（3）环境因素。领导效能是领导行为与客观环境之间有机作用的结果。客观环境不仅对于人的行为效果产生重要影响，而且它与人的主体能力之间也存在相互作用的辩证关系。领导活动所涉及的环境因素包括社会因素、政治因素、经济因素、文化因素以及组织因素等。

（三）领导效能考评的指标与方法

领导效能的考评能通过测定领导活动所取得的效果和效益，同时结合客观环境因素，对领导能力进行评价。领导效能考评既是领导活动的归宿又是领导活动的起点，因此使用恰当的考评方法至关重要，不仅关系到是否能对领导效能进行真实的考察与测评，而且决定了考评结果的后续使用情况。

领导效能考评的指标包括如下内容。

（1）个体指标。个体指标主要是从领导者和被领导者即下属角度，对领导能力、效率和效益进行评价，评价内容包括：工作满意感、组织承诺、工作绩效、下属的动机、领导者被下属接纳的程度、下属对工作任务的情绪反应、下属的自尊和价值观、下属对领导者的信任和信心、领导者的声誉等。

（2）组织指标。组织指标主要是从组织整体贡献效能角度，对领导目标的实现程度进行考评，评价内容包括：产品或服务质量和效率、组织绩效、组织目标认同、内部冲突、离职率、弹性和创新、集体的学习等。

领导效能考评的方法主要包括如下内容。

（1）民意测验法。民意测验法主要是通过问卷法、访谈法对被领导者进行调查，了解和掌握被领导者对领导者的工作能力、工作风格和工作效果等满意度及评价情况。民意测验法有助于全面客观地评价领导活动效能，有利于将领导行为置于被领导者的监督之中，激发领导者的事业心和责任心，激发组织成员的积极性、参与感和创造性。

（2）目标考评法。目标考评法又称为目标对照法，是指将领导活动所取得的阶段性目标和综合性目标与初始阶段所制定的目标进行对照，检验领导目标制定的合理性、实现过程的科学性以及目标完成的程度。科学有效地使用目标考评法的前提是要充分考虑领导者无法控制、但对实现领导目标产生影响的因素。目标考评法有助于领导者在领导活动过程中不断检验和纠正实现目标过程中出现的问题和偏差，减少领导过程的损失。

（3）模拟考评法。模拟考评法是指为被考评者创造一个虚拟的工作环境，要求其按照给定的条件进行模拟操作，以此来观察其行为方式、心理素质和反应能力等，并据此观察来评价其工作能力。模拟考评法的优点是不仅可以考核领导者，而且可以培训领导者，此外将领导过程中出现的实际难题进行集中，能够充分考察被考评者的实际能力。

（4）比较对照法。比较对照法是指采用横向或者纵向比较的方法，对领导工作进行客观评价。横向比较法是将当前待考评的领导效能与不同部门、不同单位、不同地区等的领导者的领导效能进行比较；纵向比较法是选取过去的（包括自己的和他人过去的领导效能）或未来的领导效能为参考系，将当前领导效能与其进行对比评价。采用比较对照法的考评结果更有说服力。此外，比较过程中更易发现领导活动的优点与缺陷，有助于采取措施进一步提升领导效能。

（5）专家评估法。专家评估法是指聘请专家对领导效能进行评估的方法。所聘请的专家必须是具备专业知识和经验，对领导活动具有敏锐洞察力的权威人士，由于专家不直接参与领导活动，不受被考评者人际关系的干预和牵绊，能够有效保证考评结果的客观性。

（6）统计分析法。统计分析法属于定量考评方法，该方法要求将领导活动以具体指标和数据的形式进行反映，运用数学方式，建立数学模型，对各种数量关系和资料进行汇总、列表、分析，最后形成定量的结论。定量分析有助于科学客观地评价领导效能，但定性考评方法同样具有定量分析无法替代的优势，因此，可将两者结合使用。

第二节 | 领导理论

林肯被认为是美国历史上最伟大的总统、具有魅力的领袖之一。研究者认为林肯是值得当今领导者学习的典范。林肯在树立榜样、共启愿景和善于交流这三方面，体现了魅力型领导的精髓。

林肯在担任总统的 4 年期间，大部分时间是和军队在一起度过的。对于林肯来说，与下属随便接触和正式会议一样的重要，有时甚至更为重要。在 1865 年战争接近尾声时，林肯频繁到战场看望战士，而且哪里重要他就会在哪里出现。

林肯在其整个 4 年任职期间都在宣讲他心目中的愿景。他的思想既简单又明确，反复强调平等和自由，并不断为他的愿景注入新鲜内容，以使目标的内涵不致减少。美国内战期间，林肯追溯了过去，然后利用过去和现在连接未来。葛底斯堡演说是林肯所构建愿景的代表，其作用是显著的。

林肯的交流手段是讲故事。一个合适的故事往往可以减轻拒绝和批评对人造成的强烈刺激，这样既达到了目的，又避免伤害感情。林肯把讲故事的手法发挥到了极致，即使是在与内阁成员进行最严肃的谈话时，仍然抽出时间讲一段轶事，以表明他究竟是怎样想的，而在讨论政策和国家方针大计的会议中，也往往由总统的一段故事来圆满结束。

林肯将魅力型领导过程演绎得十分生动，魅力型领导属于现代领导理论范畴，而领导理论最早是从西方的理论研究中总结并提炼出来的。很多学者通过不同的角度对领导及领导行为进行了深入的研究，并得到了不同的结论。在这一研究过程中，领导理论的发展主要经历了四个阶段：领导特质理论、领导行为理论、领导权变理论和现代领导理论。本章重点在于了解领导理论发展的脉络，并对各阶段中具有代表性的观点进行学习，为领导相关学科的学习与研究打下良好的基础。

一、领导特质理论

每个人都有属于自己并且区别于他人的特点，这些特点使人们在工作中展现不同的特质。从狭义上来说，特质是指每个人独有的个性品质，比如个人形象、说话风格、气质以及不同的心理建设和行为方式。从广义上来说，特质就是心理及生理上的所有特征。一些学者认为不同的领导者所展现出来的不同特质对领导效率的高低具有影响，并希望对此进行研究从而得到普遍性、一般性的规律。20 世纪 30 年代，西方研究学者将心理学研究方法应用到领导者特质的研究上来，由此拉开了领导特质理论研究的序幕。

（一）传统领导特质理论

传统领导特质理论的基本观点是，领导者的特质是先天性的，源于生理遗传，且只有具备这些优秀特质的领导者才能成为有效的领导者。作为传统领导特质理论的创始人，奥尔波特（G.W.Allport）曾开拓性地指出了人格特质的重要性，他认为每个人都会以其生理作为基础衍生出一些稳定的性格特质，并将这些特质分为共同特质和个人特质。其中共同特质是所有人都具备的特质，个人特质则表现为在组织中处于不同角色的人具有的个性特质。

1. 贝尔德的领导特质理论

美国心理学家贝尔德（Baird）于 1920 年开始了领导特性的研究，并列举出 20 份不同的特性量表。这 20 份量表代表的就是他认为成功领导者必须具备的特质。

2. 亨利的领导特质理论

美国行为科学家亨利（W.Herry）通过调查研究，提出了成功领导者应具备的十二点特质：

（1）对成功的渴望强烈，这种领导者将工作放置首位，并渴望从工作中获得比高薪酬、高职位更多的成就感；

（2）工作积极性高，这种领导者愿意接受更富有挑战的工作，并在组织中承担更多的责任；

（3）尊重上级，这种领导者能从上级的帮助中提升自己，承认上级的工作经验更丰富，能力更高，并愿意与上级保持良好的关系；

（4）组织能力强，这种领导者善于将组织内部的各项复杂事务安排的有条不紊，并能够根据有限的材料预测事物的发展动向；

（5）决断力强，这种领导者决策果断，能够在较短时间内对各项备选方案作出评价；

（6）自信心强，这种领导者具有较强的自信心，并且不易受到外界的干扰；

（7）思维敏捷，这种领导者善于思考，想法具有创新性；

（8）低出错率，这种领导者能够预测并规避即将出现的各类错误，并发掘出解决问题效率高且可行性高的方案；

（9）实事求是，这种领导者更愿意从实际出发，拒绝一切盲目的、不可实现的行动；

（10）疏远下属，这种领导者往往亲近上级，疏远下级；

（11）独立性强，这种领导者对于他人的依赖性低，并且与亲人保持距离；

（12）忠诚度高，这种领导者对组织忠诚、尽职尽责。

3. 吉伯的特质理论

美国心理学家吉伯（C.A.Gibb）曾于1969年在研究中指出成功的领导者所应具备的七种先天性特质：①高智商；②相貌出众；③善言善思；④心理健康；⑤性格外向但对环境保持敏感；⑥自信心强；⑦具有支配他人的意向。

4. 斯托格迪尔的特质理论

1948年，美国心理学家斯托格迪尔（R.M.Stogdill）在他所写的《与领导者有关的个人因素：文献调查》中总结并指出了与领导有关的特质因素：①智力；②在学术与体育项目中取得的成绩；③感情的成熟与稳定程度；④对于成功的不懈追求；⑤对于地位的渴望。

1974年，斯托格迪尔发表了《领导手册》一书，并进一步补充了领导特质应包含的内容：①较高的智商；②较强的责任心；③积极主动完成任务的决心；④对于目标坚持不懈；⑤具有较强的首创精神；⑥自信心强；⑦有较强的合作精神；⑧能够独立决策并承担行动后果；⑨面对挫折不放弃；⑩具有较强的社会交际能力，能够影响他人；⑪具有较强的事务处理能力。

5. 传统领导特质理论的局限性

随着特质理论研究的不断深入，许多学者发现，对于天才领导者所应具备的特质众说纷纭，无法达成统一的标准。虽然传统领导特质理论指出了领导应具备的某些特质，但是其也有很大的局限性，具体表现在以下几个方面。

（1）传统领导特质理论认为，领导者的特质是先天性的，无法通过后天的学习加以补充，并且众多传统领导特质理论所列出的各种特征之间并没有内在的关联系，甚至存在相互矛盾。

（2）传统领导特质理论欠缺实际思考。在生活中，许多具有符合标准的特质的优秀人才并不都能够成为有效的领导者，许多不完全具备优良特质的人反而能够成为有效的领导者，这也说明，该理论本身与部分实际相违背。

（3）传统领导特质理论忽略了环境的重要性。传统领导特质理论并没有阐述个别特质与固定环境之间的关系。在某些特定环境下，部分特质可能会具有正向的积极作用，但在其他环境中，这些特质可能会是领导者成为卓有成效的领导者的障碍。

（4）传统领导特质理论仅从特质数量上论述了领导者与非领导者、有效的领导者与非有效的领导者之间的差别，并没有阐述清楚不同领导者的本质区别。

（二）现代领导特质理论

现代领导特质理论强调，人的特质并非全部是先天性的，很多特质可以通过后天的学习与实践习得，主张现代领导特质理论的众多学者针对这个观点进行了很多的研究。

1. 鲍莫尔的领导特质理论

作为现代领导特质理论的提出者，美国普利斯顿大学的教授威廉·杰克·鲍莫尔（William Jack Baumol）对美国的众多企业进行了研究，并提出了企业领导者应具备的十条特质：①富有合作精神；②独立决策能力；③高效的组织能力；④权力适当下放；⑤应变能力强；⑥责任心强；⑦创新意识强；⑧风险承担意识强；⑨尊重他人；⑩品德高尚。

2. 艾森克的领导特质理论

构成人格特质的因素有很多，英国心理学家艾森克（Hans J. Eysenck）通过对实验、问卷及实地调查所得到的大量数据进行分析，对人格维度进行了深入的研究。由此，提出了著名的三因素模型。

（1）内—外倾向性：这种类型表现出了内倾向性特质与外倾向性特质的差异。具有内倾向性特质的人往往趋于安静，善于观察，做事井井有条且喜欢先制订计划后执行，冷静执着，善于控制个人情绪。具有外倾向性特质的人善于社交，追求刺激，懂得主动发现机会抓住机会，容易激动。

（2）神经质：也称"情绪稳定性"。这一因素通常有两个极端，即情绪稳定和情绪不稳定。情绪稳定特质的人倾向于反应较为缓慢，并且情绪波动不剧烈、性格温和、稳重，善于进行控制，不易产生自我焦虑。情绪不稳定特质的人倾向于容易焦虑且情绪激动，心理障碍和心理问题偏多。

（3）精神质：具有这种性格特质的人往往孤僻、冷漠且与周围的人关系不好，举动具有破坏性，且对亲人也会表现出极强的攻击性。

1957 年，艾森克根据已建立的三因素模型设计出了艾森克人格问卷（EPQ）。

3. 卡特尔的领导特质理论

1949 年，美国心理学家卡特尔（Raymond Bernard Cattell）利用"因素分析法"提出了"根源特质理论"，并得到了 16 种相互独立的根源特质，编制了《卡特尔 16 种人格因素测验》。

这 16 种根源特质分别是：乐群性、聪慧性、情绪稳定性、恃强性、兴奋性、有恒性、敢为性、敏感性、怀疑性、幻想性、世故性、忧虑性、激进性、独立性、自律性、紧张性。

卡特尔认为，每个人的身上都具有这 16 种根源特质，差别仅在于每一种特质的表现程度有所不同。有效领导者会在部分特质上表现突出。

4. 现代领导特质理论的局限性

现代领导特质理论纠正了传统特质理论中将领导特质看作先天性的错误观点，认为领导者的特质是在后天的实践和学习中不断培养出来的，并且现代特质理论明确地指出，对于领导的选择一定要有明确的指标，领导的培养要有具体的方向。然而，几十年的研究并没有使得现代特质理论有较大突破性的进展，学者们无法找出领导者与非领导者在人格特质方面本质的差异，主要原因如下：

（1）领导的产生是一种动态过程，没有人生来就具有领导特质，这些特质都是通过后天的学习与培养获得的；

（2）领导特质只是领导产生的必要条件，而非充分条件。领导者的有效性不仅与自身的特质属性有关系，还依赖于领导及领导对象所处的环境，仅仅考虑领导与非领导在内在因素上的区别而忽略外部环境的不同，是无法得到二者之间本质区别的；

（3）不同组织对领导的要求不一样，因此即使对于同一项工作，在不同组织中也会有要求上的不同，即对领导特质的要求也会有些许不同。固定模式下的领导特质理论不符合实际。

二、领导行为风格理论

（一）勒温的领导风格理论

美国著名心理学家勒温（Kurt Lewin）和他的团队很早就对组织气氛和领导风格颇有兴趣，并进行了大量的研究。勒温发现，不同组织的领导会以不同的表现方式展现他们所处的领导角色，即领导者们会根据任务的不同展现不同的领导风格，这些风格对组织成员的绩效和满意度有很大的影响。

勒温将领导者风格分为三种：专制型、民主型和放任型，如表9-2所示。他认为，不同的领导风格会形成不同的团队气氛，从而对工作效率与完成程度产生影响。

勒温和他的团队曾希望通过实验的方式确定最有效的领导风格。他们通过训练将一定数量的年轻人训练成具有不同领导风格的领导者，然后让他们担任兴趣活动小组的模拟领导，主管小组成员的各项活动。这些兴趣活动小组的成员在年龄、性别、智力水平、生理条件等方面均相同，仅在领导风格上有所区别。勒温分配给各小组的任务是在一定时间中通过手工制作得到一定数量的面具。结果发现，放任型领导所在的小组工作效率明显低于民主型领导和专制型领导所在的小组。而民主型领导者所在的小组团队成员的工作质量以及对工作的满意程度比专制型领导所在的小组高。

表 9-2　勒温的领导风格理论模型

领导风格类型	专制型	民主型	放任型
权力分配	仅集中在领导者手中	权力集中在团队之中	每个组织成员都有适当的权力
决策方式	领导者不重视组织其他成员的意见，独断专行，决策由其个人完成，员工处于无权参与决策的状态	员工可以选择共事的其他员工，并且可以选择意向分工。员工了解组织整体的目标	团队中领导者很少参与决策的制定，决策都由成员自己完成
关注焦点	领导者仅关注工作的效率和完成程度，对员工缺少关心，与员工有距离感	领导者不仅关注团队绩效，也关心满足员工的需求，拉近与员工的距离，提高员工的工作积极性	领导者仅着眼于信息的传递和内部后期工作的推进，并没有参与到团队工作和决策中去
员工感受	对领导者存在一定的敌意，容易产生消极情绪，忠诚度会逐渐降低	与上级的距离较近，感受到正面的激励作用，工作积极性高	员工间会因权力的过度分散而产生各种矛盾

通过这项实验，勒温和他的团队认为民主型领导者能够使团队员工具有更高的工作效率，更高的工作质量同时伴随员工的工作满意度也更高。因此，民主型领导风格应该是最有效的

领导风格。但通过后来的多项研究表明，民主型领导风格确实能够带来更高的工作满意度，但是在某些特定的工作环境下，民主型领导风格带来的工作效率等于甚至低于专制型领导风格带来的工作效率。

尽管勒温的领导风格理论并不能够确定出最合适的领导风格，但是在实际的组织管理与企业管理中，大多数领导都是民主型、专制型和放任型领导的混合体。领导风格理论对企业管理存在很多应用意义，主要表现在：勒温是首个注意到领导者风格对组织气氛和员工工作质量有影响的学者，并对领导者风格进行了一定的分类，这为后来相关的领导风格理论奠定了理论基础，也对实际的管理工作起了引导作用。

但是勒温的领导风格理论仅考虑了领导者风格对员工工作效率和团队气氛的影响，忽略了工作环境同样对员工甚至领导者自身也会产生影响。

（二）二维领导模式理论

1. 领导四分图理论

对领导行为研究最多的是从 20 世纪 40 年代末期开始的在俄亥俄州立大学进行的领导研究。研究者通过大量收集下属对领导行为的描述，列出了 1 000 多个行为维度，并最终归纳和定义了领导行为的两类关键因素：结构维度和关怀维度。

（1）结构维度：是指为了达成组织目标，领导者界定和构造群体内关系的程度，包括领导者规划工作、界定任务关系和明确目标的行为。领导者具有较高的结构维度，就倾向于关注目标和结果，倾向于建立明确的沟通形式和渠道，明确规章、计划、岗位责任和完成工作的方式，并使用职权与奖惩去监控和促使目标的实现。或者说，高结构维度的领导者对任务能否完成的关心程度远高于对组织中人际关系和谐的关心程度。

（2）关怀维度：指领导者尊重和关心下属的感情与看法，更愿意与之建立相互信任、双向交流的工作关系。高关怀维度的领导者强调相互信任、尊重、和谐的群体关系，支持开放的沟通和广泛的参与，关怀下级个人需要、福利和满意程度，与下级沟通对话并鼓励下级参与决策的制定。总之，高关怀维度的领导者特别重视群体关系的和谐和与下属心理上的亲近。

俄亥俄州立大学的研究者测量这两种领导者领导行为的倾向，并通过图 9-1 来描述这些行为。

图 9-1　领导四分图理论

从图 9-1 可以看出：（1）型领导对组织和员工都不重视，缺少关怀，是效率最低的领导方式；（2）型领导对组织的绩效、组织目标的完成情况十分重视，忽略员工的工作满意度和情感需要，仅以工作任务为中心；（3）型领导对工作的完成效率和程度以及员工需求和情感的满足都很重视，是较为理想的领导管理方式；（4）型领导对员工需求十分关注，但是忽略了组织绩效方面的问题。领导四分图理论认为，只有两个维度都具有高水平的领导者，才能创造高的工作效率和员工满意度。

2. 布莱克和默顿的管理方格图理论

在领导四分图理论的基础上，美国得克萨斯州立大学心理学教授布莱克（Robert R. Blake）和默顿（Jane Mouton）于 1964 年设计了一个巧妙的管理方格图，清楚地表达了领导者对工作的关心程度和对人的关心程度，即管理方格图理论，如图 9-2 所示。

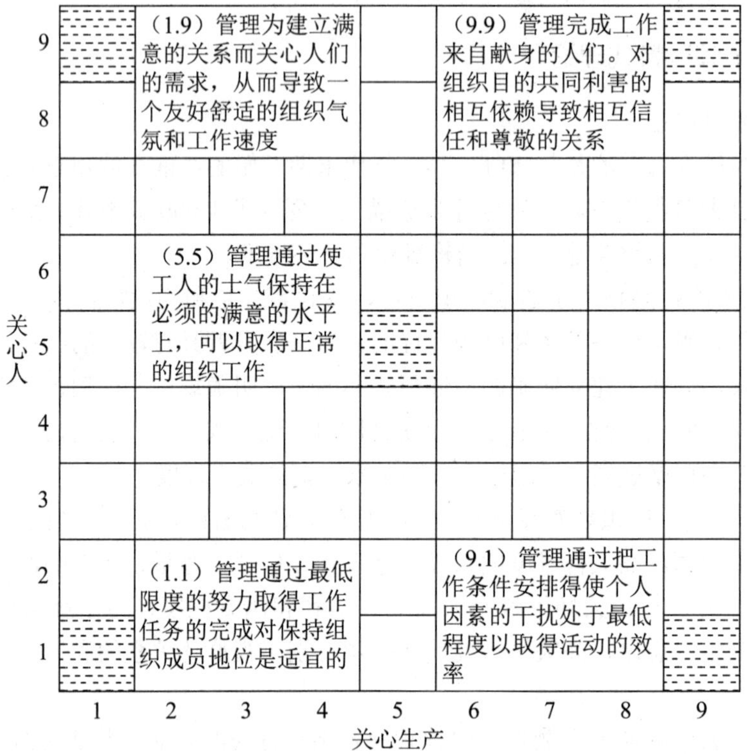

图 9-2　管理方格图

图 9-2 中横坐标表示领导者对工作的关心程度，纵坐标表示领导者对人的关心程度。根据关心程度从低到高的连续变化，划分为从 1 到 9 的连续的 9 个小方格，纵横轴各有 9 种程度，因此有 81 种表征对工作的关心和对人关心程度的组合方式，这就是所谓的"管理方格"。根据领导者对人的关心和对工作关心的态度和方式的衡量和评价，便可确定其在 81 个方格中的位置。

布莱克和默顿认为，领导者可以自由选择任何一种两维度不同组合的领导风格。他们列举了位于主对角线方格上的五种典型组合，表示典型的领导方式，并分别命名以显示它们的特征。

（1，1）型领导人，为"贫乏型管理"风格。这种领导方式的位置在图9-2的左下角。特征是这种领导者的根本目的是通过最低限度的努力完成基本的工作需求，从而达到积累资历的目的。领导者对组织绩效和员工需求都不关心，除了工作上的必要接触，绝不参与过多的决策工作。当组织内部出现矛盾时，这类领导者也不会过多地参与其中充当调解的角色。

（9，1）型领导人，为"任务型管理"风格。这种领导方式的位置在图9-2的右下角。特征是领导者采用使人的因素干扰最小的方法来达到工作效率，只关注工作，不关心员工。这种领导者认为同时满足组织绩效需求和员工个人需求是不现实的，因此牺牲一定程度的员工需求从而达到高组织绩效是必须的。这样的领导者认为，员工只有在被领导和控制时才能够完成任务，达到生产需求。

（5，5）型领导者，为"中庸型管理"风格。这种领导方式的位置在图9-2的中心。特征是领导者在必须完成的工作和比较满意的士气之间保持平衡，来取得适当的组织成绩。这种领导者对工作和员工都施以中等程度的关心。当工作绩效和员工需求出现矛盾时，领导者通常会通过放弃一种需求的一半来换取另一种需求的一半，从而达到二者的均衡。

（1，9）型领导者，为"乡村俱乐部型管理"风格。这种领导方式的位置在图9-2的左上角。特征是领导者注意建立舒适、友好的组织氛围和工作基调，使人感到满意。这样的领导者认为工作需求的满足与员工需求的满足是矛盾的，但是人是企业竞争力的决定性因素，因此应当尽可能地满足员工需求，从而间接提高员工的工作绩效。

（9，9）型领导者，为"团队型管理"风格。这种领导方式的位置在图9-2的右上角。特征是领导者注重在组织目的上利益一致，互相依存，从而导致信任和尊敬的关系。员工的关系协调，士气旺盛，工作任务完成得很出色。这样的领导者会使员工参与到与工作有关的各项决策当中，从而间接地获取和满足员工的需求。他们试图通过建立一种扁平化的、共担责任的氛围，来调动员工的积极性，提高工作效率，从而达到组织目标。

布莱克和默顿提出的管理方格图以及两个维度的使用和5种领导风格的讨论，简明直观，极大地增加了该理论的易沟通性。但是，方格理论只为领导者风格的概念化提供了较好的框架，未能提供新的实质信息，以阐明在领导方面仍然存在的困惑。上述5种典型的领导方式仅仅是理论上的概括，都是一种极端的情况。其中，（9，9）代表了一种理想的领导风格。尽管只有非常少的领导者符合这一风格，但我们可以在此管理方格图中描绘出领导者的理想行为，然后训练他们向着（9，9）类型的风格发展。为此，此方格图也作为培训领导能力的一种工具而得到应用。

（三）利克特的领导系统理论

1967年，美国学者利克特（Rensis Likert）在他出版的《管理新模式》一书中提出了一种对领导行为进行分类的模型，即领导系统模式。利克特将领导方式归结为四种模式。

（1）专制—独裁式：采用这种领导方式的领导者非常专制，决策权集中于最高层，所有的决定都由领导者作出，下属没有参与权，只执行一系列的任务和命令。上下级间很少交流，也缺少信任，激励也主要是采取惩罚的方法，信息的传递主要采取自上而下的方式。在通常情况下，下级成员在生理、安全上的需求都难以得到满足。

（2）开明—独裁式：采用这种方式的领导者对下属有一定的信任和信心，会授予一定的发言权，但是最终的目标决策仍由最高一层领导者做出。在这种领导模式下，上级对下级态度谦和，彼此间有一定的信任。然而，下级成员仍然会有戒备与恐惧心理，上下级之间的交流建立在一种不平等的基础上，造成下级成员工作主动性的缺失。

（3）协商式：这种模式下，上级对下级具有相当高的信任，组织内部重要问题的决策仍由最高一级领导者做出，但是次级决策则由中下级成员做出。上下级之间的信息交流速度快，且领导者愿意倾听下级成员的意见，建立了互信模式。采取这种方式的领导者主要采用奖惩的模式来进行激励，也实行一定程度上的参与制订计划制。

（4）群体参与式：这种模式下的上级领导对下级成员完全信任，彼此建立一种平等的共处关系。组织内部的决策会广泛吸取各部门的意见，但最终的决策仍由最高一级领导者做出。组织内部不仅有上下级间的纵向沟通，也有平行成员间的横向沟通，信息流通速度快，交流十分充分。在参与式领导模式下，上级领导可能会通过让员工参与各项评估与修改工作的制定来达到激励的目的。

利克特认为，一个组织的领导类型可以用八项特征来描述：①领导过程；②激励过程；③交流沟通过程；④相互作用过程；⑤决策过程；⑥目标设置过程；⑦控制过程；⑧绩效目标。

鉴别和区分不同领导类型和方式的关键取决于下属参与决策的程度。利克特通过广泛的调查，发现应用群体参与式在设置和实现目标方面是最有效率的，通常也是最富有成效的，实行群体参与式领导体制的企业，其生产效率要比一般企业高出 10% ~ 40%。其把这些主要归因于员工参与管理的程度，以及在实践中坚持相互支持的程度。据此，利克特大力提倡专制—权威式、开明—权威式的企业向协商式和群体参与式的企业转变。他认为，单纯依靠奖惩来调动职工积极性因素的管理方式已经过时了，只有依靠民主管理，从内心来调动积极性，才能充分发挥人们的潜力。他认为，有效的领导者是注重面向下属的，他们依靠信息沟通使所有各部门像一个整体那样行事。群体的所有成员，包括主管人员在内都形成一种相互支持的关系。在这种关系中，他们感到在需求、愿望、目标与期望方面有真正的共同利益。

利克特认为，在四种领导模式中，只有协商式和群体参与式是高效的领导模式。在他看来，领导活动的成功与否主要与员工参与管理的程度有关。这也与他所提出的"领导效率与领导对下属员工的重视程度密切相关"相吻合。但是利克特并没有指出，在何种背景和环境下，协商式和群体参与式的领导模式是无效的，这也使他的理论具有一定的局限性。

三、领导权变理论

领导是领导者、被领导者和环境的复合函数，是一种动态的行为过程。领导行为的有效性不单纯取决于领导者的特质和个人行为，环境条件变了，领导行为也应作出相应变化，某种领导方式在实际工作中是否有效主要取决于具体的情景和场合。这说明了两点：第一，领导的有效性依赖于情境因素；第二，这些情境条件可以单独考虑，这就是权变的观点。领导权变理论是近年来国外行为科学家重点研究的领导理论，这种研究比领导特性理论、领导行为理论要晚，从内容上说，它是在前面两种研究的基础上发展起来的。这个理论所关注的是领导者与被领导者的行为和环境的相互影响。该理论认为,任何领导者总是在一定的环境条件下,通过与被领导者的相互作用,去完成某个特定目标。因此,领导者的有效行为就要随着自身条件、被领导者的情况和环境的变化而变化,不存在适用于一切情境的领导方式。

(一)费德勒的权变模式

美国西雅图华盛顿大学教授弗雷德·费德勒(Fred Fiedler)于 1962 年提出了有关领导的第一个综合的权变模型——有效领导的权变模式,即费德勒模式。费德勒的权变模型认为,有效的群体绩效取决于两个因素的合理匹配:与下属相互作用的领导者风格;领导环境对领导者做出的控制和影响情境的程度。

费德勒设计了"最难共事者"问卷(least-preferred coworker questionnaire,LPC),用以鉴别不同的领导方式。问卷由 16 组对照形容词组成(如乐观—悲观、高效—低效、开放—防备、助人—敌意等)。费德勒让回答者回想一下自己共事过的所有同事,并找出一个最难共事者,在 16 组形容词中按 1—8 等级对其进行评估。费德勒认为,在 LPC 问卷的回答基础上,可以判断出领导者最基本的领导风格。如以相对积极的词汇描述最难共事者(LPC 得分高),则回答者很乐于与同事形成友好的人际关系,称为关系取向型。相反,如果回答者对最难共事的同事描述得比较消极(LPC 得分低),则可能主要感兴趣的是任务,称为任务取向型。

用 LPC 问卷对个体的基础领导风格进行评估之后,需要再对情境进行评估,并将领导者与情境进行匹配。费德勒提出确定情境因素的三个权变维度如下:

(1)领导者与下属的关系,即领导者对下属信任和尊重的程度,以及下属对领导者的追随和忠诚的程度;

(2)任务结构,即工作任务的规范化、程序化程度;

(3)职位权力,即领导者运用职位权力施加影响的程度。

根据以上三个维度,可以对领导者所处的环境进行评估。费德勒认为,从最有效的领导环境到最无效的领导环境,一共可以得到 8 种不同的情境类型,如图 9-3 所示。无论在何种环境中,领导者都能通过采取与环境相对应的领导方式,使其领导变得更为有效。

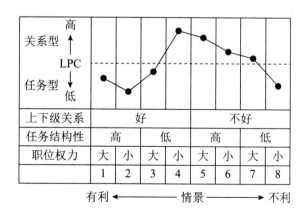

图 9-3　费德勒模型

之后，费德勒对 1 200 个工作群体进行了研究，对 8 种情境类型的每一种，均对比了关系导向型和任务导向型两种领导风格，得出以下结论。

（1）最有利的领导环境是上级领导者与下级员工关系良好、任务结构性程度高、职权影响力大的情境；最不利的领导环境是上级领导者与下级员工信任缺失、任务结构性程度缺失、职权影响力缺失的情境。

（2）1、2、3 三种情境对领导者相对有利，4、5、6 三种情境对领导者中度有利，7、8 两种情境对领导者相对不利。

（3）在情境有利或不利的情况下，任务导向型领导有效。

（4）在中等有利情境下，关系导向型领导效果更好。

费德勒认为，提高领导者行为的有效性有以下两种途径：①改变领导者的领导方式；②改变领导者所处的领导环境。其中，改变领导环境是指改变上下级间关系、任务结构和职权影响力。

费德勒模型是领导权变理论中影响最大和应用范围最广的理论之一。但是，该模型目前也还存在一些缺陷。比如，LPC 问卷的逻辑实质尚未被很好地认识，一些研究指出回答者的 LPC 分数并不稳定；三项权变变量对于实践者进行评估也过于复杂，在实践中很难确定领导者与成员关系有多好，任务的结构化有多高，以及领导者拥有的职权有多大。

（二）生命周期理论与情景领导理论

美国行为学家克里斯·阿吉里斯（Chris Argyris）曾经提出过，组织行为是由个人和正式组织融合而成的，组织中的个人作为一个健康的有机体，无可避免地要经历从不成熟到成熟的成长过程。这就是著名的"不成熟—成熟理论"。

1966 年卡曼（A.K.Karman）在"不成熟—成熟理论"的基础上首次提出了生命周期理论，如图 9-4 所示。

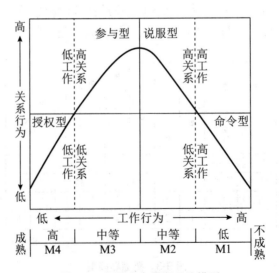

图 9-4　领导生命周期理论模型

之后，美国行为学家赫塞（Paul Hersey）和布兰查德（Ken Blanchard）在此基础上对生命周期理论进行了更深的研究。在他俩的生命周期理论模型中，工作行为代表的是领导者告知下属成员需要完成的工作、如何完成、完成地点和时间等信息。关系行为表示领导者通过对下属成员的关怀，指导员工实现组织目标，并满足员工的基本工作需求，给予一定的福利。

之后，他们在生命周期理论的基础上发展出一种新的领导权变理论——情境领导理论（situational leadership theory，SLT），该理论认为，任何领导方式都要经过下属的接纳效果而显现效果，成功的领导是通过选择恰当的领导方式而实现的，选择的过程决定于下属的成熟度水平。领导者必须准确地判断或者直觉地了解下属的成熟度，然后应用与之相适应的领导风格。

赫塞和布兰查德对成熟度的定义是：个体能够并且愿意完成某项具体任务的程度。成熟度是一个表征下属准备状态的变量，即承担自己行为责任的能力和意愿，包括两个重要的方面：胜任度和认同度。下属具有较高的胜任度，就是具有了完成工作的知识和能力，不需要领导者对工作的指示和结构化；下属具有较高的认同度，就是具有了自我激励和完成高质量工作的渴望，不需要领导者的直接控制和监管。

赫塞和布兰查德采用费德勒的领导维度分类，进一步把每一维度分成低和高两个水平，组合成四种类型的领导风格，如图 9-5 所示，具体如下。

图 9-5 赫塞和布兰查德的情境领导模型

S1——指示（telling）：领导者定义完成工作需要的角色，明确告诉下属要完成什么样的工作，何时何地完成以及如何完成。

S2——推销（selling）：领导者向下属提供结构化和支持性的指示。

S3——参与（participating）：领导者与下属共同决策，向下属提供便利条件和沟通渠道。

S4——授权（delegating）：领导者向下属提供极少的具体指示或者个人支持，并将权利进行下放，对团队成员完成任务具有充足的信心。下级员工需根据组织实际情况对自己确定目标，并为完成程度负责。领导者只需观察和监督下级员工的行为，并对请求帮助的要求做出回复。

该模型还定义了下属成熟度从低到高的四个阶段：R1——下属不胜任也不愿意承担某项

工作；R2——下属缺少能力，但愿意承担必要的工作；R3——下属有能力，却不愿意承担某项工作；R4——下属有能力也愿意承担某项工作。

垂直地从下属的成熟度移动到与之相适合的领导行为，我们发现指示是最合适的领导风格。因此，通过观察下属的成熟度，领导者就能够从四种领导风格中选择一个。如果下属既无能力又不愿意承担任务，领导者需要提供清晰具体的指令；如果下属无能力但愿意承担任务，领导者既要向下属提供结构化的指示以弥补下属能力的不足，又要提供支持性的解释，使下属领会领导者的意图；如果下属有能力但不愿意承担任务，领导者需要与下属共同决策，向下属提供便利条件和沟通渠道，促进下属的参与；如果下属既有能力又愿意承担任务，则领导者不需要做太多的工作。

（三）豪斯的路径—目标理论

路径—目标理论（path-goal theory）是由加拿大多伦多大学的教授罗伯特·豪斯（R-House）根据激励理论和领导四分图理论提出的一种领导权变理论，如图9-6所示。该理论关注领导者如何影响下属对工作目标、自我发展目标以及实现目标路径的知觉。豪斯认为，领导者的重要工作是向下属明确指出什么样的行为可能导致目标实现，即明确路径，并提供必要的指导和支持，以确保他们各自的目标与群体或组织的目标相一致。

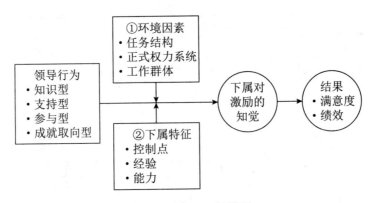

图9-6　路径—目标模型

路径—目标理论认为，领导者需要通过制定任务结构、对员工的支持、给予合适的报酬等方式建立一种有利于实现组织目标的工作环境。这个过程取决于两个方面：建立合适的任务目标，改善实现目标的路径。

领导者的行为被下属接受的程度，取决于下属将这种行为视为当前获得满足的源泉或者未来获得满足的手段。领导者行为的激励作用在于：它使下属需要的满足与有效的工作绩效结合在一起；它提供了获得工作绩效所必须的辅助、指导、支持和奖励。

为了考察这些观点，豪斯确定了4种特定的领导行为。

（1）指示型领导（directive leader）：明确告知下属应该做的工作，以及完成工作的时间安排，并予以具体指导。这种类型的领导对决策全权负责，员工不参与决策的制定。这类领导者对于目标的完成程度非常重视，因此也对目标的制定、完成目标的流程很重视。

（2）支持型领导（supportive leader）：平等对待下属，关怀下属的各种需要。这种类型的领导会在建立有利于实现组织目标的工作环境的同时，尽力满足员工的各类需求。

（3）参与型领导（participative leader）：在决策前向下属咨询，考虑下属的建议和想法，允许下级对上级的决策施加影响。

（4）成就取向型领导（achievement-oriented leader）：设定挑战性目标，希望下属最大限度地发挥潜力，最大水平完成目标。

根据路径—目标理论，领导者应该增加提供给下属奖励的数量和类型，应该使下属明确获得奖励的路径，即帮助下属明确期待、减少实现目标的障碍。只有下级认为有可能获得所想要的目标时，才愿意付出努力；只有当下级感知到某种奖励是源于他的哪种特定行为时，才知道应该怎么做。领导者应该尽可能为下属制定通往目标的路径，并为此选择最合适的领导风格。因此，路径—目标理论的基本假设是，领导行为具有根据不同情境改变风格的弹性，这与费德勒模型的假设正好相反。

路径—目标理论提出了两类情境或权变变量作为领导行为与结果之间关系的中间变量，它们是：①下属可控制范围之外的环境（任务结构、正式权力系统及工作群体）；②下属的部分特征（控制点、经验和感知能力）。

该理论强调，领导行为应与变量互补或协调，当领导行为类型与环境因素重复，或与下属特点不一致时，领导效果不佳。据此可以引申出下列的结论：

（1）与高结构化和规范化的任务相比，当任务不明或压力过大时，指示型领导会带来更高的满意度；

（2）当下属执行结构化任务时，支持型领导会带来高绩效和高满意度；

（3）对于感知能力强或经验丰富的下属，指示型的领导可能被视为多余；

（4）组织中的正式权力关系越明确，越官僚化，领导者越应表现出支持型行为，降低指示型行为；

（5）当工作群体内部存在实质性冲突时，指示型领导会带来更高的满意度；

（6）内控型下属（即相信自己可以掌握命运）对参与型领导更为满意；

（7）外控型下属对指示型领导更为满意；

（8）当任务结构不明时，成就取向型领导将会提高下属的期望值，使他们坚信努力会提高绩效。

路径—目标理论在实际运用和实证研究中都取得了积极效果。它比较好地解释了哪些因素影响着工作动机，领导行为如何影响绩效和下属的满意度，以及在特定的情境下某种领导方式效果更好的原因。

（四）领导成员交换理论

与其他领导理论不同的是，领导—成员交换理论（leader-member exchange theory，LMX理论）是从领导者与直接下属的对应关系入手，认为领导与每位下属的对应关系都有细微的差别，且在组织中普遍存在。

1976年，乔治·格里奥（George Graeo）在对VDL模型（vertical dyad link model）的研

究过程中，通过理论推导，首次得到了领导—成员交换理论，即领导对待下级成员的方式是有差别的，包括小部分高质量的交换关系和大部分低质量的交换关系，如图9-7所示。

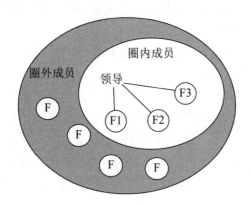

图 9-7　领导—成员交换理论模型

不同的领导—下属交换行为，确定了下属成员在领导心目中的角色。与领导具有高质量的交互行为的下属被称为"圈内成员"，高质量的 LMX 模式主要包括：领导与下属相互尊重，相互信任。领导会对圈内成员更加青睐、重视，给予权限内的帮助会更多。圈内成员会因得到了青睐而自愿主动承担更多的责任，工作积极性高。当下属出现了可以弥补的错误时，领导者会网开一面，不予追究。

与领导具有低质量的交互行为的下属被称为"圈外成员"，低质量的 LMX 模式主要包括：领导者认为下属缺乏能力、热情，因此领导给予这类员工的机会相对较少。圈外成员与领导的交流少，信息流通速度慢，除了常规的工作范围，他们基本不会与领导有过多的互动，也因此对领导抱有不满态度且工作忠诚度低。

四、现代领导理论

（一）伦理型领导

1. 定义

Enderle（1987）最早提出伦理型领导的概念，将之界定为一种思维方式。旨在明确管理活动中的伦理问题，并规范管理决策中的伦理原则。其包含个体层面领导（影响他人）与组织层面领导（影响组织）两个层面的内涵。Brown 等（2005）基于社会学习视角，对伦理型领导的内涵进行了较为系统的界定，认为伦理型领导是指领导者通过个体行为和人际互动，向下属表明什么是规范的、恰当的行为，并通过双向沟通、强制等方式，促使他们遵照执行。

总结而言，伦理型领导是指具有某些伦理特质的领导者，在组织中设置伦理规范和愿景，通过双向沟通和示范使其内化于员工，进而影响员工的伦理行为和组织决策，以有效达成组织的目标。

2. 特点

（1）个人魅力。伦理型领导者具有较强的个人魅力。伦理型领导追求普遍的利益，不会以损失利益为代价而追求个人权力和地位，不会对个人权力和地位充满野心，不会炫耀或标榜自己以博得员工更多注意力。伦理型领导清楚自己的竞争能力和正确解决问题的途径，并且对自我和他人同样具有责任心。Howell 和 Avolio 指出，伦理型领导通过清楚陈述和持续强化的伦理准则建立易于接受的组织标准，通过恰当的增补、培训和报酬等建立较高伦理标准的组织文化以实现全体组织成员对于共享道德标准的内化过程。

（2）动机激励。伦理型领导中的动机激励为企业员工提供共享目标的意义和所从事工作的挑战。Kanungo 和 Mendonca 认为，伦理型领导的动机激励为企业员工提供了新的个人从转换和自我实现的内容。伦理型领导为其认为所应该承担的团体、组织和社会谋取福利，其动机激励过程也是围绕这一目标设计和展开的。

（3）思维启发。伦理型领导通过企业领导正确的指导思想和中肯的工作行为，维护和提高企业员工的根本利益和满意程度，并最终带来企业员工伦理价值观念的转变。同时通过企业与员工间物质利益与精神需求的双重结合为企业员工的开放性思维带来更大的生存和发展空间。

（4）个性发展。伦理型领导更加强调利他主义的必要性，通过服务他人而实现其社会经济目标。伦理型领导认为每位员工都是独立存在的个体并为其提供训练、指导和发展机会，鼓励企业普通员工向企业领导层发展，提供各种实际支持以提高员工个人竞争能力和获得成功的机会，维护员工的现实利益并提供非常务实的共享目标。

（二）魅力型领导

1. 定义

魅力型领导这一概念最早是由宾州大学沃顿商学院教授罗伯特·豪斯（House，1976）提出来的。魅力型领导具有占主导地位的权利和影响他人的需求，通过运用自身丰富的想象力建立愿景，并且充分信任下属员工可以实现组织既定目标，在物质和精神上共同激励下属员工。建立愿景是魅力型领导理论的核心，并且还包含自信心、强大的权力、个人形象和坚定的信念。

2. 特点

（1）自信：魅力型领导者对自己的判断和能力充满信心。

（2）远见：魅力型领导者有理想的目标，认为未来定会比现在更美好。领导者的理想目标与现状的差距越大，下属越有可能认为领导有远见卓识。

（3）愿景激励：魅力型领导者能详细阐述关于组织各方面的发展目标，并使其他人理解，最终变成激励员工奋发向上的动力。

（4）对目标的坚定信念：魅力型领导者具有强烈的奉献精神，愿意从事高冒险性的工作，承受较高代价，为了实现目标能够自我牺牲。

（5）个人冒险：魅力型领导者具有冒险精神和应对不确定性环境的主动性，愿意追求组织目标而参与具有个人风险的活动。

（6）非常规行为：魅力型领导者为了达成组织目标而采取的出人意料的、新颖的、反传统的、反规范的行为。

（7）以变革代理人的身份出现：魅力型领导者是激进的变革代言人，而不是传统的卫道士。

（8）对外部环境的敏感性：魅力型领导者能够敏锐察觉外部环境的变化，评估组织外部环境增长机会、分析企业内部现状，并能提出实现组织目标改革的具体措施。

（三）交易型领导

1. 定义

交易型领导理论由 Burns 于 1978 年在《领导》（*leadership*）一书中提出，是指领导者与成员通过磋商达到互惠的过程，领导者与成员在最大利益和最小损失的原则下，来达成共同的目标。

社会交换理论（Social Exchange Theory），是由 Barnard 在 1938 年提出的，后来又得到了 March 和 Simon 的完善，其主要观点认为，个体用自己的贡献与组织所提供的某种报酬构成交换关系。

2. 特点

（1）明确的界限。在角色和功能、技术流程、控制幅度、决策权以及影响力范围等方面都有划分清晰的界限，所有的因素及其相互作用都被置于管理和控制之下，以期达到预想的商业结果。

（2）井然的秩序。对交易型领导来说，任何事情都有时间上的要求，地点上的规定，以及流程上的实用意义。通过维系一个高度有序的体制，交易型领导得以长时间、系统性地获得比较一致的结果。

（3）规则的信守。交易型领导十分注重规则，对业务经营的每一层面都设定了具体的操作标准与方式，任何背离程序、方法和流程的行为都被视为问题，要加以解决和清除。也就是说，工作结果必须是可预测的，不允许意外发生。

（4）执着的控制。交易型领导厌恶混乱的和不可控的环境，他们力图使企业获得有序结构。所以，他们的领导方式往往是强力型的，企业内部通常缺乏"湿润感"。

（四）变革型领导

1. 定义

变革型领导最先也是由 Burns（1978）在《领导》（*leadership*）中提出，他认为，变革型领导是领导者通过较高的理念与道德价值，激发、鼓舞员工的动机，使下属能全力投入工作，进而提升下属成为领导者，而领导者则成为推动改革的原动力。它是领导者和下属之间相互提升到较高的需要层次及动机的过程。Bass 依据 Burns 的见解，认为变革型领导会使员工对领导者产生信任、尊敬及忠诚。他认为变革型领导是领导者通过改变下属的价值与信念，引导下属超越自我利益，以追求更高的目标。由此可见，变革型领导不仅仅局限于将领导看成控制、协调等管理的过程与技巧的使用，它更注重领导哲学的提升和领导理念的创新，强调为追求更高的目标而努力。

2. 特点

根据 Bass（1985）的变革领导理论，变革型领导行为包括下列 4 个方面的特点：

（1）领导魅力，指的是领导者是否感觉很自信、强有力，是否看起来关注高层次的理想和道德要求和以价值观、信念和使命感为中心的富有魅力的行动；

（2）感召力，指的是领导者通过乐观地展望未来、强调雄心勃勃的目标 、描绘理想的愿景并与下属沟通让人相信愿景是可以实现的等方式来鼓舞下属；

（3）智能激发，指的是领导者通过挑战下属的创造性思维能力，让其为难题找到解决方案，来提升下属的逻辑思维能力和分析能力；

（4）个性化关怀，指的是领导者通过建议、支持和关注下属的个体需要，并允许他们发展和自我实现，从而提高员工的满意度的领导行为。

（五）五级领导理论

1. 定义

吉姆·柯斯林（Collins）与他的研究人员通过对有 15 年持续成长历史的公司进行研究时发现了"第五级领导人"。第五级领导者（level 5 leadership）是指拥有极度的个人谦逊和强烈的职业意志的领导者。拥有这种看似矛盾的复合特性的领导者往往在一个企业从平凡到伟大的飞跃中起着催化剂似的促进作用。第五级领导者位于能力层次的顶部。任何人并不需要从下往上依次经过每一个阶层才能到达顶部，但一名真正意义上的第五级领导者必须具备其他四个更低层次的技能和能力。五级领导示意图如图 9-8 所示。

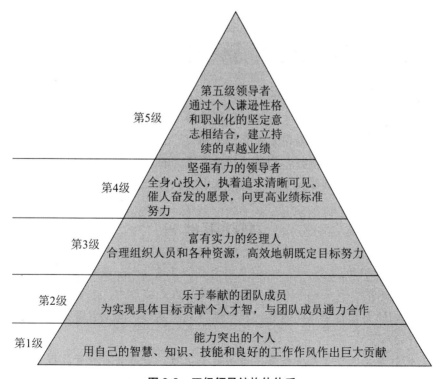

图 9-8 五级领导结构体体系

2. 特点

（1）谦虚有礼，表现出令人折服的谦虚，回避公众的恭维，从不自吹自擂。

（2）冷静从容，行事冷静从容，主要依靠崇高的标准，而不是靠鼓舞人心的个人魅力调动员工的积极性。

（3）以公司利益为首位，5级领导者雄心勃勃，但是把公司的利益，而不是个人的利益放在第一位。培养接班人，为公司取得更大的成功打下基础。

（4）窗口和镜子思维模式，在一切很顺利的时候，第5级经理人向窗外看，把功劳归于自身以外的因素（如果找不到特定的人或事件，他们就把功劳归于运气）。如果事情进行不顺利，他们会朝着镜子里看，承担责任，而不是埋怨运气不好。

（5）勇往直前，为了取得最好的长期业绩，表现出不管有多困难，都会勇往直前的决心。

（6）强调标准，为建立一个长盛不衰的卓越公司树立标准，绝不降低标准。

（7）意志坚定，为了使公司走向卓越而甘愿做任何事情的决心和无所畏惧的勇气，在实现跨越过程中，起催化作用。

本章小结

本章介绍了领导的概念、方法、艺术，并分析了领导与管理的联系与区别，阐述了领导者应具备的素质。针对领导效能，讨论了其含义、影响因素、考评指标与方法，并提出了领导效能的改善措施。同时，本章还重点梳理了领导相关理论，包括领导特质理论、领导行为风格理论、领导权变理论以及现代领导理论。

本章思考题

1. 什么是领导？简述领导与管理的关系。

2. 什么是领导力？高层领导团队应具备哪些领导力？

3. 什么是领导行为？领导行为可分为哪些类别？

4. 影响领导效能的因素有哪些？列举领导效能考评的方法。

5. 阐述领导行为理论和领导权变理论的基本内容。

教学案例　　　　　　　高管告状记

2015年新年小长假的最后一天，彩虹集团总裁程开远收到一条短信，短信是无锡分公司财务经理刘丽云发来的，说无锡分公司的八位高管正在赴京途中，准备第二天一早到总部告状，要求罢免他们的新任总经理楚婕好。程开远得到消息后，马上冒雪出门，连夜去这八人下榻的宾馆听取汇报。

两年前，彩虹集团调整了经营战略，准备赴美上市。董事会对程开远提出了更高要求，各分公司也感受到压力，纷纷调整步伐，只有无锡分公司没有任何动静。无锡分公司是集团内唯一的设备生产企业，是彩虹集团十年前与无锡当地一家国营设备厂合资成立的，公司原任总经理老汪从年轻时就在这家国营设备厂工作，与公司有很深的感情。但程开远对老汪这十年的业绩很不满，因为无锡分公司的地位在行业内一直在下滑；而且每次集团公司对各业务单位考核，它也总是垫底儿。总部早有换将打算，但迟迟找不到合适的接替人选，加上老汪在无锡分公司有一定的影响力，所以这事就拖下来了。转眼老汪就该退休了，时不我待，程开远再三考察后，选定作风硬朗、业绩突出，又与老汪私交甚好的楚婕妤去无锡分公司担当重任。他万万没想到，自己费尽心机作出的人事决策这么快就出现了问题。

程开远一到宾馆，先找了无锡分公司财务经理刘丽云，刘丽云是楚婕妤在无锡分公司最倚重的人，她的角色也相对中立。程开远想，只要刘丽云还支持楚婕妤，那么他就会想方设法去做老汪他们的工作。然而，从刘丽云那里他没有得到想要的回答。虽然刘丽云认同楚婕妤的精细化管理，但她并不认同她的管理方式。她不想继续夹在老汪和楚婕妤中间左右为难，所以她也主张调离楚婕妤。

程开远接着找到老汪。老汪对楚婕妤的声讨则更加激烈。他说楚婕妤根本不信任原来的领导班子，大权独揽，武断专横，是个"一霸手"，还说无锡分公司再任由楚婕妤折腾下去，非关门不可，他们就是为公司的前景担忧才来上访的。面对疲惫而忧愤的老汪，程开远感觉十分挫败。

第二天，楚婕妤从无锡赶到北京面见程开远。她认为无锡公司以往的管理作风太拖沓太随意了，自己推行精细化管理的做法无可指责。她只是希望大家改变做事方式，并不是对哪个人有恶意。她要求大家做事走流程，也并不是不相信谁，而是想以此来训练员工规范化的工作习惯，因为有流程才有规范，有规范才能有质量和效率。她恳请程开远再给她三个月的时间，许诺说一定能把无锡分公司带上正轨。

程开远何尝不想再给楚婕妤三个月的时间呢？也许三个月之后真的就柳暗花明了。多年的经历告诉他：商场上有太多的成功往往就取决于再坚持一下的最后努力。而且，否定楚婕妤也就等于承认自己的失败！还有，如果让这种集体上访的做法得逞，将来谁还敢去无锡做总经理？而无锡公司不变革是不能重生的。最关键的是，楚婕妤走了，谁能顶上？要是让她再坚持三个月，最起码自己能争取点时间去寻找下一个总经理……可是，来上访的那八个人能善罢甘休吗？楚婕妤现在已是众叛亲离，如果让她继续留任，肯定要触犯众怒，那么无锡分公司的经营还如何开展？

思考题：

（1）楚婕妤为什么受到了八位高管的抵制？

（2）假如你是楚婕妤，你将如何领导无锡公司的变革？

（3）面对八位高管的控告，如果你是总裁程开远，你该怎么办？

第十章

组织理论与组织结构

本章学习目标

通过本章的学习，你应该能够：

● 理解组织的内涵、要素及特征；

● 了解组织理论的发展变化，理解组织理论的系统观和权变观；

● 理解组织结构的主要类型，以及各自的特点和适用范围；

● 理解组织设计的影响因素，掌握组织结构设计的流程和方法，可以根据具体情况设计形成有效的组织结构。

引导案例　　　　　　　　　　**海达公司的组织结构优化**①

　　海达公司是一家大型建筑公司，承担了 D 市近1/3 的建筑项目，而且一些标志性建筑都是由海达公司承建的，可以说海达公司的成长发展史就是 D 市市政建设的历史。这样一个有地位、有影响力的公司，应该是人人都十分向往的工作单位。但是让人奇怪的是员工待遇并没有想象中的那么优厚，有一部分员工的收入还比不上其他建筑公司相同职位员工的收入，问题出在哪里呢？

　　原来海达公司内部管理较为混乱，没有明确的工作职责与分工，一个工程完成以后，每个员工都不清楚自己接下来该做什么。由于公司凭借着自己的经济实力和以往的工程经验，每次都能接到建筑任务，虽然效率比较低下，但是人多、资金足的优势掩盖了管理方面的不足。海达公司的高层领导意识到了公司存在问题，于是，开始面向社会公开招聘总经理，期望引进职业经理人改善公司的管理。

　　张志是一位有着远大抱负的青年人，他在招聘中脱颖而出，被选聘为海达公司总经理。张志深信凭自己的能力可以改变海达公司的现状，使公司的规模和实力更上一个台阶。

　　张志上任不久，就开始大刀阔斧地重组公司各个部门。整个公司按照职能分为采购部、客户部、人力资源部、工程一部、工程二部等部门。各个部门分设主管一名，助理两名，下

---

① 案例来源：本案例由大连理工大学付永刚副教授根据学员提供素材编写而成。

属员工若干名。每个部门只负责属于该部门的职责范围之内的那部分工作，部门之间基本没有直接的联系，一切信息的沟通都通过总经理展开。部门人员和职责确定下来以后，工作没多久就开始出现问题了。由于公司在不同时期的工作重心不同，直接影响到了资金费用在各个部门间比例的不断变化。各个部门之间常常为了费用问题、责任问题而相互责怪，造成部门间的矛盾重重。比如，一个工程项目出现了某个质量问题，工程部说客户部没有准确提供客户的具体要求，采购部说工程部材料预算不合理，客户部说人力资源部没有配备合格的质检人员，人力资源部却说工程部当初没有任何用人的计划等。部门之间相互纠缠，矛盾也越来越尖锐，再也没有原有的和谐气氛，严重影响了工程的进程和质量。张志的理想管理模式似乎没有起作用。

于是两年以后，张志拿出了第二套改革方案。他把公司原有的部门概念彻底抛弃，按照所承接的工程把员工分为不同的项目小组。每个项目小组独立履行不同的管理职责，比如自主负责原材料的采购、人员的配备、工程项目的实施、质量监控以及成本控制等。这无疑相当于把公司分成了一个个工程小组，在公司总体协调指挥下，代表公司对外承接各项工程任务。公司还规定，根据项目小组任务的完成情况确定该组的总体薪酬水平。由于原来意义上的部门概念不存在了，现在的这种结构确实避免了部门间的争执，但是又带来了新的问题：各个项目小组之间的分配难以平衡。不同的项目可能涉及的工程性质不同、技术难度不同、工期不同、质量要求不同，但是麻烦在于公司缺乏一套成熟的评价标准来比较公正地确定不同工程任务之间的绩效水平。每年到了年终考核阶段，各个项目经理在公司会议上为各自项目的考核与利益分配争得不可开交。

张志看到自己实施的两套组织方案都出现了一大堆问题，开始发愁了，到底该采取一种什么形式才能避免这么多的矛盾呢？

为了达到一定的组织目标，企业会根据自己的需要选择相应的组织结构。上述案例中的张志也是如此。但是，他的方案为什么没有达到预期的目标，反而引起了这么多矛盾呢？

本章将从组织、组织理论入手来讨论有关组织结构、组织设计方面的问题。

第一节 | 组织概述

一、组织的内涵与要素

（一）组织的定义

关于组织，人们有着很多不同的理解。学者们也都进行了不同的定义，归纳如下。

（1）组织是追求一定目标的社会实体，其存在是为了实现一定的目标，而组织成员的行为是对这些目标的理性追求。

（2）组织是目标制定系统，其目的和目标是由其成员制定和管理的。

（3）组织是一个开放系统，是依托环境而求生存的"输入—产出"的转换系统。

（4）组织是一个信息处理系统，通过其纵横交错的各级机构来处理从环境中输入的各种信息，并以信息为基础来进行决策和协调组织的各种活动。

（5）组织是合同或契约的集合体，它是由许多成文或不成文的合同或契约组成的，组织内的每个成员都依据合同或契约的规定进行工作，并据此获得相应的报酬。

（6）组织是一个政治系统，它是由内部各政治利益集团所组成的，每个政治利益集团为了巩固自己的政治地位都意图掌握决策权，或意图加强自己对决策过程的影响力。

（7）组织是各种权力的集合体，它是由各种权力集团组合而成的，为了满足本集团利益的要求，各权力集团都意图用自己的权力来控制或影响组织对各种资源的分配。

（8）组织是控制和统治的工具，每个成员都被分配到一个固定的位置上，对每个成员应该做什么，以及对他们的行为都作了极其严格的规定，每个成员都受一个特定的上司的指挥和控制。

上述的各种提法都从不同的角度阐述了组织的含义，并强调了组织某一方面的特性和功能。但以上的每一种定义都不够全面。全面准确的组织的含义，必须包含以下组织要素。

（二）组织的要素

组织是由若干要素组成的有机整体。其基本构成要素包括以下几个方面。

第一，组织目标。组织目标是组织赖以建立和存在的前提和基础，也是组织活动的出发点和归宿。不同的组织其目标是不同的。即使是在组织内部，组织目标也不是单一的。组织目标实际上是一个体系，由上到下，由宏观到微观构成了一个多层次、多序列的庞大体系。

第二，组织成员。组织成员是指组织中人的因素。人是社会活动的主体，自然也构成组织的基本要素。首先，组织如果没有人，就无法运转起来，再好的目标、再有效的规章制度都会流于形式；其次，组织存在的价值最终都可以归结为是实现人的目的，组织必须贯彻"以人为本"的原则。一个组织要实现良性发展就必须有合理的人员结构，这会涉及组织人员的选拔、任用、管理等。

第三，组织机构。组织机构是组织的实体，也是履行组织职能、达成组织目标的载体。组织的机构是分层次、分领域的。组织机构的设计必须考虑到组织的实际需要。一般应该做到设置科学合理、精干高效。组织机构设置是组织设计的重要内容。

第四，权责体系。权责体系是组织内部权力分配、权责关系、指挥系统、运行程序、沟通渠道及各种机构、各个岗位在组织中的地位、作用及其内在联系的具体表现。权责体系的科学配置，既要做到各层次、各部门、各职位的合理分权与分工，又要做到明确各部门、各职位与整体组织之间的权责关系。

第五，制度规范。在实践中，组织的运作一般总是井然有序的，这归功于组织所具有的制度规范。制度规范就组织的目标、权力分配、运作程序、成员的权利义务关系等方面做出规定。因而，制度规范的完善程度，是衡量组织是否健全的主要标志。

第六，物质要素。组织的物质要素是指组织经费、办公场所、办公设备、物资、用品等进行组织活动所必需的物质条件。物质要素是组织进行活动的最基本的前提。组织的物质要素的来源因其自身性质不同而有差异。

二、组织特征分析

对组织特征与内涵的理解，必须将组织的动态含义与静态含义结合起来分析。组织作动词用，是指组织活动，即按照一定的目的、任务和形式，对做事的人进行编制并形成工作秩序。组织作名词用，是指组织系统，即通过组织活动而形成的功能相关的群体的集合，具有体现分工、协作及相应权责关系的结构模式。因此，组织的完整定义应该是：组织是动态的组织活动过程和相对静态的社会构造实体的统一。

简而言之，组织是静态结构及其动态运行的统一。其实质是特殊的人际关系。组织一般具有以下三个特征：

（1）组织目标，即组织成员一致努力以求达成的共同目标；

（2）组织分工，即组织成员通过分工而专门从事某项职能或工作；

（3）组织秩序，即通过有关的规则设定所形成的成员之间的正式关系。

知识链接

我国高校的学生组织

扫描此码 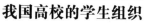 案例学习

第二节 | 组织理论

组织理论于 20 世纪初正式形成，组织理论是以有关组织的设计、组织的行为方式以及组织的运行规律等为对象的一种思维和认知方式，按其形成与发展以及不同理论学说的特点，可以划分为古典组织理论、行为科学组织理论、系统学派组织理论和权变理论。

一、古典组织理论

古典管理学派是组织理论的奠基者，主要代表人物有泰勒、法约尔、韦伯、厄威克等人。古典组织理论盛行于 1910—1930 年，它着重分析组织的结构和组织管理的一般原则，研究内容主要涉及组织的目标、分工、协调、权力关系、责任、组织效率、授权、管理层次和幅度、集权和分权等。

（一）泰勒的组织理论

被称为"科学管理之父"的泰勒是科学管理学派的代表人物，他一生中发表了许多管理论著。1911 年出版了他的代表作《科学管理原理》，在这本书中尽管他并没有专门论述组织理论问题，但人们仍然可以从他的管理思想中读出有关组织思想的真知灼见。泰勒在组织理论方面的贡献主要有以下几点。

（1）关于组织系统的部门分类。泰勒认为，要保证和完善任务管理，必须建立一套组织系统，这一系统至少应包括四个部门：作业科学研究部门、培训部门、保证工作条件的部门和计划部门。

（2）主张把计划职能（管理职能）和执行职能（实际操作）分开，计划职能由专门的计划部门来承担，这实际上是主张将管理者的管理职能和工人的作业职能加以分离，各负其责，同时又相互合作。

（3）强调组织管理职能的专门化，即将整个管理工作划分为许多较小的管理职能，管理者尽可能只专门地分担某一种管理职能。

（4）提出组织管理中的例外原则。例外原则是指高层领导保留处理例外事项的决定权和控制权，而把处理例行的、常规性的一般日常事务的权力分解给各职能部门和下级管理人员，它是和职能化组织管理紧密相连的。

（二）法约尔的行政组织理论

亨利·法约尔是法国著名的管理学家，一生从事大公司的管理实践，有着丰富的组织管理经验，他晚年写出的《工业管理与一般管理》堪称管理学说史上的不朽名著。在这本书中，他对自己一生中的管理实践和管理思想进行了总结与系统的阐述。归纳起来，法约尔的观点主要体现在以下几个方面。

（1）提出了管理五职能说，法约尔对管理做出了如下定义："管理，就是实行计划、组织、指挥、协调和控制"，并将管理活动视为与技术活动、安全活动、营业活动、会计活动、财务活动同等重要的企业六大活动之一。

（2）提出了 14 条组织管理的一般原则：劳动分工、权力与责任、纪律、统一指挥、统一领导、个别利益服从整体利益、合理的报酬、集权化、等级制、建立秩序、公平、保持人员稳定、主动性、集体精神。

（3）组织的外部形态和内在要素，法约尔认为，组织的外部形态指的是组织的外在结构形态。这种形态是由人员的数目决定的，人数少则管理层次少，人数多管理层次也就多。组织的内在要素指的是组织人员特别是管理人员的素质和能力，同样层次同样人数的外部形态结构组织，但效率却不一样，关键在于组织的内在要素不一样。

（4）提出了"法约尔桥"，又称"跳板原则"。法约尔认为，有许多事情，其成功就在于执行得快，因此，就应该把尊重等级路线与保持行动迅速结合起来。为此，他创造性地提出了"法约尔桥"，即如果两个平行的组织发生矛盾，可直接协商解决，并在事后及时向他们各自的领导汇报他们所共同商定的事情，而不是沿着等级路线，逐级汇报。这样的解决方法就可以减少沟通环节、提高工作效率。

（5）参谋组织。法约尔是坚决主张命令统一原则的，但他同时也认识到了这一原则的不足。因为，高层领导能力再强，也难以胜任广泛而复杂的直接管理职能，为此，他提出设置参谋组织来协助高层领导进行管理。参谋组织由各方面具有专门知识和能力的人员组成，其主要工作在于协助领导做好决策工作。

（三）马克斯韦伯的官僚制组织理论

韦伯提出的"官僚制"专指组织设计中的某些特点。他认为，从纯技术的观点来看，官僚制组织是效率最高的组织形式。韦伯十分强调权威在维系和支配一个社会组织中的作用。官僚制组织指根据一定的规章制度建立，采用层级节制的结构，并依照一整套规定的途径和程序来实现组织目的，组织内的每一职位被赋予相应的权力，领导者的权威建立在职位的基础上，在组织内部进行明确的专业分工，根据学识和能力选用合格人员，使工资和工作相称，并采用固定薪金。它具有六大特征：①权限法定；②等级结构；③非人格化；④官员的职业化；⑤注重人员培训 ⑥完善的规章制度。韦伯认为，这种组织具有"准确性、稳定性、严格的纪律性和可靠性""能够取得最高的效率"。

韦伯的官僚制组织理论是西方现代工业发展的结果，反映了现代科学技术对组织管理理论的要求。并且，官僚制组织形式也成为现代社会许多组织机构的典型。韦伯也因对组织理论的巨大贡献而被后人视为"组织理论之父"。

以上简单介绍了传统组织理论的基本观点，不难发现，传统组织的特点是注意分析静态组织结构和研究管理原则，以追求组织的合理化和效率为宗旨。在研究方法上不同程度地采用制度、法律、机构的研究方法，以建立一般组织原则为主。传统组织理论开创了人类对组织管理的系统研究，提出了一系列有价值的管理思想和观点，并为后来的组织研究奠定了基础，至今仍具有重要的影响。

二、行为科学组织理论

这是一种研究组织行为和个人行为，并以人的行为为研究重点的管理理论，它是组织理论发展的一个重要阶段。该理论产生于20世纪20年代，它综合运用人类学、社会学、心理学、经济学、管理学等理论和方法，注重研究行为及产生这些行为的原因，经历了从研究人际关系到应用行为科学的发展过程。

（一）人际关系组织理论

1927—1932年，美国学者G.E梅奥等人主持的霍桑试验开创了对组织中人际关系的研究。该试验结果指出，组织不仅是一个经济和技术结构，也是一个社会和心理结构。个人不仅是传统组织理论认为的只受物质刺激、追求感性的"经济人"，而且首先是愿意合群，通过合作取得工作成果的"社会人"。因此，个人不仅受经济奖励的激励，而且受各种不同的社会和心理因素的激励，不断增强员工的满足感可以提高工作效率。霍桑试验首次指出，在正式组织之外还存在着非正式组织，其研究旨在揭示不同于过去正式组织条件下的人际关系，揭示正式组织和非正式组织的关系，并注重研究非正式组织所起的作用。在此基础上，人际关系组织理论强调应对传统观念中的以正式结构和职位为基础的领导方式作实质性的修改，主张民主式"参与管理"。

（二）组织均衡理论

巴纳德是这一组织理论的提出者。该理论把组织特性和人的特性联系起来，指出为保证组织的生存，组织应在一定条件下诱导其成员参与组织活动，对组织做出贡献。组织通过"贡献"与"诱导"之间的"平衡"来进行活动。巴纳德提出了"效力"和"效率"两个概念，所谓效力是指一个组织由于其成员的努力协作而达到目标的程度，效率则是指组织对其成员个人目标的满足程度。组织只有在实现组织目标的同时也能够不断为其成员提供使他们的个人需要得以满足的条件，确保其贡献与满足平衡时，才能抵消成员对组织的离心力，从而提高组织的效力。这样，组织的管理者的重要职能就是对管理对象"进行刺激"。巴纳德认为，对组织成员来说，社会和心理刺激是第一位的；经济刺激是第二位的。组织若要发展，必须同时提供特殊的和一般的诱导，即精神的和物质的诱导。此外，组织均衡理论也强调正式组织和非正式组织之间的平衡，对非正式组织进行正确的引导有助于促进正式组织的效率。

（三）麦格雷戈的组织理论

D. 麦格雷戈注重对人性的研究，在其代表作《企业的人性方面》提出了该理论。他认为，理论从否定而悲观的观点看待人性，传统组织理论属于这一类。他们假设人性好逸恶劳，缺乏主动性。因而，只能采取命令、强制的管理方式。为此，麦格雷戈提出与此相对应的理论。理论对人性的判断要点如下：①人生性并非懒惰和不可信任，组织成员对工作的态度，取决于他们所处的环境，如果组织给予积极诱导和激励，成员将渴望发挥才智，反之则视工作为一种痛苦；②强制和控制不是使成员完成组织目标的唯一方法，他们在执行自愿的工作中能够自我控制和自我指导；③人在正常条件下能学会承担责任，并能主动要求承担责任，具有相当高的创造力、想象力和解决工作中问题的能动性。但在现代社会条件下，实际上人的才智只发挥了一部分。以理论为基础的管理方法能够鼓励组织成员参与决策，向他们提供承担责任和挑战性的工作机会，扩大他们的工作范围，便于组织分权和授权，倡导他们对自己的工作进行评价，通过激励和诱导，使他们努力工作来实现组织目标，从而实现"组织目标和个人目标的结合"。

行为科学组织理论开拓了组织研究的新领域，与传统组织理论相比而言，它在以下方面实现了超越：从静态研究发展到动态研究；从以研究结构为主到以研究人及其决策过程为主；更加重视组织中人的因素，不仅强调组织目标的实现，也强调个人目标的实现；不仅强调对正式组织的研究，也强调对非正式组织的研究；研究方法上主张多学科联合攻关，从规范研究转向实证研究。但学者们也认为这些理论过分注重人的研究，忽略组织的结构功能。同时其中的许多论点也有失严谨和有所偏颇，例如，对人性的抽象假设，一些命题在实际行动当中也难以真正实践。

三、系统学派组织理论和权变理论

系统学派和权变学派是现代组织管理理论中有代表性的两种新学派。系统组织学派兴起于 20 世纪中后期，它是一般系统理论在组织管理当中的具体展开，它使组织研究从封闭转向开放，从组织内部转向组织内、外的互动。权变理论则是在系统学派基础上的具体应用和展开。

（一）卡斯特和罗森茨韦克的组织观点

卡斯特和罗森茨韦克是美国华盛顿大学的管理学教授，他们在 1970 年合著了《组织与管理系统方法和权变方法》，在这本书中系统阐述了他们的系统组织管理理论，具体内容如下。

（1）提出组织是一个开放系统。他们认为，一个企业或一个政府机关，都不是处于封闭状态，它们与组织系统之外的社会环境存在着持续的互动，而且这种互动必须保持动态的平衡。任何一个组织都必须接受足够的资源投入，以维持其正常运转，同时也产生出足量的经过转换的资源供给外部环境，以便继续这种循环，保持组织与社会环境的平衡。

（2）强调组织是一个整体系统。他们不仅将组织看成是一个开放系统，而且看成是一个整体的、与外界环境有一定界限的社会技术系统。如图 10-1 所示。

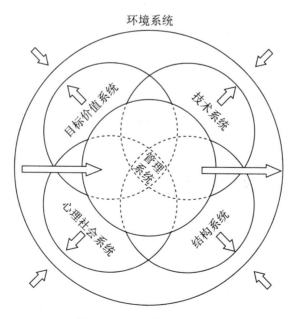

图 10-1　组织的整体系统性

他们认为，任何组织作为一个整体系统一般都有下列五个分系统构成：①目标价值分系统，指组织的目标与存在的社会价值；②技术分系统，指组织为达到目标所运用的各种技术和知识，不同目标的组织，其所需用的技术和知识当然也不同；③社会心理分系统，它由相互作用的个人与群体组成，包括个人的行为与动机、人的地位和作用的相互关系、团体与团体间的交互行为等；④结构分系统，组织结构与权责分配、信息沟通和工作流程有关；⑤管理分系统，负责协调各分系统，以使组织的任务和目标能顺利完成。

（3）组织内子系统间关系。他们认为，这些子系统之间同样有相互输出、输入的关系，正是这种互动关系使得整个组织构成为一个完整的系统。同时，高效率的子系统构成组织整体系统高效率的基础。运用系统观点来考察管理的基本职能，可以提高组织的整体效率，使管理人员不至于只重视某些与自己有关的特殊职能而忽视了大目标，也不至于忽视自己在组织中的地位与作用。

（二）利克特的组织观点

利克特是美国著名的心理学家、行为学家，长期担任美国密歇根大学研究中心主任。他与他的同事对企业组织和领导模式进行了多方面的研究，他的贡献在于以下几点。

（1）支持关系理论。他认为，有效的组织模型应更加注意人际关系的行为和各种社会因素。为此，他提出了一种支持关系理论，即员工必须认识到他们在工作中的经验和接触是有助于他们对个人价值及其重要性的认识和感觉的。

（2）第四系统组织。利克特对组织的模型进行分析和分类，他把既有组织模型分为：第一组织系统、第二组织系统和第三组织系统。第一组织系统与韦伯的理想的行政型组织模型极为相似；第二、第三组织系统虽与第一组织系统有所不同，但是，它们并无本质上的差别，都运用权力主义的命令形式，可把它们统称为权力主义管理方式。在此基础上，利克特提出了自己的第四系统组织模型。他认为，第四系统组织模型是管理效率最佳的模型。与此相适应，第四组织系统中的管理方式也是最有效的，他称之为参与型管理方式，即领导之间、领导与下属之间相互信任；领导欢迎下属人员参与对工作的讨论；领导虚心听取同事与下属人员的意见。

（3）"联系栓"的作用。他提出，在一个组织内，每一个下级的领导人同时又应该是较高一级领导层中的成员。这样，这些领导人就可成为上、下级领导层的联系栓。每一级的领导可积极参与上、下级的决策等一切活动，整个组织就是通过这些联系栓连接成为一个统一的整体。

（三）权变组织观点

权变学派组织理论的研究视角是在系统观点上发展起来的，它借用了系统理论的宏观构架，即把组织看成一个存在于环境中的系统，但在研究重心上却与系统学派观点不一致。权变学派强调组织中各部分之间以及组织与环境之间的具体关系，旨在提出以何种关系结合能使组织产生最大的效果。它的核心命题是"如果……就要……"的权变关系，其中，环境构成自变量，而组织管理构成因变量，自变量与因变量之间的函数关系就是一种权变关系。其实质是力图找出一种针对某一种特定环境而最有效的组织管理对策。

当然，权变学派的各代表人物的研究重点也是有区别的，他们有的侧重于对组织管理的研究；有的侧重于对组织的结构模式的研究；也有的侧重于对组织领导方式的研究。但和传统组织理论相比较而言，权变学派至少具有以下两个特点：①它强调根据组织内外不同的具体条件，采取相应的组织结构、领导方式、管理机制，这不同于传统理论主张寻求一种一成不变的、普遍适用的、最好的组织管理理论和方式；②把一个组织看成是社会系统中的分系统，要求组织各方面的活动都要适应外部环境要求。

权变学派提出了新的分析思路和分析方法，而且，他们的一些理论和具体做法在实践中的应用也产生了较好的效果，从而极大地丰富和提升了组织管理理论。但他们的缺陷在于忽视时间的变量因素，也不说明如何处理或改变在一段时间内各部分，以及组织与环境之间实际发生关系的状况。

四、组织理论的新发展

20 世纪 90 年代以来，世界经济和科技的发展进入了一个全新阶段。这种飞速发展、尤其是科技领域的日新月异带来的影响是双向的。首先，发展带来了社会生活各个领域的广泛变革，发展本身要求有新式的环境与之相适应，发展给社会变革带来了压力性要求；其次，发展本身所实现的进步足以使得社会中的种种变革成为可能，发展给社会变革带来了可能性保障。这种情况自然也适合于组织理论的发展与变迁。一方面，知识经济时代的来临，给组织设计和组织管理提出了新的课题，即组织如何面对这种新变化进行有效管理；另一方面，信息革命和网络技术的发达为组织的变革造就了基本的物质技术基础。

组织管理学家们围绕时代主题，从不同角度推进了组织理论的创新。提出了许多新概念、新思想。例如，"学习型组织""无边界组织""柔性组织""企业重建理论""虚拟组织"等。这里先介绍学习型组织，其他内容将在组织结构的部分进行介绍。

"学习型组织"是近年来风靡于世界的一种新型企业组织。作为一种管理技术或模式，它使企业在现代创新、竞争和快速发展的现代经济社会中，有着更强的生命力，使之充满活力和创造精神，使管理者胸怀远大，企业公司员工勤奋工作、精神愉快而健康，企业也能够在竞争的风浪中长期稳定而较高速地发展。

"学习型组织"具有以下几种特点：①组织机构精简，员工实现了相当程度的知识化，因而，有很强的工作能力；②组织结构和控制的扁平化，在组织改革过程中尽量减少或者取消中间管理层，扁平化控制强调信息共享，重视横向的联系、沟通与协作，重视权力分散、自我管理、民主管理；③有弹性，组织具有很强的适应能力，拥有根据可预期变化及其结果进行迅速调整的能力；④不断自我创造，强调发挥员工的主动性、创造性，鼓励实现自我超越；⑤善于学习，组织领导和员工为能够适应各种环境压力，被要求不断学习，也要善于学习；⑥自主管理，这与组织控制模式变化相关，它改变了传统科层制自上而下的严格控制，鼓励实现多元化和个性化。

"学习型组织"之所以能具有上述几种特点，是与它强调以下几项修炼密不可分的。

（1）自我超越：是学习型组织中所有其他修炼的基础，它主要是训练个人能以专注、真诚、主动、宽容及开放的心灵学习成长，使人有理想、耐心与毅力，从而培养个人生命的创造力和成熟的人格。

（2）改善心智模式：就是要组织中的成员时时以开放与求真的态度将自己心里的想法、假设进行交流，认真而坦白地检验它的正确性，进而改善它们。

（3）建立共同远景：学习必须要有方向和动机，共同的远景提供组织一个真正值得长期献身的目标及不断学习创造的动力。

（4）团体学习：它必须植根于自我超越、改善心智模式和建立共同远景等修炼的基础上，组织成员才能以开放、真诚、整体为重的态度不断相互练习深度思考与求真的对话技术。

（5）系统思考：是学习型组织中整体动态搭配能力的核心。它训练我们如何扩大思考的时间范围，将问题放回它所处的系统中来思考，以了解问题所在系统的全貌。此外，它还提供一些思考方法与工具，以了解系统之所以产生变化及其背后的整体互动关系。

华为的"学习型组织"

扫描此码 案例学习

第三节 | 组织结构

组织结构（organization structure）是指一个组织内各构成要素以及它们之间的相互关系，它描述组织的框架体系。组织结构主要涉及企业部门构成、基本的岗位设置、权责关系、业务流程、管理流程及企业内部协调与控制机制等；企业组织结构是实现企业宗旨的平台。

适当的组织结构能清楚界定每个组织成员的权责角色，再加上适当的协调与控制，组织的工作效率将会提高。相反，当组织的结构与其管理需要之间出现脱节时，将导致决策延误、应变失误、成本高涨及士气低落等问题。所以，组织结构直接影响着企业内部组织行为的效果和效率，从而影响企业目标的实现。

一、组织结构的类型

组织结构是组织各部分之间的关系模式，它是由组织的目标和任务以及环境的情况决定的。它又对组织内部的正式指挥系统、沟通系统具有直接的决定作用，对组织中的人的社会心理也有影响。组织各构成要素和情境变量的改变，会导致组织结构呈现多种的状况，一般可以分为以下几种类型。

（一）职能型组织结构

在职能型结构（functional structure）中，人们按共同职能对工作活动做自下而上的归类。职能型组织结构如图10-2所示。在职能型结构中，涉及各特定工作的知识和技术被统一起来，使组织有了有价值的知识深度。当有深度的专长对达到组织目标很重要时，当必须通过垂直等级对组织加以控制协调时，当组织的运作效率很重要时，这一结构比较有效。如果不必进行水平协调，这一结构也相当有效。这种结构一般是机械的，因为权限很集中，任务的定义很窄，几乎没有跨职能的团队合作。

职能型组织的一大优点是，它有利于各职能部门内部的规模经济，即员工都在一地上班，可分享设施及资源。此外，它还可使员工在技术上深造。员工在其职能领域面临多种工作，各职能部门的经理和员工有共同的技术，处理共同的问题，培训和经验互相类似，因此互相适合。部门内的员工交流协调也会得到促进。最后这个结构有利于技术难题的解决。把受过良好培训的专家汇在一起，使其发展职能性专长，这样可以使得公司获得一个重要资源。

这一结构也有它的缺点，缺点在于当环境发生变化时，需要多个部门协调合作，反应较慢。由于员工在不同部门，跨职能的交流协调通常很差。因此，难以面对变化中的需要进行创新。另一个问题在于，垂直等级可能负荷过重，要做的决定很多，高层经理对问题的回应不够快。这一结构还强调广泛的工作专业化，这可能导致工作显得平淡，没有激励力量。此外员工常常对组织的总体目标看不清，因为他们只关注自己的职能领域。

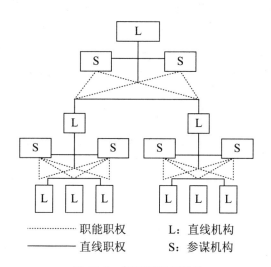

图 10-2　职能型组织结构

（二）事业部组织结构

事业部制也称分部门制，钱德勒称之为"多分支公司结构"。在这种结构中，各事业部（或分支公司）通常是半自主的利润中心，按产品、区域或商标等来设立。公司的战略决策和日常运营决策两项职能分离，分别由总部办事处和利润中心（分支公司）承担。事业部制的组织结构如图 10-3 所示。

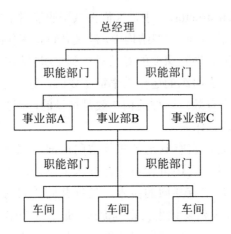

图 10-3 事业部组织结构图

实行事业部制的企业，可以根据职能机构的设置层次和事业部取得职能部门支持性服务的方式划分为三类。

1. 产品事业部结构（product division structure）

只在总公司设置研究与开发（R&G）、设计、采购、销售等职能部门，事业部主要从事生产，它们所需要的支持性服务都来自总公司的有关职能部门。

为了开发新产品、满足客户需要、保持市场份额等，需要各职能部门密切协作时，事业部式结构能良好运行。在大众型企业中经常见到多元化战略，例如，生产多种产品、进入不同的行业和市场、为不同的顾客提供服务、在不同的地区销售产品等，也适用事业部结构。因为每个事业部都拥有完整的职能资源，所以它可以针对自己的产品、市场和顾客做出反应，并适应变化了的需求。

2. 区域事业部结构

进行结构整合的另一个基础是组织的用户或客户。这种情况下最常见的结构是区域式的。不同国家的顾客，或者一个国家不同地区的顾客，可能会有不同的偏好和需求。每个区域单位包括所有的职能，以便在该地区生产和销售产品。跨国公司在不同的国家就会设立自主经营的分部。

区域事业部结构组织能够适应各自地区的特殊需求，员工按照区域性目标而非国家性目标来分派。强调区域内的横向协调，而不是跨地区协调或是协调与全国总部的关系。

3. 客户事业部结构

有些组织按照不同类型的顾客作为建立部门的基础，它针对不同类型的顾客以其与资源的关系，设立不同的部门，进行专门的服务。按照顾客划分部门的目的是更好的迎合特定顾客群体的要求。采用这种方法有利于重视顾客的需要，增加顾客的满意程度，并有利于形成针对特定顾客的技能和诀窍。不足之处主要是，按照顾客组织起来的部门常常要求特殊对待而造成部门间协调困难，管理者必须要熟悉特定顾客的情况，否则在有些情况下很难轻而易举地对顾客进行区分。

如职能型结构一样，事业部结构也有明显的优点和缺点。由于是按分部机制划分员工，每一单元很小，组织可对变化更灵活地进行回应，从而更好地适应环境。让员工按单一产品路线工作，可促使公司关注客户需求。跨职能部门的协调也改进了，因为员工集中在一个地点上班，只搞一个单一产品或只服务于一类客户。分部之间有了良好的协调。事业部结构还使高层经理可以精确地确定责任，知道由谁对不同产品的业绩问题负责。由于各事业部是独立单位，业绩不好的问题可由该单位经理去解决。最后，员工一般会有更宽广的目标定位，而不是只关注自己的职能部门。

事业部结构的主要缺点是，资源重复及保持单独分部成本很高。该结构内会设几个研究部门，组织会失去效率和规模经济。另外，由于各事业部中的部门很小，因此可能会缺乏技术化、专长及培训。事业部结构促进了分部内的良好协调，但跨事业部的协调可能较差。

（三）矩阵结构

矩阵结构（matrix structure）将职能、事业部两种结构的指挥链集中，同时放在组织的同一部分上。该结构出现以来，已成为改进水平协调及信息分享的一个方法。它的一个独特之处是它有双重权限路线。矩阵组织结构既不同于管理中的"水平"组织联系，也不同于其"垂直"组织联系。它是为了加强组织内各职能部门之间，职能部门与规划项目之间的协作，把组织内各部门有机联系起来，把集权与分权更好结合起来而建立的一种有效的、多功能的组织结构。矩阵结构如图 10-4 所示。

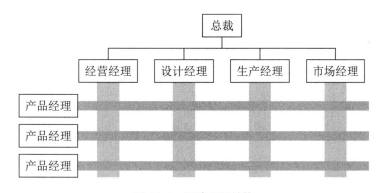

图 10-4 矩阵组织结构

在矩阵组织结构内部，存在着纵向的职能系统和为完成某一任务而组成的横向项目系统。在这一组织结构中，其成员由各相关的职能机关或部门根据任务的需要配备，隶属关系仍属于原单位；专门项目小组或委员会负责人对特定任务负领导责任，对整个工作统一协调和指导。相关的职能机关或部门对特定任务不负直接责任，但有义务予以支持和合作。对员工而言，他们既同原职能部门保持组织与业务上的联系，又参与项目小组，接受项目小组负责人的领导和指示。

矩阵组织结构的优点是：①把职能分工和组织合作结合起来，有利于专项任务的完成；②常设机构和非常设机构结合，既发挥了职能机构应有的作用，保持了常设机构的稳定性，又使组织具有适应性和灵活性，同时，由于专项任务一完成，非常设机构即可撤销，避免了组织机构的膨胀；③有利于个人的提高和发展，矩阵组织内的每个人都有更多的机会学习新的技术和技能。

矩阵式结构的缺点也很明显：①由于员工往往接受双重领导，因而容易造成员工无所适从，尤其是当他所接受的命令不一致时；②很难保证组织的职能机构和专门任务小组的行动一致与意见协调，容易造成扯皮现象或低效率，因而需要较高的协调成本；③由于矩阵组织本身的不稳定性，往往导致组织工作人员缺乏归属感和安全感。矩阵组织结构并不是在任何情况下都适用。一般来说，在下述几种情况下可能存在矩阵组织：①在外部环境的压力下出现双重中心任务；②一个组织需要获取大量的信息情报时；③当一个组织的几个部门同时要求分享某一资源时。

（四）混合式结构

混合式结构是对以上各种结构的综合运用。当一家公司成长为大公司，拥有多个产品线或市场时，通常会综合职能式、分部式结构而组织若干自主经营的单位，同时，有些职能也被集中在总部控制，以获得规模经济和深度专门化。图10-5显示了这种结构。

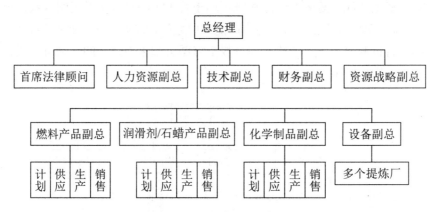

图 10-5　混合式组织结构图

混合式组织结构比较适用于管理环境不太确定，客户要求不断变化的情况。采用混合式结构的公司往往在内部管理中强调各部门的利润中心定位，各产品经理拥有比较大的权力。混合式组织结构的优点是：①通过赋予组织内各部门更大的权力、更好的适应性，有利于各部门的目标更一致；②有利于各产品线内部和产品线之间的协调，对公司的多元化提供更好的发展空间。这些特点也会导致混合式组织结构产生一些缺点：①可能产生过多的管理费用；②当各部门之间协调不当时，会产生难于解决的冲突。

（五）其他新模式

随着知识经济和信息时代的到来，为了更好地发挥人力资源的作用，产生了一些新的组织结构模式。

1. 团队结构

目前团队结构已成为组织活动的流行方式。当管理人员动用团队作为协调组织活动的主要方式时，其组织形态即为团队管理结构。这种结构方式的主要特点是：打破部门界限，并把决策权下放到工作团队。

在小型公司中，可以把团队结构作为整个组织的形式。例如，一个30多人的市场销售公司要完全按团队来组织，团队对日常的大多数操作性问题和顾客服务问题负全部责任。在大型公司中，团队结构一般作为典型的行政性层系结构的补充。这样的组织既能因传统结构标准化而提高运作效率，又能因团队的存在而增强灵活性。例如，为提高员工的生产率，像克莱斯勒汽车公司、三星公司、摩托罗拉公司、施乐公司这样的大型公司，都广泛采用自我管理的团队结构。而当波音或惠普需要设计新产品或协调主要项目时，它们往往采用多功能团队来组织活动。

用碎片复原真相的人

扫描此码　案例学习

2. 虚拟组织

虚拟组织是一种规模小，却可以发挥主要商业职能的核心组织，用理论术语来说，虚拟组织决策集中化的程度很高，但部门化程度很低，或根本不存在。也就是说，虚拟组织从组织外部寻找各种资源来执行组织的一般职能，如生产、销售、技术开发等，而把精力集中在自己最擅长的业务上。例如，爱默生无线电公司，现在集中精力开发设计新型的电视机、录像机、立体声收音机及其他消费电子产品，而把生产任务承包给亚洲供应商。

图10-6为一幅虚拟组织形态图，从图中可以看到，管理人员把公司职能都移交给了外部力量，组织的核心是一小群管理人员。他们的工作是直接监督公司内部的经营活动，协调为本公司进行生产、分配及其他重要职能活动的各组织之间的关系。图中的箭头表示的关系通常是契约关系。实际上，虚拟组织的主管人员主要是通过计算机网络，把大部分时间用于协调和控制外部关系上。

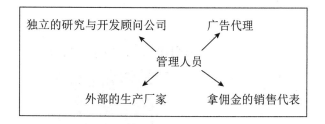

图 10-6　虚拟组织形态

虚拟组织的主要优势在于其灵活性。例如，它能使善于创新但又缺乏资金的经营者和商家，如迈克尔·戴尔和他的戴尔计算机公司成功地与 IBM 专业的大公司进行竞争。这种结构的不足主要是：分公司主管人员对公司的主要职能活动缺乏强有力的控制。

美特斯邦威

扫 描 此 码 　 案 例 学 习

3.无边界组织

通用电气公司前总裁杰克·韦尔奇创造了"无边界组织"这个词，用来描述他理想中通用电气公司的形象。韦尔奇把他的公司变成了一个年销售额达 600 亿美元的家庭式购货店。也就是说，尽管公司体积庞大，韦尔奇还是想减少公司内部的垂直界限和水平界限，消除公司与客户及供应商之间的外部障碍。无边界组织所寻求的是缩短命令链，对控制跨度不加限制，取消各种职能部门，代之以授权的团队。无边界组织的主要特点如下。

（1）通过取消阻止垂直界限而使组织的结构趋向扁平化。这种组织看上去更像一个粮仓筒而不是金字塔。通用电气公司用来取消组织垂直界限的做法有：引入跨等级团队（由高级主管、中级主管、基层主管和员工组成）；让员工参与决策；360 度绩效评估（员工的绩效由其同事及其上、下级共同评定）。

（2）为消除组织的水平界限，以多功能团队取代职能部门，围绕公司的工作流程来组织活动。例如，施乐公司现在通过多专业交叉的团队参与了整个工作流程，而不是围绕狭窄的职能任务来开发新产品。

（3）充分发挥无边界组织的职能，还要打破组织与客户之间的专业界限及心理障碍。取消外部界限的方法，包括经营全球化、实行公司间的战略联盟、建立顾客与组织之间的固定联系，这些方式都有助于消除组织外部界限。

无边界组织能够正常运行的技术原因之一是信息化，这使人们能超越组织内外的界限进行交流。例如，电子邮件、微信等可以使成百上千的人同时分享信息；信息网络也使商品供应商可以及时查看自己经营的商品在商店的存货情况等。

在BP进行"同事帮助"

扫 描 此 码 　 案 例 学 习

二、组织结构的六要素

在设计组织结构时，必须考虑六个关键因素，即工作专门化、部门化、命令链、管理幅度、集权与分权、正规化，见表 10-1。

表 10-1　设计组织结构时需要回答的六个关键问题

关键问题	因素提供
1. 把任务分解成各自独立的工作应该细化到什么程度？	工作专门化
2. 对工作进行分类的基础是什么？	部门化
3. 员工个人和工作群体向谁汇报工作？	命令链
4. 一位管理者可以有效地指导多少员工？	管理幅度
5. 决策权应该放在哪一级？	集权与分权
6. 应该在多大程度上利用规章制度？	正规化

（一）工作专门化

20 世纪初，亨利·福特通过建立汽车生产线而富甲天下，享誉全球。福特的经验表明，让员工从事专门化的工作，他们的生产效率会提高。我们用工作专门化（work specialization）这个术语来描述组织中把工作任务划分成若干步骤来完成的细分程度。实质是：每个人专门从事工作活动的一部分，而不是全部活动。

20 世纪 50 年代以前，管理人员把工作专门化看作是提高生产效率的不竭之源。但到了 20 世纪 60 年代以后，越来越多的证据表明，在某些领域，达到了这样一个顶点：由于工作专门化，人的非经济因素的影响（表现为厌烦情绪、疲劳感、压力感、低生产率、低质量、缺勤率上升、流动率上升等）超过了其经济性的影响。在这种情况下，通过扩大而不是缩小工作活动的范围，可以提高生产率。另外，许多公司发现，通过丰富员工的工作内容，允许他们做完整的工作，让他们加入到需要相互交换工作技能的团队中，他们的产出会大大提高，工作满意度也会增强。

（二）部门化

一旦通过工作专门化完成任务细分后，就需要按照类别对它们进行分组以使共同的工作可以进行协调。工作分类的基础是部门化。

对工作活动主要可以进行如下的部门化分类。

（1）根据活动的职能部门化。制造业的经理通过把工程、会计、制造、人事、采购等方面的人员划分成共同的部门来组织其生产。根据职能进行部门的划分适用于所有的组织，它的主要优点在于：把同类人员集中在一起，能够提高工作效率。

（2）根据组织生产的产品类型进行部门化。例如，在某石油产品公司中，三大主要领域（原油、润滑油和蜡制品、化工产品）各置于一位副总裁管辖之下，在公司中与某一特定产品有关的所有活动都由同一主管指挥。

（3）依据地域进行部门划分。例如，营销工作按地域设置部门。如果一个公司的顾客分布地域较广，这种部门化方法就有其独特的价值。

（4）根据生产过程进行部门化。由于不同的环节需要不同的技术，所以这种部门化方法为在生产过程中进行同类活动的归并提供了基础。

（5）根据顾客的类型进行部门化。每个部门的顾客存在共同的问题和要求，因此可通过为他们分别配置有关的工作人员，更好地满足其需要。

20世纪90年代以来，在部门化方面出现了两个较为普遍的倾向：

一是以顾客为基础进行部门化越来越受青睐，为了更好地掌握顾客的需求，并有效地对顾客需要的变化做出反应，许多企业更多的强调以顾客为基础划分部门的方法；

二是固定的职能性部门被跨越传统部门界限的工作团队所替代，随着工作内容日益复杂，所需要的技术日趋多样化，管理人员开始将注意力转向多功能团队。

（三）命令链

命令链是一种不间断的权利路线，从组织最高层扩展到最基层。它能够回答员工提出的"我有问题时，去找谁""我对谁负责"等问题。

在讨论命令链之前，应先讨论两个辅助性的概念：职权和命令统一性。职权是指管理职位所固有的发布命令并期望命令被执行的权力。为了促进协作，每个管理职位在命令链中都有自己的位置。每位管理者为了完成自己的职责任务，都要被授予一定的职权。命令统一性原则有助于保持职权链条的连续性。它意味着，一个人应该对一个主管，且只对一个主管直接负责。如果命令链的统一性遭到破坏，一个下属可能不得不疲于应付多个主管的不同命令之间的冲突或优先次序的选择。

（四）管理幅度

管理幅度是指一个管理人员能有效地直接领导和控制的实际人员数。管理层次是指组织内纵向管理系统所划分的等级数。一般情况下，管理幅度和管理层次成反比关系。管理幅度受许多因素的影响，有领导方面的因素，如领导者的知识、能力、经验；也有下属方面的因素，如下属的素质、业务熟练程度和工作强度等，还有管理业务方面的因素，如管理业务的复杂程度、所承担任务的绩效要求、工作环境、信息沟通方式等。因此，在确定管理幅度时，必须对上述几个方面因素加以综合考虑。

（五）集权与分权

集权化是组织的决策权集中于一点的程度。这个概念只包括正式职权，也就是说，某个职权固有的权力。一般来讲，如果组织的高层管理者不考虑或很少考虑基层人员的意见就决定组织的主要事宜，则这个组织的集权化程度较高。相反，基层人员参与程度越高，或他们能够自主的作出决策，组织的分权化程度就越高。

集权化和分权化组织在本质上是不同的。在分权化组织中，采取行动、解决问题的速度较快，更多的人为决策提供建议。这与使组织更加灵活和主动地作出反应的管理思想是一致的。

（六）正规化

正规化是指组织中的工作实行标准化的程度。如果一种工作的正规化程度较高，就意味着做这项工作的人对工作内容、工作时间、工作手段没有多大的自主权。人们总是期望员工以同样的方式投入工作，能够保证稳定一致的产出结果。在高度正规化的组织中，有明确的工作说明书，有繁杂的组织规章制度，对于工作过程有详尽的规定。而对于正规化程度较低的工作，相对来说，工作执行者和日程安排就不是那么僵硬，员工对自己工作的处理权限就比较宽。由于个人权限与组织对员工行为的规定成反比，因此工作标准化程度越高，员工决定自己工作方式的权力就越小。

第四节 | 组织设计

一个健康健全的组织必然要求完善的组织设计。而组织设计，主要是指把组织内的任务、权力和责任进行有效的组合协调的活动。其基本功能是协调组织人员和任务之间的关系，使组织保持灵活性和适应性，从而有效地实现组织目标。

具体来说，组织设计的主要任务是在分析确立企业的基本目标和宗旨的基础上，明确企业的基本战略和核心能力，设计公司的组织架构，明确部门使命与职责、岗位设置和职责及人员编制，建立清晰的权利体系，明确组织决策和冲突解决的规则或制度，建立各部门、各关键责任人的考核与激励机制，梳理公司基本业务流程和管理流程，并建立公司的内部协调和控制体系。

一、组织设计的影响因素

在现实的管理中，不可能存在最好的组织结构。因为，有很多因素影响着一个企业的组织结构发挥其功能，如下因素是在组织设计中必须考虑的。

（一）组织战略

组织战略是指组织依据自身资源、能力和使命，在考虑各类利益相关者的情况下对自身进行定位的方式。所谓战略选择是指组织与环境是相互作用的，而非组织完全由环境决定。

组织战略类型的选择导致最佳组织结构的选择。低成本领先战略的组织应当采用一种工作专门化和工作流程标准化程度很高的机械和职能结构。这与前面提到的常规技术相类似，因为它们使得生产和服务的效率最大化。另一方面，差异化战略要求与客户个性化需求相联系。低集权和低正规化的矩阵或基于团队的结构在这里更适合，这样技术专家们能更好地协调他们的工作与客户需求之间的关系。总而言之，虽然组织结构受到组织规模技术和环境的影响，但组织战略也许能重构这些要素，放松它们与组织结构之间的联系。

（二）组织规模

比起小型组织来，大型组织的结构有相当大的差异。随着员工人数的增加，庞大的劳动分工，造成了工作专门化也随之增加。同样，大型企业拥有更加精细的协调机制，以处理更为庞大的劳动分工。他们采用了标准化的工作流程和产品来协调生产活动。这些协调机制造成了更多的管理层级和更强的正规化。从传统意义上说，非正式沟通也属于组织的一种协调机制，但它却随着组织规模的扩大而减少。然而，新型计算机技术和人们对授权的强调使得非正式沟通在大型企业中再次发挥了它的重要性。

（三）技术条件

根据开放式系统模型，组织结构必须与它的核心技术紧密结合。影响组织结构的两个重要的技术性因素，分别是工作活动的多样性和可分解性。多样性是指团队或工作单位的标准流程之外可能发生的例外事件的数量。可分解性是指从资源的投入到产出的转换过程能够简化为一系列的标准步骤。

有的工作是常规性活动，意味着员工一直都按部就班的执行同样的任务，当例外事件发生时，依靠既定规则来处理，几乎一切都是可预测的。当员工执行的任务具有高多样性和低分解性时，他们就要运用自身的技能来处理这些不可重复的特殊情况，研究项目团队就经常遇到类似情形。这些情况要求具备一个有机的组织结构，这种结构是低正规化的，拥有高度分散的决策权，团队成员间主要通过非正式沟通进行协调。

（四）外部环境

组织的最佳结构依赖于组织所处的外部环境。外部环境包括组织之外的一切因素——利益相关者（如客户、供应商、政府），资源（原材料、人力资源、信息、融资），竞争对手等。外部环境有相互独立的四个特征，这些特征影响了组织结构的类型。这四个特征分别是动态性、复杂性、多样性和敌对性。

（五）组织文化

组织文化是组织内大多数成员共同分享及认同的价值观、规范与信念。组织文化需要组织结构互相配合，方能发挥维系与凝聚人心的作用。例如，如果一家企业强调对外应变的"适应性文化"，企业便需要一个宽松而且有弹性的结构，减低制度化、标准化及集权程度。相反，若企业倡导重视内部稳定的"官僚制文化"，则组织结构倾向紧密，强调以较高的制度化、标准化和中央集权加强控制。

二、组织设计的程序

组织设计首先要明确思路，依据"目的—手段分析"方法论，形成组织设计的思路。也就是说，首先必须明确组织目标并确定相应的基本职能；再以职能细分和归类为依据，设置相应的机构和相关职务；进而，以必要的职位和各种职务相对应，并按职位配置人员。据此思路，即为"因事设人"。反之，以人员定职位，又以职位定职务，再以职务设机构，然后才是职能、目标，即为"因人设事"。显然，"因事设人"通常是合理的，然而在实际工作中，组织往往陷入"因人设事"的误区。组织设计的具体程序如下。

（一）组织目标确定

首先应该依据组织宗旨确定组织的基本目标。组织的宗旨是组织存在的理由，它取决于外部环境的需要。例如对企业来说，它的宗旨取决于顾客的需要。

每个组织最初都是为实现某种目标而建立的。目标是组织自我设计和自我保持的出发点，也成为衡量组织成功与否的标志。组织的目标必须满足社会重要需求，同时组织成员必须了解组织目标的具体内容。

（二）基本职能分析

组织的基本职能，即组织达到基本目标所要求的，足以单独表明的重大职能。也就是组织系统在特定的环境中保持正常运转，保证组织生存发展所必要的功能。进行组织的基本职能分析必须解决以下三个重要问题。

1. 组织中应该具备哪些基本职能

凡是实现组织目标和战略任务所客观需要的职能，均不能遗漏，以便进一步在组织上确定落脚点，即确定承担各项职能的部门；同时，基本职能之间不能有重复，以避免往下的组织设计时出现两个或多个部门承担同一职能，就会产生职责不清，互相推诿等问题，降低管理工作效率和效果。

2. 各种职能之间的相互联系、相互制约的关系是怎样的

搞清了这个问题，就可为部门设计奠定科学的基础。因为紧密联系的职能应置于同一管理子系统内，不宜分开；相互制约的职能则不能由同一部门或子系统承担，必须分开。否则，就会影响企业组织的横向协调与监督控制，造成管理工作的混乱。

3. 在各种职能中，什么是关键职能

这也是为以下的组织结构设置奠定基础，因为分工承担关键职能的部门是关键部门，应配置在组织结构的中心地位；其他部门围绕关键部门开展工作与配合，以保证组织出色地履行职能。不然，各部门争当主角，形成多个中心，就会妨碍组织目标的实现。

（三）职能分解

职能分解就是对组织的基本职能给予细分和归类，并进一步确定各职能的纵向层次和横向跨度，从而确定组织的部门机构。职能分解主要包括以下两个步骤。

1. 将某些基本职能进行细分

细分的原因是由于组织基本特性，使得某些基本职能的业务活动极为烦琐，而且差别较大。所以，虽然都属于这一职能管理工作，但适宜进一步实行专业化分工，从而形成若干细分职能。

2.对各职能进行归类

如果某一职能的业务工作较为简单，工作量也很少，那么这一阶段的管理职能就可以考虑并入与其紧密关联的其他职能中去。或者某些职能密切相关，不可分割，也可以考虑合并为同一职能。在职能细分归类之后就可以确立负责每一职能的相应的职能部门，同时综合考虑横向的管理跨度和纵向组织层次，最后形成完整的组织机构。

（四）目标分解

目标分解就是将组织总目标分解为各职能部门和任务单位的具体目标，并进行目标之间的协调，从而形成组织目标体系。通过目标分解，可以组织和协调各部门共同努力去实现组织目标，同时各具体目标又为评估各部门单位的业绩提供了衡量标准。

（五）职务分析

所谓职务分析，是指经过分析和研究，确定企业内部某一职务的性质、内容、工作方法以及该职务的任职条件的一种程序。职务分析的结果，是一套职务说明书和职务规范，它是确定职务升迁以及进行职务考评等工作的重要基础条件之一，也是职务设计的最终成果。

对于职务说明书来说，它应该明确、具体，特别是在有关职务的责任和义务方面，从而便于安排适当的人选。职务说明书除了具体说明职务的责任和义务之外，还应说明该职务与外界应保持怎样的关系。同时，对于例外情况的处理，在整个职务说明中要加以考虑并予以反映。针对例外情况处理的性质，应该说明该职务的自主权和授权的程度如何，需要有怎样的创新能力，应更多地具有开创能力还是应保守一些等。此外，职务说明还应包括其他必要的说明，如需要什么特别要求的技能或管理技术等。表 10-2 给出了职务说明书的一般形式。

表 10-2　职务说明书

职务名称	职务系列	所属部门
	标准代号	任期
I 职务性质	II 主要工作程序及方法	
1.职责		
2.权限		
3.职务关系	III 资格条件	
上级	1.学历	
同级	2.职称	
下级	3.经历	
4.工作环境及场所	4.基本素质与能力	
5.从何种职务提升，可提升到何种职务		

（六）管理控制

管理控制是为了保证整个组织机构能够按照设计要求正常运行所进行的过程管理和控制。首先，对于组织设计过程的管理控制必须以组织目标为导向。也就是说，整个过程控制标准必须按是否有利于实现组织的总体目标来加以确定。对于偏离了组织目标的组织设计必须马上加以修正。只有这样，才能使整个组织设计紧紧围绕目标的需要进行，从而更有效地实现组织目标。

其次，是建立组织的标准工作规程，也就是确定组织正常运行时的标准程序和方法，这是指导组织活动的重要依据，也是保证组织机构能够按照设计要求正常运作的重要前提。

最后，是制定采取纠正行动的程序。也就是当组织运作与标准程序及方法出现偏差时进行相应调整所应遵循的程序。这些程序的确立必须客观，必须排除主观随意性因素。只有这样，才能对偏差进行客观公正的纠正。

以上程序的运作是一个动态的、滚动式的持续规划过程。

疯狂的架构——国内六大著名科技公司的组织结构图

情景微案例 扫描此码 案例学习

本章小结

组织是人们共同劳动、生活的产物与载体。本章在介绍组织概念、组织理论的基础上，讨论了组织结构的类型以及决定因素，并重点分析了组织设计的内涵、影响因素、设计程序等内容，从而为管理者提供了比较系统的组织结构与组织设计的思路与框架，可以帮助管理者根据各自组织的特点选择适合的组织结构类型、开展组织设计工作。

本章思考题

1. 组织应该具有哪些要素和特点？
2. 组织理论都包括哪些类别？各自主要贡献是什么？
3. 有哪些比较常见的组织结构类型？各有何优缺点？
4. 如何开展组织设计工作？其中的关键环节是哪些？

教学案例 **MF公司产品开发部的组织管理困境**[①]

11月初的一个晚上，还在加班。开发部办公室的电话响了，是连接欧洲的那部红色电话："Hi，胡经理，那个905按摩椅要赶一赶，要求在这个月25号带样品去美国拉斯维加斯参展，请务必在10号之前将制作样板的3D图进行邮件确认，18日以前把样品寄给我们。"欧洲客户公司业务主管Sly小姐在电话里催促着。"啊！任务太紧迫啦，今天已经10号了，只有8天时间。"公司开发部胡经理接过电话，明显感到了压力。因为设计还没得到确认，在概念图的前期设计和往返交流认可中耗费了太多时间，概念效果图须作最终的修改，以期获得客户方的认可。更麻烦的问题是，客户即使确认了效果图，最后做出的实际样品能否与效果图一致并不完全受控于自己。胡经理一想到要同采购部王经理进行交涉，心里就没了底……

1 公司背景

厦门MF科技有限公司成立于1994年，前身为MF垫制品有限公司。公司的主营业务为带按摩功能的座垫类产品，以出口为主，兼做内销，是一家民营高科技企业。

公司在2002年到2005年之间的业务拓展取得了重大突破，每年营业额增长率均超过100%。随着业务量的大幅增长，公司员工从300人猛增到3 000人。公司依据产品线分别建立了器械制造、座垫制造、按摩椅制造等三个不同的制造中心，同时还组建海绵厂、电子插件厂。公司规模迅速膨胀，增加了大量的新岗位，导致对一线员工、各层级管理人员和技术人员的需求增大。另一方面，大量的中高层领导由公司内部提拔，这种提拔虽然有考虑能力高低的因素，但更多是随组织变动自然升迁的。包括开发部胡经理、采购部王经理等一大批部门经理都是这样由基层晋升上来的，由原来在一个办公室面对面的伙伴，变成现在公司经理办公会议上的同事。

制造型企业通常的经营环节是开发、生产、运输和销售。产品开发是企业生产和销售的前提，所以开发部门是公司龙头部门，是业务增长的强有力引擎，对公司业务量的大幅增长起到至关重要的作用。公司的组织结构与开发部组织结构如图10-7、图10-8所示。

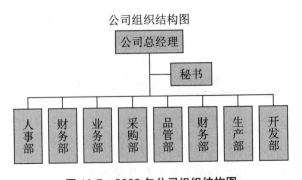

公司组织结构图

图 10-7　2002 年公司组织结构图

---

① 案例来源：本案例由厦门经理学院的郑文生和谢河水撰写，授权中国管理案例共享中心使用。

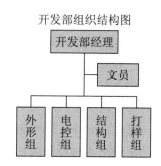

开发部组织结构图

图 10-8 2002 年开发部组织结构图

一个完整的产品开发过程有如下几个环节：市场调研—产品定义—工程设计—样机制作—客户确认—试产和生产。公司的产品主要为 OEM，即根据客户的要求，对样品进行复制或简单的改良，一个产品就是一个开发项目。产品开发流程如图 10-9 所示。

在 2002 年之前，公司的规模比较小，全部的员工加在一起只有 200 人，从事产品开发的人员有 10 人左右。产品也比较简单和单一，主要为带按摩功能的汽车座垫。公司初期的业务模式为 OEM，根据客人的样品进行打样和改良。所以在实际的工作中，市场调研和产品定义通常是国外的买家在做，公司业务部门负责与客户联系并将客户的需求信息传递给开发部进行项目开发。

新产品开发的过程以参考样品或项目书开始，以完成确认样品结束。新产品的开发流程是业务部提供参考样品并下达项目书，开发部按项目书进行工程设计和制作样机。开发部胡经理负责进行项目的细化和任务分解，并下放给各个专业的职能小组，在各个小组完成自己的工作后，再由胡经理进行衔接和合并。开发部完成样品后，需要送国外的客户确认，等客户认可后才可以进行生产。如果客户对样品不满意，就需要重新进行设计和制作样品。

产品开发的简要流程

市场调研	分析市场和客户的需求，以及相应的销售通路等
产品定义	确定产品的功能、成本，并进行相应的外形设计
工程设计	进行具体的电路、结构设计和方案验证等
样机制作	组织样品所需要的材料，进行样品组装
客户确认	客户确认样品的外观的功能
试产和生产	根据客户最终确认的样品进行开模、试产和生产

（此流程只是简单的概述，实际的运作比这复杂并且有反复）

图 10-9 产品开发流程简图

新产品的开发是以做出合格的功能样品为最终目标，并且满足成本和工艺性的要求，开发部既负责产品开发，也负责产品制造工艺。公司新产品开发在技术实现方面并没有什么技术难度，但由于一个完整的产品所使用的材料涉及面很广，包括塑料、化工、电子、纺织、包装等不同的行业，导致在样品的制作过程中，材料的组织和供应最为困难。按照职责，产品开发和制作样品过程所需材料的购买是通过采购部来完成的。对采购部王经理来说，保证生产的物料供应已经让他很头疼了，还要应付开发部提出的各种要求。吃力还落不着好，也就有些怠慢，对开发所需的新材料供应和样品材料的供应也就常有不足。从公司组织结构图上可以看到，开发部与采购部是并行的关系，当材料发生问题时，开发部找到采购部要求协助，实在不行，只能通过公司的总经理来协调处理。这种工作方式一方面过多的占用了总经理的工作时间；另一方面增加了工作的流程并降低了工作效率。

2 问题的产生

随着 2003 年业务量的大幅增长，公司客户增多，对新产品的需求也大幅增加，新产品层出不穷。公司许多产品在国外的销售是在圣诞节的销售旺季，交易期很短且集中，对开发的时效性要求很高，一旦错过时间就无法获得订单。同时，每次的样品都要经过客户的确认，而客户远在美国、欧洲等，寄送样品和客户确认的时间比较长，并且需要多次往返才能最后确认。承诺的交货期限是不可改变的，开发项目完成时间的延误导致生产周期的缩短，对后续的物料供应和生产计划都带来很大的影响和冲击。

当开发项目增加后，因为任务的需要，开发部也招聘了新人，小组人员从原来的 3 人增加到 6 人。小组的负责人原来是组内最主要的专业工程师，在某个技术领域具有专长。当任务和人员增加后，小组的负责人开始承担了更多的管理任务而不仅仅是原来的技术专家角色。这种角色的转变对技术工程师是个极大的挑战，因为他们并不具备相应的管理知识和管理技巧，又没有经过相应的培训。技术面对的是具体的工作，管理却要面对复杂的人际关系。技术娴熟的工程师往往对复杂多变的人际关系感到恐惧和混乱。项目增多、人员数量增加和管理能力不足的矛盾，加重了项目开发的延误程度。

3 畏难的采购部门

开发新产品时，根据用户的需要和主创人员的创意，往往需要寻找不同规格的新材料，对物料的需求是品种繁杂而数量少，在没有形成订单以前又具有不确定性，与生产物料品种相对少而数量大刚好相反。比如客人提供的样品中，有一种布料是公司以前所没有用过的新布料。界定布料的规格有克重、颜色、幅宽和其他一些特别的要求，如阻燃等。采购部将客人的样品寄给不同的布料厂商打样，收到厂商的样品后再提供给开发部门，开发部门进行初步的判断后将样品给业务部门，业务部门再将布样给国外的客户确认，这样的一个周期通常要 20 天。这种布料的确认过程通常不会一次成功，往往需要 2 ～ 4 次的来回确认过程。因为布料的生产过程中，影响布料的颜色和克重的因素很多（如染缸温度，染料的配比，定型时间，烘干等），非常容易产生颜色偏差。而布料的颜色决定产品的外观颜色，所以客户对布料颜色的要求是非常严格的。布料打样中颜色一类的问题比较难以把握，公司产品所需要的原材料横跨多个不同的行业，采购人员的知识面和能力水平有限也增加了寻找材料供应商的难度。这些特点决定了采购部对开发部的要求视为"不可能完成的任务"，只能提供有限的支持，甚至害怕开发部门找上门来，导致开发部经常因为材料供应不足或滞后而产生了项目开发延期。

4 开发部的内部问题

由于分工过于专业和细化，导致工程师知识的过于狭窄和片面，内部沟通非常困难。以设计一个手控器为例，结构工程师需要提供各种机械尺寸给电子工程师进行 PCB 的设计。电子工程师只是关注功能的实现而不会关注装配的问题，导致在 PCB（印制电路板）设计中有些元器件的布置不合理，不能装配，需要重新进行 PCB 设计。这时电子工程师就会抱怨结构工程师没有对空间进行说明。有时是电子工程师使用尺寸较大的元器件，没有及时告知结构工程师，导致需要重新修改结构。诸如此类的问题不断发生，难以完全消除。根本的原因在于双方知识内容的不同，认知也不一样，一方很难知道对方需要什么样的信息，或明白对方所提的要求。因为知识障碍导致工程师之间的沟通不良，所以他们要相互的配合和协作就非常困难。

公司的产品通常并不复杂，划分成很细的任务后，导致各个小组之间只关心自己的工作而不会考虑其他小组的工作，更不会考虑产品的整体。结构工程师只关心如何将图纸画好，忽视实际的加工工艺和生成成本。电子工程师只关心电路的功能实现，忽视电路板的装配和加工。这好比铺铁轨，是一段一段铺装后再衔接起来的。如果没有规定统一的轨道宽度，只要有一段铁轨的宽度不同，整条铁轨就无法衔接，更不用说走火车了。不同的工程师由于不考虑别人的工作，导致最后装配样品的时候产生了许多问题，如无法装配、工艺过于复杂、成本太高等。

项目分解成若干任务之后的重新合成只能由开发经理完成。在项目数量少的时候，开发经理还能全盘掌控，在开发项目增加到一定数量的时候，胡经理的时间和精力就完全不够用，于是不能如期完成的项目数量开始增多。胡经理累得半死，但项目的及时完成率还是不断下降。

专业组的组长是因为技术专业能力强而得到提升的，他们欠缺管理的专业技能和沟通技巧。之前他们主要的角色是专业的工程师，随着项目的增多和下属数量的增加，他们被迫进行从工程师到管理者的角色转变。他们依赖的专业技能不能很好地帮助他们改善管理，无法有效地对内管理和对外协调，导致开发项目的完成时效和质量都大打折扣。

面对开发部内外的这些问题，胡经理一筹莫展。到底应该怎么做，才能彻底解决项目开发经常延误的症结，保证项目开发工作的顺利开展呢？胡经理陷入了沉思……

思考题：

（1）你认为这个公司以及开发部的组织结构方面存在哪些问题？是如何造成的？

（2）如何根据实际情况对开发部的组织结构进行调整？

（3）如果你是胡经理，面对目前的问题你将如何处理？

本章学习目标

通过本章的学习，你应该能够：

● 理解组织文化的内涵、类型及管理功能；

● 了解组织文化理论中的 7S 模型和革新性文化理论；

● 理解组织文化的形成模式，掌握组织文化建设过程中的关键要素；

● 掌握跨文化管理的内涵及相应的跨文化管理思路及技能。

引导案例   珠三角的两家企业[①]

珠江三角洲是中国改革开放最早的区域，从而也更早地接触到了西方管理思想和管理文化。其中，有这样两家公司，都是制造类企业，近年来它们的业绩都处于行业内的前几名。但是，这两家公司在管理风格和内部氛围方面却存在很大的差别。

A 公司是一家外向型的鞋类制造企业，产品主要出口。该公司认为，所谓的"优秀"经理就是在经营活动中能够提供详尽的资料支持自己建议的人，公司不鼓励创造性决策活动，特别是那些能够引起激烈变革的决策。公司的很多管理人员均经历过由于决策失误所招致的公开批评和处罚，因此他们现在的管理行为就是尽量安于现状。

公司内部有很多的规章制度要求员工遵守，管理人员最为关心的就是高产出，对于已经存在的员工士气低落和行业内较高的流失率缺乏关注。公司的工作任务是在考虑个体特点的基础上而设计的，公司内部各个职能部门权责清晰、直线指挥权威明确。公司高层希望尽量减少一般员工与其他职能领域的员工接触的机会。公司的绩效评估体系和奖励体系比较重视个人的努力成果。但是在决定人员晋升和增加报酬方面，考虑最多的因素仍然是资历因素。

B 公司是一家食品类制造企业，公司的高层管理人员鼓励适当的冒险。公司既重视在一定思考基础上的决策，也比较重视仅凭自觉思维所做出的决策行动。公司的主要管理人员具

[①] 案例来源：本案例由大连理工大学付永刚副教授根据学员提供素材编写而成。

有海外留学背景，企业具有不断探索新技术的历史，在引入创新性产品方面是行业内的领头羊。公司内无论是管理人员、研发人员还是一般员工，只要有好的想法，公司均会鼓励其去实践，并根据效果给予适当的奖励。

上述案例告诉我们，公司之间最大的差别往往不在于产品、规模、设备，而在于公司的内部氛围、管理风格。因此，组织文化是比组织结构、管理制度更加有影响力的因素，文化对一个组织的影响力是潜在的、深刻的。

第一节 ｜ 什么是组织文化

一、组织文化的概念

（一）组织文化的定义

组织文化（企业文化）概念的提出和研究缘自 20 世纪七八十年代日本企业的崛起，以及日本经济实力的强大对美国乃至西欧经济形成的威胁和挑战。人们注意到日美企业管理模式以及文化的不同对企业管理和经营业绩的影响，进而发现了社会文化与组织管理融合的产物——组织文化（企业文化）。

1982 年美国出版的《公司文化》首先提出了企业文化的观念。美国人的研究发现，传统的管理理论已无法解释日本经济和企业成功的原因，日本企业的成功在于它重视人，强调以人为中心，面向员工提出了共同价值准则和文化的概念。企业文化在日本企业成功中发挥了极其强大的积极作用。其把企业文化上升为一种新的管理理论，并认为企业文化是一种新的管理革命。

目前被广泛认可的组织文化的概念，是希恩在 1984 年所提出的定义，即组织文化是指"在一定的社会经济条件下，通过社会实践所形成的并为全体成员遵循的共同意识、价值观念、职业道德、行为规范和准则的总和"，"是一个企业或一个组织在自身发展过程中形成的以价值为核心的独特的文化管理模式"。

美国学者罗宾斯认为，组织文化是指组织成员的共同价值观体系，它使组织独具特色，区别于其他组织。他认为，这些共同的价值观体系实际上是组织所重视的一系列关键特征。最新研究表明，下面 7 个方面的特征是组织文化的本质所在：

- 创新与冒险，组织在多大程度上鼓励员工创新和冒险；
- 注意细节，组织在多大程度上期望员工做事缜密、善于分析、注意小节；
- 结果定向，组织管理人员在多大程度上集中注意力于结果而不是强调实现这些结果的手段与过程；

- 人际导向，管理决策在多大程度上考虑到决策结果对组织成员的影响；
- 团队定向，组织在多大程度上以团队而不是个人工作来组织活动；
- 进取心，员工的进取心和竞争性如何；
- 稳定性，组织活动重视维持现状而不是重视成长的程度。

（二）组织文化的特征

一般来讲，组织文化主要有如下四方面特征。

（1）组织文化的意识性。大多数情况下，组织文化是一种抽象的意识范畴，它作为组织内部的一种资源，应属于组织的无形资产。它是组织内一种群体的意识现象，是一种意念性的行为取向和精神观念，但这种文化的意识性特征并不否认它总是可以被概括性地表述出来。

（2）组织文化的系统性。组织文化由共享价值观、团队精神、行为规划等一系列内容构成一个系统，各要素之间相互依存、相互联系。因此，组织文化具有系统性。同时，组织文化总是以一定的社会环境为基础的，是社会文化影响渗透的结果，并随社会文化的进步和发展而不断地调整。

（3）组织文化的可塑性。某一组织其组织文化并不是生来就有的，而是通过组织生存和发展过程中逐渐总结、培育和积累而形成的。组织文化是可以通过人为的后天努力加以培育和塑造的，而对于已形成的组织文化也并非一成不变，是会随组织内外环境的变化而加以调整的。

（4）组织文化的长期性。长期性指组织文化的塑造和重塑的过程需要相当长的时间，而且是一个极其复杂的过程，组织的共享价值观、共同精神取向和群体意识的形成不可能在短期内完成，在这一创造过程中，涉及调节组织与其外界环境相适应的问题，也需要在组织内部的各个成员之间达成共识。

二、组织文化的类型

在众多学者的研究中，根据组织在不同外部环境和内部条件下的模式，可将组织文化划分成不同的类型，具体分类如下。

（一）迪尔与肯尼迪的分类

美国学者泰伦斯·迪尔和爱伦·肯尼迪在《企业文化》一书中，把组织文化划为四种类型。

（1）硬汉文化（又称挑战型文化或强悍型组织文化）。这种文化往往是风险很高，决策结果反馈最快的企业。这类公司决策时赌注高，决心大，冒大风险，企业内充满竞争气氛。由于要求在短期内获得利益，企业人员合作精神差，不重视长期投资，人员流动率高，很难建立坚强而又一贯的组织文化。

（2）努力工作——尽情享受文化（又称柔性组织文化）。这种文化要求精力充沛，拼劲十足，但工作之后尽情玩乐，工作与玩乐并重。这种公司一般风险不大，但工作紧张。"有活快干，干完就玩"很合青年人胃口。这种文化在遇麻烦时，会采取短期行为。

（3）长期赌注文化。这是一种风险很大，反应缓慢的文化。其价值观集中在对未来投资，需要人们具有坚强的自信和长期经受考验的能力，这类文化尊重权威和专家，不能容忍心理不成熟的人和工作不认真的现象。其优点是有助于发明创造和技术突破，缺点是行动速度缓慢，对迅速变化的环境不会做出灵敏的反应。

（4）过程文化。这是一个低风险、慢反馈的领域，员工对自己工作效果好坏全无观念，因此会促使他们把注意力放在"如何做"上面，而不是"做什么"上。这种文化下的人，工作井然有序，完全照章行事，因而容易抑制人的创造性，产生僵化体制和官僚主义。表11-1表示了这四种文化的特征和适应的组织。

表 11-1 四种组织文化类型

文化名称	风险程度	决策后信息反馈	一般采用此种文化的组织	榜样的行为
硬汉文化	高	快	建筑、电视、无线电、管理咨询	态度强硬，个性强，能够耐受高度风险
努力工作——尽情享受文化	低	慢	房地产、计算机公司、串户销售人员	属于超级销售人员、态度友善，利用协作法解决问题
长期赌注文化	高	慢	石油、航空、资本货物制造厂家、军事	可耐受长期的不明确指示，总是反复检查其决策，有技术才干，特别尊重职权
过程文化	低	慢	银行、保险公司、公共事业、政府机关	处理事务谨小慎微，守时守纪，善于注意细节，循规蹈矩

资料来源：[美]理查德 M·霍杰茨.管理的理论、过程与实践[M].孔茂远，李英贤，译.北京：煤炭工业出版社，1991.

（二）哈里森的分类

这是一种很有参考价值的分类，值得我们研究和借鉴。

（1）权力文化。这种文化的结构像一张蜘蛛网。中心有权力源泉，从中心放射出权力射线和影响，并由职能的或专家的"绳子"相联结。适应这种文化的组织，依赖于信任和感情来取得效率，依靠"心灵感应"和个人交谈而相互沟通。这种组织只有很少的规则和工作程序，不大讲究规范化形式。

这种文化和基于这种文化的组织，是自豪和强有力的。它们有能力迅速前进，对于威胁和危险能很好的作出反应。但是，它是否前进，前进方向是否正确，都取决于处于中心地位的人物，这些人物的素质在组织中极端重要。组织规模的大小对于权力文化是一个问题，假如联结的活动过多，这个网络就将破裂，只有靠"兼并"另外的"蜘蛛"才能保持自己，并获得发展。

（2）角色文化。与角色文化相应的组织结构可用希腊的庙宇来描绘，如图11-1所示。这种文化是按逻辑和理性来运行的。角色组织把它的力量寄托在支柱，即它的职能或事业上。支配支柱运行及其相互作用的因素是：①为角色而制定的程序，如职务描述、职权定义；②为交往而制订的程序；③为解决争端而制订的规则。这些支柱在高级管理部门——"庙顶"取得协调，这是唯一所需的人际协调。

在角色文化中，角色或职务表述，通常要比担任职务的人更为重要。角色文化中的主要权力来源是职位原因，规章制度是主要发挥影响作用的手段。角色文化的效率取决于工作和责任分配的合理性，而不依赖于人的个性。角色文化感觉到改变的需要是缓慢的，角色文化给个人提供了安全和可预测性，其安全过分依赖于组织而很少依赖于个人能力。

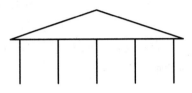

图 11-1　庙宇形态的组织结构图

（3）任务文化。任务文化是职务或项目取向的，其结构可用网络来代表，其中若干网绳比其他网绳更粗更强些。许多权力和影响位于网络的隙缝和结点上。"短阵组织"就是任务文化的一种结构形式。任务文化把适当的资源积聚在一起，把适当的人安置在适当的层次上，并让他们放手工作。这是一种团队文化，它利用团队统一的力量去提高效率。这种文化适应性极强，它适合于需要灵活性和敏感性的市场和环境。在任务文化的组织中，实行控制较为困难，本质上属不稳定的文化，是一种强调专家权力、奖惩工作结果，把个人与群体目标结合起来的文化。

（4）人的文化。在这个文化中，个人是中心点。与其相应的结构式组织只是为了服务和帮助其中的个人。成员们的心理契约表明，组织从属于个人并依赖于个人而存在。具有个人取向的人员是不易管理的，也难以对其施加影响。

（三）杰弗里·桑南菲尔德的分类

艾莫瑞（Emory）大学的杰弗里·桑南菲尔德（Jeffrey Sonnenfeld）提出了一个有关组织文化的分类，它包括四种文化——棒球队、俱乐部、学院、堡垒。每种文化都有不同的特点和潜力，可用于支持一个健康发展的组织，也可以对员工的满意度及工作有不同的影响。

（1）棒球队型。这种公司是冒险家和革新家的天堂。公司根据员工产出状况付给他们报酬。由于这种奖酬制度，员工一般都拼命工作。

（2）俱乐部型。俱乐部型公司非常重视适应、忠诚感和承诺。公司中资历是关键因素，年龄和经验都至关重要。与学院型相反，这种公司把管理人员培养成通才。

（3）学院型。学院型公司是为那些想全面掌握每一种新工作的人准备的地方。在这里他们能不断的成长、进步。公司喜欢雇用年轻的大学毕业生，为他们提供大量培训，然后指导他们在特定的职能领域内从事各种专业化工作。

（4）堡垒型。棒球队型公司重视创造发明，而堡垒型公司则着眼于公司的生存。

许多组织不能纯粹明晰的归类于哪种类型中的某一种，因为它们拥有混合型的组织文化，或者因为它们正处于转型之中。各种不同的文化能够吸引不同个性的人，员工个性与组织文化的匹配影响着一个人在管理层级上升迁的高度和难易程度。

三、组织文化的功能

一个组织一旦形成强有力的独特文化，那它的运行和发展将受到组织文化的极大影响。组织文化的管理功能主要体现在如下五个方面。

（一）组织文化的激励功能

组织文化以理解人、尊重人为合理满足组织成员各种需要为手段，以调动广大成员的工作积极性为目的。组织文化能使全体员工看到自己组织的特点和优点，认识自己工作的意义，产生热爱自己组织的荣誉感、自豪感，激发出巨大的工作热情。良好的组织文化意味着良好的组织气氛，这种氛围对每个成员耳濡目染，使每个员工能自觉遵守共享价值观和行为规范，形成非常有效的激励机制。

（二）组织文化的凝聚功能

在一个社会系统内，使个体凝聚起来的主要因子是一种心理力量。社会系统的基础是人类的态度、知觉、信念、动机、习惯以及期望等。组织文化向人们展示某种信仰与态度，它影响着组织成员的处世哲学和世界观，而且也影响着人们的思维方式。组织文化是组织成员在统一的思想指导下，产生在组织目标、行为准则、经营观念等的"认同感"和作为组织成员的"使命感"。同时在组织氛围的作用下，使组织成员通过自身的感受，产生对于本职工作的"自豪感"和对组织的"归属感"。良好的组织文化同时意味着良好的组织气氛，它能够激发组织成员的士气，有助于增强群体凝聚力。

（三）组织文化的导向功能

组织文化作为员工的共同价值观念一旦形成，就会产生一种思维定式，必然对员工具有强烈的号召力。这种号召力将员工逐步引导到组织的目标上来。组织提倡什么，抑制什么，员工的注意力也就转向什么。组织文化对人们行为的产生有着最持久、最深刻的影响力。因此，组织文化具有导向性。当组织文化在整个组织内部成为一种强文化后，其对于员工的影响力也就越大，其员工的行为转向也就越发自然。例如，闻名世界的日本松下公司，在经营活动中比较注意组织文化的导向作用，使得员工自觉得将组织文化作为企业前进的方向，引导企业不断地向着某一方向发展。

（四）组织文化的规范作用

在一个特定的组织文化氛围中，员工由于合乎特定准则的行为而受到组织管理层的承认和赞扬，从而获得心理上的平衡与满足。组织文化的规范功能是通过员工自身感受而产生的认同心理过程而实现的，它不同于外部的强制机制，组织文化通过员工的内省，产生一种自律意识，从而自我遵守组织管理的各种规定，如厂规、厂纪等。自律意识比强制机制的优点在于员工是心甘情愿地接受无形的、非正式的和不成文的行为准则。自觉地接受组织文化的规范和约束，并按照价值观念的指导进行自我管理和控制。

（五）组织文化的协调功能

组织文化的协调功能就是指组织内部各个部门、个体与个体之间、个体与群体之间、群体与组织之间、员工与组织之间的有机配合。由于有良好气氛和工作关系，进而减少了很多协调。同时，人们在心情舒畅、精神愉快、有较强满足感的状况下工作，人力资源的潜力可以得到充分发挥和利用。组织文化被个体的吸收和内化，能胜过任何管理控制的效果，只有改变人的行为，才会长期产生好的绩效。

需要强调的是，组织文化的影响力不仅仅在于正向的管理功能，而且文化的相对稳固性对组织也会产生一种束缚。因此，我们也要认识到组织文化在变革、多样化、兼并重组时可能对组织构成的束缚和制约，避免组织文化潜在的负面效应。

"罗辑思维"的企业文化

扫描此码

案例学习

第二节 | 组织文化理论

组织文化被广为重视的根本原因在于组织文化丰富了管理理论，并为企业等各类组织的管理实践提供了更具指南意义的理论指导。在 21 世纪的今天，优秀的企业、优秀的组织总是有着为人所传扬和称道的组织文化。很多学者对组织文化进行了多角度的研究，产生了大量组织文化理论。这里主要介绍一些比较典型的组织文化理论。

一、霍夫斯坦的文化差异理论

荷兰文化协会研究所所长霍夫斯坦德，用 20 种语言从态度和价值观方面，在收集了 40 个国家，包括从工人到博士和高层管理人员在内的、共 116 000 个问卷调查数据的基础上，撰写了著名的《文化的结局》一书。根据研究成果，霍氏认为：文化是在一个环境中的人们共同的心理程序，不是一种个体特征，而是具有相同的教育和生活经验的许多人所共有的心理程序。霍夫斯坦特从其调查数据的分析中，得出了以下描述各种文化差异的指标。

（一）权力距离

权力距离即在一个组织当中，权力的集中程度和领导的独裁程度，以及一个社会在多大的程度上可以接受组织当中这种权力分配的不平等，在企业当中可以理解为员工和管理者之间的社会距离。一种文化究竟是大的权力距离还是小的权力距离，必然会从该社会内权力大小不等的成员的价值观中反映出来。因此，研究社会成员的价值观，就可以判定一个社会对权力差距的接受程度。

（二）不确定性避免

在任何一个社会中，人们对于不确定的、含糊的、前途未卜的情境，都会感到面对的是一种威胁，从而总是试图加以防止。防止的方法很多，例如，提供更大的职业稳定性，订立更多的正规条令，不允许出现越轨的思想和行为，追求绝对真实的东西，努力获得专门的知识等。不同民族、国家或地区，防止不确定性的迫切程度是不一样的。相对而言，在不确定性避免程度低的社会当中，人们普遍有一种安全感，倾向于放松的生活态度和鼓励冒险的倾向。而在不确定性避免程度高的社会当中，人们则普遍有一种高度的紧迫感和进取心，因而易形成一种努力工作的内心冲动。

（三）个人主义与集体主义

"个人主义"是指一种结合松散的社会组织结构，其中每个人重视自身的价值与需要，依靠个人的努力来为自己谋取利益。"集体主义"则指一种结合紧密的社会组织，其中的人往往以"在群体之内"和"在群体之外"来区分，他们期望得到"群体之内"的人员的照顾，但同时也以对该群体保持绝对的忠诚作为回报。美国是崇尚个人主义的社会，强调个性自由及个人的成就，因而开展员工之间个人竞争，并对个人表现进行奖励，是有效的人本主义激励政策。中国和日本都是崇尚集体主义的社会，员工对组织有一种感情依赖，应该容易构建员工和管理者之间和谐的关系。

（四）男性度与女性度

男性度与女性度即社会上居于统治地位的价值标准。对于男性社会而言，居于统治地位的是男性气概，如自信武断，进取好胜，对于金钱的索取，执着而坦然；而女性社会则完全与之相反。有趣的是，一个社会对"男子气概"的评价越高，其男子与女子之间的价值观差异也就越大。美国是男性度较强的国家，企业当中重大决策通常由高层做出，员工由于频繁地变换工作，对企业缺乏认同感，因而员工通常不会积极地参与管理。中国是一个女性度的社会，注重和谐和道德伦理，崇尚积极入世的精神。正如我们上面的叙述，让员工积极参与管理的人本主义政策是可行的。

通过对上述文化四维度调查数据的分析，霍夫斯坦特证实了不同民族的文化之间确实存在着很大的差异性，而且这种差异性是根植在人们的头脑中的，很难轻易被改变。文化差异是由各国的历史传统以及不同的社会发展进程所产生的，表现在社会文化的各个方面。从霍氏的各文化维度指标值中，可得出东西方的文化差异是十分明显的，就是在同为东方文化圈的中国大陆、中国香港、日本以及新加坡等也是较明显的。就如中、日两国文化都是一种集体主义导向，但两种集体主义却有较大的不同。此外，除了民族、地域文化差异之外，不可否认，还有投资合作伙伴"公司文化"的风格差异。可以说，公司内文化差距越大，产生文化冲突与困惑的可能性与强度就会越大。

当然，文化差异的指标不会只有四个。但即使只考虑这四个文化差异指标，且认为每个指标也都只有两种情况，按照排列组合来分析，也可能有 16 种不同的民族文化类型。霍夫斯坦特的研究方法和企业文化类型的多样性相兼容。

二、麦肯锡的 7S 模型

20 世纪 70 年代以来，企业普遍关心管理的效益问题，尤其是关心战略、组织结构与管理效益的关系问题。为了弄清这些关系，美国麦肯锡咨询公司组织了两个研究小组：一个是战略研究组，任务是检查美国管理学界关于战略的想法对不对；另一个是结构研究组，任务是搞清楚什么样的组织结构最有效。

结构研究小组经过考察和研究得出结论：任何一种明智的管理都涉及 7 个变量，这 7 个变量分别是：战略（strategy）、结构（structure）、系统（system）、风格（style）、人员（staff）、技能（skills）以及共同价值观（shared values）。

在这项研究的基础上，麦肯锡公司的专家们提出了著名的 7S 模型，如图 11-2 所示。

图 11-2　麦肯锡的 7S 模型

7S 模型指出了企业在发展过程中必须全面考虑各方面的情况，包括战略、结构、系统、风格、人员、技能、共同价值观。也就是说，企业仅具有明确的战略和深思熟虑的行动计划是远远不够的。在模型中，战略、结构和系统被认为是企业成功的"硬件"，风格、人员、技能和共同价值观被认为是企业成功经营的"软件"。

企业的发展和战略实施需要完善的制度系统作为保证，而实际的制度系统又是企业精神和战略思想的具体体现。企业成员共同的价值观念具有导向、约束、凝聚、激励及辐射作用，可以激发全体员工的热情，统一企业成员的意志和欲望，齐心协力地为实现企业的战略目标而努力。人力准备是战略实施的关键。在执行公司的战略时，需要员工掌握一定的技能。这有赖于严格、系统的培训。在企业发展过程中，要全面考虑企业的整体情况，只有在软硬两方面 7 个要素充分协调的情况下，企业才能获得成功。

三、革新性文化理论

革新性文化理论是托马斯·J.彼得斯与小罗伯特·H.沃特曼在《成功之路》一书中提出的理论。该理论认为，出众的企业一般有一套独特的文化品质，正是这种品质使它们脱颖而出，鹤立鸡群。

（一）理论的形成

在美国著名的麦肯锡咨询公司的托马斯·J.彼得斯和小罗伯特·H.沃特曼提出 7S 架构后，经理们注意到了这七个因素。但是，7S 框架只是告诉经理们，过去他们的失误在于忽视了软因素，但却没有告诉他们怎样抓住软因素。要使一位企业领导抓好软因素是一件十分复杂的事情。为了解决实际操作问题，其决定继续研究下去。

1979 年 7 月 4 日，彼得斯和沃特曼在英荷壳牌石油公司就他们的"革新性文化"和"出色公司"观念作了演讲。后来，又有少数几家企业对他们的观点表示了浓厚的兴趣，并敦促他们继续研究下去。几个月后，他们组织了一套人马，专门研究他们所定义的出色公司，即不断表现出革新性的企业。他们挑出了 75 家颇受公众重视的企业，在 1979 年至 1980 间的冬天，对这些公司中的约半数进行了深入、详尽而系统的调查采访。开始是通过书面材料来进行研究的，后来对其中 20 多家进行了详细采访。分析结果是：这些出类拔萃的公司都表现出了八种品质，这些品质几乎已成为它们大多数的特征了。这就是说，"革新性文化"不再只是一种抽象理论而是具体化为公司中实实在在的八种品质。

在此基础上，彼得斯和沃特曼从原先选定的 75 家公司中又抽选出 62 家来进行分析，并补充了美国消费品行业、加拿大出众企业、美国中型企业的若干材料，写成了《成功之路》一书，专门论述革新型文化的八种品质，从而使经理们懂得怎样抓好软因素。

（二）革新性文化八种品质

优秀公司的特点是都有很强的文化传统，而且文化在管理中占有主导地位并贯彻始终。这种文化的最根本特征就在于它的"革新性"，而革新性文化的根本标志是它所具有的八种品质，这八种品质无一不是与人有关的。

（1）贵在行动。其有两层含义：一是强调"组织的流动性"；二是提倡"企业试验精神"。"出色企业的组织是流动性的，灵活可变的"。这表现在管理人员经常走出办公室搞"巡视管理""周游式管理""看得见的管理"，在无拘无束、随随便便的气氛中与各类人员广泛接触、交流信息、研讨问题。巡视管理是一种丰富多彩的信息交流活动，它既能促使人们采取更多行动、进行更多实验、学习更多东西，又能更好的保持联系。出色的企业贵在行动，其最重要和最明显的表现，就是它们愿意去把事情试出来，愿意去试。

（2）亲近顾客。主要表现在对服务和质量的执着，开拓合适的市场和倾听用户的意见，把售后服务当成法宝,认为推销工作是在货物售出后才开始的。因此,每当顾客回来要求服务,就给他把事办得尽善尽美。对用户的每一条意见都给予迅速答复。

(3)鼓励革新、容忍失败。这里说的革新是干出新的特色,让企业中最宝贵的人才发挥更大的作用。出色的公司结构安排就是从创造革新人才出发的。出色企业里有对革新起促进作用的信息沟通制度,即非正式的,程度非常强烈的,有具体物质手段支持的,通过自发性的及时检查来监控的信息沟通制度。

(4)尊重员工,以人促产。优秀公司总是把普通员工看作提高质量和生产率的根本源泉。对员工必须把他们当作同伴来看待,待之以礼,尊重他们,而不是把资本支出和自动化作为提高生产率的主要源泉。

(5)深入现场,以价值观为动力。出色的企业是依靠有连贯性的价值观体系来驱动的,这些价值观几乎总是用定性的而不是定量的词汇来表达的,并都带有树立这套价值观体系的领导人个性标记。领导人所能做出的最大贡献,就是阐明企业的价值观体系,并给它注入生命力。这就要求企业领导既是思想能手,又是行动能手。企业领导人必须倡导其想要培植的价值观,并在日常工作中亲身实践、言传身教、不断强化这些价值观。

(6)不离本行。出色的企业不依靠购买和兼并其他企业来搞多种经营,因为所买进来的企业具有不同价值观而很难实现各部门间的协同配合,如果企业无所不包,向四面八方出击,难以形成统一的宗旨。当然,不是说出色的企业只是生产少数几样产品,而只是强调其必须坚持以自身的专长技术作为贯彻所有产品的共同轴线,而不是搞自己不知道怎样去经营的行业。作为一般规律,经营绩效最佳的企业主要是通过内部发生的多样化来获得进展,有时出色的企业也搞些购并,但也应以可控为原则。

(7)人员精干,注重实效。出色公司一是结构简单,二是班子精悍,同时这两项品质是互相紧密联系在一起的,并且是自我完成性的。组织形式简单了,办事所需的人力也就少了。优秀的企业管理体制可以用三根支柱来描述:符合业务高效率需要的稳定性支柱,即保持一种简单而又始终如一的基本组织形式;符合经常性革新需要的创业精神支柱,建立以创业精神的多少及贯彻执行情况为基础的测量考核制度;符合避免僵化、打破旧习俗的支柱,即能定期改组。

(8)宽严相济,有张有弛。出色的企业既有宽松的特性,又有严格的特征。灵活的组织结构,允许自愿参加的革新活动,强调以一种宽松自由的方式从事广泛的试验活动,但是又需认真奉行共有价值观,强调频繁的信息沟通和快速的反馈,不使不协调的、严重偏离主流的情况发生,做到既严格控制,又坚持让普通员工享有自主权并发挥创业精神、革新精神。

情景微案例

阿里巴巴如何打造成功的企业文化

扫描此码

案例学习

第三节 | 组织文化的建设

组织文化是组织经营管理科学发展的必然，组织文化的功能不仅仅是对内的导向和规范，还在于提高组织的团体绩效，提升组织的外部良好形象和品牌价值。优秀的组织总是不遗余力地进行组织文化建设。组织文化建设是指组织有意识地培育优良文化，克服不良文化，完善组织文化的过程。组织文化建设主要包括组织文化的创立和形成，组织文化的维系和传承等方面的内容。

一、组织文化的形成模式

组织是一个开放系统，它不能脱离社会环境而存在。自然，组织文化通常是在一定的社会环境中，为适应这种生存发展的需要，首先由少数人倡导和实践，经过较长时间的传播和规范管理而逐步形成的。组织文化的核心价值观就是在组织图生存、求发展的环境中形成的。例如，用户第一、顾客至上的经营理念，是在商品经济出现买方市场，企业间激烈竞争的条件下形成的。

组织文化往往发端于少数领袖人物和先进分子的倡导和示范，然后启发并带动了组织新的文化模式。例如，企业家在思考过程中，构建了组织的基本价值观、基本理念和行为规范，它通过一定的方式传达出去，为员工接受，并将其贯彻于组织的经营管理制度和管理过程中，体现在员工的观念和行为上，这就是组织文化的实质。科特和赫斯克特在《企业文化与经营业绩》中提出了组织文化产生的一般模式，如图 11-3 所示。

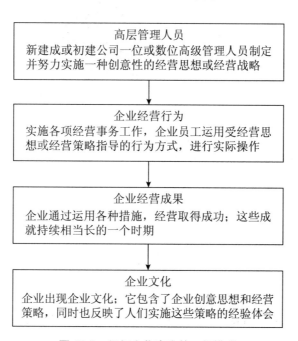

图 11-3 组织文化产生的一般模式

组织文化产生所需要的条件具有共通性，因此企业都有自己的文化。美国学者沙因的研究团队曾经论证说，组织文化产生的必要条件在于，企业成员能够在相当长的一段时间里保持相互间的密切联系或交往，并且该企业无论从事何种经营活动均获得了相当的成绩，当其处理所遇到的问题时，不断重复使用的解决问题的方式方法就会生成其组织文化中的一个部分，它们有效使用的时间越长，它们就会越深入地渗透于组织文化之中。这些融入组织文化的价值观念和特定问题的解决方法，可以从组织不同层次的人员中产生：它们可能是个人行为，也可能是群体行为；既可能来自组织基层，也可能源于组织的最高管理者。但是在组织文化力量雄厚的公司中，这些价值观念往往出自公司发起人或企业初创阶段的其他领导人士。

初创者建立起整个组织，其个人价值观、道德取向、个性特征、行为方式、决策风格、经营理念等都给组织烙下了深深的印记。例如，柳传志对联想文化的影响、张瑞敏对海尔文化的影响。然而，文化的自然演进是相当缓慢的，因此组织文化一般都是规范管理的结果。初创期的高级管理人员通常会制定并努力实施其思想和经营策略，并组织员工运用其经营思想、经营策略指导的行为方式进行实际操作，最终使经营取得成功，当这些成就持续相当长的一段时间后，便出现了组织文化，包含了组织初创者思想和经营战略，同时也反映了人们实施这一战略的经验。

组织文化一般都要经历一个逐步完善、定型和深化的过程。一种新的思想观念需要不断实践，在长期实践中，通过吸收集体的智慧，不断补充、修正，逐步趋向稳定和完善。

下面，分享一个微案例，其中蕴含了初创者对组织文化的深刻影响。

情景微案例

32年只做一味调料，8分利润年入3亿

扫描此码　案例学习

二、组织文化的维系与传承

（一）组织文化的维系

组织文化一旦形成或建立，就需要一系列有效的管理措施和方法来维系组织文化，保持组织文化的活力和特色。达夫特和诺伊认为，要维系组织文化，保持文化的生命力，有两个尤为重要的机制，即员工甄选和社会化。许多组织都越来越小心，力争雇到与组织文化相吻合的人。此外，高层管理人员的表率作用也是组织文化维系的重要因素之一。组织文化的维系过程如图11-4所示。

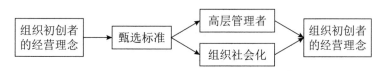

图 11-4 组织文化的维系过程

1. 人员甄选

组织在创始者领袖魅力的影响下，形成了组织文化的雏形。组织文化的维系与强化有待于组织成员的进一步认同与融合。在员工招聘甄选过程中，组织都希望招到的员工拥有适当的技能和知识，可以完成组织内的具体工作。除此之外，还需要筛选出与组织自身价值观相同或相近的应聘者。而且，甄选是个双向选择过程。作为组织，一般都希望招到有技术、技能且与组织文化吻合的人才，而作为个人，也想找一个有"归属感"、能认同至少某些关键文化价值观的组织。如果员工与组织文化不相容，那么员工对组织的认同感和满意度都会很低，员工流动率就会升高。因此，甄选认同组织价值观的人，有助于维持一个强有力的组织文化。

2. 组织社会化

新员工进入组织后，就要向他们灌输组织文化，将组织的核心价值观、信念、准则、预期行为传授给他们，这就是社会化过程。如果组织对员工进行细致、深入的社会化过程，就可以使组织文化更加有力。

社会化过程可分为三个阶段：预期、遭遇和改变，如图 11-5 所示。这三个阶段会影响到员工的工作效率、承诺感、满意度以及流动率。研究表明，正式的社会化机制对新员工有积极作用，它能减少角色模糊性、角色冲突和压力，从而增加员工的满意度和认同感或承诺感。

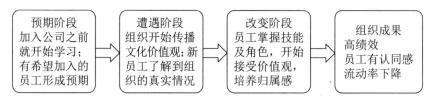

图 11-5 社会化过程的三个阶段

第一，预期阶段。社会化过程实际上在上述人员甄选阶段就已开始了。在甄选过程中，组织往往会给应聘者有关工作及组织的相关信息，以确保个人、工作与组织相互吻合。

第二，遭遇阶段。这是在员工正式加入组织后的开始阶段，在这一阶段往往对新员工进行入职培训、实习、正式或非正式的"迎新活动"。新员工不仅学习如何工作，也学习组织的运转方法、个人行为应该怎样等。遭遇阶段对新员工来说也是个关键，有时，新员工的期望可能与工作现实有矛盾。如果新员工在预期阶段对工作及组织有了基本准确的了解，遭遇阶段即可加强这些认识。

第三，改变阶段。这一阶段新员工会解决遭遇阶段遇到的问题或冲突，并逐渐适应组织环境，与组织文化融合，而不能成功过渡到这一阶段的人，通常自愿辞职或被辞退。这一阶段，组织也往往注重对员工绩效的评估与反馈,对态度及行为符合组织文化的新员工还予以奖励。

以上三个阶段构成员工进入组织社会化的初期,但社会化实际上是一个持续不断的过程。在员工任职期间,组织还要继续对其进行社会化,如许多公司对老员工进行定期培训,当然这一社会化过程也可能是非正式的或不明确的。组织成员这种不断的社会化有助于强化和维持组织文化。

3. 高层管理者

高层管理者的言行举止对组织文化有重要影响,往往具有示范效应。他们的所作所为会告诉或暗示组织成员什么是可接受的行为,什么是不可接受的行为,并把准则渗透到组织中,如奖励什么行为,晋升、奖励什么等。高层管理者的偏好会决定该怎样对员工进行社会化,进而影响组织文化的维系。

(二)组织文化的传承

组织文化的共创和共享借助于维系与传承才得以完成。组织文化源于创建者的价值取向、经营理念,同时又需要通过一定的方式和途径来得到培养加强,这些途径主要有仪式典礼、传说故事、象征物和语言等。

1. 仪式典礼

仪式典礼是有组织、有计划的活动,是表明和强化组织最关键的价值观、最重要的目标和最重要的人而进行的重复性活动。有的公司定期搞仪式典礼,以戏剧性地显示公司推崇的东西。在仪式的重复过程中,组织所谓的信息得到传承和强化。最常见的仪式可能是酒店在每天开业前由经理举行的一段训话,整理装束,员工列队倾听,有的酒店员工还高声齐喊酒店口号等,如"服务第一""永远微笑"等。有的公司则通过精心设计的颁奖仪式,对工作绩效好的员工予以承认并为之庆祝,强调对绩效的奖励。这些仪式典礼反复强调着组织对员工的要求和期望,传递着组织的核心价值观。

2. 传说故事

故事是基于真实的描述,它会在组织员工中长久流传,使组织的基本价值观得以传承。不少故事常常又涉及组织中的英雄人物,他们是体现组织准则及价值观的模范,有些故事被认为是传说,这是指事件是历史上真实的,但情节的细节上可能有所虚构,讲故事已成为组织传播价值观的重要方法之一,因为故事会激发人们的想象和感情,从而帮助员工记住信息及关键的价值观。IBM、可口可乐等公司都曾经给经理办培训班,让其了解到讲故事作为传播文化价值观与促进变革的办法所特有的优点。

3. 象征物

传播文化的另一重要工具是象征物,它可以是物体、行为或事件,传达了某种东西的特别意义。从某种意义上讲,仪式、典礼、故事也是象征物,因为它们象征了组织更深刻的价值观。其他象征物是组织的具体物质。具体的象征物也很有效果和力量,因为它使人注意某具体事物及其象征意义。例如,玫琳凯化妆品公司为美容顾问设立的多种奖励办法中,最著名的就是象征成功的"粉红色轿车"计划。玫琳凯公司垄断了世界上"粉红色"轿车的使用权,因为驾驶着这种颜色的轿车就象征这你在玫琳凯事业的成功。

4.语言

语言也是文化传承的途径之一，而且是最为常见的途径。因为沟通在组织中无时无刻不在进行，语言作为沟通方式之一，承担着重要的传递信息的功能。专门的语言还可用来塑造和影响组织的价值观和信念。组织有时会用特别的口号或格言来表达组织关键的价值观。例如，飞利浦公司的"让我们做的更好"，这句话对客户及公司员工都适用。

第四节 | 跨文化管理

在现代经济世界里，全球化的资源供给、制造和销售，贸易壁垒，快速的全球通信，以及国际竞争压力等，已经使绝大多数传统的国内公司的开始关注国际化的问题。随着企业日益走向国际化，管理中的跨文化交往成分越来越多，每一位管理者都免不了要与来自不同文化背景的贸易伙伴打交道。随之而来的，便是因文化差异引起的人际冲突，乃至文化隔阂。

一、跨文化管理理论

为什么人们一旦离开了自己的国家或不再跟本国人打交道，就会马上遇到困难呢？这是因为每个人都有一套长期形成、相对稳定的思维模式，这种思维模式对人的行为方式有着虽然隐蔽但却无处不在的影响。从这一角度来看，"文化是集体的思维模式，正是这种思维模式才使人类不同的群体得以相互区分开来"（G. Hofstede，1994）。

因此，文化会影响到管理实践。北美的管理院校所开发出来并讲授的管理概念、技术和制度，都是以北美的文化信念、价值观和假设作为基础的。它们在北美的环境中可能如鱼得水，行之有效。但当把这些概念、技术和制度转移到别的文化中去时，它们的作用可能就会发挥得不如原来那么好。例如，在北美颇为风行的"目标管理法"（MBO法）是建立在上、下级享有共同的目标这样一种假设的基础上的，但是这种假设在一些讲究尊卑之分、地位差别悬殊而又保持着僵化牢固的等级制度的文化中，却是根本不现实的。如果不能很好地理解文化的差异，它们就会成为经贸事业成功的巨大障碍。

（一）霍夫斯蒂的文化评价维度

如前所述，在对跨文化管理进行的众多研究中，最重要的是 G. 霍夫斯蒂（G. Hofstede）对分布在世界各地的 64 个 IMB 分公司的调查（1984 年进行）。基于这项长期的调查，他从四个方面来评价文化：

（1）权力距离（power distance）（大 / 小）；

（2）个人主义与集体主义（individualism versus collectivism）；

（3）男性度与女性度（masculinity versus femininity）；

（4）不确定性避免（uncertainty avoidance）（强 / 弱）。

后来，霍夫斯蒂于 1987 年、1988 年、1991 年又分别在 10 个和 23 个国家进行了两项跨文化方面的研究，并把东方的一些国家作为重点的研究对象。从而对自己以前的研究成果进行了补充，增加了第五个评价文化的维度：（5）长期导向与短期导向（long term versus short term orientation）。

以上五个维度向人们解释了国家之间、民族之间、地区之间、组织之间的文化差异。这个理论（五个评价维度）也成为后来众多学者研究组织文化、研究跨文化的重要工具之一。

（二）文化价值取向框架模型

加拿大西安大略大学工商管理学院的教授亨利·W. 莱恩和约瑟夫·J. 迪斯蒂芬诺也是致力于研究跨文化管理的两位学者，他们在 1988 年出版的著作《国际经贸管理行为学》（*International Management Behavior*）中提出了六个变量的文化价值取向框架模型。这六个变量分别是：

（1）人和自然的关系（relation to nature）；

（2）时间取向（time orientation）；

（3）关于人之本性的信念（basic nature of human beings）；

（4）活动取向（activity orientation）；

（5）人们之间的关系（relationships among people）；

（6）空间取向（orientation to space）。

莱恩和迪斯蒂芬诺认为："在一种给定的文化中，每一特定价值取向的所有不同形态都是同时存在的。"但同时"每种文化都有自己的一种价值取向形态居于主宰性地位，它反映了该文化中大多数人的价值观"。

这些价值取向成为影响不同区域间、不同组织间文化差异的重要原因，使得人们更加关注对于跨文化的研究和实践指导。

跨文化管理的风险很大，若管理不善，将给企业带来巨大的损失，下面就分享一个跨文化管理失败的案例。

情景微案例

中韩双龙事件

扫描此码　案例学习

二、跨文化与学习型组织

学习型组织是随着《第五项修炼》一书的畅销而广为传播的一个概念。有关学习型组织的内容本书第十二章有详尽的介绍，这里主要探讨学习型组织与跨文化管理的联系。

许多成功组织面临的一个挑战就是文化凝固了，这种一成不变的文化使组织难以适应环境的变化。当组织取得成功后，那些对成功起过积极作用的价值观、理念和惯例会得到制度化。随着环境的变化，这些价值观、理念和惯例就有碍于组织进一步取得好的绩效。许多组织就这样成了其自身成功的牺牲品。这主要归结于其过时的甚至是有害的价值观和行为。而学习型组织的主要特点之一是，它拥有某种强文化，且其文化特征是鼓励变革和适应。学习型组织的文化鼓励开放性、无边界、平等、持续的改进以及勇于承担风险。作为组织的领导者和管理者，在面对跨文化管理的情况时，也非常需要其所在的组织拥有一种鼓励变革和适应的组织文化，只有这样才能处理好跨文化对管理绩效的影响，从而在全球化的背景下使我们的组织更加有竞争力。

表 11-2 对适应型文化和非适应型文化进行了对比，有助于我们更多地了解学习型组织的文化特点。

表 11-2　适应型文化与非适应型组织文化的对比

对比维度	适应型文化	非适应型文化
核心价值观	管理者深切的关心着顾客、股东和员工，并高度重视能给组织带来有益变革的人员及流程（如重视各管理层的领导首创性）	管理者只考虑他们自己和他们所领导的本工作部门及其相关的产品和技术。他们对按部就班和躲避风险的管理行为的注重远超过对领导首创性的要求
常见的行为	管理者对所有利益相关者（特别是顾客）都给予密切的关注，并且为满足各方的合法权益，他们会在必要时发动变革，哪怕要冒相当的风险	管理者倾向于将自己与外界隔绝，组织中权术活动和文牍主义盛行。结果组织很难能及时调整战略，以适应环境的变化，更难以利用环境变化所带来的机会

资料来源：Adapted and reprinted with the permission of The Free Press，an imprint of Simon & Schuster，from *Corporate Culture and Performance* by John P. Kotter and James L. Heskett. Copyright 1992 by Kotter Associates，Inc. and James L. Heskett.

如表 11-2 所示，适应型文化有着与非适应型文化截然不同的价值观和行为方式。在适应型文化中，管理者既关注顾客和员工，也关注能带来有益变革的内部业务流程和工作方法。组织中员工的行为很灵活。管理者在察觉有必要实施变革时，即使明知有很大的风险，也会全力推行变革。而在非适应型的文化中，管理者更关注的是他们自己和自身所负责的项目，他们的价值观是排斥冒险和变革。

概括地说，健康的强有力的文化，如学习型组织所具有的文化，能促使组织适应外部的环境。相比之下，不健康但很强的文化反而会使组织快速地迈向错误的方向。

三、提高跨文化管理能力

在一项面向经理人的调查中，跨文化管理能力被经理人认为位列前五项重要能力之中。这个调查结果也符合经济全球化的现状。那么如何才能有效提高跨文化管理能力呢？

提高跨文化管理能力需要从理念和技能两个方面入手。

（一）理念的提升

首先，要认识到，跨文化管理是国际经济发展的一种必然，随着国际间合作的进一步加强，与众多有着异文化背景的人打交道已经成为一种正常的管理情景。

其次，要主动学习跨文化管理方面的知识，消除对于人们交往方式、管理模式的片面理解，从科学管理的角度去学习和认识来自不同文化背景的人。

（二）技能的提高

跨文化管理是一种需要在实践中逐步提高的管理技能。作为工商管理教育的一种方法，专家们开发出了一种亲验性的教学方法——角色扮演。这种方法用于跨文化管理技能的培训也是非常有效的。

角色扮演需预先设置某种特定的管理情景，给参与扮演活动的学员指派一定的角色，但却不提供既定的详细脚本。事先要发给参与扮演者一份他将扮演的人物的"角色说明"，其中包括情景简介及所扮演角色的特点与制约条件。不同角色的扮演者不宜互相交换各自的角色说明。扮演者读完自己的角色说明（可以个人单独阅读，但最好是和所在小组集体阅读），考虑好扮演时应注意的原则，拟好了自己脚本的腹稿（同组组员可帮助他做好准备，提供分析、信息和建议）后，即可开始扮演活动。

在扮演时，扮演者要进入角色，即在所设定情景下，站在所扮演的角色的立场来设计和表演相应的言行。表演包括交往、对话、主动采取行动和被动作出反应等。表演是自发的、即兴的，但却是按各自对所演角色的说明特点与条件的理解而行的，并不能完全任意发挥。总之，应使剧情合情合理的演进，至教师（导演）发出中止信号为止。

在本章的最后为大家提供了一个专门用于跨文化管理情景的"角色扮演"练习，请大家在老师的指导下进行模拟演练，提高跨文化管理的能力。

本章小结

本章介绍了组织文化的基本概念、类型、功能、经典的组织文化理论等内容。在此基础上，探讨了如何建设组织文化、如何面对跨文化管理等问题，为管理者提供了全面的视角来关注组织文化以及文化对组织目标的影响力。

本章思考题

1. 你认为组织文化的核心是什么？组织文化如何分类？
2. 有人说：文化管理是最高境界的管理，你同意吗？为什么？
3. 经典的组织文化理论有哪些？各自特点是什么？
4. 如何才能有效建设组织文化？

5.面对跨文化管理情景，我们应该如何处理？

角 色 扮 演

"跨文化冲突"练习中的角色扮演 [①]

下面附有两份角色说明，分别介绍美国弗莱特公司亚太大区中国部经理布朗和该公司驻广州办事处经理费楠这两个角色。

美国弗莱特公司驻广州办事处的机构精简

美方经理布朗的角色说明：

你是美国弗莱特公司亚太大区中国部经理，你的直属上司是公司亚太大区负责"大中国及东南亚"业务的副总裁。公司在华南设有两个办事处，即广州和汕头的办事处。它们分别负责所在城市及附近地区的客户联系，商品采购，并组织运输出口工作，即把货物用卡车送到深圳文锦渡关口，发往香港，转赴海运。这两个办事处要准备好报关手续所需一切文件，并交纳关税。

最近由于中国调整外汇汇率，中国的业务不太景气，有萎缩势头。你的上司刚换了人，新来的这位副总裁，在你看来，并不怎么了解远东情况，又刚愎自用，缺乏耐心和远见。他最近做出决定：关闭和撤销驻汕头的办事处，同时在广州办事处裁员，由现有的办事处经理一人，业务员三人，秘书二人及信息档案员一人，精简至只剩经理一人，业务员二人，秘书一人；汕头办事处本有经理一人，业务员二人，秘书一人，这次全部精减。

你是习惯坚决执行上级指示的，尽管你对这次大斧砍削的收缩华南业务的决定有所保留。但你知道这位上司的脾气，是容不得手下人有任何异议的。事实上你也是这种脾气，你欣赏这种办事效率高、毫不拖泥带水的领导作风。

广州办事处经理费楠和汕头办事处经理贾四维你是较熟悉的。你给费楠打了电话，传达了公司精简的决定，并告诉他，你下周二就亲自来广州视察，还指示他准备好一份详细的书面报告，汇报本季业务，并报告此次精简政策的行动计划。

费楠这人虽还能干，但做文字方面工作素来特别拖拉，这种作风你已经批评过多次了。预计这回要他负责精简，他一定会护着他的哥们儿。这可不行，一定要他坚决执行才行。对这帮办事拖拉的员工就得严点，得让他们知道美国公司可不比中国国营企业，要雷厉风行，说一不二。

你只告诉费楠要撤汕头班子，关于广州办事处也要裁员还没说，等见面再谈吧。

广州办事处经理费楠的角色说明：

你是费楠，美国弗莱特公司驻广州办事处经理。你在这家美国公司已经工作十年了，真是一言难尽，吃这口洋饭可不易呀，得受洋老板多少气。你头五年是当业务员，后来升为经理，也已经满五年了。

[①] 相关内容由大连理工大学余凯成教授编写。

驻广州办事处有业务员三人，秘书二人，信息档案员一人，都归你管。公司在汕头也设有一家办事处，经理贾四维，是个很精明强干的小伙子，本来是你手下最棒的业务员，后来还成了你的妹夫。他是三年前成立汕头办事处时由你举荐去当经理的。他干得很不错，手下有两个业务员和一个秘书。

两个办事处的工作都是一样性质，不过汕头分管粤东和闽南，广州分管粤北、湘南、粤西和桂东南，负责联系客户，采购商品，组织卡车公路运输到深圳文锦渡出关去香港转海运。办事处得准备全部报关手续所需要文件，并负责交纳关税。最近因中国汇率调整，业务是受点影响，但你估计一年至一年半就会恢复正常。这种波动又不是头一回，中国的公司也得调整一下，才能稳定出口。可是美国老板每回都大惊小怪，反应过度。

一周前你收到你的顶头上司布朗先生的电话，他是公司亚太地区中国部经理。他说公司明确指示，要关闭汕头办事处。这个办事处，成立了三年，很不容易，又一直干得很好，跟本地及临近客户已培养起了很好的业务关系和友谊，建立了一个不小的关系网，难道说撤就撤了？我妹夫小贾的饭碗就这么砸了？还有那儿的哥们儿，我全熟，都是很棒，很卖力又很熟悉业务的。不行！我得据理力争。我要他想想，过个一年半载业务又旺起来，又去汕头另起灶吗？这谈何容易！我要给布朗看我订的节约计划，可以省一笔不小的行政开支而又不用炒谁的鱿鱼。

我和布朗打交道很多年了。他以为自己是中国通，其实对我们中国人的习惯和想法并不了解。如果这次他非要撤汕头班子，我可不会乖乖听话，非要和他理论理论，至少要给优厚的遣散费。

他说他下周二来广州，要我准备相关的文件。纯粹是形式主义，我可真是不愿意费这个劲。

教学案例　　　　　　　　**万达集团大学生创业计划**

播种企业社会责任：万达集团大学生创业计划 [①]

2013 年 9 月 7 日，由中央电视台财经频道主办的"中国创业榜样"大型公益活动在清华大学举办启动仪式。万达集团支持大学生创业的十年计划正式启动。万达集团将投入五个亿的资金，以万达广场的店铺为创业平台，在 2013 年到 2022 年的十年时间里资助 1 000 名大学生创业。从 2013 年开始，每年从高校应届毕业生中选拔 50 个大学生创业团队，重新开业的万达广场中提供 50 个店铺，并为每个创业团队（计划 2 人）提供 100 万左右的创业资金。大学生创业者注册成为个体工商户，租赁并经营万达广场的店铺。

与普通扶持大学生创业项目不同的是，万达集团大学生创业项目中的资助金额并不是送给大学生的，而是相当于以无息贷款的形式借给大学生，大学生创业者要依靠自主创业归还贷款。大学生创业者应从店铺开业后的第 7 个月开始还款，到第三年还完，还款全部捐给中华慈善总会。万达还鼓励大学生创业者在捐完全部创业资助金额后，主动向社会回馈

---

① 案例来源：由大连理工大学管理与经济学部付永刚副教授、研究生张文君、董瑶撰写。

更多。

2013 年 10 月，为了加强大学生创业计划项目的管理与协调，保证大学生创业计划的顺利进行，万达集团在商业地产股份公司下属的商业管理公司专门成立了大学生创业指导部（后并入商管公司的综合管理中心），具体负责大学生创业计划的开展。结合即将开业的万达广场地点和中国院校的影响力，万达集团最终选定了十所高校作为首批大学生创业团队的选拔院校：北京大学、清华大学、复旦大学、同济大学、浙江大学、武汉大学、四川大学、西安交通大学、大连理工大学、中山大学。

为了弥补应届毕业生缺乏创业经验的缺陷，王健林特别提出要通过"导师制"进一步支持大学生创业计划。每个大学生创业团队都可以得到两位导师的指导：其中一位导师是所在万达广场的运营副总，他会提供店铺运营方面的支持和帮助；另一位导师是万达聘请的具有相关创业经验的品牌商。与品牌商合作，大学生创业团队不用缴纳任何费用。品牌商会为大学生创业者提供有关店铺装修、原材料采购、员工招聘、产品定价等创业相关事项的全面指导。大学生创业团队在遇到问题时可以随时向两位导师求助，导师会及时协助解决问题。同时，万达集团将大学生创业团队的成功率纳入商管公司和所在万达广场的考核指标，要求大学生创业成功率要超过 80%。

项目启动

2013 年 11 月，万达大学生创业计划在全国 10 所高校同步启动。万达除了通过微博宣传之外，还与各高校就业办进行合作，通过高校微信平台、就业网、新闻网等渠道进行宣传。同时，万达集团组建了项目小组，分赴 10 所高校举办校园宣讲会。每个院校的宣讲会现场都座无虚席。经多方考虑，万达集团决定将大学生创业团队的初次选拔权交给各合作高校，并采取提交个人申请、提交设计方案、组织评比答辩会的方式进行评选。2013 年 12 月，10 所高校按照创业项目要求认真完成了初次选拔。万达在高校选拔结果的基础上，与各创业者进行电话沟通，通过综合考量最终选定了 50 个创业团队。并于 2014 年 1 月 1 日至 1 月 7 日在"万达集团大学生创业计划官方网站"公示了入选者名单。春节前后，万达的创业指导部又与大学生创业团队进行了多次沟通，结合万达广场的商铺类型和创业团队的意愿，协调了万达广场地点分配、创业项目调整、品牌商落位匹配等问题。由于各种原因，先后有几个入选的创业小组退出，最终确定了 42 组大学生创业团队进入 2014 年万达集团大学生创业计划。

2014 年 2 月底、3 月初，万达分别在福州、广州组织大学生创业团队进行了为期一天的培训。创业指导部的总经理李琳女士向创业大学生们提出了几点希望：转变角色、心态归零、全力以赴、学会感恩。在培训会上，万达详细介绍了大学生创业计划的具体流程，品牌商代表讲解了店铺筹建、店铺装修、店铺运营的流程、以及万达对店铺的要求等。接下来，万达给品牌商和万达广场的运营副总颁发了"创业导师"聘书。最后，万达请所有的大学生创业团队在准备好的信笺上写下"五年后的自己可能是什么样子的"，创业的梦想一步步变得现实而真切，大家对未来的自己充满了期望……

按照万达集团 2014 年的商业地产运营计划，5—12 月有 24 个万达广场新开业。来自全国 10 所高校的 42 个大学生创业团队将在这 24 个万达广场中拥有属于自己的店铺。其中，位于广州增城、山东潍坊、上海松江的万达广场率先于2014年开业。表11-3中的六个创业团队从三月中旬就进入了万达广场，开始与品牌商对接、着手店铺装修、准备店铺开业。

表11-3 五月份开业的万达广场中的6个创业团队

序号	创业团队	来自院校	所在万达广场	创业项目
1	"WPS"团队	中山大学	广州增城	鲜榨果汁店
2	"Give Me Five"团队	大连理工大学	广州增城	美甲店
3	"惠与光"团队	同济大学	上海松江	甜言物语甜品店
4	"川翼梦想"团队	同济大学	上海松江	DC甜品店
5	"蓝心"团队	大连理工大学	山东潍坊	蒂奥莎手工巧克力工坊
6	"春文"团队	同济大学	山东潍坊	甜言物语甜品店

个体工商户

2014年4月2日，大连理工大学的大四学生覃瑾拿到了个体工商户营业执照，走出工商局大门的那一刻，她觉得阳光格外明媚。现在已经是国家法律承认的经营实体了，那曾经遥远的创业梦想此时此刻变得分外真切，一路走来的种种坎坷，在这一刻都显得微不足道。

以个体工商户的身份与万达签约、与品牌商签约，这让大学生创业者们越来越感受到创业的真实和商业规则的现实。万达给予的50万元或100万元创业资金是借给自己的，在未来的三年，要靠自己经营店铺至少赚够50万元或100万元。万达广场在租金方面给予了大学生创业店铺一定的优惠，但是管理费等是没有任何优惠的。而且，装修店铺、布置店铺要花钱，招聘人员要发工资，租房子也是自己花钱，每天的支出都在提醒大学生创业者：自己已经是一个真实的个体工商户了！

创业的艰辛

按照万达集团2014年的商业地产计划，8月底9月初之前有10～12个万达广场要如期开业。而且，大学生创业团队必须提前3～4个月进入万达广场进行店铺加盟、店铺装修，学习店铺品牌运营，招聘员工，才能如期赶上万达广场的开业。而参加万达大学生创业计划的都是应届毕业生，这个期间恰逢毕业季，撰写毕业论文、参加论文答辩、各项与毕业有关的事项接踵而至。期间的繁忙与艰辛可想而知，大学生们只好白天忙店铺的事情，晚上熬夜写论文。

同济大学的黎明和周志强组成了"川翼梦想"团队，进入上海松江的万达广场开始创业。他们本以为自己十分幸运的被安排在上海本地，但是5月30日的开店日期着实让他们捏了把汗。因为此时正值学校毕业答辩的时间节点，作为机械与能源工程学院的学生，毕业设计需要耗费很大精力，而他们店铺的开业也是一刻不能耽误。从与品牌商谈判、店铺装修、到寻找原材料市场、宣传店铺等环节，2个男孩每天只睡四小时还觉得时间不够用。

支持与温暖

万达创业导师最常说的一句话就是"有事找我，不知道就问我"。虽然各地的万达商业管理公司在筹备万达广场开业的过程中十分繁忙，经常连日加班到深夜。但是，只要大学生创业团队求助，相关的万达员工都会放下手头的工作，竭尽全力提供支持和帮助。

万达大学生创业指导部总经理李琳女士自从接手这个大学生创业计划就没有一个完整的休息日。她和几位助手成了42个大学生创业团队的"百事通",不仅包括协调品牌商、指导各种手续流程办理,还对大学生的生活和学习给予力所能及的帮助。大学生们笑着说"有Linda姐,万事无忧"。进入四五月份,李琳和助手们不停地在全国各地飞行,广州、上海、山东,帮助一个个创业团队直到店铺顺利开业。

与万达签订合同后,中山大学的"WPS"创业团队接手了自己的店铺,但对今后的发展运营思路并不明朗。李琳为他们邀请来鲜榨果汁行业的专家担任创业导师,进行有针对性的指导。这位导师邀请"WPS"团队到自己在上海的万达广场店铺中进行现场培训,两人学习了关于店铺运营、财务管理、果汁制作等方面的知识,整整记满了四个笔记本。

感恩与回馈

在大学生创业团队的培训会上,李琳深情地说:在西方有一种天使投资,额度不大,通常不是正式的风险投资。其核心理念来自一个美丽的传说——"每一个创业者身后都应该有一位天使守护"。万达启动大学生十年创业计划,就是愿意做这个天使,守护着每一位创业大学生。同时,根据规则,创业三年内,每一个创业团队将把自己的经营所得(不少于万达给予的创业资金)以自己的名义捐助给中华慈善总会,让更多的人感受到关爱和帮助。

当我们问到创业大学生,你愿意把自己辛辛苦苦赚来的钱捐出去吗?每一个人都很认真地说:"当然愿意,万达帮助了我们,我们当然应该帮助更多的人!"大连理工大学的覃瑾说:"这笔钱本来就是万达的,万达的这笔资金像天使一样守护了我们的创业,如果我们能把这笔钱增值,并把钱用于更有价值的地方,万达一定比我们更自豪、更有成就感。"

如果创业失败怎么办?来自同济大学的两位创业者坦言,如果真的失败了就要承担失败的责任,会通过其他工作方式将万达提供的贷款还清。中山大学的王畅认为,能够和其他有志青年一起成为万达大学生创业计划中的一员,是一件无比骄傲的事。他觉得通过这个项目,他不仅可以实现创业梦想,还可以为社会做更多力所能及的事情,"我们团队除了要在3年内把100万还清,还要在将来有实力的时候,也来做大学生创业计划,也当天使投资人"。

未来

对于大学生创业团队,王健林格外关注,他会亲自询问三家广场中六个大学生创业店铺的品牌、开业销售额等情况,以及其他万达广场中大学生创业团队的进展情况。他还要求各地的万达商管公司在提供合同约定的帮助之外,不能再有额外的、规则之外的"照顾"。他说:"万达支持1 000名大学生创业,是在投资未来,10年、20年之后,不敢说造就几个王健林,只要能出几个像样的企业家,这5个亿就没白花。"

思考题:

(1)万达集团为什么要启动这样的大学生创业计划?

(2)这个大学生创业计划最吸引你的地方是什么?

(3)你如何看待王健林对于这个项目的期望和关注?

通过本章的学习，你应该能够：

● 从"组织生命周期"的视角理解组织变革的内涵与意义；

● 借助组织变革的系统模型和过程模型理解组织变革的影响因素及变革规律；

● 理解组织变革的阻力及来源，掌握应对组织变革阻力的方法；

● 了解组织发展的含义和目标，理解常用的组织发展技术和方法。

引导案例　　　　　　**美国施乐复印机公司的困境**[①]

美国施乐复印机公司于 1959 年首创静电复印术，当时规模甚小，只有二三十人，复印机销售额为零，但此项发明，虽然不及对欧洲文艺复兴有决定性影响的中国活字印刷术的发明那样具有深远而根本性的影响，却也是一种革命性的技术变革。

从 1959 年到 1980 年，施乐发展十分顺利，一开始是独家垄断，增长迅猛。统计表明，1980 年，其年销售额已达 136 亿美元，员工多达 7 万人左右，成为在全球都有业务的大公司，主要海外生产是在日本和美国，发展与增长之迅猛是极罕见的。

这三十年的顺利与成功使施乐的经理与员工十分骄傲，公司中迷漫着天下太平、乐观自信的气氛，上下都十分自满，认为自己什么都懂。

但事实上，它的产品质量开始严重滑坡，成本则节节上升，不过由于大量出租复印机收入可观，销售额因租赁而获得的利益甚高，掩盖了潜在的危机，也使施乐公司经理与员工未能警觉，并未采取任何相应措施。直到 1982 年，施乐的市场占有率一下降到仅有的 8%，这才发出了一个警告的信号。

此时施乐早已不享有独家垄断的条件，竞争日趋剧烈，尤其是两家日本复印机公司，无论在性能、可靠性、成本、服务等方面都优于施乐，施乐产品已不再是"皇帝女儿不愁嫁"了，

---

① 案例来源：本案例由大连理工大学余凯成教授根据哈佛案例改编。

用户有了选择余地，自然走向物美价廉的供应商。

施乐的领导虽意识到问题相当严重，但他们的初步反应还是很缓慢，只关注技术方面，以及问题的物质性的"硬"的一面。他们组织一批工程师，集中研究产品设计与工艺方面的改进，这类措施虽说有了一些积极性的作用，但收效甚微，施乐领导班子认真审视了公司处境后，吃惊而痛苦地承认了危机已经出现，治标性措施已不能力挽狂澜，不认真下狠心，采取根本性的变革措施，两年后这家企业就会轰然倒地，走向破产。

在施乐公司面对这场重大危机的关头，董事会任命了克恩斯（D.T.Keans）为总经理，并组成了以他为核心的领导班子。克恩斯临危受命，面临着一项十分艰巨的任务，这就是领导这个曾顺利地经过二十年迅猛发展而达到过巅峰状态，但却被内部孕育已久的危机因素在外界竞争转剧的环境下，爆发出来的问题拖向深谷的大公司打一个翻身仗。对这个已病入膏肓的组织施行一次大手术，使之重新生气勃勃。要做到这点，小打小闹的改良是无效的，必须进行一次治本性的组织变革。

如何看待这场组织变革？如何实施才能保证组织变革的效果，并实现最终目标呢？克恩斯感到身上的担子很重……

第一节 | 组织变革概述

21世纪的重大特征之一就是社会的快速变化。正如一句越来越广为传播的话——"这个世界上唯一不变的就是变化"。现代组织理论认为变动性与稳定性对于组织的生存和发展都是必不可少的，因此，处于变化环境中的组织要想取得持续的成长与发展，就必须随着环境的变化而进行组织变革。

一、组织生命周期

组织变革的有效实施必须建立在对组织及其生命周期理论的理解基础之上，因此，我们有必要理解和掌握组织生命周期理论。

组织像任何有机体一样有生命周期。格林纳认为一个组织的成长大致可分为创业、聚合、规范化、成熟、再发展或衰退五个阶段。如图12-1所示。每一阶段的组织结构、领导方式、管理体制和员工心态都有其特点。每一阶段最后都面临某种危机和管理问题，都要采用一定的管理策略解决这些危机以达到成长的目的。

（一）创业阶段

这是组织的幼年期，规模小、人心齐，关系简单，一切由创业者决策指挥。组织的生存与成长完全取决于创业者的素质与创造力。他们创造了市场，掌握整个组织的活动与发展。这些创业者一般属于技术业务型，不重视管理。随着组织的发展，管理问题日趋复杂，使创

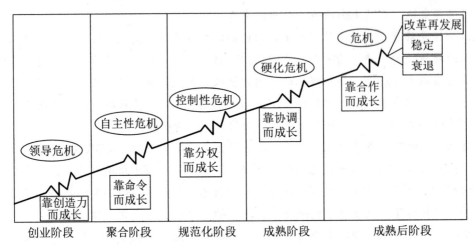

图 12-1　组织生命周期

业者感到无法以个人的非正式沟通来解决问题，因此到了创业期的后期，组织内部管理问题层出不穷，从而产生了"领导危机"。

（二）聚合阶段

这是组织的青年时期。企业在市场上取得成功，人员迅速增多，组织不断扩大，员工情绪饱满，对组织有较强的归属感。创业者经过锤炼，自己成为管理者或引进了有经验的专门管理人才。这时，为了整顿正陷入混乱状态的组织，必须重新确立发展目标，以铁腕作风与集权的管理方式来指挥各级管理者，这就是"靠命令而成长"。在这种管理方式下，中下层管理者由于事事都必须请示、听命于上级而逐渐感到不满，要求获得较大的自主决定权。但是，高层主管已经习惯于集权管理，一时难以改变，从而产生"自主性危机"。

（三）规范化阶段

这是组织的中年时期。这时企业已有相当规模，增加了许多生产经营单位，甚至形成了跨地区经营和多元化发展。如果组织要继续成长，就要采取授权的管理方式，采用分权式组织结构，容许各级管理者有较大的决策权力，即"靠授权而成长"。但是日久又使高层主管感到由于采取过分分权与自由管理，企业业务发展分散，各阶层、各部门各自为政，本位主义盛行，使整个组织产生了"失控危机"。

（四）成熟阶段

为了防止"失控危机"，组织又有采取集权管理的必要，将许多原属中基层管理的决策权重新收归总公司或高层管理者，但由于组织已采取过分分权的办法，不可能重新恢复到第二阶段的命令式管理。解决问题的办法是在加强高层主管监督的同时，加强各部门之间的协调、配合，加强整体规划，建立管理信息系统，成立委员会组织或实行矩阵式组织。一方面使各部门有所作为；另一方面使高层主管能够掌握、控制整个公司的活动与发展。为此就必须拟定许多规章制度、工作程序和手续。随着业务的发展和复杂，这些规定、制度成了妨碍效率的官样文章，产生了"官僚主义危机"或"硬化危机"。

（五）成熟后阶段

此阶段组织的发展前景既可以通过组织变革与创新重新获得再发展，也可以更趋向于成熟、稳定，也可能由于不适应环境的变化而走向衰退。为了避免过分依赖正式规章制度和刻板手续，必须培养管理者和各部门之间的合作精神，通过团队合作与自我控制以达到协调配合的目的。另外要逐步增加组织的弹性，采取新的变革措施，如精简机构、划小核算单位、开拓新的经营项目、更换高级管理人员等。

一个组织并不一定都按上述的阶段顺序发展，但组织生命周期理论却说明了组织在不同的时期会面临不同的问题，需要采用不同的管理方式。

变革性和稳定性是组织的基本属性。任何组织为了完成其职能，必须保持相当的变革性和稳定性。卡斯特等学者认为，在组织的初建、急速成长和衰亡时期，适应和革新对于组织的生存是至关重要的；但对于达到成熟期的组织来说，稳定性或持续性变得更为重要一些。强调组织的稳定性不能否定组织的变动性，因为处于停顿、过于保守状态的组织是很容易被竞争社会所淘汰的。总之，任何组织要生存和发展，都需要变革。

二、组织变革的内涵与原因

（一）组织变革的内涵

组织变革（organization change，OC），是指组织依据外部环境变化和内部状况的变化，及时调整并完善自身的结构和功能，以提高生存和发展能力的过程。

组织变革的含义表明，变革是组织实现动态平衡的发展阶段。组织原有的稳定和平衡不能适应形势变化的要求了，就要通过变革来打破它们，但打破原有的稳定和平衡本身不是目的，目的是建立适应新形势的新的稳定和平衡，应当把组织的变动性和稳定性有机地结合起来。

卡斯特和罗森茨韦克指出，一个组织的动态平衡包括下列一些方面：

- 足够的稳定性，以利于达到目前的目标；
- 足够的持续性，以保证在目标或方法上进行有秩序的变革；
- 足够的适应性，以对外部的机会和要求以及内部的变化情况作出反应；
- 足够的革新性，以使组织在条件适宜时富于主动性（实行变革）。

现代组织尤其是企业组织都是开放的社会技术系统。组织的运行就是与多重环境发生动态的相互影响的过程。每个组织都有一个多层次、多因素、复杂多变的背景，组织想要维持和发展，必须不断调整与完善自身的结构和功能，提高在变化的背景下生存、维持和发展的灵活性和适应能力，即不断地对组织进行变革。

企业和组织不是孤立存在的封闭性组织，它是与周围环境有着密切联系的开放性系统。客观环境在不断变化，企业和组织需要不断变革才能适应新的情况和要求。

组织变革的目标，主要在于实现组织结构的完善、组织功能的优化和组织成员满意度的提高。

（二）组织变革的原因

组织进行变革往往是由于多种原因，这些原因可以归纳为外部原因和内部原因两大类。

1. 外部原因

（1）社会经济环境的变化。社会经济不断发展，人民生活水平不断提高，使得市场更为广阔，产品更新换代速度加快，加上工作自动化程度的提高等，均会迫使组织进行变革。社会经济环境还包括国家的经济政策、法规以及环境保护等。

（2）科学技术的发展。科学技术的迅速发展及其在组织中的应用，如新发明、新产品、自动化、信息化等，使得组织的结构、组织的运行要素等都产生了巨大变化，这些变化也会推动组织不断地进行变革。

（3）管理理论与实践的发展。管理的现代化，新的管理理论和管理实践，都要求组织变革过去的旧模式，对组织要素和组织运行过程的各个环节进行合理的协调和组织，从而对组织提出变革的要求。

2. 内部原因

（1）组织目标的选择与修正。组织的目标并不是一成不变的，当组织目标在实施过程中与环境不协调时，需要对目标进行修正。

（2）组织结构与职能的调整和改变。组织会根据内、外环境的要求对自身的结构进行适时的调整与改变，如管理幅度和层次的重新划分、部门的重新组合、各部门工作的重新分配等。同时组织在发展的过程中，亦会不断抛弃旧的不适用的职能并不断承担新的职能，如社会福利事业、防止公害、保护消费者权益等。这些均会促使组织进行不断的变革。

（3）组织员工的变化。随着组织的不断发展，组织内部员工的知识结构、心理需要以及价值观等都会发生相应的变化。现代组织中的员工更注重个人的职业发展和管理中的平等自主。组织员工的这些变化必将带动组织的变革。

组织变革往往是在面对危机的时候才变得分外重要，危机会通过各种各样的形式表现出来，成为组织变革的先兆。

一般说来，一个组织在下列情况下应考虑进行变革：

- 决策效率低或经常出现决策失误；
- 组织沟通渠道阻塞、信息不灵、人际关系混乱、部门协调不力；
- 组织职能难以正常发挥，目标不能如期实现，人员素质低下，产品质量下降等；
- 缺乏创新。

三、组织变革系统模型

推动组织变革的动因是多方面的，常常出现几方面因素同时发生各自程度不同的作用。组织变革正是组织作为一个动态系统在其发展过程中必然伴随的一种现象。

把组织变革的动力与组织变革过程联系起来，就构成一个组织变革的系统模型，如图12-2所示。这个模型包括输入、中间变量和输出三个部分，表明了组织变革过程中各种变量的内在关系。

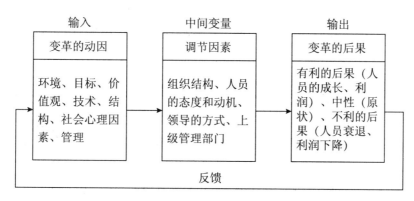

图 12-2　组织变革系统模型

（一）输入变量

在这个模型中，输入的是变革的动因，这些动因的含义及作用如下。

1. 环境

组织的外部环境大体可分为三个层次，即科学技术、社会行为和制度结构。科学技术的发展，社会行为价值观念的变迁，以及社会的体制因素，这三层的变化可以看成是外界环境变动的三个来源。一个组织要求生存、发展，就必须经常不断地与环境进行信息、人员、物资等方面的交换，努力争取自身与外界环境取得平衡。组织不能如同控制内部因素一样去控制外部环境，因为一个组织的外部环境，其中相当重要的组成部分是其他社会组织，这些社会组织的存在往往是互为条件又互相竞争的。卡斯特等人指出："竞争是明显变革的动力来源。"组织要适应外部环境，也就必须不断地进行自我变革。

2. 目标和价值观

组织目标的变化（包括目标的转换和承续）是组织变革的一大动因。价值观系统的变化是很重要的，它们可能引起目标的变化，或保持目标不变，而导致人们往"适宜"的行为方面变化。如企业组织由过去认为以完成产值、任务是最有价值的，转换为现在认为不断生产满足社会所需要的产品，不断提高经济效益才最有价值，这必然引起组织的一系列变革。

3. 技术

技术系统是一个明显的变革动因。如新技术革命以空前的深度和广度影响和改变着社会生产和生活的各个方面，它对组织结构和社会心理系统所产生的影响是重大的。例如，托马斯·惠斯勒通过研究证明，组织引进电脑系统通常会造成组织结构的以下改变：第一，部门合并；第二，层次数目减少；第三，控制幅度扩大；第四，平行式部门被功能式部门所代替；第五，控制变得更集权；第六，控制在主要主管部门之间进行；第七，技术变成控制结构的一部分。

4. 结构

任何组织，其结构都有一个逐步完善的过程。在这个过程中，结构改变最典型的是对现有部门再划分或合并，这种变化往往会影响到整个系统。另外，权力结构的变化，如采取首长制还是委员制，集权还是分权，增加或减少权力层次，增加或减少职能部门等，都与组织结构直接相关。组织结构本身的某些调整虽然并不直接就是组织本质的变化，但结构的重大变化又必然导致组织的部分质变。

5. 社会心理因素

充分发挥人的因素，是任何一个组织成功地实现其预定目标的关键。组织成员的士气、动机、态度、行为等的改变，对于整个组织及其变革都有重要作用。例如，组织要采用一项技术变革，而组织的全体成员都持消极的或抵制的态度，那么，这项变革无疑就难以实现。

6. 管理

管理无疑是组织变革的关键性的动因。美国唐纳利（J.H.Domelly Jr）和吉布森（J.L.Gibsion）等人在《管理学基础》一书中就把组织变革称作"管理改革"或"改革的管理"。一个组织要找到一种符合组织活动的要求，并能带来高效率的管理方式是不容易的。特别是一个组织原来只是运用经验管理，而现在为了实现高效而开始采取科学管理方法，或原来运用某一种管理方法现在要改变成为另一种管理方法时，组织的变革更是势在必行的了。

（二）中间变量

在组织变革系统模型中，中间变量发挥着调节作用，用来对变革动因的作用力量进行一些调整，使其指向变革的预期目标。中间变量主要包括：组织结构、人员的态度和动机、领导的方式、上级管理部门等因素。

（三）输出变量

变革的后果是该模型的输出变量，具体包括三种情况：有利的、中性的、不利的。

不同的后果都有一些具体的指标来表达和描述。其中，有利的后果包括：利润上升、人员的成长等；不利的后果包括：利润下降、人员衰退等。

华为管理变革的轨迹

扫描此码　案例学习

第二节 │ 组织变革的过程

组织变革虽具有必然性，但组织变革的成功并不具备必然性，其中还涉及组织变革的过程是有计划进行的还是自发进行的问题。要有计划地实行变革，必须按照科学的变革程序实施。国外许多学者对组织变革的过程提出了不同的变革模式，在此选择其有代表性的进行介绍。

一、组织变革的过程模型

如何进行有效的组织变革？这是一个需要科学指导的问题。在这里我们向大家介绍卢因、科特等学者的一些经典的组织变革过程理论。

（一）卢因的三阶段变革模型

应用行为学家、心理学家库尔特·卢因（Kurt Lewin）是最早研究有计划组织变革的专家，称得上是组织变革理论的创始人。卢因认为：变革过程将涉及放弃旧的态度和习惯，以及学习和建立新的态度和习惯。因此，他特别重视组织变革过程中的人的心理机制，"解冻—变革—再冻结"就是他针对组织成员的心理态度和行为而提出的变革三步骤。如图 12-3 所示。

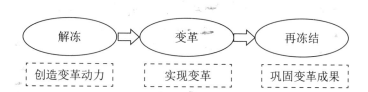

图 12-3　卢因三阶段变革模型

1. 解冻（unfreezing）——创造变革动力

创造变革的动力是一个包括三种特定机制的复杂过程，这三种机制都必须发挥作用，使组织的成员受到激励，从而否定目前的行为或态度。

■ 机制 1：必须确定地否定目前的行为或态度或者在一段时间内不再强化或稳定。

■ 机制 2：这种否定必须建立足够的、能产生变革的迫切感。

■ 机制 3：通过减少变革的障碍，或通过减少对失败的恐惧感来创造心理上的安全感。

这一阶段特别要注意收集有关令人不满的现状资料，与其他组织作比较，请外部专家来证明变革的必要性。

2. 变革（changing）——指明改变的方向，实施变革，使成员形成新的态度和行为

第一阶段的结果是使个人接受新的信息和新的概念，或新的看待旧信息的方法（即认识的重新定义）；第二阶段是指明改变的方向，实施变革，使成员形成新的态度和行为。变革阶段通过两种机制而发生：

■ 机制 1：对角色模型的认同，即学习一种新观点，或确立一种新的态度的最有效的

方法,就是观看其他人是如何做的,并以这些人作为自己形成新态度或新行为的榜样。

- 机制2:从客观实际出发,对多种信息加以选择,并在复杂的环境中筛选出有关自己特殊问题的信息。

这一阶段要特别注意事先向成员提供的有关变革的情报资料,鼓励成员参与变革计划的拟订,提供对变革问题的咨询,与成员协商谈判变革所引起问题的解决办法。

3.再冻结(refreezing)——巩固变革成果

当变革措施顺利进行后,还要采取种种手段不断强化新的心态、行为规范和行为方式,使之巩固并持久化,这又要通过两个机制:

- 机制1:让成员有机会来检验新的态度和行为是否符合自己的具体情况。成员一开始对角色模型的认同可能很小,应当用鼓励的办法使之保持持久。
- 机制2:让成员有机会检验与他有重要关系的其他人是否接受和肯定新的态度。群体成员彼此强化新的态度和行为,个人的新态度和行为可以保持更持久些。

这一阶段特别要注意系统地收集变革获得成功的客观证据,并把这些信息及时地提供给变革的参与者,注意使参与变革的成员在物质需求和社会需求上得到变革带来的利益。

(二)科特的领导变革模型

哈佛大学著名的领导学研究专家约翰·科特(John P.Kotter)教授提出了一个基于领导的组织变革模型。他将"解冻—变革—再冻结"三阶段扩展为八个有明确定义的步骤。尽管在现实中这八个步骤常有重叠,但这种细分可使经理注意到成功实施重大变革所需的每一个因素,如图12-4所示。

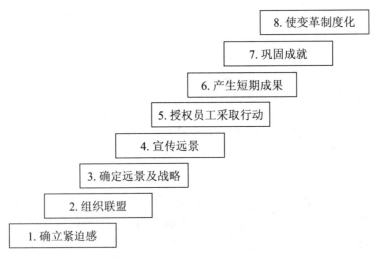

8. 使变革制度化
7. 巩固成就
6. 产生短期成果
5. 授权员工采取行动
4. 宣传远景
3. 确定远景及战略
2. 组织联盟
1. 确立紧迫感

图12-4 科特的领导变革模型

1.第1步:确立紧迫感

经理要确立一种紧迫感,即变革确实需要搞。在某些情况下,危机可使员工有一种明确的紧迫感。例如,经营饭店设备的 MCF 公司在其大客户复兴酒店集团被人收购后失去了

80%的收入，因为收购者的业务包括室内设计及设备。员工可以很容易地意识到公司需要变革才能生存下去。但在很多情况下，并没有近在眼前的危机，因此经理要设法使众人理解变革的需要。经理们要仔细观察内外部环境，注意竞争形势、市场状况、社会趋势、技术趋势、人口趋势、财务业绩、运营情况以及其他因素。在确定潜在危机或重大机会后，经理们要设法广泛突出地宣传该信息，以造成变革的紧迫感。

2. 第2步：组织联盟

组织必须要形成一个有足够力量的联盟，以引导变革过程，然后再建立一种内部的团队感。要使变革进程成功，就必须对变革需要及可能性有共同的承诺。高层经理是联盟的核心，但让下层经理参与进来也是极为必要的，可以采用相关机制帮助他们共同评价问题及探讨解决的办法。在 Master Brand Industries 公司，变革进程是以一次郊外休养地会议开始的，相关部门经理一起考察了变革的需要，并讨论了如何将公司改造成以团队为基础的组织。

3. 第3步：确定远景及战略

经理们在这一阶段要制定一个有说服力的远景，由其引导变革努力，然后制定达到远景的战略。在惠而浦洗衣机公司中，经理制定的远景是，将公司从传统的、营销技能有限的公司变成一个强有力的营销组织，同时拥有从属的制造及工程技术，从而在面对新竞争时力量更强大。

4. 第4步：宣传远景

远景形成后，经理要尽力广泛宣传远景即战略。在这一阶段，变革实施者的联盟应以身作则，展示员工所需的新行为。除非组织中大部分人愿意为组织尽力（并常常达到做出个人牺牲的地步），否则重大的变革是不可能的。

5. 第5步：授权员工采取行动

应授权全体员工就远景采取行动。这包括破除变革障碍，而这涉及修订影响或破坏变革的制度、结构或程序。例如，当罗尔斯－罗伊斯汽车公司的生存危在旦夕时，劳资双方修订了影响重大变革的工作分类规定。该公司过去有几百项有关工作的精确叙述，而现在新合同规定，员工能力之内的工作视需要都可以承担。在这一阶段，经理还鼓励冒风险等非传统理念及行为。

6. 第6步：产生短期成果

为让员工看到自己努力的结果，必须使他们体验到短期成果。变革实施者为可见的业绩改进计划，并努力予以实现，对参与改进的员工给予奖励。在一家美国制造业公司，经过起引导作用的联盟20个月的变革努力，推出了一种极明显和成功的新产品。这一成功提高了变革进程的可信度，也使员工的承诺和热情再度得到激发。

7. 第7步：巩固成就

这一步是利用短期成果取得的可信度，对变革予以巩固，解决较大的问题并产生更大的变革。经理会修改不适应远景及尚未触动的制度、结构和政策。他们雇用、提升和培养能实施变革远景计划的员工。此外，经理在需要时用新的项目、主题或变革力量来重振整个流程。

8. 第8步：使变革制度化

一旦变革已经实施，很重要的是使新做法在组织文化中制度化。正是这一后续的阶段才使变革得以扎根。经理会宣传新行为与组织成功之间的联系。新的价值观及信念会注入公司文化，使员工认为变革是公司运营方式的正式而不可分的一部分。此外，评价及奖励制度也得到修订，以支持和激励新的行为。

（三）卡斯特模式与唐纳利模式

除了卢因和科特提出了经典的组织变革模型，还有一些专家学者针对组织变革的过程也提出了一些变革模式。

卡斯特把他的组织变革的过程分为五个步骤。

（1）对组织做出回顾、反省、批评，对组织内外环境进行研究。

（2）感知问题：承认变革的必要性。

（3）辩明问题：找出现在的状态与所希望的状态之间的差距。

（4）解决问题的办法：产生可供选择的多种方法，对这些方法进行评定，讨论怎样行动及测量绩效的方法，经过讨论做出选择。

（5）反馈：根据组织变革的效果，评定效果与计划有什么问题，若有问题，根据上述步骤再次循环。

唐纳利等人在《管理学基础》中对组织变革的全过程进行了系统研究，所提出的组织变革模式如图 12-5 所示。

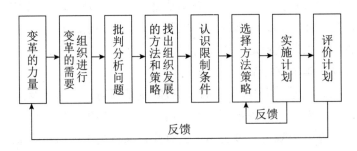

图 12-5　唐纳利组织变革模式

图 12-5 将组织变革的过程也划分为八个环节：第一，变革的力量，即要求变革的压力，包括外部和内部的力量；第二，认识变革的需要，要求领导者能敏锐地在组织发生重大问题之前就认识变革的需要，关注捕捉组织内需要改变的信息；第三，诊断问题，要弄清问题的实质，要进行些什么变革，变革的目标是什么，如何对这些目标进行衡量等；第四，确定可供选择的组织发展的方法和策略；第五，认识限制条件，摸清这些限制条件及其影响程度；第六，选择方法与策略；第七，实施计划，要注意选择变革的时机和范围；第八，评价计划。对实施变革和要求变革的力量，这两个阶段都有提供反馈。

二、组织变革的模式

采取什么样的模式去进行组织变革，这是有计划变革过程所要注意解决的基本问题。国外学者有的着眼于变革的过程，有的着眼于变革的对象，形成了三种有代表性的观点。

（一）格雷纳模式

格雷纳（Larry E . Greiner）依据组织内"权力分配丛集"来加以区分，可分为单方的权力、分享的权力和授权的权力。根据这三种权力的运用，而区分出七种不同的变革方式。

单方的权力（unilateral power），指组织的领导者依靠职位的权力及权威，单方面提出变革。其中有下列三种不同的方式。

（1）凭借命令，由上级单方面宣布变革，传达至基层组织及员工。

（2）更换人员，在与下级无磋商的情况下，以其他人代替一个或更多职位上的人员，借以增进组织绩效。

（3）调整结构，通过改变组织的层级、部门等正式结构，来影响组织成员的行为、绩效。

分享的权力（shared power），是指在组织变革阶段，仍然注重职权和地位运用，并注意行使权力的主动与分享。有如下两种变革方式。

（1）群体决策，组织成员参与选择预先由上级所拟定的多种变革方案，这种变革方式不涉及问题的确定与问题的解决，只是强调对其中一种方案，群体有比较一致的看法。

（2）群体解决问题，经由群体讨论的方法来确定组织存在的问题并提出解决问题的方法。

授权的权力（delegated power），是指在变革阶段将变革的权力移交给下级主持变革。有以下两种方式。

（1）案例讨论，鼓励成员对变革案例提出自己的看法与分析，并研究可取的变革方案。

（2）敏感性训练，主要是强调人际关系的相互了解，提高成员个体的自觉性，从而达到增进组织绩效的目的。

在前述三种变革权力的运用方式上，格雷纳认为分享的权力比其他方式更有效，这是一种"尽量增强的独立感与执行政策及权威需要的平衡"。

格雷纳的模式还只是指出了怎样变革，强调变革的权力方式，并没有解决要变革什么问题。另外一种有代表性的模式是以莱维特提出的四个变量为基础的变革模式。

（二）莱维特模式

莱维特认为，组织是一个多变量的系统，其中任何一个变量发生变化，其他变量也将发生相应的变化。在有计划的组织变革过程中，相互间起显著作用的四个变量为：结构、任务、技术、人员，它们是相互依赖的。组织变革可以通过改变其中任意或几个综合变量来进行。在莱维特构想的基础上，一般将组织变革归纳为三种方式。

1. 以组织结构为重点的方式

结构的改变，也就是对组织成员及领导者所担负的责任和相互关系进行调整，包括划分和合并新的部门、协调各部门工作、调整管理幅度和管理层次等。国外的学者通常将变革组织结构的因素归纳为 21 类，详见表 12-1。组织结构的变革是完成组织变革任务的一种最直接和最基本的方式，一般见效快，可以使组织发生根本的改变。

表 12-1 变革组织结构通常包括的因素

1. 规章制度	11. 工作班组
2. 程序	12. 组织层次的数量
3. 正式的奖酬制度	13. 委员会
4. 汇报的要求	14. 直线—参谋组织
5. 计划	15. 工作绩效的标准
6. 部门划分的基础	16. 正式政策的权力
7. 控制幅度	17. 选择的标准
8. 矩阵组织的结构	18. 项目群体
9. 进度安排计划	19. 预算
10. 信息沟通方式	20. 正规培训
	21. 指挥系统

2. 以工作任务和技术为重点的变革方式

这种变革方式主要是指对组织部门、层次、工作任务进行重新组合，改变原有的工作流程；更新完成工作和任务的技术工具，改变解决问题的机制和研究解决问题的方法，以及采用这种新方法的程序。两者是可以独立的，但变革工作任务势必要与变革应用于工作的技术工具结合起来。

这种变革方式主要有以下几个方面：

- 工作扩大化，指横向扩大工作范围，主要是在一些重复性的工作中，为减少员工的单调、乏味而扩大工作内容，使一个人同时承担几项或周期性更长的工作。
- 工作丰富化，指纵向丰富工作内容，让员工有自主权，有时会参加计划和设计，获得信息反馈，评估和修正自己的工作。
- 自治群体，让基层组织安排自己的工作计划，自己控制工作进度和管理，并自己进行许多常规决策。它有两个特点，一是把工作上相互依赖的人们组织为关系密切的小群体；二是员工有效地控制自己工作任务的权力。

3. 以人为重点的变革方式

这是实现所有变革的基础，无论是组织结构的变革，还是任务和技术的，都离不开人的重要作用。以人为重点的变革主要是知识的变革、态度的变革、个人行为的变革以及整个群体行为的变革。通常包括的内容有：

- 人员更新，这是组织成员在组织系统中的进出升降，必要的流动会给组织带来新的朝气和活力，为组织成员的晋升成长创造更多的机会。
- 改变激励的机制，如通过改进报酬制度、考核制度和奖惩，直接影响个体行为，进而间接影响组织行为。
- 素质的更新，通过调查反馈、班组建设、咨询活动等方法来改变成员的动机、态度、知识（技能）和价值观，进而影响成员的行为。

（三）欧文斯模式

由于组织具有整体性、系统性的特点，人们更多地倾向于采取组织变革的系统方式。欧文斯（Rober.G.owens）在《教育组织行为学》一书中把这种方式归纳为以下几点。

（1）为了使变革长期有效，不仅要改变组织系统的组成部分，即子系统，而且还必须改变整个系统。

（2）由于各个子系统之间的相互关联和依存，一个子系统的任务重大变化，都将在其他子系统中产生补偿性或报复性变化。

（3）处理事务时要统观全局，考虑有关力量、争论、问题、原因、现象和条件的重要性，不能把事件作为孤立的或单因素的。

（4）组织变革要依据人们当时的行为方式，必须注意到这些行为不是静止不变的，而是处于一种能动的平衡状态之中。对人们行为模式的分析，不能停留在作一般性的历史资料的分析，而要作一定时期内特定的立场分析。

杜邦公司的组织变革

扫描此码   案例学习

第三节 | 组织变革的阻力

为了应对环境的变化，当前组织变革已呈不可逆之势。然而超过半数的组织变革却以失败告终。首要原因并不是员工能力不够或企业资源不足，而是组织变革遭到抵制（或抗拒）。事实上，对组织变革的抵制不可避免，如果管理得当，总是可以消除抵制变革的阻力，保证变革的成功。

一、变革阻力的来源

组织变革时所遇到的阻力，其产生的原因大致可分为个人原因和组织原因。

（一）个人原因

从员工个人角度看，以下因素都可能导致他们抵制组织变革。

1. 变革导致个人对未来产生不安全感和恐惧感

组织变革是改变企业现状，以达到预期未来状态的过程，这就意味着组织变革本身充满不确定性。人们一旦处在不确定的环境中，会对未来产生不安全感和恐惧感，进而产生抵制变革的情绪与行为。邓小平同志视察南方之前，很多民营企业家不敢加快发展步伐。当时政策不明朗，民营经济姓资姓社还没确定，他们害怕自己的投资打了水漂。在邓小平同志的"白猫黑猫论"出来后，民营企业家立即增加了发展的信心。

2. 变革威胁到个人既得的利益

在变革中，一部分管理者员工的地位会降低，收入或其他个人利益也会发生变化。因此，这部分员工更可能抵制变革。类似情形尤其在企业合并中更为常见。例如，国内一家研究机构与外资合资，外方在几个重要岗位引入国外雇员，冲突因此而发生。

3. 变革与个人的习惯、价值观发生冲突时，也会引起员工对组织变革的抵制

个人的习惯、价值观是长期积累、相对稳定的心理结构，改变起来相对困难。一旦组织变革冲击到个人习惯和价值观，抵制变革的阻力便会随之产生。此种冲突在不同企业文化的公司合并过程中尤其常见。

4. 对变革的目的、意义了解不足

部分企业管理层总是愿意一厢情愿地认为，变革是管理者的事，只要管理层（主要是高层管理者）清楚变革的目的、意义，将任务分配给下属去完成即可。其实，员工如果不清楚变革的目的与意义，他们会很快失去参与变革的热情。

5. 能力或资源不足

变革往往伴随着新业务流程、新技术、新工作方法的导入。因此，对员工个人现有技术能力提出挑战。当员工能力不足以完成工作任务时，阻力便随之产生。在变革过程中，企业往往会忽略给员工提供足够的资源支持，"既要马儿跑，又要马儿不吃草"，其后果可想而知。

（二）组织原因

影响变革的组织方面的因素如下。

1. 管理层不积极参与

管理层对组织变革的积极参与是组织变革成功的关键。但管理者可能不重视组织变革，认为组织不需要变革，或者本身观念陈旧，不愿意轻易改革，或者在对组织变革的前景没有信心时，会有意无意地阻碍变革。在企业改革中，管理层的利益不明确，是挫伤其积极参与变革的一个重要因素。

2. 没有与改革相适当的组织结构或管理制度

组织流程再造、信息系统引入需要组织结构的变化与配合。在变革中，为了鼓励利于变革的员工行为，人力资源管理体制（如薪酬、考核、员工发展）也应做相应的调整。

3. 不注重文化的重塑

企业文化对组织中员工行为的影响已经被证实。但相当一部分企业在企业变革过程中还是未能充分发挥企业文化的作用。在变革过程中，注重企业文化的重塑，变革的阻力会少很多。

二、阻碍变革的惯性

除了以上所总结的来自组织方面和个人方面的变革阻力，在企业内部还存在着两类阻碍变革的惯性。

（一）组织惯性

其是指由于组织在长期经营与发展中所形成的惯性，组织惯性又包括以下三类具体的惯性。

（1）组织文化惯性：组织文化的形成经历了长期的积累与固化的过程，因此，当变革来临的时候，原有的组织文化往往延续了既有的惯性，使得组织中的成员在思想观念、思维模式、行为习惯等方面难以接受变革，从而形成对变革的阻力。

（2）业务活动惯性：组织在以往的探索、尝试过程中，形成了一套相对固定、成熟的操作规程，各部分、各环节之间，有了密切协调的配合关系，已经形成了一套成熟的业务操作规范。这种规范在变革来临时会对变革产生很强的阻力。

（3）管理体系惯性：管理结构体系、计划与控制体系、制度体系等建立起来，经过一段时间稳定下来后，都有不易改变、自身维持原有习惯做法的倾向，因而都有面临新情况时不易调整的一面，这也就会对变革产生阻力。

（二）个人惯性

其是指个人的思维、情感等方面所产生的惯性。个人惯性也包括以下两个具体的方面。

（1）思维惯性：一个人的思维习惯越是固定成熟，就越不能发现与其价值观念不一致的新问题，对变化的反应也就越迟滞、越麻木。思维方式僵化的人不易发现和接受新事物，对变革往往持消极抵抗的态度，从而成为变革的阻力。

（2）情感惯性：一个人长期在一个群体或组织中工作，会在相互之间的感情、作风、习惯等方面形成一定的一致性和适应性。这种状态包含许多非理性的成分在内，当新事物与这部分人的情感方面的习惯不吻合时就会遇到强有力的抵抗。

俗话说"移山填海易，移风易俗难"，在组织变革中，由于各种各样的原因，总会遇到来自利益、来自惯性等方面的阻力。那么，应该如何看待变革中的阻力呢？

首先，要承认组织变革一定会遇到阻力。在思维和观念上，不要想当然地以为变革会一帆风顺，更不要害怕阻力。

其次，要辩证地看待变革的阻力。管理者往往看到抵制变革的负面影响：减缓变革的进度；员工对组织的抱怨影响到组织的声誉。事实也确实如此。但变革的阻力也并非一无是处，抵制变革有助于平衡鼓励变革和寻求稳定之间的内外部力量。

在变革中，既要避免变革过头，也应避免过分强调稳定而导致变革停滞不前。抵制变革可以引导管理者找到变革与稳定之间最佳平衡的方法。

很多时候，管理者在作决策时并非相当理性，他们提出的变革可能存在先天缺陷，如果得不到他人的建议，很可能无法提出多种解决方案，给企业带来潜在的威胁。在变革中，员工抵制变革所带来的不稳定性风险很大，也正是由于这个原因，变革阻力能吸引管理层更多地关注变革所带来的潜在危险。

抵制变革会引发冲突，为了解决冲突，变革阻力鼓励寻求新方法。因此，变革阻力往往成为革新的源泉。

变革的阻力为什么这么大?

扫描此码　案例学习

三、克服变革阻力的方法

要想实现有效变革，就必须采用科学的思维和方法克服变革的阻力。根据有关研究，克服变革阻力有五种基本的方法。

- 加强沟通：通过与员工及相关利益者进行沟通，使大家理解变革的原因和必要性，以化解他们的抵触和抗拒。
- 参与决策：让怀有抗拒意图的员工参与到变革的决策过程中，使其了解变革的原因和必要性，同时增加员工对变革决策的认同与承诺。
- 提供支持：提供训练与支持，降低员工心理的不安，以化解抗拒。
- 协调商议：与抗拒者进行协商，提供其他利益，以换取抗拒者的支持。
- 强制执行：使用直接的胁迫性力量加诸在抗拒者身上。

以上五种基本方法各有特征，也各有利弊，经理人在需要的时候必须把握其特点，根据当时的情景和条件适当地加以使用。为了帮助大家在实践中更好地使用这五种方法，对其适用时机和优缺点进行了归纳整理，如表 12-2 所示。

表 12-2　克服变革阻力五种方法的比较

方　法	适用时机	优　点	缺　点
加强沟通	抗拒源于信息错误时	澄清误解	缺乏信任和理解时无法奏效
参与决策	抗拒者有专长可查信息时	增加参与、获得支持	费时，可能作出不太高明的决策
提供支持	抗拒者害怕和焦虑时	可以促成必要的调整	成本高，不保证一定成功
协调商议	当抗拒来自权力人士时	收揽人心	潜在代价高
强制执行	当需要权力保障时	很容易赢得支持	不合法，有损名誉

第四节　组织发展

随着组织变革理论研究和变革实践的不断深入和进步，有关组织成长、组织发展的主题也越来越多地成为专家、学者以及实践管理者所关注的焦点之一。

一、组织发展的内涵

（一）组织发展的含义

组织发展（organization development，OD），是指"组织的自我更新和开发"。它是组织应付外界环境变化的产物，将外界压力转化为组织内部的应变力及解决问题能力，以改善组织效能。在人力资源方面，它能通过参与，增加成员的激励水平，提高士气和满意度。

组织变革（OC）从狭义上讲仅限正式结构的变革，广义上还包括行为变革和技术变革。组织发展（OD）狭义上仅限于成员行为的变革，广义上还包括结构变革和技术变革。两者狭义有别，广义相通，在很多时候统称组织变革与发展（OC&OD）。在当今通行的教科书中，倾向于对组织变革、组织发展的概念，不作严格区分，将其广义地理解为组织变革与发展。

但是作为一种更加强调组织自我更新的概念，组织发展还是有其自身的特点。

组织发展（organizational development，OD），是一个有计划的系统的变革进程，它应用行为科学知识和技术来改进组织的健康和有效性，具体说就是使组织能适应环境、改进内部关系、增加学习及解决问题的能力。OD专注于组织在人文和社会方面的进步，它强调的价值观是人的发展、公平、开放、不受强迫及个人自治权。

以贝克哈德（Beckhard）为代表的组织发展理论家从目的性和方法论的角度定义了OD，认为它是：①有计划的；②包括组织各部门；③运用行为科学知识；④通过对组织过程有计划的干预；⑤所作的自上而下的努力。

总之，组织发展不是为解决某具体问题而一步一步走的程序，而是组织人文和社会系统（包括组织文化）发生基本变化的过程。

（二）组织发展的目标

组织发展学者贝克哈德认为，从组织发展的角度研究管理问题，主要应该考虑3个方面，即解决问题、决策和沟通。因此，他认为组织发展应该致力于如下工作：

- 组织的发展战略应有所变化；
- 组织中的工作气氛能够适应不断变化的外部环境的要求，以及员工个人要求的变化；
- 改变组织中不适合的工作风格和方法；
- 管理者要适应新的组织功能；
- 积极解决个体与群体之间的冲突；
- 切实改正组织管理结构上的缺陷；
- 要让组织激励动机系统有重要的变化；
- 使得组织沟通协调更加有效和灵活；
- 不断提高组织群体之间的团结；
- 提倡目标管理，按照计划要求改善管理工作。

简而言之，组织发展就是使得一个组织能够成为有效的组织。组织发展的主要目标可以概括为如下三点。

（1）促使企业组织结构和组织任务相配合。

（2）不断解决管理中的问题。

（3）提高企业组织创新能力。

二、组织发展的技术

组织发展是一系列可应用的技术和干预方式。在改变人及文化的过程中，组织发展尤其发挥了益处。一切成功的变革都需要人的态度及行为的转变，而组织发展就包含许多对人及变革的干预。尽管组织发展是由组织高层引导的，但它十分强调参与和协作。OD 利用行为科学的知识和技术，通过各种方式（增加依赖、公开解决问题、员工授权及参与、知识分享、有意义工作的设计、集团间合作和充分利用人的潜力）来创造一个学习的环境。一批 OD 干预技术已被成功应用，以引发在组织中的变革。最常见和有效的干预技术是敏感性训练、调查回顾、过程咨询、团队建设和群体间活动。此外，大群体干预是最近的一种应用技术，其对引发组织的大规模变革十分有效。

（一）敏感性训练

敏感性训练（sensitivity training）是通过无结构小组的相互作用改变行为的一种方法。在训练中，成员处于一个自由开放的环境中，讨论他们自己以及他们的相互交往过程，并且有专业的行为科学家稍加引导。这种小组是过程导向的，也就是说，个人通过观察和参与来学习，而不是别人告诉他学什么，他就学什么。专业人员为参与者创造机会，让他们表达自己的观点、信仰和态度。他自己并不具有（实际上是明确抵制）任何领导角色的作用。

敏感训练小组的目标是使小组成员更明确地意识到自己的行为以及别人如何看待自己，并使小组成员对他人的行为更敏感，更理解小组的活动过程。它追求的具体目标包括：提高对他人的移情能力；提高倾听技能；更为真诚坦率；增强对个体差异的承受力；改善冲突处理技巧。如果个人对别人如何看待自己缺乏了解，那么通过成功的敏感小组训练会使他们的自我知觉更为现实，群体凝聚力更强，人际冲突减少。进一步而言，敏感性训练的理想结果将是：个人和组织更为一体化。

（二）调查回顾

调查回顾（survey feedback）也是一个很有用的技术，用于分析员工态度、确定问题或差异及让组织成员参与寻找解决方案。在调查回顾开始时，需要先从员工中收集信息，通常采用的方式是书面的意见调查表。对员工的调查是为了了解其对广泛问题的态度及感觉。这些问题包括：工作满意度、工作小组业绩、群体聚合力、领导者行为、工作质量关系、决策惯例及交流的有效性。然后 OD 专家制表并分析收集来的数据，并将其组织成一个可以理解的格式。一个咨询人员会将数据反馈给提供该数据的员工，以便引发讨论或鉴别问题及提出解决问题的点子。除此之外，调查反馈的目的，还有通过讨论共同的问题来改进一个工作群体或部门内的成员的关系。人们希望，这种开放诚实的讨论会导致制定一致同意的行动思路。

（三）流程咨询

流程咨询（process consultation），是指一名 OD 咨询人员与经理或其他人员合作，帮助其感知、理解并采取行动改进工作环境中的具体事件。这些事件可能包括作业流程、工作成员间的正式或非正式关系及其他与作业有关的行为。流程咨询专注于员工如何合作完成其互相关联的任务。该咨询人员与群体合作，联合诊断哪些流程需要改进。流程咨询常用于解决沟通问题、领导者冲突、不良的决策流程或角色冲突。

（四）团队培养

团队培养（team building）包括不同的活动，它们均旨在促进组织团队或工作群体的信赖、聚合力及成功。团队培养活动在许多公司被用来训练特别工作小组、委员会及新产品开发小组。组织可计划一系列 OD 活动，来帮助跨职能的团队更有效地创新产品或项目、更好地交流及协作，并更具聚合力。以上活动典型地包括确定共同目标、发展人际关系、澄清角色和责任及分析工作流程。

（五）群体间活动

团队培养是旨在改进群体或团队内的关系，而群体间活动（intergroup activity）旨在改进群体、团队或部门之间的关系。这些活动力图改变不同群体对其他群体的态度及老套看法。来自各部门的代表会被带到一个中立的地点来观察，诊断其原因，并计划在交流协调方面的改进。人们已将群体间干预应用于工会—管理层冲突、总部—外地下属单位之间的冲突、部门间冲突以及并购引起的冲突。这一技术涉及让两个群体分别开会、并列出对自己的看法及对另一群体的看法。每一群体还需列出一个清单，说明其认为另一群体对自己的看法。然后两个群体见面，讨论双方感知上的异同以及老套看法或误解是如何形成的。这些讨论可澄清群体冲突的性质，并使双方找到解决办法。

（六）大群体干预

早期的 OD 活动大都涉及小群体，并专注于逐渐增多的变革。但近年来，人们对将 OD 技术应用于大群体环境日益感兴趣，因为它更适合于在处于复杂环境的组织中引发激进或改革性的变革。大群体干预（large-group intervention）这种做法涉及将公司各部门成员——常常还有公司外的重要人士——拉到公司以外的一个地方开会，讨论问题或机会并为变革做计划。大群体干预可能涉及 50 ～ 500 人并需持续数天。到公司之外的地点开会，可以免除干扰和分心，使员工专心探讨新的做事方法。

通用电气公司的"群策群力"（work out）计划是一个现在仍在用的程序，它旨在解决问题、学习及改进。该计划开始时，会在公司之外的地点召开大型会议。这种会议源自杰克·韦尔奇的一个愿望，即建立一个"无界限文化"，他认为这一文化对于学习及发展具有关键的意义。

总而言之，组织变革是一项长期而艰巨的工作，需要自上而下的重视、周密的变革计划和坚持不懈的实施。只有如此，才能达到组织变革预期的目标——提高组织的机能和效益。

情景微案例

集体度假与思考

扫描此码
案例学习

本章小结

本章从组织生命周期入手，系统全面地介绍了组织变革的原因、过程、阻力等内容。其中，重点探讨了组织变革系统模型、组织变革过程模型以及相应的变革模式和措施。最后，介绍了组织发展的含义及相关的方法和技术。这些都为管理者致力于组织变革，提升组织变革效果，提供了理论依据和实践指导。

本章思考题

1. 组织生命周期对组织变革有何影响？
2. 组织变革系统模型是由哪些变量构成的？各自含义是什么？
3. 经典的组织变革过程模型有哪些？各自有何特点？
4. 如何面对并克服组织变革中的阻力？
5. 举例说明组织发展的几项方法或技术。

本章练习 **变革容忍程度测试**

目的：本测试在于帮助你了解人们对变革的容忍程度的不同。

指示：阅读表 12-3 中的每个陈述，并圈出与你的实际看法最为接近的选项。

表 12-3 测 试 问 卷

每个陈述在多大程度上描述了你的情况？在你同意水平的相应栏内划圈或打钩	完全同意	一般同意	稍微同意	中立	稍微不同意	一般不同意	完全不同意
1. 不能给出明确答案的专家很可能是知之不多	1	2	3	4	5	6	7
2. 我喜欢在国外待上一段时间	7	6	5	4	3	2	1
3. 像问题得不到解决这样的事是不存在的	1	2	3	4	5	6	7
4. 按日程生活的人们很可能错过大多数生活的事情	7	6	5	4	3	2	1
5. 一份好工作是指一个人总是清楚地知道做什么以及怎样做	1	2	3	4	5	6	7
6. 处理复杂问题比简单问题更有趣	7	6	5	4	3	2	1

续表

每个陈述在多大程度上描述了你的情况？在你同意水平的相应栏内划圈或打钩	完全同意	一般同意	稍微同意	中立	稍微不同意	一般不同意	完全不同意
7. 从长远来看，处理小而简单的问题比大而复杂的问题会做得更多	1	2	3	4	5	6	7
8. 最有趣和有鼓动性的人常常是那些不在乎与众不同和具有原创者	7	6	5	4	3	2	1
9. 我们习惯于对新鲜事物表现出兴趣	1	2	3	4	5	6	7
10. 坚持是或否答案的人正是不了解事物复杂性的表现	7	6	5	4	3	2	1
11. 过着平静和有规律生活的人有许多事情很值得庆幸	1	2	3	4	5	6	7
12. 我们的许多重要决策是在信息不足的情况下做出的	7	6	5	4	3	2	1
13. 我喜欢参加那些大多数人我都认识的社交活动，而不喜欢参加那些大多数人我都不认识的社交活动	1	2	3	4	5	6	7
14. 那些布置模糊作业的教师或导师让我的主动性和创造力得到发挥	7	6	5	4	3	2	1
15. 大家越早获得相似价值观和理想，则越好	1	2	3	4	5	6	7
16. 让你用自己的方式看事情的教师是好教师	7	6	5	4	3	2	1

记分：将你划圈或打钩相应栏中的数字全部相加起来即为你的得分。得分越高，说明你对不确定性或变革的容忍力越强。

教学案例　　　　　　　　# 施乐公司组织变革纪实①

还记得本章开始时，施乐公司新上任的总经理克恩斯所面临的变革吗？通过本章的学习，我们也许可以给克恩斯很多有价值的建议。

当我们认真思考并给出一系列建议及方案之后，我们还是要先看看克恩斯在施乐公司的实际行动。

克恩斯认为这场变革必须是全面的和彻底的，不仅包含着技术性、结构性与战略性的转变，而且首先是一次文化性的转变。务实必先务虚，这场组织变革必须从组织的软的方面入手，改变全公司的文化，包括人们的价值观、工作习惯、自我形象和态度；必须使大家认识、承认和接受本公司正面临着十分严重的"疾病"这一事实，造成一种沉重的危机感，从而上下一心，深挖病因，对症下药，共同努力，使公司恢复健康，转危为安。

那么，如何理解变革的艰巨性呢？克恩斯认识到，所谓变革，就是从现在状态转变为未来的另一种状态，这中间有一个不可避免的痛苦的转化与过渡的过程和阶段，其间充满了不稳定性和不确定性并伴随着巨大的压力。对于施乐这样巨大的组织，其成员曾长期经历过原有状态，因而有着巨大的惯性，这个转化过程至少需五年，这是必须有思想准备的。

要实现这场艰巨的组织变革，在全体员工中建立共识很有必要，但首先是建立领导班子

① 案例来源：本案例由大连理工大学余凯成教授根据哈佛案例改编而成。

中的共识。于是克恩斯把他的副总裁和其他主要助手们带到郊外一僻静度假村，切断一切外界干扰，先共同对这场变革进行研究，首先就这场变革的必要性、深刻性、艰巨性与长期性建立了共识，然后再研究变革实施中的突破口与切入点，即战略主次方向。大家一致的结论是：从改进质量，灌输全员质量意识入手，并提出了"通过质量实施领导"的口号。

首先要明确的问题便是什么是质量。他们经过认真反思并参考了国内外先进企业的经验及学术界的研究成果，开始认识到尽管许多企业常对质量津津乐道，却不真正清楚"质量"一词的内涵，也不知道他们为什么要考虑和重视质量。经过仔细探讨，施乐的班子总结出对质量的一种简明的认识，世界就是由顾客和供应商两种人构成的，顾客们来找供应商时，带有它的期望与要求，供应商便向顾客提供能满足其要求的"奉献物"，一般人总认为，顾客买的总是一种具体的物质性产品，其实他们买的是一整套经历，包括硬件、软件和多种体验，当供应商能满足顾客的全部期望与要求时，就创造了一种愉快经历，因而也就实现了质量。但顾客们的要求是经常改变的，质量的内涵也是动态的。

企业为什么要追求质量，因为市场上有竞争者，顾客有不同选择的可能，他们会选择质量高的和价格便宜的，企业只有能提供有竞争力的奉献时，才能赢来顾客，从而才能生存和发展。质量不良，代价很大，不仅废次品卖不出去，积压废弃要发生"废弃成本"，即使卖给了顾客，顾客也会要求退货，更换或返修，也要发生所谓的"保证成本"，低质产品使顾客不再来光顾，更会发生"机会损失成本"，所以企业必须把质量放在首位。

施乐的领导研究了质量专家戴明（W.E.Deming）的理论，戴明认为世界是由众多的顾客与供应商间的关系链构成，必须沿所有这些供求链创造质量。这样，传统的认识以为只有在成品供应到最终用户手中时才涉及质量，如今却延伸到所有与外部"关系户"的关系中去。施乐领导认为这种"内部顾客"的概念特别重要，这样一来，生产部门是原料采购部门的顾客，而销售部门又是生产部门的顾客，如此类推，而质量必须实现在每一个这种关系链或环节上，这样，所谓全面质量管理就不难理解为是创建一种能在自身的所有活动中激励、支持并能实现质量管理的组织了，于是全员都参与到质量管理中去了。这样，凡是找不到自己所服务的用户的部门便失去了存在的意义。与此类似，施乐本来最喜欢开会，但任何会议如果找不出它的"顾客"（服务对象），便是无意义的。据此，施乐缩小了20%的编制，也精简掉大量的会议。

在考虑为控制与考评本企业各类质量而制定的标准时，施乐的领导决定选择全世界最佳实践作为参照标准，并提出"别人能做到，我们便也能做到"的口号，以鞭策每一个人力争上游，追求卓越。

班子成员们把他们集体学习的心得整理、总结出来，印成一本小册子，作为端正和规范全公司员工们认识、态度与行为的标准。因为此书封面为绿色的，它后来就普遍被叫作"施乐绿皮书"。

施乐的领导觉得，对未来进行设计和规划并不难，难的是切切实实去做并达到那个未来的状态。首先，要对施乐的十万名经理与员工进行培训，重塑企业文化，履行施乐人的态度与行为。培训采取自上而下的形式，从总经理开始，在自己改变了认识的基础上，现身说法，对自己的直属下级进行教育和培训，层层向下传达。这样，每级经理事实上都接受了两次培训：第一次是作为学习者、受训者；第二次是作为训练者、教育者。正人者必先正己，所以第二次的培训可能更深刻，更透彻。这种教育与培训还需反复进行，因为人们态度与行为模式改变的惯性很大。

然而，施乐领导的变革措施并不止步于文化培训、组织结构调整、精减人员。其还组成员工小组，积极改进本部门的工作，改善产品设计与工艺，降低成本，修改公司奖酬与晋升制度，使之与改进质量的任何努力明确挂钩。

从1982年到1987年，施乐公司连续五年"软""硬"交替，终于有了明显的起色。领导班子研究：是否可以宣布现有的改造已经完成，现在就能高奏凯歌了呢？他们认为还很难说，心中无底。于是在1987年组织了一次对全公司工作状况的全面而仔细地检查与评估，结果发现，虽然多数部门已发生了根本性的改变，但仍有一定部门，变更只停留在口头上，实际的行为表现仍循旧轨。公司领导认为，这说明改造并未完成，还需继续努力。这时他们觉得必须设置一个具体的，确能鼓舞人心的目标，以进一步激励士气。

美国若干团体设置了"鲍德里奇奖"（Baldridge Award），授给经权威评审而认可的全面质量管理杰出单位，标准很高，把关严格，只有极少几家杰出企业曾获得此殊荣。施乐领导觉得，现在成绩虽已较显著，但终未达到既定目标，气可鼓不可泄，此时不可有丝毫松懈，必须再接再厉，于是提出全员动员，团结奋战，争取夺下"鲍德里奇奖"的口号，使全公司上下一心，以高昂士气，继续冲击，终于在两年之后，获得了该项奖金。

思考题：

（1）施乐是如何实现成功变革的？你认为有哪些规律？

（2）施乐在变革过程中抓住了哪些关键点？

（3）从施乐的变革中我们可以获得哪些启示？

参考文献

[1] M J Rosenberg，C I Hovland，W J McGuire，R P Abelson，and J H Brehm.Attitude Organization and Change[M].New Haven：Yale University Press，1960.

[2] Rensis Likert.New Patterns in Management[M].New York：McGraw-Hill，1961.

[3] Debra L Nelson, James Campbell Quick.Organizational Behavior：Foundations，Realities & Challenges[M].South-Western College Publishing，3rd edition .Steele，1988.

[4] B R Schlenker，M F Weingold，and J R Hallam.Self-Serving Attributions in Social Context：Effects of Self-Esteem and Social Pressure[J]，Journal of Personality and Social Psychology 57，1990.

[5] Hogan，R.Rersonality and Personality Measurement.In M Dunnette and L Hough（Eds.），Handbook of Industrial and Organizational Psychology（2ed）[M].Palo Alto：Consulting Psychologists Press.1991.

[6] J P Meyer，N J Allen，and C A Smith.Commitment to Organizations and Occupations：Extension and Text of a Three-Component Model[J].Journal of Applied Psychology78，1993.

[7] D W Organ and M Konovsky，Cognitive versus Affective Determinants of Organizational Citizenship Behavior[J].Human Relations 46（1993）：759-776.

[8] J F Salgado.The Five Factor Model of Personality and Job Performance in the European Community[J].Journal of Applied Psychology，82，1997.

[9] G Chen，S M Gully，and D Eden.Validation of a New General Self-Efficacy Scale[J].Organizational Research Methods4,January，2001.

[10] 余凯成 . 组织行为学 .3 版 [M]. 大连：大连理工大学出版社，2006.

[11] 付永刚 . 组织行为学 [M]. 北京：清华大学出版社，2010.

[12] 陈树文，付永刚 . 组织管理学 [M]. 大连：大连理工大学出版社，2005.

[13] 陈春花 . 组织行为学 [M]. 北京：机械工业出版社，2009.

[14] 关培兰 . 组织行为学 [M]. 武汉：武汉大学出版社，2000.

[15] 付永刚，王淑娟 . 管理教育中的案例教学法 .2 版 [M]. 大连：大连理工大学出版社，2014.

[16] 苏敬勤，王淑娟，付永刚 . 管理案例教学：特点与规律 [M]. 大连：大连理工大学出版社，2008.

[17] 陈国海. 组织行为学 [M]. 北京：清华大学出版社，2008.

[18] 黄培伦. 组织行为学 [M]. 广州：华南理工大学出版社，2001.

[19] 陈国权. 组织行为学 [M]. 北京：清华大学出版社，2007.

[20] 斯蒂芬·P. 罗宾斯. 组织行为学.11 版 [M]. 孙健敏，李原，译. 北京：中国人民大学出版社，2008.

[21] 阎海峰. 组织行为学.2 版 [M]. 北京：高等教育出版社，2005.

[22] 谢默霍恩. 组织行为学.8 版 [M]. 刘丽娟，杨月洁，译. 北京：清华大学出版社，2005.

[23] 尼基·海斯. 成功的团队管理 [M]. 北京：清华大学出版社，2002.

[24] 龚敏. 组织行为学 [M]. 上海：上海财经大学出版社，2002.

[25] 张治灿，方俐洛，凌文辁. 中国职工组织承诺的结构模型检验 [J]. 广州大学学报：自然科学版，2002：1（6）.

[26] D. 赫尔雷格尔，J. W. 斯洛克姆，R. W. 伍德曼. 组织行为学.9 版 [M]. 上海：华东师范大学出版社，2001.

[27] 陈晓萍. 跨文化管理 [M]. 北京：清华大学出版社，2005.

[28] 陈力华，邱羚. 组织行为学 [M]. 北京：清华大学出版社，2005.

[29] 徐子健. 组织行为学 [M]. 北京：对外经济贸易大学出版社，2005.

[30] 石兴国，安文，姜磊. 组织行为学：以人为本的管理 [M]. 北京：电子工业出版社，2005.

[31] 杨忠. 组织行为学 [M]. 南京：南京大学出版社，2006.

[32] 孙健敏. 组织行为学 [M]. 上海：复旦大学出版社，2007.

[33] 许芳. 组织行为学原理与事务 [M]. 北京：清华大学出版社，2007.

[34] 陈春花. 管理沟通 [M]. 广州：华南理工大学出版社，2008.

[35] 周瑜弘. 组织行为学案例精选 [M]. 北京：中国社会科学出版社，2008.

教师服务

感谢您选用清华大学出版社的教材！为了更好地服务教学，我们为授课教师提供本书的教学辅助资源，以及本学科重点教材信息。请您扫码获取。

》 教辅获取

本书教辅资源，授课教师扫码获取

》 样书赠送

企业管理类重点教材，教师扫码获取样书

 清华大学出版社

E-mail: tupfuwu@163.com
电话：010-83470332 / 83470142
地址：北京市海淀区双清路学研大厦 B 座 509

网址：http://www.tup.com.cn/
传真：8610-83470107
邮编：100084